INITIATION
À
L'AÉRONAUTIQUE

10e édition

Thierry du PUY de GOYN
Yves PLAYS
Patrick LEPOURRY
Daniel MÉCHAIN
Jacques BESSE
Arnaud CAMPREDON
& al.

Préparation au Brevet d'Initiation Aéronautique

Nous avons bénéficié pour les illustrations de l'ouvrage de l'aide notamment de Guillaume Beaufils, Laurent Bernard, François Besse, Pierre Dumaître, Vincent Durel, Olivier Michaud, Pierre Ponomareff, Air création, Arianespace, Avions Robin, Ballons Chaize, Boeing, CNVV Centre de Saint-Auban, Airbus, Airbus Helicopters, KBI Muret, François Mougery.

L'éditeur remercie particulièrement la société **E-PROPS** pour sa contribution au chapitre Motorisation électrique, ainsi que **Stéphane Mayjonade**, **Jean-Yves Niel**, **Patrick Vacher**, **Régis Le Maitre**, **François Mougery et Bruno Bolis** pour leur aide précieuse.

Cépaduès-Éditions
111, rue Nicolas Vauquelin
31100 TOULOUSE – France
Tél.: 05 61 40 57 36
www.cepadues.com
Courriel: cepadues@cepadues.com
Coordonnées GPS en WGS 84
N 43° 34'43,2"
E 001° 24'21,5"

Chez le même éditeur

Vols de découverte

Le Guide du passager en montgolfière. L'essentiel pour bien préparer son baptême ... *Foubert P.*
Le Vol d'initiation en planeur ... *Molveau J.*
Ce qu'il est bien de savoir pour profiter pleinement de son Vol de Découverte (avion) ... *du Puy de Goyne Th., Niel J.-Y.*

Avant la PPL ou le Brevet ULM

Le Tour de Piste illustré (Avion/ULM) ... *Coatmeur R.*
Calendrier Perpétuel Aéronautique ... *Collectif*
Une histoire de l'aéronautique et du spatial ... *Kraemer J.-C., Le Maitre R.*
L'Abécédaire illustré du BIA ... *Kraemer J.-C., Le Maitre R.*
Livret d'aéronautique - Préparation au BIA ... *Moulinet J.*
Mon premier brevet aéronautique, préparation au BIA, dès le collège ... *Nicolas J.*
Initiation au pilotage ... *Nicolas J.*

Préparation à la PPL

Leçons de pilotage : maniabilité du PPL ... *Attias J., Dartaguiette G.*
L'aéro-manuel de la Météo - Vol libre, Vol en planeur, Vol moteur ... *Campredon A.*
Manuel du pilote d'avion ... ***Collectif***
Les questions PPL(A) ou LAPL(A) associées au Manuel Avion ... *Collectif*
Les fondamentaux du calcul mental. Du pilote privé au pilote de ligne - 122 questions d'entraînement. RÉFORME 100 KSA ... *Dupuis R.*
Introduction aux principes du vol de l'avion ... *Le Maitre R.*
Dessine-moi un avion ! Premiers vols (t.1) + Tomes 2 et 3 ... *Nicolas J., Ziegelbaum P.*
Initiation à la Radiotéléphonie en Anglais ... *Rengade Y.*
Le Guide Pratique du Pilotage ... *Zilio J.*

ULM

Manuel du Pilote ULM ... *Collectif*
Piloter un Multiaxe ... *Lezcano J.-M., Dubost F.*
Piloter un Pendulaire ... *Lezcano J.-M., Szymczak T.*
Piloter un Autogire ... *Lezcano J.-M., Peytavin L.*
Le Précis du Pilote ULM et Avion léger ... *du Puy de Goyne Th., Plays Y., Méchain D.*

Métiers : PNC, contrôleurs, PL

Flight Attendants' English (PNC) ... *Billange C., Milne A.*
Flight Performances and Planning ... *ENAC Plays Y. & al*
Meteorology for aviation ... *ENAC Hallot H., Labyt D., Robres J.-H.*
Devenir PNC – Le métier de PNC eXpliqué ... *Plangor A.*
L'Anglais du PNC (aussi en espagnol : El Inglés del TCP) ... *Plays A.*
Aircom - English course in radio communications for airline pilots ... *Rengade Y.*
Manuel d'Anglais du Pilote de Ligne ... *Rengade Y.*
Devenez pilote d'hélicoptère de combat ... *Viardot M.*

Espace

Ici la Base de la Tranquillité ... *Bordères S.*
Dans les coulisses de la Conquête Spatiale ... *Villain J.*

Crédit photo Ariane 5 sur la couverture : © CNES/ESA/Arianespace/Optique Vidéo CSG, 2018

ISBN 10e éd. : 978.2.36493.950.9
ISBN 1re éd. : 2.85428.372.4

Dépôt légal : janvier 2023

SOMMAIRE

Les mots indexés sont d'un accès facile quand ils figurent dans un titre ; nous les avons signalés en rouge quand ils sont dans le corps du texte pour en faciliter l'accès. Certaines formules apparaissent en rouge, elles ne font pas l'objet d'une indexation.

***Daniel Méchain** avec l'aide de **Philippe Dhauyre** vous invite à visionner de petites séquences vidéo à l'aide des QR Codes qui apparaissent dans l'ouvrage.*

INTRODUCTION

Cette édition de « **l'Initiation à l'Aéronautique** », mise à jour, est restée dans l'esprit des versions précédentes. Elle répond parfaitement aux normes de la préparation à l'examen du « **B**revet d'**I**nitiation à l'**A**éronautique (BIA) ».

Ce livre, fruit du travail collectif de passionnés de l'aéronautique, est complet et agréable à utiliser. Il est accessible à tous (collégiens, lycéens), il fournit à chacun une méthode de travail et un guide d'étude, de ce fait, il est très apprécié des candidats libres.

Afin de faciliter l'étude des différents « thèmes » du BIA, l'**Éducation nationale** [1] a fait précéder chaque module de « **recommandations utiles** » ; nous les avons incluses dans les quelques lignes de « **présentation de chacun des chapitres** », elles servent de guide.

L'Éducation nationale [2] précise les niveaux de cet apprentissage du **BIA**, « **niveau 1** » (**information,** « je sais de quoi on parle »), et « **niveau 2** » (**expression,** « je sais en parler »).
La note de 10/20 permet d'être déclaré reçu.

Les stagiaires souhaitant préparer le certificat d'aptitude à l'enseignement aéronautique (**CAEA**) devront en obtenir « **l'examen théorique** [3] » avant de se présenter devant un jury afin d'évaluer leurs connaissances des normes de l'éducation nationale et de leur aptitude à transmettre un savoir. Le **niveau du CAEA est le « 3 », maîtrise de l'outil** (« je sais faire »).
Notons qu'il faut obtenir 15/20 pour être déclaré reçu.

Les jeunes diplômés peuvent ensuite orienter leur choix et suivre une formation vers une carrière aéronautique (ou liée au spatial), civile ou militaire, tout autant en qualité de navigant que de non-navigant. Les connaissances acquises lors de l'étude des différents modules fournissent une excellente indication des possibilités offertes par les carrières « aérospatiales », elles sont nombreuses.

Ceux qui le souhaitent pourront aussi rejoindre nos aéroclubs [4] et débuter une formation théorique et pratique en vue d'obtenir un brevet de pilote.

Les **futurs enseignants du BIA** pourront également utiliser ce livre pour parfaire leurs connaissances et préparer le diplôme du CAEA. L'Éducation nationale impose aux intervenants d'être titulaire de ce diplôme.

Il sera aussi très utile pour organiser les cours.

1. Le BIA est sous la double tutelle de « l'Éducation nationale » et de la « mission aviation légère de la DGAC ».
2. BOEN n° 11 du 12 mars 2015.
3. Les pilotes instructeurs des fédérations de l'aviation civile obtiennent la partie écrite par équivalence.
4. Fédération Française Aéronautique (**FFA**), Fédération Française du vol en planeur (**FFVP**), Fédération Française de planeur Ultra léger motorisé (**FFPLUM**), Fédération Française de vol libre (**FFVL**), Fédération Française d'Aéromodélisme (**FFAM**), Fédération française d'hélicoptère (**FFH**) etc.

CHAPITRE I

MÉTÉOROLOGIE ET AÉROLOGIE

Avertissement :

Les buts de ce chapitre sont :

- Présenter la dynamique de l'atmosphère, ainsi que les différents paramètres qui vont décrire son état ainsi que son évolution.

- Expliquer les conséquences pratiques des phénomènes atmosphériques sur la gestion du vol.

- Alerter les pilotes sur les phénomènes météorologiques dangereux.

A. La première partie nous présente l'atmosphère sur toute son épaisseur. On explique ensuite les paramètres qui décrivent son état et son évolution (pression et température) et leur application pratique sur le plan aérien (atmosphère standard, QNH et vent).

B. La deuxième partie expose la dynamique atmosphérique, en partant de l'échelle la plus large, celle de la Terre, en passant par une échelle plus petite, celle de votre région et en descendant ensuite à une échelle plus fine : l'échelle locale.

C. La troisième partie est consacrée à la frontologie. Sont expliquées les variations du temps aux latitudes moyennes et leurs conséquences pour la sécurité des vols.

D. La quatrième partie nous alerte sur les dangers pour la sécurité des vols, turbulence, brouillards et nuages bas.

1.1. L'ATMOSPHÈRE

L'atmosphère représente la fine enveloppe gazeuse qui entoure notre planète bleue. L'altitude de 120 km marque sa limite supérieure théorique. En dessous, on commence à ressentir les effets de frottements et de freinages, effets qui deviennent notables durant la rentrée atmosphérique (météorites, capsules Apollo, navette spatiale, capsules Crew Dragon).

L'air atmosphérique que nous respirons et qui alimente aussi en comburant nos moteurs atmosphériques est constitué à 78 % d'azote et 21 % d'oxygène. On y rajoute de la vapeur d'eau en quantité plus ou moins variable, plus quelques traces d'argon, d'hydrogène, de gaz carbonique et d'hélium.

On divise l'atmosphère en plusieurs couches d'épaisseurs variables : leurs limites ont été fixées en fonction de l'altitude et des discontinuités des variations de la température.

De bas en haut on trouve :

La troposphère qui contient 80 à 90 % de la masse totale de l'air et la quasi-totalité de la vapeur d'eau. C'est dans cette couche que se produisent les principaux phénomènes météorologiques (nuages, pluies, etc.) ainsi que les mouvements atmosphériques horizontaux (advection) et verticaux (convection thermique, vents).

La limite entre la troposphère et la stratosphère s'appelle la tropopause.

Au-dessus on passe dans la stratosphère : la température y croît avec l'altitude jusqu'à 0 degré vers 50 km d'altitude. Cette tranche abrite une bonne partie de la couche d'ozone qui absorbe une part du rayonnement solaire ultraviolet.

Ensuite, on trouve l'ionosphère et l'exosphère, mais je ne vous conseille pas de monter si haut.

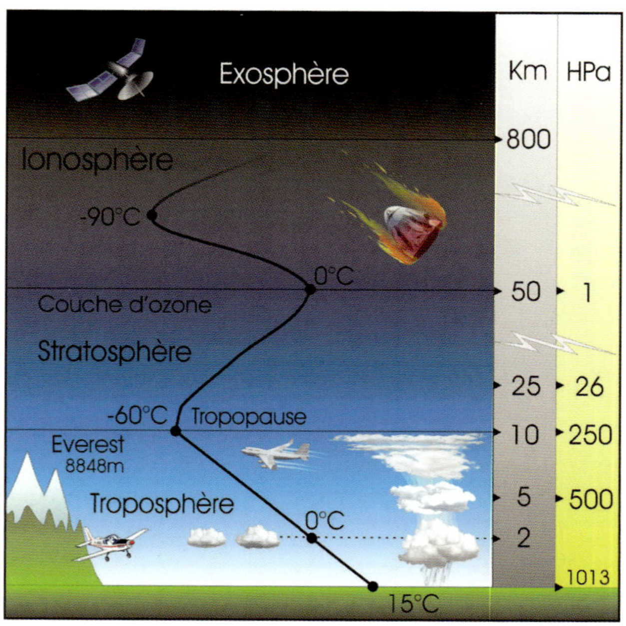

Structure verticale de l'atmosphère.
Vertical atmospheric Structure.

L'atmosphère est caractérisée par de nombreux paramètres :

1.1.1. La pression atmosphérique

Les couches d'air qui s'empilent dans l'atmosphère subissent aussi la pesanteur. Sachez qu'il y a au-dessus de nos têtes, des tonnes et des tonnes d'air qui pèsent. Tout ce gaz qui s'accumule exerce sur chaque corps une pression. Ladite pression atmosphérique est égale au poids de la colonne d'air qui surmonte la surface sur laquelle elle s'applique. Au niveau de la mer, le poids de cette colonne d'air est équivalent au poids d'une colonne de mercure d'une hauteur de 760 mm ou encore 1 013 hPa.
Une pression d'un pascal est une contrainte uniforme qui, agissant sur une surface plane d'un mètre carré, exerce perpendiculairement à cette surface une force totale d'un newton. L'unité de pression du système international est le pascal. Du nom du philosophe et mathématicien français Blaise Pascal. Celui-ci mit en évidence la pression atmosphérique grâce à un tube de Torricelli. En 1648, il mesura simultanément le niveau du mercure à Clermont-Ferrand, ainsi qu'au sommet du Puy-de-Dôme et compara ensuite la différence de hauteur. Le pascal n'est pas directement utilisé en aéronautique. Par commodité, on lui préfère un de ses multiples : l'hectopascal (hPa). Hecto, préfixe 100.

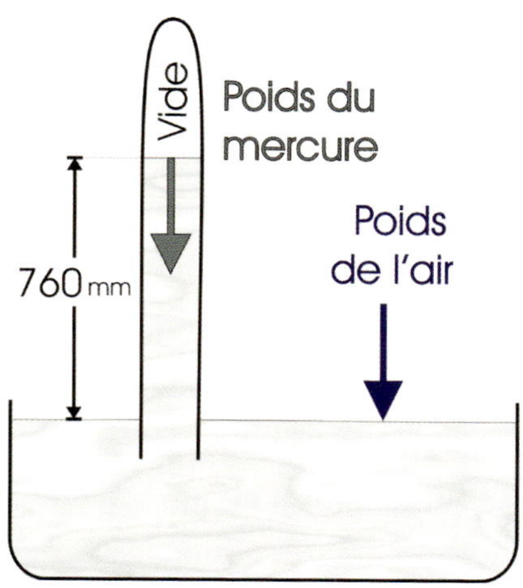

Principe du baromètre à mercure : au niveau de la mer, le poids de l'air est équivalent au poids d'une colonne de mercure d'une hauteur de 760 mm. Notez qu'au sommet du tube, la pression atmosphérique ne s'applique pas, car tout l'air en a été retiré. En fait, il n'y a rien. C'est ce qu'on appelle le VIDE.
Principle of the mercury barometer : at sea level, the weight of air is balanced by the weight of about 760 mm-column of mercury. Note : at the top of the tube, no pressure is exerted due to vacuum.

La pression atmosphérique diminue avec l'altitude

À 5 500 mètres d'altitude, La hauteur de la colonne d'air est divisée par deux. La pression diminue de moitié, elle est voisine 380 mm de mercure ou 500 hPa.
Dans les très basses couches de l'atmosphère, c'est-à-dire, au voisinage du niveau de la mer, la pression décroît de 1 hPa tous les 8,5 m, soit à peu près 1 hPa tous les 28 ft. On considère que la baisse de pression avec l'altitude est à peu près linéaire entre zéro et 4 000 m d'altitude. Ensuite, plus on va monter, plus le taux de baisse de pression avec l'altitude va diminuer. On estime que la diminution est de l'ordre de :

0,4 hPa tous les 10 m vers 10 000 m ;
0,05 hPa tous les 10 m vers 20 000 m.

La pression atmosphérique évolue dans le temps et dans l'espace

En fonction des passages perturbés, la pression atmosphérique en lieu donné évolue au fil du temps qui passe. On peut suivre ces variations sur le baromètre, ou encore mieux,

les enregistrer sur un barographe. Sous nos latitudes, la valeur moyenne de la pression mer est de 1 013 hPa. Cette valeur peut évoluer en général jusqu'à 1 035/1 040 hPa pour les variations les plus hautes (anticyclone) et descendre communément vers 985 hPa, pour les valeurs les plus basses (dépression). La pression varie aussi en fonction du lieu géographique. Afin de pouvoir comparer les différentes valeurs, indépendamment de l'altitude de la mesure, on ramène le calcul de la pression à la verticale du lieu, comme si elle avait été faite au niveau de la mer.
En se plaçant ensuite à ce niveau, on va relier par une ligne tous les points où règne une pression identique. On obtient ce que l'on appelle des lignes isobares. Celles-ci sont cotées en général de 5 en 5 hPa. À partir de la répartition du champ de pression mer, on peut définir les éléments suivants :

Dépression : zones d'isobares fermées où la pression est plus faible en son centre qu'à l'extérieur. L'axe de prolongement d'une dépression s'appelle un thalweg (ou talweg).

Anticyclone : zones d'isobares fermées où la pression est plus forte en son centre qu'à l'extérieur. L'axe de prolongement d'un anticyclone s'appelle une dorsale.

Marais barométrique : vaste zone où la pression varie peu dans l'espace. Il est souvent difficile d'y tracer des isobares.

Col barométrique : région qui sépare deux anticyclones ou dépressions.

Talweg (thalweg) : Prolongement d'une zone de basses pressions.

Dorsale : Prolongement d'une zone de hautes pressions.

La ligne isobare 1015 hPa est renforcée, car elle représente la limite théorique entre les anticyclones et les dépressions.

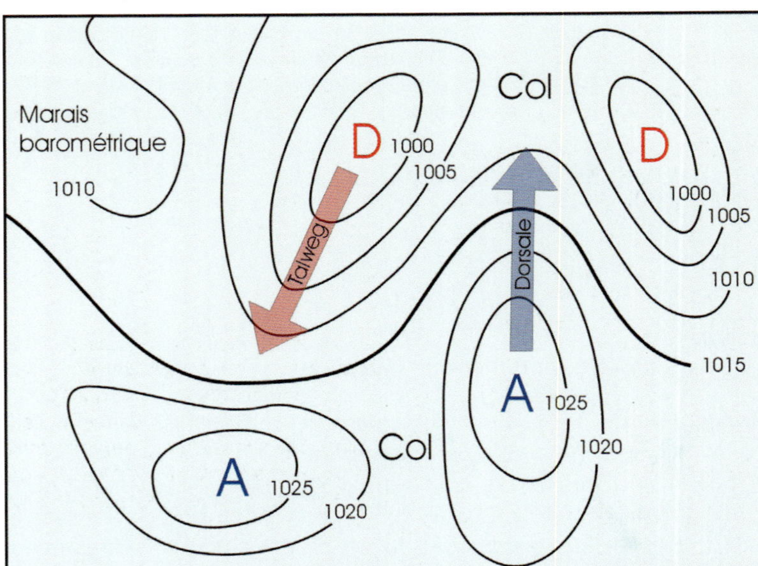

Les différents acteurs du champ de pression au niveau de la mer.
The different elements in the pressure field at sea level, anticyclone (or high), cyclone (or low), ridge, trough, col and a flat low.

1.1.2. La température

En journée, c'est le soleil qui chauffe la Terre par rayonnement. Le sol ainsi réchauffé va transmettre ses calories par conduction aux basses couches de l'atmosphère. Voilà pourquoi la température de l'air décroît avec l'altitude. En moyenne de 0,6 degré par 100 mètres (2° C tous les 1 000 ft).

Au niveau du sol, le paramètre température de l'air dépend de nombreux facteurs. D'abord l'ensoleillement. Plus le rayonnement solaire est proche de la verticale du lieu et plus l'énergie reçue est importante. L'augmentation de température qui en découle est significative. Au contraire, quand le soleil est bas sur l'horizon, le rayonnement est dissipé sur une surface beaucoup plus grande. L'élévation de température est peu marquée. C'est pour cette raison d'ailleurs que les régions équatoriales sont plus chaudes que les zones proches des pôles.

En cas de ciel clair ou peu nuageux, l'énergie solaire qui arrive au sol est importante et celui-ci se réchauffe plus vite. Au contraire, en cas de ciel très nuageux à couvert, une bonne part de l'énergie solaire est réfléchie par le sommet des nuages. Au niveau du sol, l'élévation de température est faible.

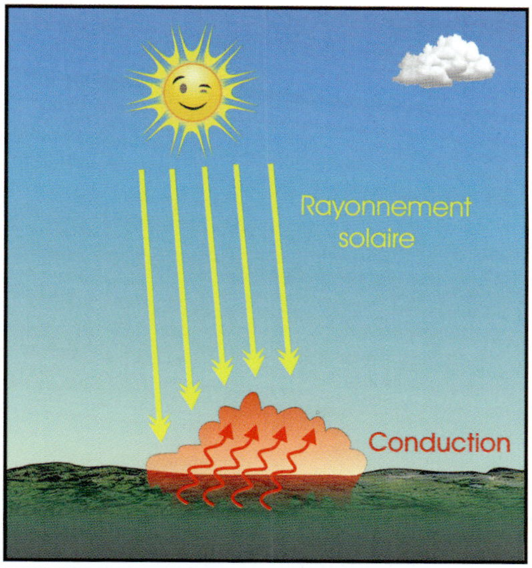

Avec le soleil proche de la verticale et un ciel clair à peu nuageux, l'augmentation de la température du sol, puis des basses couches de l'atmosphère est importante.
With the sun close to vertical and clear to slightly cloudy sky, the raise in the ground temperature and in the lower atmospheric layers afterward is signicant.

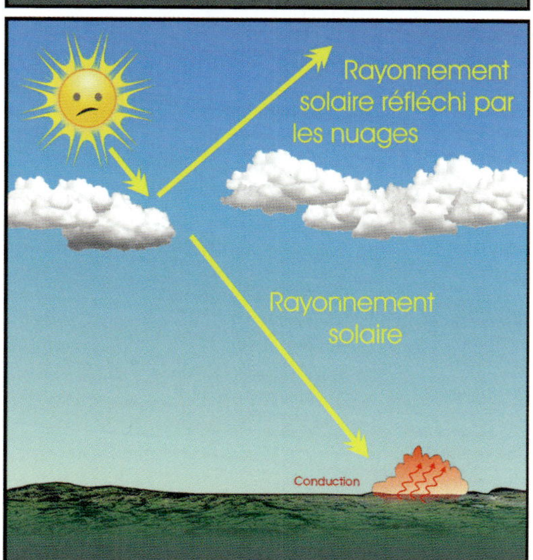

Quand le soleil est plus bas sur l'horizon et que le ciel est très nuageux à couvert, l'augmentation de la température du sol, puis des basses couches de l'atmosphère est faible.
When the sun is lower on the horizon and the sky is cloudy and overcast, the increase in ground temperature and then in the lower atmospheric layer is weak.

La nuit, tous ces phénomènes s'inversent. En l'absence de couverture nuageuse, la terre renvoie vers le ciel un rayonnement infrarouge qui lui fait perdre des calories. Les sols ainsi refroidis vont ensuite faire baisser la température de l'air dans les basses couches de l'atmosphère par conduction. Il se forme alors une inversion de températures. En fait, la température augmente avec l'altitude.

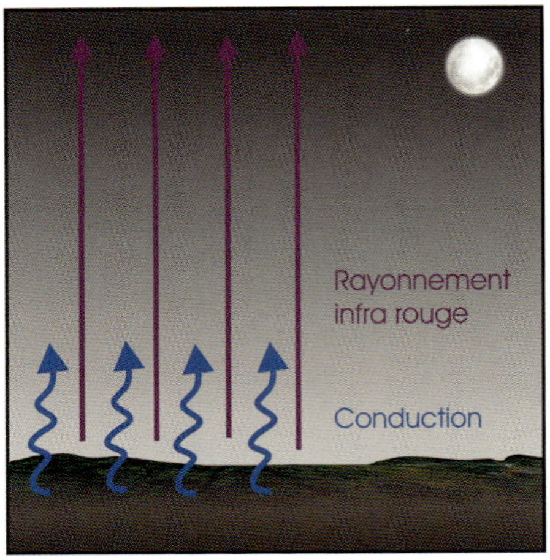

Ciel étoilé, le rayonnement infrarouge terrestre peut s'échapper vers l'espace sidéral. Refroidissement important au niveau du sol et dans les basses couches.
On clear night, energy is radiated (infrared spectrum) toward atmosphere and toward space through atmosphere. As a result, the ground and the lower atmospheric layers cool down signicantly.

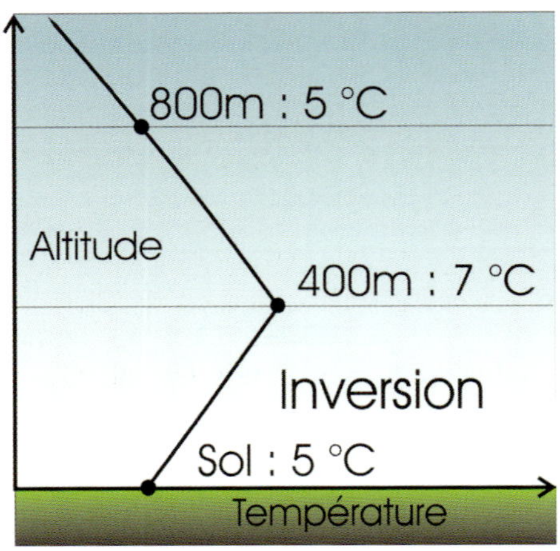

Courbe de la température en fonction de l'altitude. Au fil de la nuit, par ciel clair à peu nuageux, il se forme souvent une inversion de températures dans les basses couches.
Temperature curve as a function of altitude. On clear night, the ground surface loses a great deal of heat by radiation and cools down the air in contact by conduction. In such conditions, a temperature inversion develops : within the zone of temperature inversion, temperature increases with altitude.

Par contre, en cas de couverture nuageuse importante, le rayonnement infrarouge est bloqué par les nuages. Les calories ne peuvent s'échapper vers l'espace et le refroidissement est faible.

Ciel couvert, le rayonnement infrarouge terrestre ne peut pas s'échapper vers l'espace sidéral. Faible refroidissement au niveau du sol et dans les basses couches.
During cloudy night, a part of energy radiated by the earth is redirected to the ground. As a result, temperature variations of the ground and the lower atmospheric layers are weaker.

De ce constat, on en déduit que les journées qui se déroulent sous un ciel clair à peu nuageux sont caractérisées par une grande amplitude thermique. C'est-à-dire qu'il y a un gros écart entre la température minimale qui se produit en général une demi-heure après le lever du soleil et la température maximale. On mesure celle-ci environ deux heures après le passage du soleil sur le méridien du lieu.
La température dépend enfin de la teinte de la surface terrestre. Un sol clair comme de la neige ou de la glace va réfléchir une part importante du rayonnement solaire initial. Le réchauffement sera faible. Au contraire, un sol foncé, tel que le bitume absorbera une part importante du rayonnement solaire.

Sols foncés, faible pouvoir réfléchissant, fort réchauffement. Sols clairs, fort pouvoir réfléchissant, faible réchauffement.
The behavior of the surface towards incoming radiations depends on its nature and its ability to reflect the incident radiated energy. In particular, darker grounds become warmer than white grounds.

1.1.3. L'atmosphère standard

Pour les besoins de l'aéronautique, et afin de lier l'altitude à la pression, on va définir une atmosphère théorique qui servira de référence. On prendra pour chaque paramètre météorologique, une valeur moyenne :
Au niveau de la mer, on considère l'air sec, une pression atmosphérique de 1 013,25 hPa et une température de 15 degrés.
En altitude, une température qui va diminuer de 0,65 degré par 100 m, ou encore 2 degrés pour 1 000 ft.
Quant à la pression, elle va décroître suivant une loi mathématique logarithmique. Dans les basses couches, on retiendra que la pression baisse de 1 hPa tous les 8,5 m ou 28 ft.

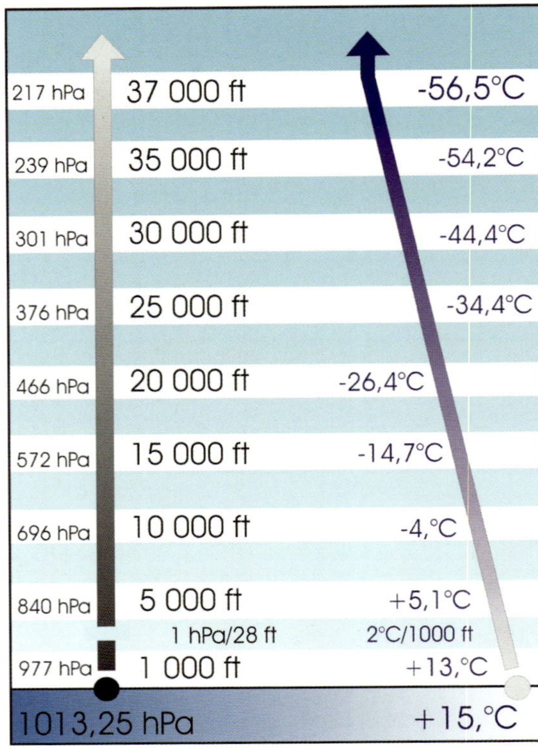

Principe de l'atmosphère standard, avec une décroissance moyenne de la pression et de la température en fonction de l'altitude.

The International Standard Atmosphere (or ISA) is used to represent the average pressure, temperature according to the vertical.

À partir de cette échelle on peut concevoir l'altimètre. Le cadran porte une échelle d'altitude correspondant à la baisse de pression, suivant l'atmosphère type indiquée plus haut. Voir pages 155 et 156 chapitre "3.5.3.2. Altimètre et Variomètre", page 155.

Attention

Dans une masse d'air chaude, l'atmosphère a tendance à se dilater. Avec ce niveau de référence, on comprendra que dans l'air chaud, l'altitude de l'appareil sera supérieure à celle indiquée par l'altimètre. Au contraire, dans une masse d'air froide, l'atmosphère va se contracter. Dans de telles circonstances, l'altitude de l'appareil sera inférieure à celle indiquée par l'altimètre. Cette situation peut devenir dangereuse, surtout en présence d'un relief.

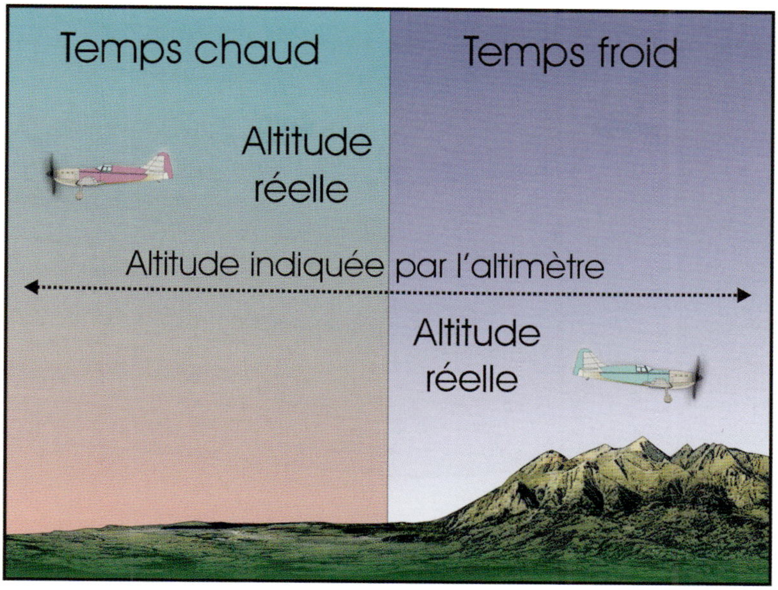

Masse d'air chaude, l'altitude de l'avion est supérieure à celle indiquée.
Masse d'air froide, l'altitude de l'avion est inférieure à celle indiquée. Danger…
The aircraft true altitude is higher than indicated in the warmer air and lower than indicated in the colder air.

1.1.4. Le vent

Deux paramètres distincts vont caractériser le vent : sa force et sa direction. Sur les petits aérodromes, il n'y a que la manche à air pour indiquer ces paramètres. La lecture se fait de manière intuitive, au sol comme en vol, notamment dans la branche vent arrière. (Voir chapitre "4.2.3.9.1.2. La piste", page 197)
Sur les aérodromes importants, la vitesse et la direction du vent sont enregistrées respectivement par un anémomètre et une girouette, le tout placé sur un mât à une hauteur standard de 10 m au-dessus du sol.

Représentation du vent

La vitesse du vent.
Dans la vie courante, pour nos véhicules, comme pour les ULM et les planeurs, les vitesses de déplacement sont données en km/h.
En aéronautique cependant, on adopte le nœud comme unité de mesure pour indiquer la vitesse du vent. Un nœud (abréviation 1 kt) correspond à un mile nautique à l'heure. Un mile nautique représente une minute de l'échelle des latitudes, soit 1 852 m. Pour des vents inférieurs à 40 km/h, on pourra estimer la vitesse du vent en km/h, en prenant le double de la valeur de la vitesse en nœud.
En gros : 10 kt = 20 km/h.

La direction du vent

Par convention, la direction du vent est celle d'où vient le vent. Le vent de nord, c'est un vent qui vient du nord et qui souffle vers le sud. Le plus simple c'est d'utiliser les points cardinaux. Mais ce système de repérage est peu précis. Pour éviter cet inconvénient, on a préféré adopter une mesure d'angle. La direction du vent représente l'angle entre le vecteur d'où vient le vent et le nord vrai. La mesure se fait en tournant dans le sens des aiguilles d'une montre.

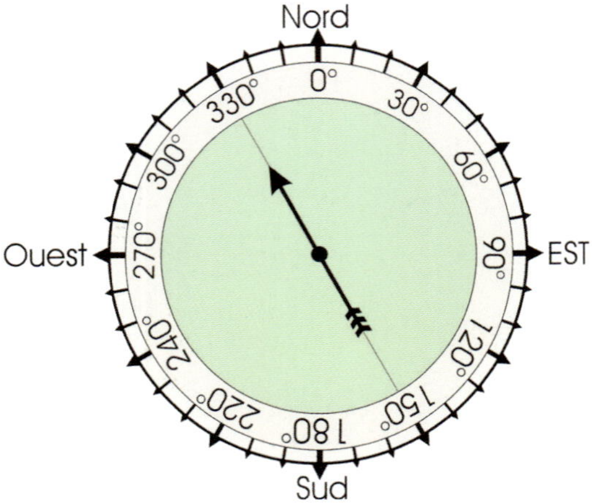

La rose des vents permet d'indiquer la direction en degrés du vent par rapport au nord vrai. Sur l'exemple, un vent orienté du 150° est un vent qui vient du sud sud-est.
The wind direction is the direction from which the wind is blowing expressed in degrees, clockwise from true north on wind roses. For example, if the wind direction is 150°, then the wind is blowing from the south southeast.

Sur les grands aéroports, l'information transmise aux pilotes se fait sous trois formes complémentaires.
Le vent instantané : calculé sur une moyenne de trois secondes, il est censé représenter les rafales à l'échelle d'un aéronef. En phase d'atterrissage, la tour communique aux pilotes les valeurs mini et maxi au cours des dix dernières minutes. Cette fourchette donne une ampleur des variations de la vitesse du vent.
Le vent moyen calculé sur 2 minutes. Il est censé être représentatif à l'échelle locale de l'aérodrome. Il est communiqué aux pilotes dans la phase d'atterrissage.
Le vent moyen calculé sur 10 minutes. Cette valeur est transmise sur le réseau météorologique mondial pour alimenter les messages Métars.
Sur les cartes météorologiques, on se sert des symboles de la barbule et de la hampe, pour indiquer force et direction du vent. La hampe est une courte ligne droite dont l'extrémité indique la direction d'où souffle le vent. L'autre extrémité porte la barbule. Celle-ci représente la force du vent.

Un demi-trait pour 5 nœuds.
Un trait plein pour 10 nœuds.
Un fanion (symbole triangulaire) pour 50 nœuds.

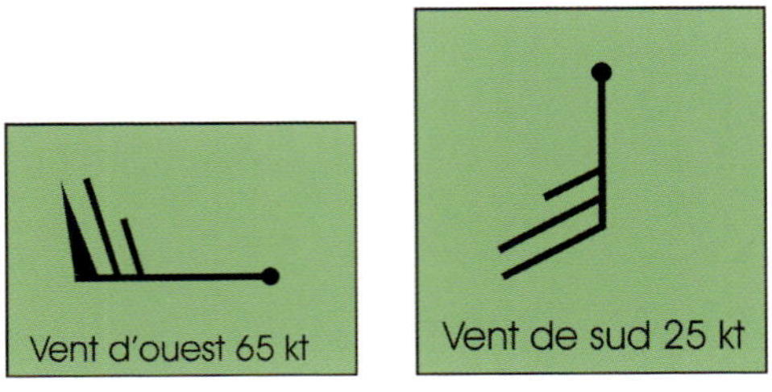

Représentation de la force et de la vitesse du vent sur les cartes météorologiques.
Wind speed and wind direction as depicted on weather maps.

1.2. LA DYNAMIQUE DE L'ATMOSPHÈRE

1.2.1. La convection

Ce mode de transfert de chaleur s'effectue sous l'effet du mouvement d'un fluide, liquide ou gazeux. Quand on chauffe de l'eau dans une casserole par exemple, les calories se propagent dans le liquide grâce à la convection. C'est le même principe qui permet de réguler la température dans une pièce. L'air monte au-dessus des sources chaudes, les radiateurs. Il s'affaisse au niveau des sources froides, le carrelage au centre de la pièce. Des mouvements horizontaux vont ensuite compenser les déséquilibres et c'est ainsi qu'une circulation s'installe.

Dans notre ciel maintenant, c'est le même principe qui s'emballe par de belles journées bien ensoleillées. Des mouvements ascendants et descendants vont se former pour moyenner sur toute l'épaisseur de la couche brassée l'ensemble des paramètres météo : vent, humidité, température. C'est d'ailleurs pour cette raison que l'ensemble des cumulus se forme à peu près au même niveau.

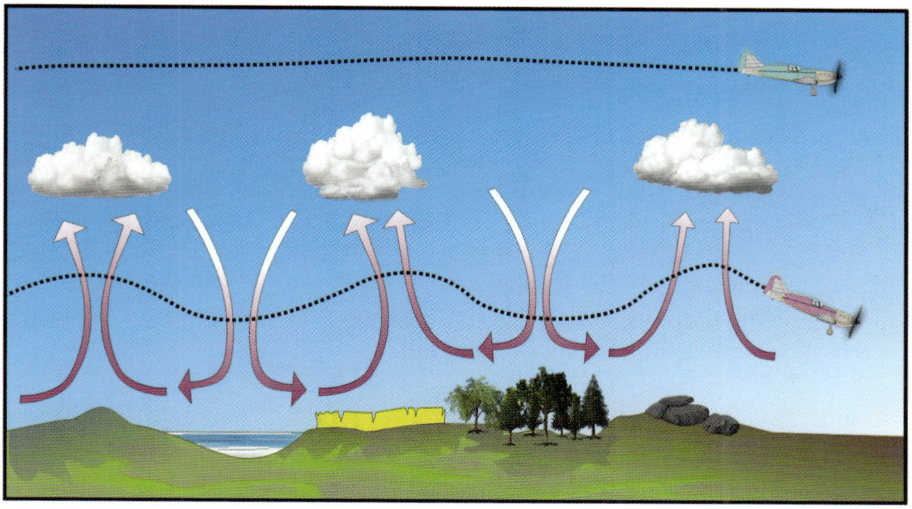

Convection dans les basses couches de l'atmosphère. Les cumulus se forment au sommet des ascendances thermiques. Notez que pour un vol plus tranquille, il veut mieux transiter au-dessus de la couche convective.

Convection in the lower atmospheric layers. Cumulus clouds begin to appear at the convective condensation level. For a smoother flight, it's often better to fly above the convective layer.

En théorie, en l'absence de vent météo et sur un sol uniforme, les cellules convectives voisines s'organisent en quinconce, dans une structure en nid d'abeille. Cette disposition naturelle, permet à moindres frais, une meilleure répartition de la convection dans l'espace. Pas folle la guêpe. La base d'une cellule convective prend la forme d'un hexagone. La colonne ascendante occupe la région centrale, alors que le mouvement descendant règne sur la périphérie de l'hexagone.

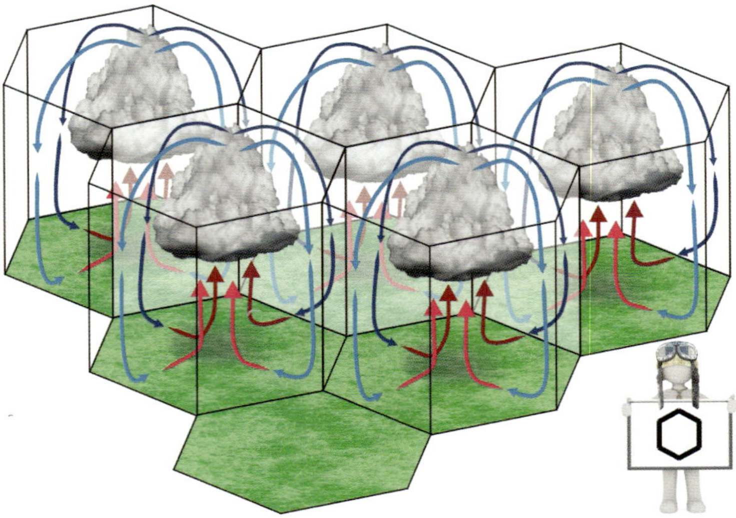

Organisation des cellules convectives, dans une structure en nid d'abeille, pour une surface homogène, chauffée uniformément à la base.
Convective cells organization, in a honeycomb structure, for a homogeneous surface, heated at the base.

Quand il y a du vent et que celui-ci croit avec l'altitude, la convection s'organise en tourbillons cylindriques alternés. La trajectoire des particules d'air est une spirale. Les spirales voisines tournant alternativement, dans un sens et dans l'autre. Si l'air est très sec, on constate successivement des bandes ascendantes et des bandes descendantes, alignées parallèlement, dans le lit du vent. Avec plus d'humidité, des cumulus en files parallèles à la direction du vent, bourgeonnent sur les bandes ascendantes et forment ce que l'on appelle « les rues de cumulus ». Quand le vent d'altitude au-dessus de la couche d'inversion de subsidence, souffle perpendiculairement aux rues de nuages et qu'il atteint une bonne vitesse, les rues de cumulus forment alors des obstacles perpendiculaires au vent de la couche supérieure. Elles favorisent ainsi la formation d'ondes de ressauts, en phase avec l'espacement de la rue de nuages.

Avec du vent, organisation de la convection en tourbillons cylindriques sous forme de rue de cumulus.
With wind, organization of the convection in cylindrical vertices in the form of a line of cumulus clouds.

À l'échelle de la planète, le même phénomène convectif fonctionne. L'air s'affaisse et s'accumule sur les sources froides, c'est-à-dire sur les pôles Nord et Sud. Au niveau de l'équateur, par contre, avec le rayonnement solaire qui arrive à la verticale, la température augmente. L'air ainsi réchauffé s'élève jusqu'au sommet de la troposphère. Des mouvements horizontaux vont compenser les déséquilibres. L'air s'échappe des zones où il se trouve excédentaire, pour aller combler les zones déficitaires. Pour simplifier, on pourrait dire que les cellules convectives qui s'installent transportent la chaleur vers les pôles et le froid vers l'équateur. En fait les choses sont plus complexes, car il existe trois cellules convectives dans l'hémisphère nord et trois autres dans l'hémisphère sud. Chacune de ces cellules va tourner en sens inverse par rapport à sa voisine. Comme dans la pièce ou, encore, comme dans la troposphère. Les cellules ne sont jamais fixes, elles se déplacent au rythme des saisons. Dans l'hémisphère nord, en été, elles vont remonter vers le cercle polaire. En hiver, elles vont redescendre vers le tropique. Au printemps et en automne, elles se trouvent généralement sur une position intermédiaire. Maintenant, si on compare la circonférence de la Terre (40 000 km), par rapport à l'épaisseur de la troposphère (12 km), la hauteur des cellules devient dérisoire face à leur diamètre horizontal.

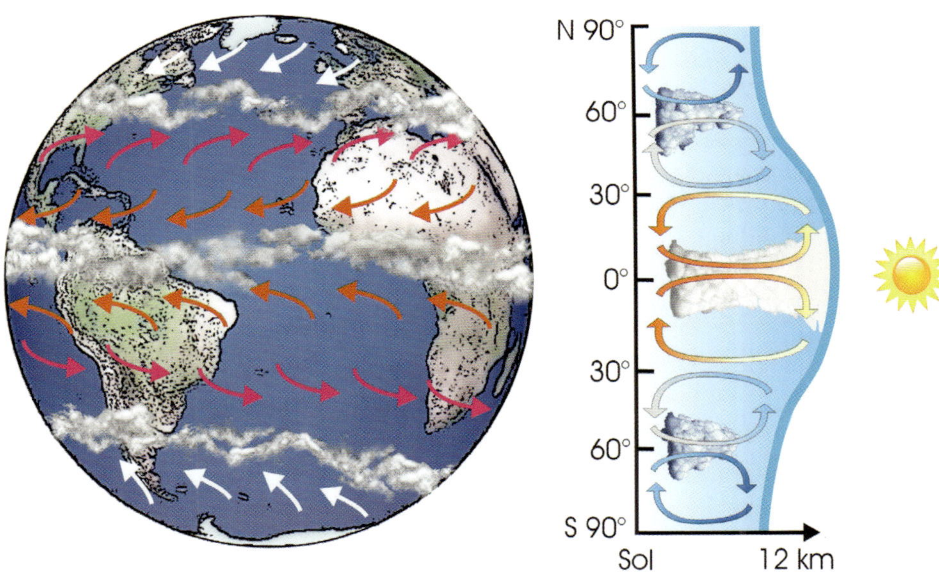

Circulation générale de l'atmosphère sur la Terre, avec la formation de trois cellules convectives dans l'hémisphère nord et trois autres dans l'hémisphère sud.

General atmospheric circulation on earth with the formation of three convective cells in the northern hemisphere and three others in the southern hemisphere.

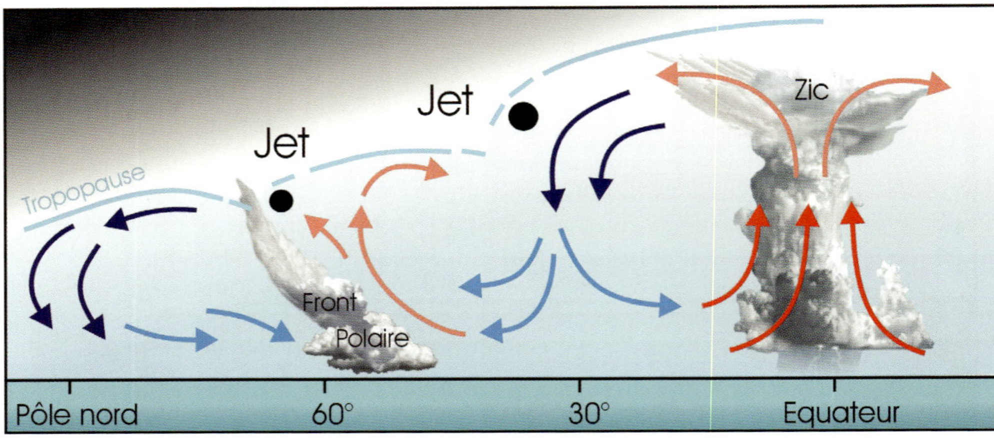

Formation des trois cellules convectives dans l'hémisphère nord, avec les deux fronts qui marquent leurs limites.
Cross-section of three convective cells formed in the northern hemisphere with two fronts defining their boundaries.

1.2.2. Les vastes zones où l'air descend

Nous avons vu au chapitre précédent qu'il existe autour du globe de vastes zones où l'air descend et d'autres où il monte. Regardons de plus près ce qui s'y passe.
Quand l'air s'affaisse, la contrainte verticale s'accroît. Le gaz va peser de plus en plus lourd et par voie de conséquence, sa pression va augmenter. Pas de beaucoup bien sûr, mais cette contrainte verticale sera suffisamment importante pour avoir des effets sur l'évolution du temps.
D'un point de vue physique, quand on comprime un gaz, on lui fournit de l'énergie. Sous la contrainte, les molécules du gaz se bousculent et s'entrechoquent, ce qui induit un réchauffement. On observe la même chose quand on gonfle un pneu de vélo. L'air comprimé dans la pompe à tendance à s'échauffer. Dans l'atmosphère, c'est pareil. L'augmentation de pression génère une petite élévation de température.

Le réchauffement n'est pas énorme, mais suffisant pour faire évaporer les gouttelettes d'eau en suspension dans l'air. S'il y en a bien sûr. Sous l'effet de cet affaissement que l'on nomme subsidence et du réchauffement induit, les nuages ont tendance à se dissiper. Au printemps et en été, d'un point de vue touristique, la situation évolue vers du beau temps. D'un point de vue dynamique, l'air qui descend ne peut aller plus bas que terre, à moins de ressortir en Chine. Pour compenser l'excès de gaz qui s'accumule au centre de la zone, des mouvements horizontaux vont expulser l'air vers l'extérieur. Le gaz part. À cette échelle, une nouvelle force va intervenir. C'est la force de Coriolis qui est due à la rotation de la Terre. Au bout d'une centaine de km et après plusieurs heures, le mouvement sera détourné sur sa droite dans l'hémisphère nord et vers la gauche, dans l'hémisphère sud. Pour nous, en France métropolitaine, l'air va s'échapper du centre du système, en tournant dans le sens des aiguilles d'une montre. Si vous allez à la Réunion dans l'hémisphère sud, le mouvement se fera dans le sens inverse. Pour résumer, quand on est en présence d'une vaste zone où l'air descend, que la pression s'accroît, que le beau temps revient et que le mouvement se fait dans le sens horaire, on se trouve en présence d'un anticyclone. Les pressions sont généralement de l'ordre de 1 020 à 1 035 hPa.

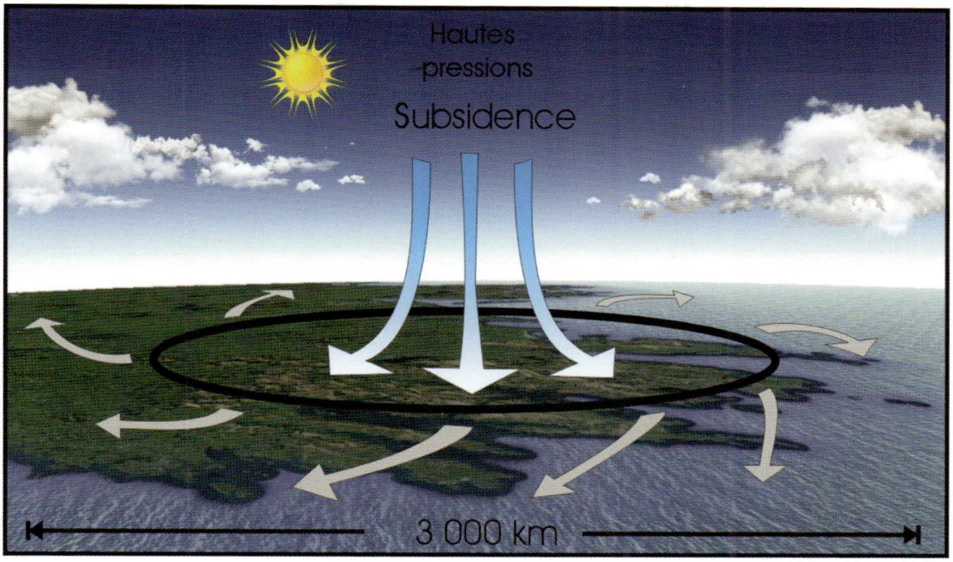

Mouvements de l'air générés par un anticyclone dans l'hémisphère nord.
Air movement generated by an anticyclone (or high) in the northern hemisphere.

1.2.3. Quand l'air monte

Le mouvement ascendant va soulager le poids de la colonne d'air. La contrainte verticale qui diminue entraîne une baisse de la pression de l'air. D'un point de vue physique, quand on détend un gaz ou quand on abaisse sa pression, on lui prend de l'énergie sous forme de chaleur et fort logiquement, celui-ci se refroidit.

Dans l'atmosphère, la baisse de pression occasionne une chute de la température de la particule d'air soulevée. À partir d'un certain niveau de refroidissement, la vapeur d'eau qui se trouve diluée dans l'air va se condenser en de fines gouttelettes d'eau. Sous l'effet du mouvement ascendant, celles-ci vont rester en suspension. Et c'est ainsi que se forment les nuages. D'un point de vue touristique la situation évolue vers du mauvais temps.

D'un point de vue dynamique, l'air qui monte au centre de la zone va créer un déficit que des mouvements horizontaux vont essayer de compenser. Pour combler ce manque, l'air se déplace de l'extérieur vers le centre du système. À cette échelle, la force de Coriolis va encore intervenir. Au bout d'une centaine de kilomètres et après plusieurs heures, le mouvement sera détourné sur sa droite, dans l'hémisphère Nord. L'air va entrer dans la zone en tournant dans le sens inverse des aiguilles d'une montre (et dans le sens des aiguilles d'une montre dans l'hémisphère sud).

En résumé, quand on est en présence d'une vaste zone d'air ascendant, avec de la pression qui baisse en son centre, du mauvais temps qui s'installe et autour de laquelle le mouvement de l'air se fait dans le sens inverse des aiguilles d'une montre (dans l'hémisphère nord), on se trouve en présence d'une dépression. C'est d'ailleurs pour cette raison que la pluie nous file le bourdon. Les pressions se situent entre 990 et 1 000 hPa.

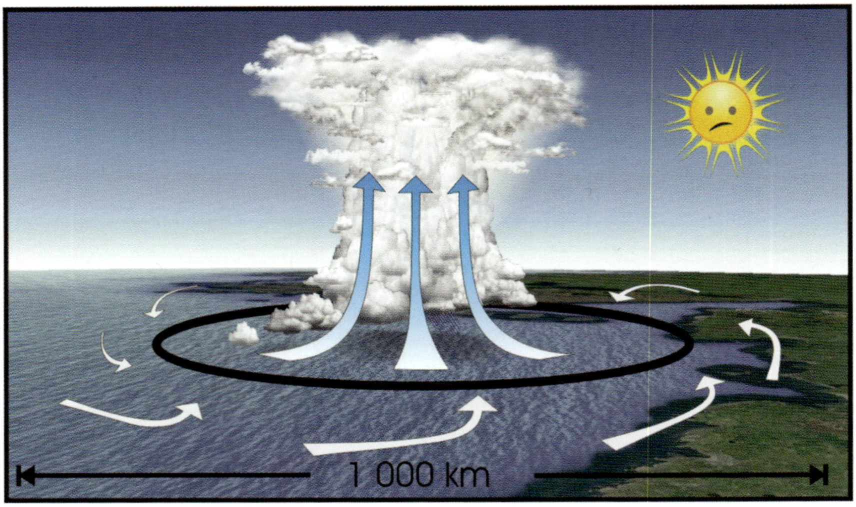

Mouvements de l'air générés par une dépression dans l'hémisphère nord.
Air movement generated by a depression (or low) in the northern hemisphere.

1.2.4. Le vent géostrophique

La force de pression qui s'applique sur une particule d'air est dirigée des hautes vers les basses pressions. Plus la différence de pression est grande entre deux points et plus la force de pression est importante. C'est un peu comme un pneu ou un ballon. C'est au début, quand ils sont bien gonflés, qu'ils se vident le plus vite. Quand une particule d'air est soumise à un champ de pression, elle va subir l'aspiration de la force de pression. Elle va donc naturellement se mettre en mouvement, en accélérant des hautes vers les basses valeurs. Au début, la trajectoire est rectiligne. Progressivement cependant, la force de Coriolis évoquée plus haut va s'appliquer. Cette force est proportionnelle à la vitesse de la particule. Comme la vitesse de la particule croît, la force de Coriolis augmente aussi. Elle s'applique perpendiculaire au mouvement en déviant la trajectoire vers la droite. Tant que la somme de ces deux forces n'est pas nulle, la particule accélère encore. Et ceci entraîne naturellement une nouvelle augmentation de la force de Coriolis qui s'incline aussi vers la droite en suivant le mouvement. À force de tourner, la force de Coriolis va se trouver exactement opposée à la force de pression et les deux forces vont finir par s'équilibrer. Sur sa trajectoire, la particule finit par suivre les lignes d'égale pression que l'on nomme : isohypses.

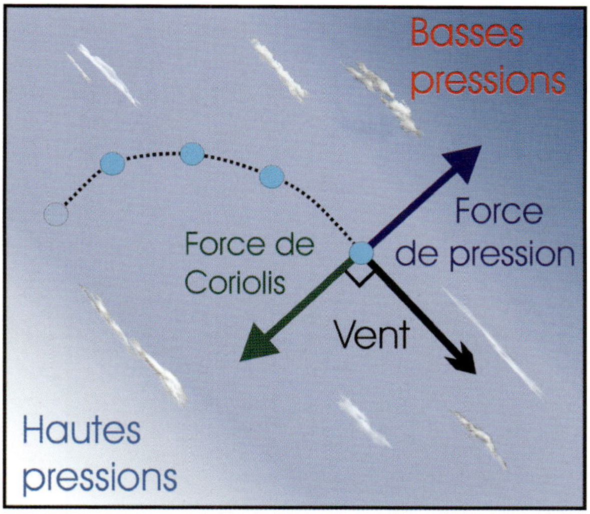

En altitude, sans frottement, la force due au gradient de pression est équilibrée par la force de Coriolis. Par conséquent, une particule d'air se déplace parallèlement (ou tangentiellement si on veut vraiment être rigoureux) aux isohypses (les isohypses sont des courbes de niveaux d'une surface isobare donnée. Elles relient les points où une pression donnée peut être retrouvée à la même altitude. Elles constituent une seconde manière de représenter le champ de pression).
Aloft, with no friction, the pressure gradient force is balanced by the Coriolis force. As a result, a particle of air moves along the isohypses (Isohypses (or contour lines) give the topography of a given isobaric surface and link the points where the pressure surface is at the same altitude. It's a second representation of the pressure field).

Quand les lignes d'égale pression se resserrent : la force de pression augmente. Cela entraîne ensuite une augmentation de la vitesse de la particule et de la force de Coriolis. La vitesse du vent s'intensifie le long de la trajectoire. Au contraire, quand les lignes d'égale pression s'écartent : la force de pression diminue. Ceci entraîne ensuite une baisse de la vitesse de la particule et de la force de Coriolis. La vitesse du vent décroît le long de la trajectoire.

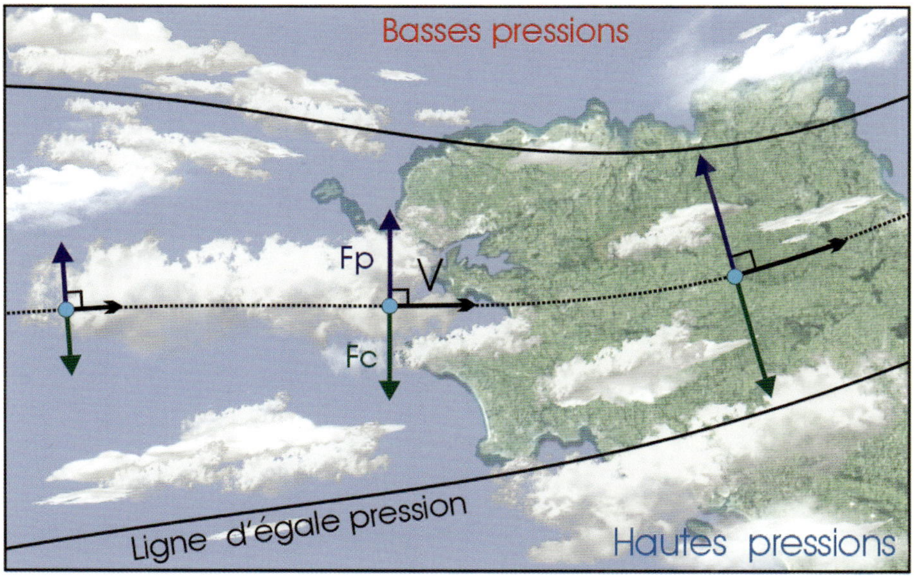

La vitesse du vent est inversement proportionnelle à l'écartement des isohypses.
The wind speed is inversely proportional to the distance between isobars.

1.2.5. La force de frottement et le vent au sol

Dans les très basses couches de l'atmosphère, une nouvelle force va intervenir pour ralentir l'écoulement de l'air : c'est la force de frottement. Tout comme la force de Coriolis, elle est proportionnelle à la vitesse de la particule, sauf qu'au lieu d'être perpendiculaire au mouvement, elle y est diamétralement opposée.

La force de frottement va retenir la particule d'air et l'équilibre va se faire maintenant suivant trois forces. La résultante entre la force de frottement et la force de Coriolis va s'opposer à la force de pression, tout en inclinant le vecteur vitesse vent vers les basses valeurs. Dans ces circonstances, l'air va s'échapper des zones de hautes pressions, pour aller combler les zones de basses pressions, tout en faisant un angle avec les lignes d'égales pressions. Plus la force de frottement est grande et plus l'angle sera important. La valeur de l'écart dépend de la résistance des surfaces. En général, on admet un angle variant entre 5 à 10 degrés sur la mer et jusqu'à 40 degrés sur la Terre. Le mouvement qui se fait des anticyclones vers les dépressions va permettre aux premiers de se vider et aux secondes de se remplir.

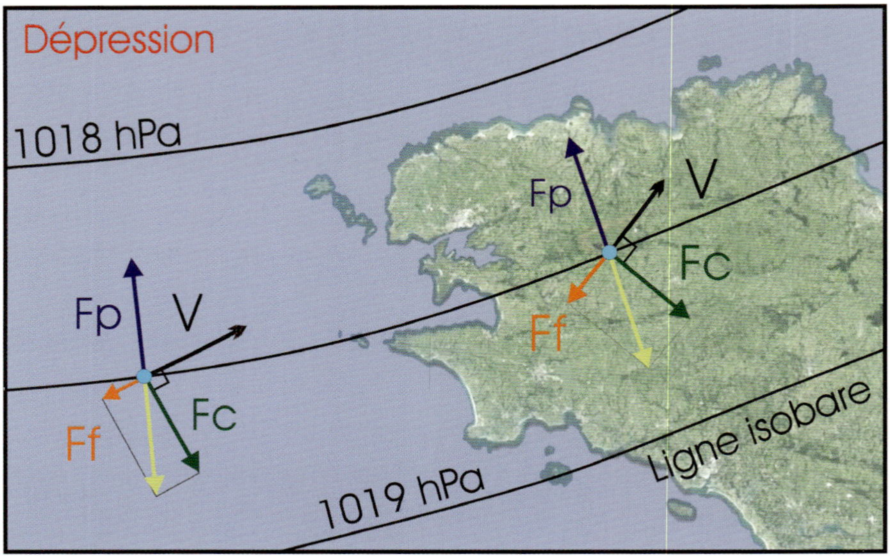

Calcul du vent en surface, avec l'équilibre des forces sur la mer où le frottement est faible, puis sur terre, avec un freinage plus important.

Low level wind calculation when all forces acting on a particle of air are in equilibrium : the pressure gradient force is balanced by the vector sum of the friction and coriolis force. Since friction is greater over the land, the wind will turn in toward the low pressure area and its speed will be slower than the one over the sea.

L'écart entre deux isobares (gradient de pression) va représenter la différence de pression entre les deux points. Il sera inversement proportionnel à la force du vent. Plus les isobares sont proches et plus le vent sera fort. Au contraire, plus elles sont éloignées et plus le vent est faible.

1.2.6. La loi de Buys-Ballot

Cette relation entre la direction des vents et le champ de pression a été mise en évidence par le célèbre météorologue Buys-Ballot. Elle stipule que face au vent, dans l'hémisphère nord, les dépressions sont sur la droite et les anticyclones sur la gauche. Cette loi était particulièrement utile aux navigateurs pour éviter la violence des tempêtes et cyclones. Effectivement, en naviguant tribord amure (vent venant de la droite), la capitaine du navire avait la possibilité de s'éloigner des dépressions. Dans l'hémisphère sud, le même principe s'applique, sauf qu'il faut tout inverser.

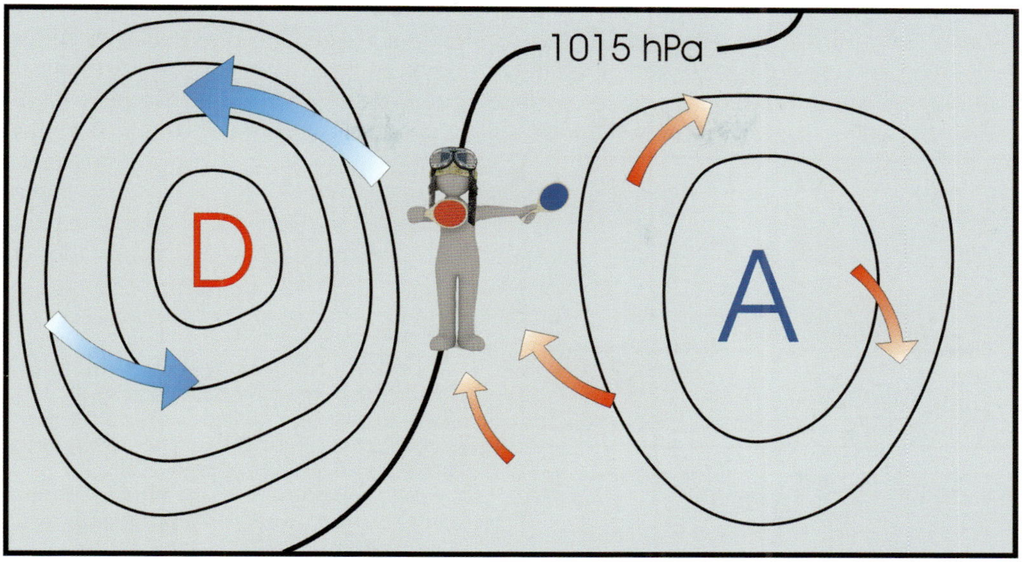

La loi de Buys-Ballot : dans l'hémisphère nord, face au vent, les dépressions sont sur la droite et les anticyclones sur la gauche.

Buys-Ballot's law : in the northern hemisphere, facing the wind, depressions are on the right while anticyclones are on the left.

1.2.7. La loi des trois D

Cette loi de Buys-Ballot s'applique aussi pour le voyage en avion. Dans l'hémisphère nord, quand l'appareil en vol est soumis à une dérive gauche (vent venant de sa droite), il se dirige alors vers une zone de hautes pressions, en général plus chaude et plus sèche. Avec les pressions et les températures qui augmentent et en l'absence de recalage de l'altimètre, l'altitude indiquée sera plus basse que l'altitude réelle.

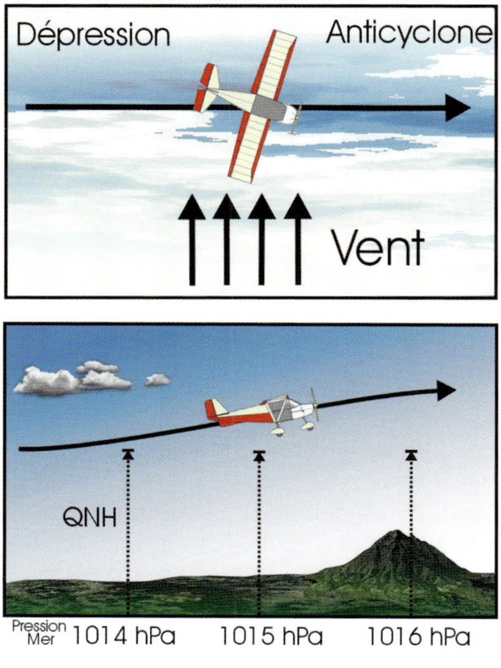

Dérive gauche (vent venant de la droite), sans recalage de l'altimètre, l'altitude indiquée est plus basse que l'altitude réelle.

Left drift (wind coming from the right side) : if the altimeter setting is not reset, the indicated altitude will become lower than the actual altitude.

Par contre, quand l'appareil en vol est soumis à une dérive droite (vent venant de la gauche), il se dirige vers une zone de basses pressions en général plus froide et perturbée. Avec les pressions et les températures qui baissent et en l'absence de recalage de l'altimètre, l'altitude indiquée sera plus élevée que l'altitude réelle. Et cela peut représenter un danger, surtout en présence d'un relief à passer.

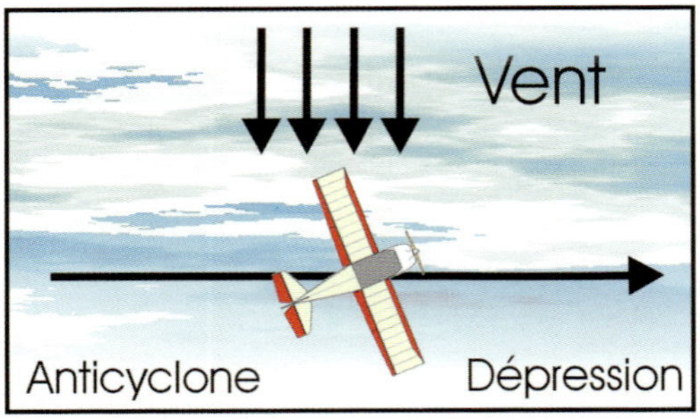

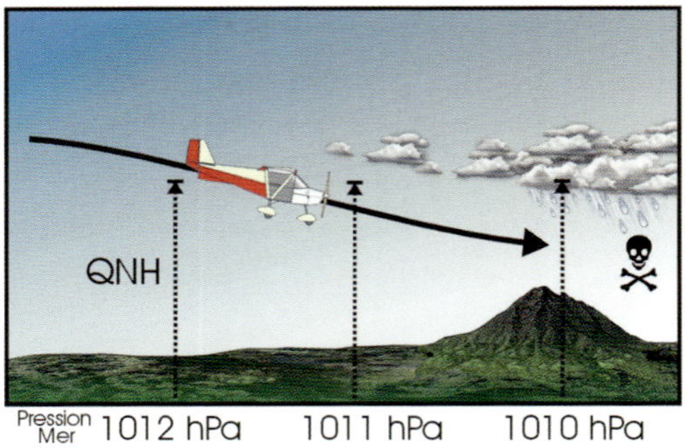

Dérive droite (vent venant de la gauche), sans recalage de l'altimètre, l'altitude indiquée est plus élevée que l'altitude réelle. Dérive droite, Dépression, Décroissance de la température : DANGER.
Right drift (wind coming from the left side) : if the altimeter setting is not reset, the indicated altitude will become greater than the actual altitude.

1.2.8 Les vents régionaux

Le mistral et la tramontane sont les plus célèbres de nos vents régionaux, même s'ils ne soufflent que sur une portion limitée du territoire français. Leur intensité s'explique par les goulets d'étranglement que représentent les Alpes et le Massif central pour le mistral et les Pyrénées et le Massif Central pour la tramontane. Ce resserrement provoque l'effet venturi. Les vallées canalisent la direction des vents.
Le mistral est un vent froid et généralement sec, mais turbulent en basses couches, avec de fortes et fréquentes rafales. Il se manifeste aussi par de fréquents rotors, horizontaux et verticaux très dangereux pour le vol. Pour s'affranchir de ses turbulences, un conseil, mieux voler haut et dans le lit du vent. En altitude, le vent est plus laminaire et permet un vol plus confortable.
Dans tous les cas la vigilance doit être de tous les instants, car même si le ciel est d'un bleu rassurant, la turbulence reste violente.
La tramontane souffle avec vigueur à tous niveaux et provoque un fort assèchement sur la côte languedocienne qui profite ainsi de larges éclaircies. La rapidité du flux aussi bien au sol qu'en altitude engendre la formation de puissants rabattants sous le vent des Cévennes et des Corbières. Pour voler en toute sécurité dans ce grand ciel bleu, il est impératif de s'éloigner des crêtes, au risque de subir de sévères turbulences et de forts mouvements descendants.
Le vent d'autan peut être considéré comme un opposé des deux vents précédents. Il s'agit effectivement d'un vent de secteur sud-est, turbulent, soufflant sur le midi toulousain. Le flux est accéléré par effet venturi, à cause du resserrement du relief entre les Pyrénées et la Montagne Noire. Il est peut-être violent et turbulent au voisinage du sol, surtout dans les phases critiques de décollage ou d'atterrissage. Les accélérations pro-

voquent de fortes rafales dans les vallées qu'il parcourt, de Mazamet à Carcassonne. On ressent ensuite pleinement son influence à Castelnaudary, Toulouse, puis Montauban, voire même jusqu'à Cahors.

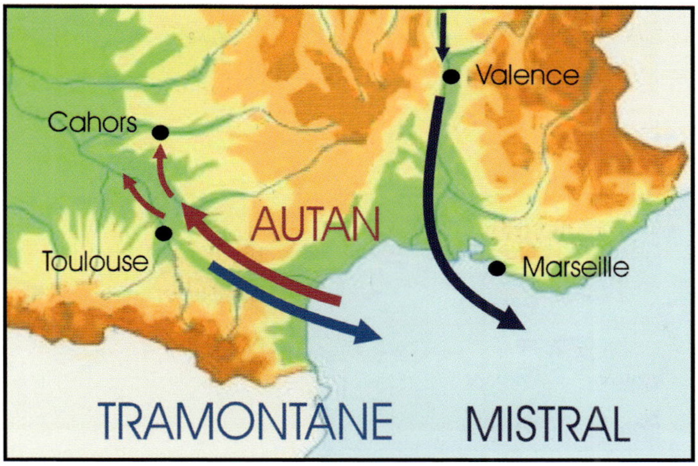

Les vents régionaux.
Local winds.

1.2.9 Les vents locaux

Les brises marines

La convection au voisinage du littoral génère des mouvements d'air verticaux et horizontaux. Dans les basses couches, le flux horizontal prend le nom de brise de mer, quand il vient du large. On lui donne le nom de brise de terre, quand il vient du continent.

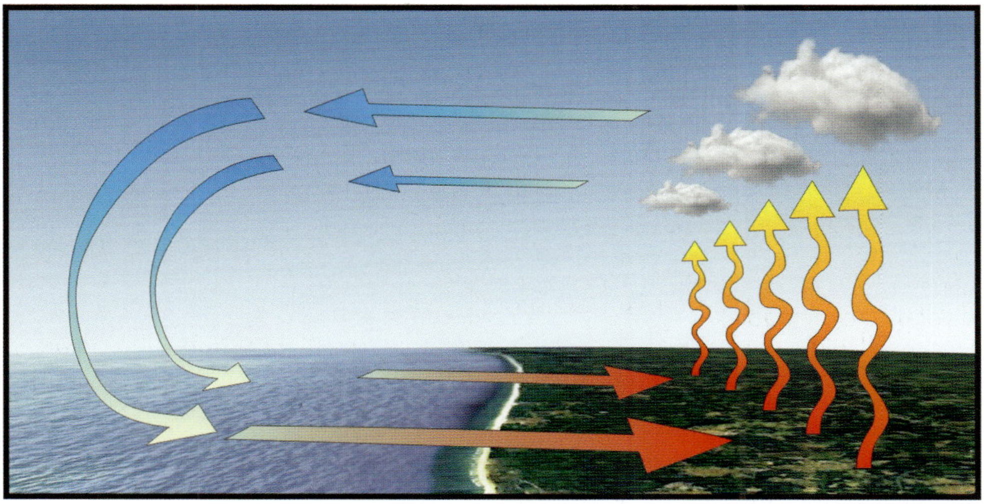

En journée, par temps calme, l'air s'élève au-dessus de la terre plus chaude, alors qu'il s'affaisse sur la mer restée plus froide. Ces mouvements verticaux entraînent une circulation. Dans les basses couches, l'écoulement qui se fait de la mer vers la terre, s'appelle la brise de mer.
During daytime, the land surface becomes warmer than the nearby water surfaces. As a result, a redistribution of atmospheric mass occurs due to convection : the air mass over the land rises while it moves downward over the sea (subsidence). During daytime, a low level sea breeze flows from the sea to the land. Aloft, a return flow is directed from land to sea.

La nuit, le phénomène s'inverse, l'air s'abaisse au-dessus de la terre plus froide, alors qu'il se soulève sur la mer restée plus chaude. Ces mouvements verticaux entraînent une circulation. Dans les basses couches, l'écoulement qui se fait de la terre vers la mer, s'appelle la brise de mer.
During the night, the phenomenon is reversed : the air mass over the sea rises while it moves downward over the land (subsidence). During the night, a low level land breeze flows from the land to the sea. Aloft, a return flow is directed from the sea to the land.

Les brises de pentes et de vallées

La convection sur le relief entraîne aussi des phénomènes cycliques. En journée, l'air monte le long des pentes réchauffées par le soleil. C'est la brise de pente montante. Ce mouvement ascendant aspire ensuite l'air de la vallée. Un peu plus tard, on assiste ensuite à l'installation de la brise de vallée montante.
La nuit, ces deux phénomènes s'inversent. L'air se refroidit au contact du sol et s'écoule par gravité le long des pentes. C'est la brise de pente descendante. Cet écoulement se prolonge ensuite dans la vallée par la brise de vallée descendante.

Brises de pentes et de vallées montantes en journée.
Valley breezes that flow uphill during daytime.

Brises de pentes et de vallées descendantes durant la nuit.
Mountain breezes that flow downhill at night.

1.3. FRONTS, PERTURBATIONS ET NUAGES

Le mauvais temps représente souvent un danger pour la pratique de notre activité aérienne. C'est pour cette raison que l'on doit connaître par défaut les conditions de son installation et de son évolution.

1.3.1. Les masses d'air et le front polaire

Au niveau du globe et en simplifiant beaucoup, on trouve deux types de masses d'air aux caractéristiques bien différentes. Elles vont se rencontrer aux latitudes moyennes. L'air chaud et humide qui remonte des tropiques va se heurter à l'air froid qui descend des pôles.

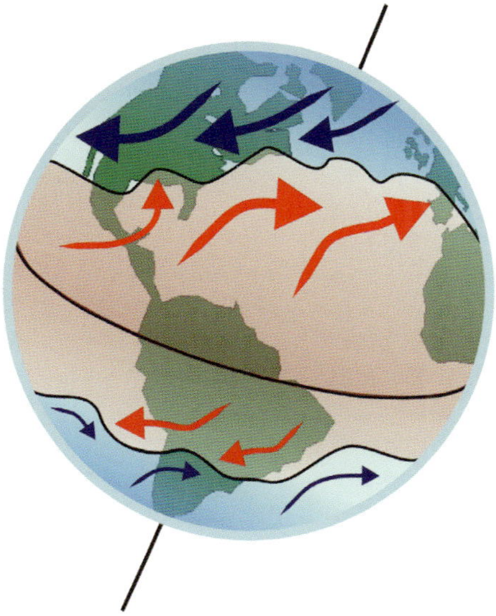

Mouvements schématiques des masses d'air autour du globe.
Air mass movements around the globe.

À cause de la différence de densité entre l'air froid et l'air chaud, la surface de séparation entre les deux masses d'air n'est pas verticale. En effet, l'air tropical plus léger tend à s'élever au-dessus de l'air polaire plus dense. La surface de séparation que l'on nomme front polaire, est inclinée de l'équateur vers les pôles, avec une pente faiblement ascendante, de l'ordre de 1/100.

Le front polaire fait pratiquement le tour de la Terre. On le trouve dans les deux hémisphères, Nord et Sud. Sa position évolue en fonction des saisons. Au printemps et en automne, il se trouve en général aux latitudes moyennes, entre le 30e et le 60e parallèle. En été, il se rapproche des pôles. Les hivers froids, il redescend vers les tropiques.

1.3.2. Les perturbations du front polaire

Quand une descente d'air froid enfonce le front polaire vers le sud, cela entraîne par contrecoup une remontée d'air chaud vers le nord. L'air chaud plus léger surmonte l'air froid plus dense et l'ensemble se met à tourner dans le sens inverse des aiguilles d'une montre dans l'hémisphère nord.

Ce mouvement tournant se manifeste par une baisse de la pression atmosphérique au centre du tourbillon. C'est ainsi que se creuse la dépression. Le mouvement cyclonique des masses d'air autour de la zone de basses pressions entraîne la formation d'une perturbation du front polaire.

Chaque perturbation fait partie d'une famille dont les divers membres successifs se sont formés sur le front polaire. D'ouest en est, les diverses perturbations qui font partie de la même famille, sont parvenues à des stades de plus en plus avancés. Elles se propagent ensuite de l'atlantique vers l'Europe et forment ainsi : Le flux d'ouest perturbé.

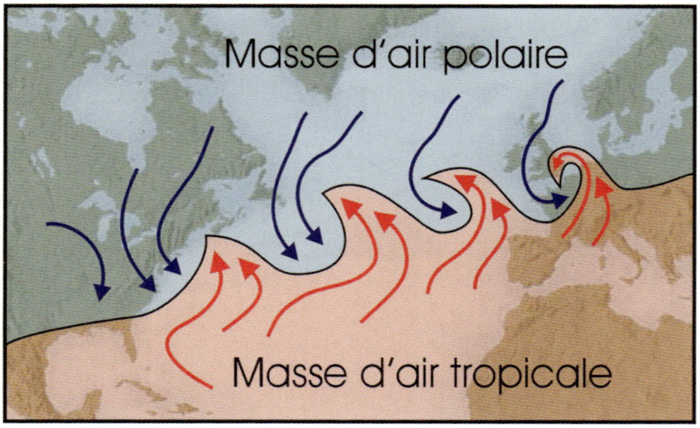

Le flux d'ouest perturbé : Différentes perturbations du front polaire à des stades plus ou moins avancés se propageant d'ouest en est.
The west disturbed flow : different disturbances of the polar front at more or less advanced stages propagating from west to east.

Une perturbation est constituée d'une langue d'air chaud (masse d'air océanique), qui s'enroule autour de l'air froid plus lourd et plus dense. L'air chaud et humide, plus léger, se trouve rejeté en altitude, en suivant une pente assez faible. À cause du soulèvement, cet air chaud se refroidit et la vapeur d'eau se condense. C'est ainsi que se forment les nuages de la perturbation. Le front chaud marque la limite entre l'air froid antérieur et l'air chaud ; le front froid, la limite entre l'air chaud et l'air froid postérieur. Sur les cartes, on représente les fronts par leurs traces sur le sol. Sous nos latitudes, l'ensemble du système se déplace en général de l'ouest vers l'est et transporte les masses d'air océaniques sur la France. On parle ainsi d'une advection d'air chaud et humide. La persistance du flux perturbé sur notre pays se manifeste par le maintien d'un temps doux et pluvieux pendant plusieurs jours.

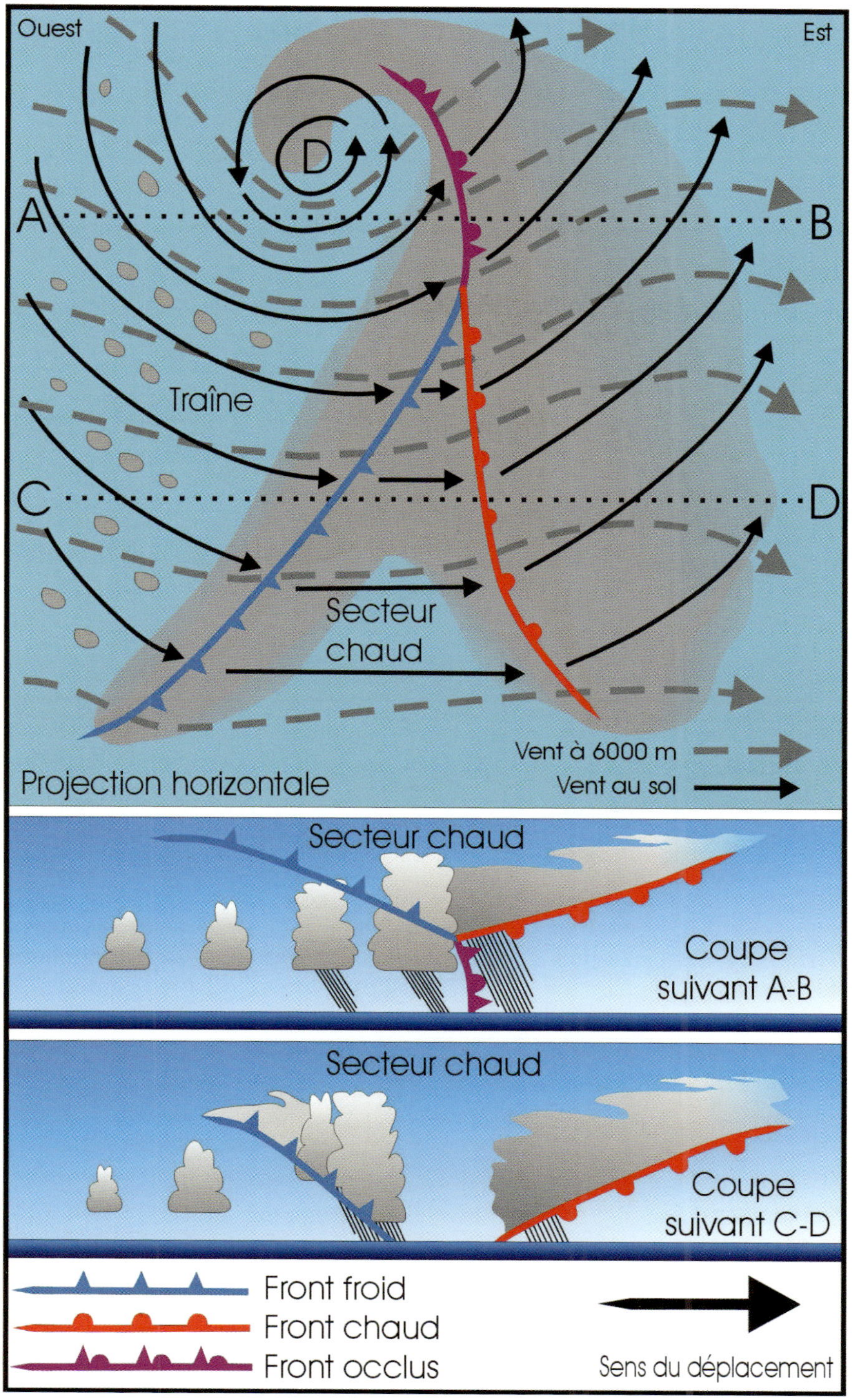

Structure classique d'une perturbation du front polaire.
Structure of a polar disturbance and its cross-sections.

1.3.3. Le front chaud

À l'avant de la perturbation, l'air chaud plus léger glisse doucement en montant le long de l'air froid plus dense. La pente est très faible, en moyenne de l'ordre de 1 à 2 % (1 à 2 km dans le sens de la hauteur, pour 100 km dans le sens de la longueur). En général, l'ensemble se déplace d'ouest en est. Le front marque la limite entre ces deux masses d'air aux caractéristiques bien différentes.

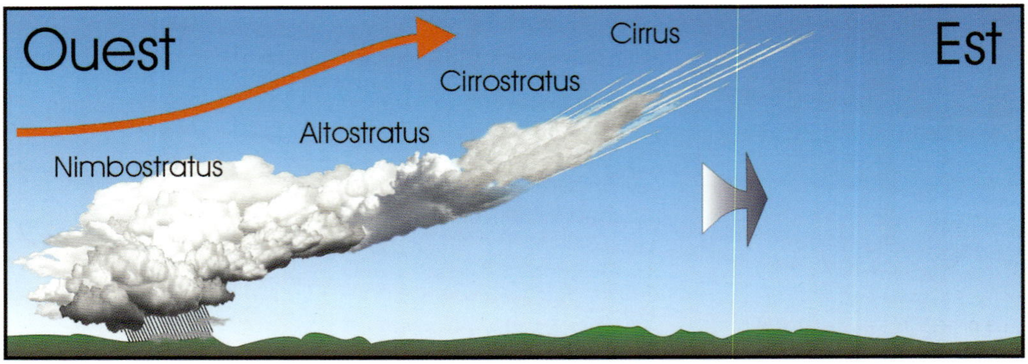

Structure du front chaud.
Structure of a warm front.

Le soulèvement progressif entraîne un refroidissement le long de la pente. La vapeur d'eau se condense. Les nuages qui apparaissent sont souvent de type stratiforme, car le soulèvement très lent se fait suivant la pente très douce. L'air chaud s'élève sans effort au-dessus de l'air froid. La couche nuageuse s'épaissit à l'approche de la perturbation. Simultanément, le vent au niveau du sol s'établit au sud-ouest et se renforce.

L'arrivée du front chaud

Du côté du ciel, les cirrus apparaissent les premiers.
Ils sont suivis des cirrostratus. Viennent ensuite les altostratus, à travers desquels on peut encore apercevoir le soleil, comme si on regardait au travers d'un verre dépoli. Le nuage va s'épaissir progressivement en donnant des pluies éparses. Précipitations qui vont ensuite s'intensifier avec l'approche du front.
Le nimbostratus, nuage porteur de forte pluie, marque le passage du front, alors que les vents s'orientent brusquement à l'ouest.

Les dangers du front chaud

Bien avant le passage du front, on trouve souvent de petites pluies faibles sous altostratus notamment. Ce nuage de l'étage moyen peut engendrer des précipitations éparses. Si l'air sous-jacent est suffisamment chaud, elles vont s'évaporer avant d'arriver au sol (virgas). Dans de telles conditions, le vol est tout à fait possible. Attention cependant à la réduction des visibilités obliques. Par contre, sous nimbostratus, la pluie est souvent dense et forte, de la base du nuage jusqu'au sol. Le vol VFR (vol à vue) est vivement déconseillé, car les visibilités sont dérisoires et les plafonds par stratus d'évaporation sont critiques.
Un pilote avisé fera demi-tour avant de rentrer en IMC (instrument meteorological conditions, vol sans visibilité), au risque de se mettre en virage engagé et de percuter le relief.

Autre phénomène à prendre en compte : la pluie peut altérer l'aérodynamique et dégrader fortement les performances des ailes aux profils laminaires.

La pluie s'intensifie. Les stratus sont de plus en plus nombreux et de plus en plus bas. Le niveau de vol de l'avion descend avec la base des nuages. Il faut alors s'imposer une hauteur par rapport au sol au-dessous de laquelle on ne descendra jamais et à partir de laquelle, on fera systématiquement demi-tour.
The rain is intensifying, Stratus clouds are denser and denser; their bases are lower and lower. Thus, the airplane has to fly lower and lower in order to remain out of clouds. We must therefore state a height (or altitude) below which we will never descend and will systematically turn back or will divert.

Second danger et non des moindres, le verglas, les pluies verglaçantes et le givrage de la cellule. Sachez que dans l'atmosphère, l'eau liquide peut exister temporairement dans cet état, avec une température négative. On appelle cela, l'eau surfondue. Cet état instable va perdurer tant qu'aucune sollicitation ne viendra le perturber. Mais dès que notre gouttelette rencontrera un obstacle, une route ou encore l'aile de notre avion, elle se solidifiera immédiatement.
Après le passage du front chaud, on se trouve dans le secteur chaud de la perturbation. Il se caractérise bien souvent par un temps plus doux, sous un ciel très nuageux, avec de petites pluies fines et continues, sur le secteur nord de la langue d'air chaud.

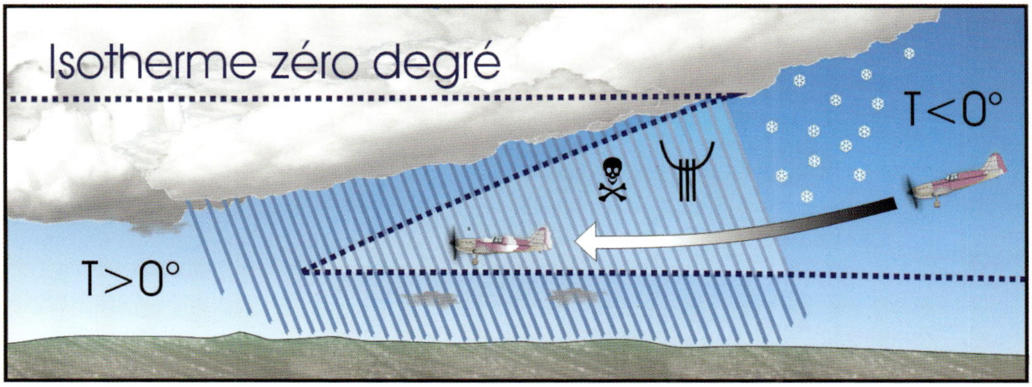

Attention, en hiver, un front chaud peut donner des pluies verglaçantes, notamment quand l'air chaud et humide surplombe de l'air plus froid à une température négative.
Caution : in winter, a warm front can give freezing rain when the aircraft is flying above the freezing level in the cold air but below the frontal surface and below the freezing level of the warm air.

1.3.4. Le front froid

À l'arrière de la perturbation, l'air froid plus dense et plus rapide, rattrape l'air chaud plus léger. Cette fois-ci, le soulèvement est beaucoup plus franc que dans le cadre du front chaud. La pente est voisine de 10 %.

Anatomie du front froid

Les nuages qui se développent rapidement se manifestent par des précipitations brèves mais intenses. Un fort contraste thermique entre l'air chaud antérieur et l'air froid postérieur renforcera le soulèvement ainsi que l'intensité des précipitations. Une masse d'air stable limitera quand même un peu cette expansion. Par contre, si l'air chaud propulsé en altitude présente un caractère instable, de puissants cumulonimbus s'aligneront tout le long du front et la brutalité des pluies sera nettement accentuée.

Structure d'un front froid à caractère instable.
Cross-section of an unstable cold front.

Le danger du front froid

Attention : le front froid peut vous réserver de mauvaises surprises.
En été, sous nos latitudes, la perturbation classique est souvent amputée de son front chaud habituel. Au printemps, dans la traîne, un petit front froid secondaire peut se former, après le passage de la perturbation, quand de l'air plus froid que l'air froid postérieur, descend du nord-ouest. Dans ces deux cas, le front froid se présente souvent seul et contrairement au front chaud, il n'est pas précédé par les habituels nuages d'altitude (cirrus, cirrostratus et altostratus) qui pourraient annoncer son arrivée. Comme il se présente rapidement et parfois brutalement, il révèle un caractère sournois, voire même dangereux. Il s'accompagne souvent de pluies orageuses, aussi soudaines qu'irrégulières, associées à de grosses turbulences.
Après le passage du front, l'irruption d'air froid fait baisser nettement la température. L'air polaire rentre en effervescence au contact des sols chauffés par le soleil. La masse d'air instable se caractérise par des nuages convectifs poussés par le vent et souvent chargés d'averses. À ce régime de temps versatile et capricieux, les météorologistes ont donné un nom : la traîne.

1.3.5. La traîne

Après le passage du front froid, c'est la traîne qui s'installe. Il existe autant de types de traîne que de type de perturbations. Mais pour faire simple, nous distinguerons trois catégories.

La traîne active

L'air froid remplit une bonne épaisseur de l'atmosphère. Les gros cumulus traversent tout le ciel en donnant de bonnes averses localement orageuses. Les nuages défilent rapidement dans un ciel chaotique. Ils sont poussés par des vents de nord-ouest soutenus. Ces traînes actives sont fréquentes en mars ou avril. C'est l'époque des giboulées. L'air froid qui descend en droite ligne des pôles, vient bouillonner au contact des sols qui se réchauffent d'autant mieux que le soleil est déjà haut sur l'horizon. En plaine comme en montagne, les conditions sont peu favorables à la pratique du vol. Les vents sont trop forts. De plus, il faut craindre de puissantes turbulences suite à une forte activité convective. La base des nuages s'échelonne de 1 000 à 1 200 mètres en hiver, bien plus élevée au printemps et en été, mais elle peut baisser rapidement sous les averses.
Dans ce genre de situations, la navigation en avion peut devenir difficile, surtout lorsque les averses sont vigoureuses et rapprochées. Le pilote en voulant éviter les zones pluvieuses, source de mauvaise visibilité, pourra altérer sa route et ne pas distinguer ses points de repère.

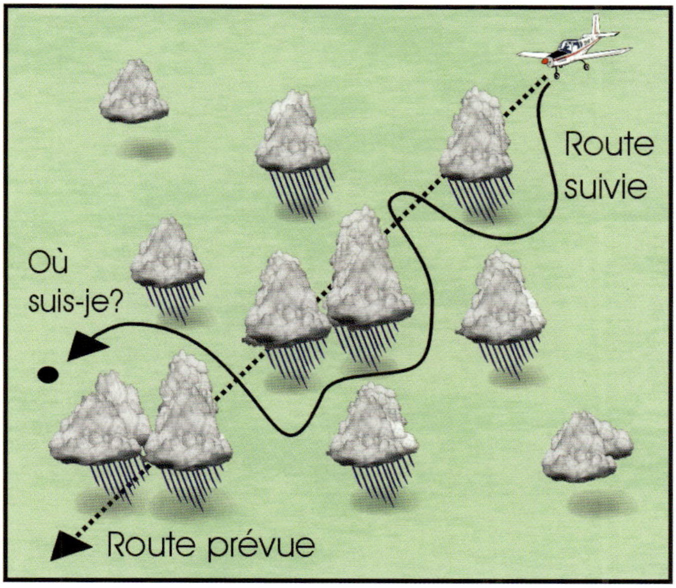

Le pilote altère sa route afin d'éviter les zones de mauvaise visibilité sous les averses.
The pilot has to alter his or her course in order to avoid areas of poor visibility under the showers.

La traîne modérée ou encore la traîne chargée

La hausse du champ de pression entraîne un début d'assèchement de la masse d'air par le haut. Les cumulus sont moins développés que dans le cas précédent. Cependant, avec l'humidité résiduelle, la situation évolue souvent en strato-cumulus et de petites ondées sont encore possibles. Les conditions de vol sont moyennes en plaine et défavorables en montagne, car les versants nord-ouest du relief restent pris par les nuages. On rencontre souvent ces traînes modérées en automne. Le contraste thermique est peu marqué, car d'une part, avec un soleil plus bas sur l'horizon, les sols se réchauffent beaucoup moins vite, et, d'autre part, la masse d'air est globalement moins froide et plus humide.

La traîne faible

Avec la hausse du champ de pression qui se maintient, la masse d'air poursuit son assèchement par le haut. Une couche d'inversion de subsidence très sèche se forme à partir de 4 000 m. Elle va limiter l'expansion verticale des cumulus. Le ciel est parcouru par des cumulus peu développés. On parle d'un temps variable, ou encore d'un beau temps nuageux. La visibilité est excellente, car la pluie précédente a lessivé l'atmosphère de toutes ses impuretés. La base des cumulus se situe entre 1 000 et 2 000 m en fonction de la température sol. Le vent de nord est faible. En plaine, les conditions sont idéales pour la pratique du vol thermique. En montagne, c'est une autre histoire. Car il ne faut pas que les versants nord du relief soient pris dans les nuages.

1.3.6. Les nuages

Les nuages prennent la forme des courants qui leur donnent naissance. On peut les classifier en fonction de leur expansion, horizontale ou verticale, ainsi que de leur altitude. Le préfixe « cirro » indiquant un nuage de l'étage supérieur, entre environ 6 000 et 8 000 m. Le préfixe « alto » indiquant un nuage de l'étage moyen, entre environ 4 000 et 6 000 m.

Les nuages qui se développent verticalement

Ils caractérisent une masse d'air instable avec des nuages bourgeonnants, cumuliformes, généralement bien séparés les uns des autres et prenant parfois un grand développement vertical.

Dans les basses couches, entre 0 et 2 500 m, on trouve d'abord les cumulus. Avec peu de vent, ils ont souvent un contour précis, une base horizontale et un sommet en forme de chou-fleur. Avec plus de vent, leurs contours sont moins nets et leurs structures plus échancrées.

Au stade suivant, on trouve le cumulus congestus, envahissant de grandes portions du ciel. Le sommet de ces gros nuages est d'une blancheur éclatante dans la lumière du soleil. La base par contre est bien sombre. Il peut atteindre jusqu'à 5 km en largeur et épaisseur et donner des averses, ainsi que de bonnes rafales de vent.

À l'étage moyen se situe l'altocumulus. Il témoigne d'un soulèvement de la masse d'air entre 3 000 m et 5 000 m d'altitude. Ces petits nuages sont en forme de galets, lamelles ou rouleaux. Bras tendus, il faut à peu près, trois doigts pour les cacher. On voit souvent le soleil au travers.

À l'étage supérieur, entre 5 000 et 8 000 m, les cirrocumulus présentent le même genre d'organisation que les altocumulus, mais avec des éléments plus petits. Chaque bille à une largeur apparente de 1°. C'est-à-dire qu'elle se trouve cachée par un petit doigt bras tendu.

On qualifie souvent le cumulonimbus de roi des nuages. Alors à tout seigneur, tout « tonneur », on apprendra à s'en méfier et à le respecter. C'est un cumulus congestus qui s'est gonflé démesurément jusqu'au sommet de la troposphère. Sous nos latitudes, sa hauteur atteint entre 6 000 et 9 000 mètres. Son sommet est constitué de cristaux de glace et s'étale souvent en forme d'enclume. C'est pour cette raison qu'on dit qu'il faut être marteau pour aller voler dessous. Le cumulonimbus engendre de puissants courants verticaux, ascendants et descendants (parfois jusqu'à 200 km/h), de l'orage, de fortes turbulences, de violentes averses et de vigoureuses rafales de vent.

Les strato-cumulus sont aussi des nuages de l'étage inférieur. À tendance cumuliforme, ils sont quasiment soudés en couches serrées. Ces nuages reflètent une instabilité limitée par une trop grande humidité dans la couche.

Les nuages qui s'étalent horizontalement

Une couche d'air stable va inhiber les mouvements verticaux et engendrer des nuages stratiformes, d'étalement en forme de voile, de nappe ou de strate.
À l'étage supérieur, les cirrus sont composés uniquement de cristaux de glace. Ces nuages isolés en forme de filaments blancs, sont orientés dans le sens du vent fort qui souffle à ces niveaux.
Toujours à l'étage supérieur, le cirrostratus se présente sous la forme d'un voile ténu et transparent qui succède souvent aux cirrus. Le soleil brille au travers et son éclat est peu altéré par le nuage. Les cristaux de glace en suspension dans l'air vont diffracter la lumière du soleil, pour former un halo.
À l'étage moyen, l'altostratus se distingue sous la forme d'un voile plus épais et moins élevé que le cirrostratus, auquel il succède souvent, notamment à l'approche d'un front chaud. Le nuage filtre la lumière du soleil ; soleil qui apparaît par-delà ce voile, comme au travers d'un verre dépoli. Quand l'altostratus s'épaissit, il peut devenir d'un gris sombre et laisser s'échapper quelques gouttes.
Enfin, le nimbostratus envahit tout le ciel d'une couche grise et sombre et succède généralement à un voile épais d'altostratus. Sa base imprécise est déchiquetée par des pluies continues.
Le nuage peut s'étendre sur des centaines de kilomètres et sur une épaisseur de 5 000 m.
Dans les basses couches enfin, le stratus est un nuage bas d'un gris uniforme, qui peut donner de la bruine ou du crachin.

Les strato-cumulus sont aussi des nuages de l'étage inférieur. À tendance cumuliforme, ils sont quasiment soudés en couches serrées. Ces nuages reflètent une instabilité limitée par une trop grande humidité dans la couche.

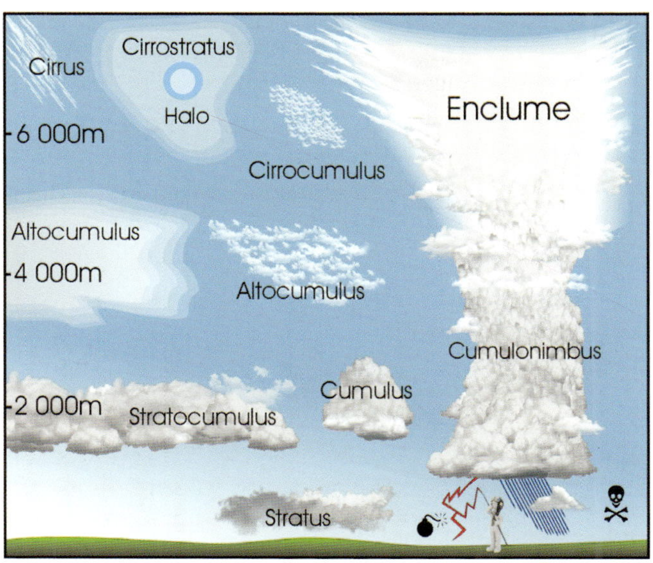

Les nuages.
The clouds.

1.4. LES DANGERS POUR LE VOL

1.4.1. La turbulence

Cette brusque variation de la vitesse et de la force du vent peut entraîner des variations d'assiette importante et dans les pires des cas, une perte de contrôle de l'appareil.

La turbulence d'origine convective

Les gros cumulonimbus génèrent des mouvements ascendants et descendants très puissants, plusieurs dizaines de mètres par seconde. De plus, souvent bien à l'avant du nuage on constate de brusques variations de la vitesse et de la force du vent. Ce cisaillement de vent dans les basses couches peut devenir dangereux pour un appareil en phase de décollage ou d'atterrissage.

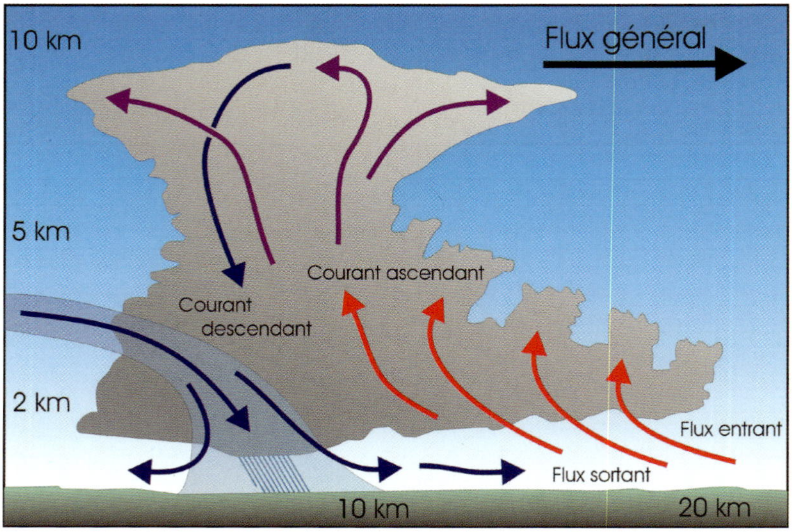

Courants ascendants et descendants à l'intérieur d'un cumulonimbus.
Updraught and downdraught inside a cumulonimbus.

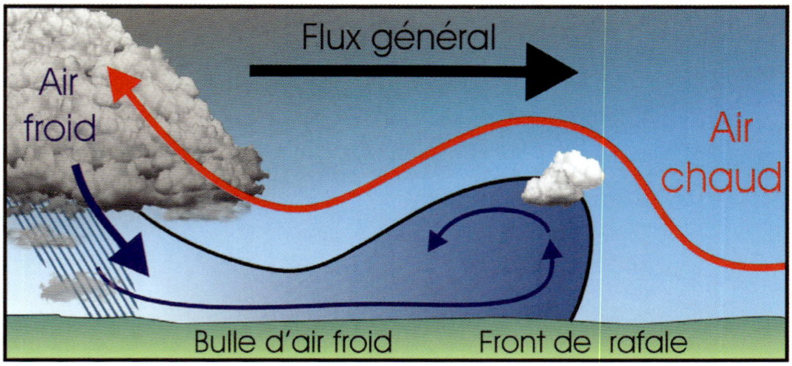

Formation d'un front de rafales, avec du cisaillement de vent, bien à l'avant du nuage d'orage. Attention, même si dans les basses couches, le vent souffle vers le cumulonimbus, celui-ci, emporté par le flux d'altitude peut très bien se diriger vers vous.
Formation of a gust front with wind shear well in front of the cumulonimbus. Beware that a cumulonimbus can move in the opposite direction of the surface wind and move toward you whereas the surface wind may blow toward the cumulonimbus.

La turbulence d'origine orographique

Cette turbulence est due à l'effet du vent sur le relief. Le phénomène se produit quand un vent soutenu (plus de 50 km/h) aborde de front une chaîne montagneuse, tel que les Pyrénées par exemple. On observe ainsi, sous le vent du relief un système d'ondes stationnaires, semblables à des vagues, perpendiculaires à l'axe du relief.
Dans les couches supérieures de l'atmosphère, l'écoulement est laminaire. Par contre, il devient très turbulent, dans les basses couches et au contact du sol, avec de nombreux rotors. Ces vastes tourbillons se présentent comme des vortex d'axes horizontaux, parallèles à la ligne de crête. Ils se forment sous les sommets des ondes de ressaut. Les rotors les plus vigoureux se développent normalement juste en aval de l'obstacle, sous la première onde. Plus en aval encore, sous le vent du relief, une succession de rotors peuvent perdurer à intervalles réguliers. Les nuages de rotors apparaissent si l'humidité est suffisante. Ils ressemblent à des nuages cumuliformes, mais déchiquetés à la base et en perpétuelle évolution. Ils sont le siège d'une forte turbulence. Attention, on peut trouver des rotors sans nuages si l'atmosphère est trop sèche.
Les courants rabattants les plus puissants se trouvent aussi, juste en aval du relief, entre la montagne et le premier rotor. La composante verticale de ces mouvements descendants est souvent de plusieurs centaines de pieds minute (de 5 à 10 m/s) donc imparables pour un avion, même plein gaz.

Les rotors et les rabattants les plus puissants se trouvent juste en aval de l'obstacle.
En 1, au-dessus de relief l'écoulement est laminaire. En 2, dans les basses couches il est turbulent.
En 3, dans les rotors, il est tourbillonnaire. Voir page 61 : « Les différents types d'écoulements ».
The most powerful rotors and downdraft are located just downstream of the obstacle (leeward side).
In 1, above the relief, the flow is laminar ; in 2, in the lower layers it is turbulent ; in 3, in the rotors, it's swirling. See page 61.

Les ondes orographiques de grande ampleur se forment principalement :
- Au nord des Pyrénées, de l'Aquitaine au Languedoc, par régime de sud à sud-ouest.
- Au sud-est de la Montagne Noire et des Cévennes, sur le Languedoc et le Golfe du Lion, par régime de nord-ouest.
- Au sud des Alpes, sur la Région Sud Provence-Alpes-Côte d'Azur, par régime de nord.
- Sur l'Alsace, la plaine de Limagne, la vallée du Rhône et la Corse, par régime d'ouest.

1.4.2. Le gradient du vent et la viscosité de l'air

L'air est un fluide visqueux. La viscosité (du latin *viscosus*, gluant) est la propriété d'un fluide qui tend à empêcher son écoulement. Ou encore, c'est la faculté de ce fluide à s'accrocher aux surfaces sur lesquelles il se déplace. Les fluides de grande viscosité résistent à l'écoulement, alors que les fluides de faible viscosité glissent beaucoup mieux. À titre d'exemple, le miel possède une forte viscosité. Il suffit de renverser un pot de miel pour comprendre qu'il va mettre un certain temps pour se vider. Plus la température est froide, plus la viscosité est grande. Alors, si je peux vous donner un conseil culinaire: ne mettez surtout pas le miel au frigo. Sinon, bonjour le plantage de la cuillère. Quant à la viscosité de l'air, elle est beaucoup plus faible que celle du miel, certes. Mais quand le gaz se déplace, il se retrouve lui aussi freiné par les frottements et les aspérités du sol. La couche d'air colle au niveau de la surface, alors qu'au-dessus, ça va de plus en plus vite.

En se rapprochant du sol, la vitesse du vent va donc progressivement diminuer. Pour vous en convaincre, amusez-vous à observer un jour de grand vent, l'herbe, en plaçant votre visage au contact du gazon : les brins d'une hauteur de 10 cm bougent à peine, alors que la moumoute risque de s'envoler quand on se redresse.
C'est ce qu'on appelle le phénomène de couche limite: l'air emprisonné autour des brins d'herbe ne communique plus avec la couche supérieure et subit un cisaillement permanent avec celle-ci. En extension de ce phénomène de couche limite, plusieurs autres couches successives se superposent de la même manière en s'empilant les unes sur les autres à mesure que l'on s'éloigne du sol.

Le phénomène de gradient de vent et de couche limite s'observe à des niveaux croissants.
The phenomenon of wind gradient and boundary layer is observed at increasing levels.

Les phénomènes de gradient sont d'autant plus marqués que le vent est fort et que le temps est froid. L'air c'est comme le miel, plus la température est basse et plus la viscosité est importante. De plus, la rugosité des sols peut accroire le cisaillement, en augmentant le frottement de l'air.
En descente, en cas de fort gradient de vent, la diminution brutale du vent de face entraîne une baisse rapide de la vitesse air. Comme la portance de l'aile est proportionnelle au carré de la vitesse, on risque d'avoir une brusque diminution de la sustentation. D'un autre côté, la traînée de l'appareil diminue aussi, ce qui en théorie favorise une accélération de l'appareil sur sa trajectoire. Mais vu l'inertie de l'aéronef par rapport à la variation de la vitesse du vent, on peut considérer cet effet d'augmentation comme négligeable. En résumé, par vent de face, en descente, avec du gradient et sans correction du pilote, la pente de descente augmente ainsi que le taux de chute. Si le pilote vole à une vitesse proche de la vitesse de décrochage, c'est le plantage assuré. Alors, dans tous les cas, il faut « du badin ». En général, il faut rajouter en vitesse air, la moitié de la vitesse du vent pour assurer un atterrissage sans casse. De plus, un pilote vigilant sur-

veillera en permanence la vitesse en finale, afin de pouvoir appliquer le plus rapidement possible, les corrections de puissance nécessaires.

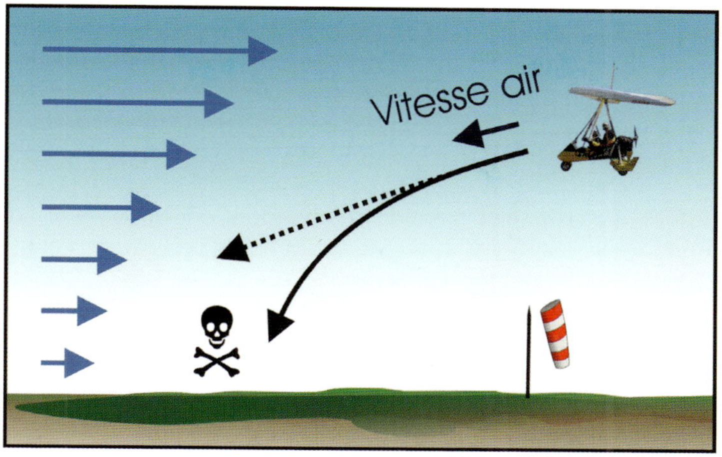

Le gradient de vent peut générer un décrochage à basse vitesse près du sol.
Wind gradient can generate a low speed stall near the ground.

Un pilote prudent doit savoir détecter les indices d'un fort gradient de vent, afin de pouvoir s'en prévenir. En approche ou en finale, lorsque la vitesse indiquée commence à décroître lentement mais sûrement, on constate une baisse progressive du régime du moteur, ainsi qu'une atténuation des bruits aérodynamiques sur la voile ou la cellule. On peut aussi remarquer un amollissement des commandes. De plus, la baisse de portance se manifeste, par une sensation d'enfoncement à assiette constante avec un creusement du plan de descente. Le point d'aboutissement sur la piste d'atterrissage remonte dans le champ visuel du pilote.
Si la manche à air bouge à peine, alors qu'au-dessus de la piste les nuages bas défilent à toute vitesse, c'est que nous sommes encore dans une situation à fort gradient.

Attention, le phénomène de gradient de vent peut accentuer un décrochage dynamique, sous fort rapport de charge, dans un virage tardif, trop serré et trop bas, avant de passer en finale.

Lors d'un virage serré à basse vitesse, près du sol, le gradient de vent peut accentuer un décrochage dynamique, à basse vitesse.
During a steep turn at low speed, near the ground, the wind gradient can accentuate a dynamic stall at low speed.

1.4.3. Brumes et brouillards

Dans les basses couches de l'atmosphère, les brumes, brouillards et nuages bas représentent les causes principales de troubles de la visibilité au voisinage du sol. La brume est un aérosol. C'est une suspension de gouttelettes d'eau microscopiques dans l'air ambiant. La visibilité horizontale y est réduite entre 1 et 5 km. Pour le brouillard, la visibilité devient inférieure à 1 km. Ces hydrométéores peuvent se former par refroidissement de l'air au contact du sol, par un accroissement de son humidité ou encore par les deux à la fois.
Les brumes, brouillards et nuages bas persistent surtout en automne et en hiver, quand l'air froid et humide se charge d'humidité aux abords des cours d'eau. La plaine de Saône est un secteur particulièrement favorable à la stagnation de ces formations brumeuses hivernales. Par contre, au printemps et en été, elles se dissipent beaucoup plus rapidement. Effectivement, pendant la période estivale, grâce à la chaleur ambiante, les gouttelettes d'eau en suspension peuvent s'évaporer bien plus vite.

Les causes et formation

Pendant la nuit, le ciel étoilé favorise le rayonnement dans l'infra-rouge. La Terre se refroidit, car en l'absence de couverture nuageuse, toutes les calories peuvent s'échapper vers l'espace. Si le refroidissement est suffisant, la vapeur d'eau se condense au contact du sol. Quand la température ambiante s'abaisse jusqu'à la valeur de la température du point de rosée : la vapeur d'eau diluée dans l'air se condense en fines gouttelettes d'eau liquide et l'humidité relative atteint alors 100 %. En l'absence de vent, la condensation se dépose sur le sol, sous forme de rosée ou de gelée blanche. Un vent faible, moins de 5 km/h engendre une petite agitation dans les basses couches. Le mélange qui s'opère favorise la condensation sur toute l'épaisseur de la couche brassée. Et c'est ainsi que se forment les brumes ou brouillards.

En début de nuit, le ciel étoilé favorise le rayonnement du sol dans le canal infra-rouge, puis la baisse de la température dans les basses couches. Quand la température de l'air s'abaisse jusqu'à la température du point de rosée (Td), la vapeur d'eau se condense, sous forme de rosée ou sous forme de brouillard. L'humidité relative (U) atteint 100 %.
During the night (on clear night), the land cools down due to terrestrial radiation (in the infrared spectrum). As soon as the air temperature reaches the dew point, the water vapor condenses in the form of dew or fog. Relative humidity is then 100 %.

Au petit matin, les rayons rasants du soleil ne sont pas assez puissants pour percer la masse nuageuse. Mais dès que le soleil chauffe suffisamment. Dès qu'il peut créer une brèche dans la couche de brouillard, la convection s'installe. À ce moment-là, le système s'emballe et les brouillards se dissipent rapidement.

Dès que le soleil arrive à percer, le fond de l'air se réchauffe et les gouttelettes d'eau s'évaporent. On assiste alors à la dissipation plus ou moins rapide de la couche de grisaille.
As soon as the sun gets through the clouds, the air temperature rises and the water droplets evaporate more or less quickly.

1.4.4. Le stratus

En hiver ou en automne, par temps froid et calme, le soleil a souvent beaucoup de mal à percer la couche et les brouillards peuvent persister toute la journée. Parfois, l'augmentation de la température est juste suffisante pour que le brouillard se lève un peu et se transforme en stratus bas. Si l'épaisseur de la couche nuageuse est supérieure à 300 mètres, on peut estimer que celle-ci n'évoluera pas au fil de la journée. Cependant, rien n'empêche de pouvoir voler au-dessus de cette nuée de grisailles (vol on top), à condition cependant de pouvoir repasser sous la couche et de retrouver l'aérodrome d'arrivée. Car si le décollage est facultatif, l'atterrissage est obligatoire.

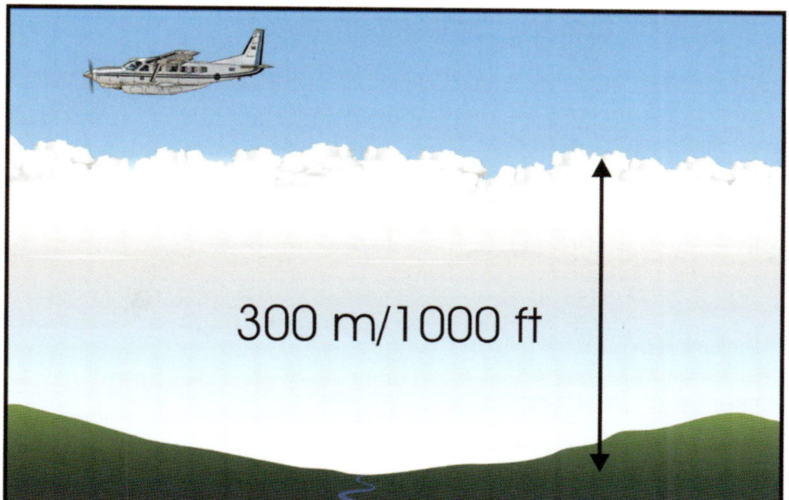

Parfois le brouillard ne se lève pas. Il évolue lentement sous forme de stratus et persiste toute la journée, bien souvent dans les fonds de vallées.
Sometimes, the fog doesn't lift. It may evolve slowly in the form of stratus clouds and stay all day, quite often in the valley floors.

Les situations favorables à la persistance de ces grisailles sont des conditions anticycloniques, avec peu de vent. Le flux de nord à nord-est ramène alors sur la France de l'air froid et chargé d'humidité. Ces conditions propices peuvent être renforcées après le passage d'une perturbation pluvieuse qui aura amené une grande quantité d'eau dans les basses couches et dans les sols.

Attention
En hiver et en automne, on évitera de voler trop tôt le matin, juste après la dissipation des grisailles, ou tard le soir, car les brouillards peuvent se reformer rapidement ou être déplacés par le vent. Leur reformation peut compromettre e durablement le retour au terrain.

1.4.5. Les rentées maritimes

Le phénomène se produit quand de l'air doux et humide subit un refroidissement en passant au-dessus d'une mer plus froide. Si l'humidité et la baisse de température sont suffisantes, la vapeur d'eau se condense en brouillard ou nuages bas. On parle d'entrées maritimes, lorsque ces grisailles, poussées par le vent, sont entraînées vers la côte, puis dans les terres. On observe ainsi, sur le littoral, un temps frais et gris, puis, de plus en plus ensoleillé vers l'intérieur. L'ensoleillement et le réchauffement diurnes sont alors suffisants pour dissiper les nuages au-dessus du sol.

Les rentrées maritimes sont dangereuses pour les pilotes qui veulent à tout prix atteindre un aérodrome au voisinage de la côte, pris sous une chape de stratus.

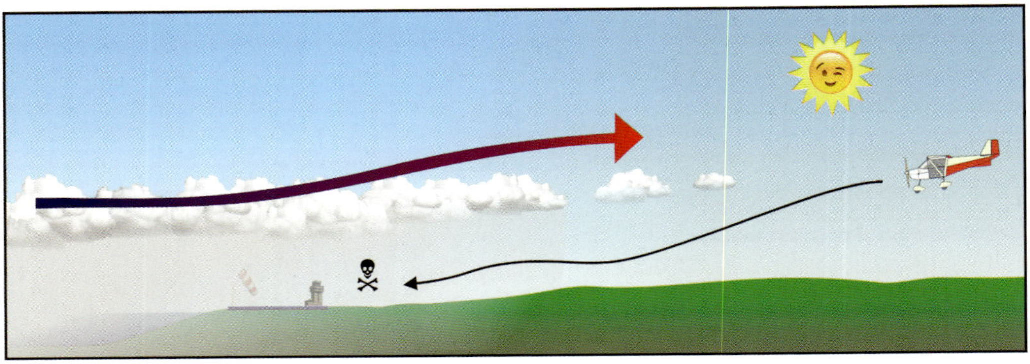

Les stratus formés au contact de la mer froide se dissipent progressivement en passant sur la terre plus chaude. Si l'aérodrome est pris sous la grisaille, le demi-tour est impératif afin d'éviter le passage en IMC au voisinage du sol.
Stratus developped over the colder sea dissipate when drifting over the warmer land. If low lying clouds prevail over our destination airfield, a diversion must be done in order to avoid to fly in IMC at low altitude.

Image satellite dans le canal visible montrant les entrées maritimes sur le Golfe du Lion. On remarque aussi les stratus bas dans la plaine du Pô, ainsi que la neige sur les Alpes et les Pyrénées. Photo météo-France.

Satellite picture in the visible channel showing the incoming sea air in the gulf of Lion. Stratus clouds over the plain of Pô and snow in the Alps and in the Pyrennes can also be seen. Courtesy of Météo France.

1.5. Le dossier de vol

Pour tous vols VFR (vol à vue) hors des abords de son aérodrome résidant, le pilote est dans l'obligation réglementaire de se constituer un dossier de vol météo. Pour cela, il doit utiliser les prévisions météorologiques les plus récentes, en tenant compte des besoins de carburant pour la navigation envisagée. Il faut aussi prévoir un aérodrome de dégagement au cas où le vol ne pourrait se dérouler comme prévu.

Le dossier de vol doit comporter au minimum :
-Une carte TEMSI (temps significatif à une échéance prévue).
-Une carte WINTEM (carte de vent à une échéance prévue).
-Les messages METAR (message d'observation horaire d'aérodrome).
-Les messages TAF (message de prévision d'aérodrome).

Chaque élément doit être analysé pour comprendre la situation et son évolution. La lecture des données météo informe sur les conditions qui seront rencontrées en vol ; celles qui influencent sur les performances globales de l'appareil (maniabilité, maintien des trajectoires, vitesse en approche, dérive en route, etc.).
Notez que les images radar et satellites constituent une aide précieuse pour confirmer l'interprétation des dernières observations. Cependant, elles ne constituent nullement une prévision.

On trouve ces informations sur le site officiel de Météo-France, ainsi qu'une documentation complète sur tous les codes dans la rubrique « Aller plus loin, documentation » (https://aviation.meteo.fr).

CHAPITRE II

AÉRODYNAMIQUE, AÉROSTATIQUE ET PRINCIPES DU VOL

Avertissement :

Concernant ce chapitre et dans ses grandes lignes le B.O précise :

- Repérer les interactions élémentaires entre un profil et l'air,

- Distinguer les différents types de vols,

- Différencier les forces aérodynamiques.

A. La première partie de ce chapitre présente toutes les définitions nécessaires à la compréhension du contenu de ce module. **Niveau « 2 », à l'exception du paragraphe relatif à l'équilibre, la stabilité et la maniabilité qui sont de niveau « 1 ».**

B. L'étude du « vol plané » peut être avantageusement illustrée à l'aide : d'expériences, de vidéos et de logiciels.
Le « vol motorisé » peut être abordé à l'aide des équations de base, afin d'étudier les effets des différents facteurs, « ***sans entrer dans les calculs*** ».
Les deux paragraphes « vol plané et vol motorisé » sont de niveau « 2 ».
Les virages, montées et descentes sont de niveau « 1 ».

C. L'étude de l'**aérostation** se subdivise en deux parties : **ballons à air chaud et ballons gonflés aux gaz.**
L'intervenant « limite » son exposé en présentant les ***principes généraux***. **Niveau « 2 ».**

D. L'étude des **vols spatiaux** doit se limiter aux principes généraux. **Niveau « 1 ».**

Nota :

Quelques exemples de calculs ont été ajoutés dans les différents paragraphes afin de mettre ce module au niveau de la préparation à l'examen du CAEA. Tout comme à la fin de chaque chapitre une rubrique « approfondissement » apporte les compléments à ceux qui souhaitent continuer à progresser.

L'ensemble permet aux élèves les plus avancés de les préparer aux types d'exercices des licences de pilotes privés (LAPL, PPL, pilote ULM, pilote de Planeur, vol libre etc.)

2.1. LA SUSTENTATION ET L'AILE - NOTIONS ÉLÉMENTAIRES

2.1.1. Écoulement de l'air sur un profil - notion de pression

Introduction

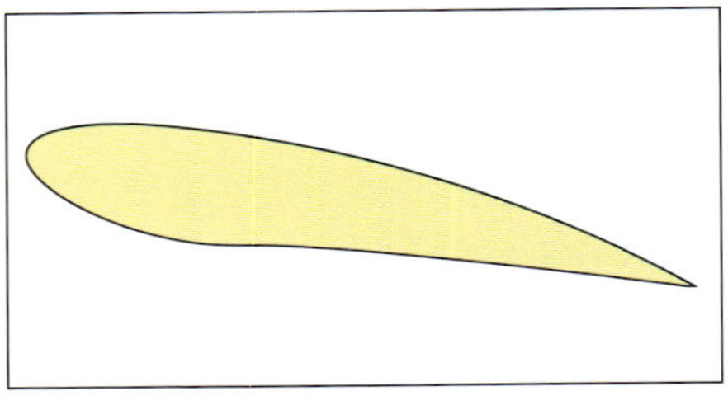

Pour des raisons de résistance structurale, il a fallu construire des ailes ayant une certaine épaisseur. Les bureaux d'étude ont dessiné des « **profils** » dont les caractéristiques permettent de répondre aux exigences, notamment accélérant l'écoulement au-dessus et le ralentissant au-dessous.

Les trois types d'écoulement[1] sont présentés plus formellement dans le 2.1.8.1 ainsi que la notion de **couche limite**.

On appelle **profil** la coupe verticale de l'aile par un plan parallèle au plan de symétrie de l'avion.

2.1.1.1. Description d'un profil d'aile

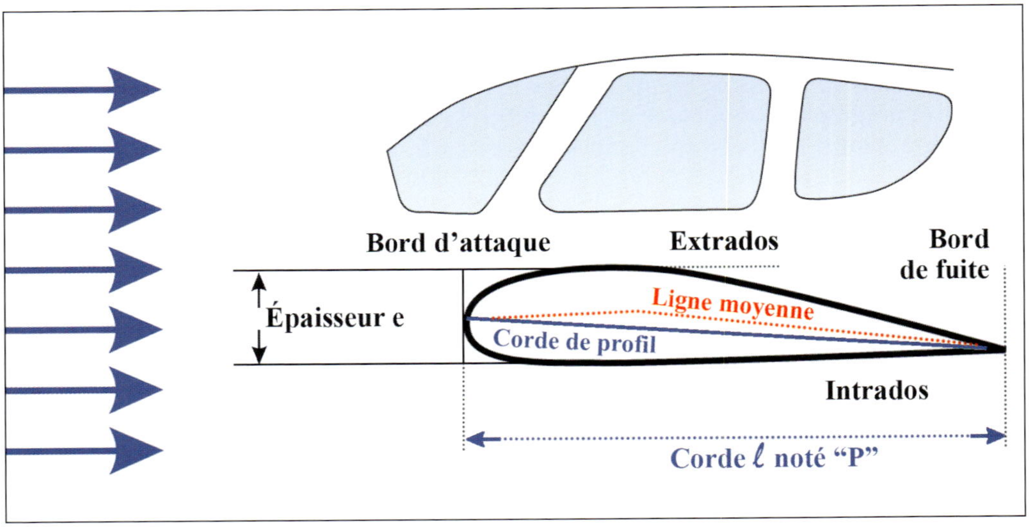

– **Bord d'attaque** : point le plus en avant du profil.

– **Bord de fuite** : point le plus en arrière du profil.

– **Extrados** : partie supérieure du profil, comprise entre le bord d'attaque et le bord de fuite.

– **Intrados** : partie inférieure du profil, comprise entre le bord d'attaque et le bord de fuite.

– **Corde** : segment de droite joignant le bord d'attaque au bord de fuite. La longueur de la corde s'appelle aussi **profondeur (P)** du profil.

1. Écoulements : laminaires, turbulents et tourbillonnaires.

– **Ligne moyenne** : ligne formée par tous les points équidistants de l'extrados et de l'intrados. On l'appelle aussi ossature, ou squelette.

– **Épaisseur** : distance maximale entre l'intrados et l'extrados, mesurée perpendiculairement à la corde.

– **Épaisseur relative** : rapport de l'épaisseur à la profondeur du profil. Elle est exprimée en pourcentage de la profondeur.

– **Incidence** : angle formé entre la corde et la direction du vent relatif (Vr) créé par la trajectoire de l'avion. Elle est notée i.

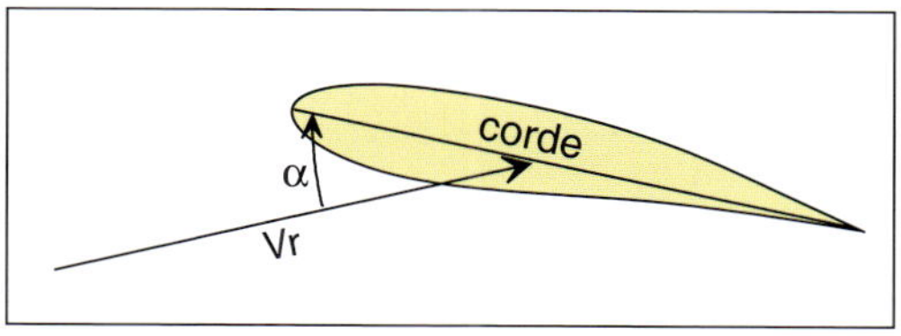

Lorsque l'écoulement attaque le profil du côté de son intrados, l'incidence est positive ; lorsque l'écoulement attaque le profil du côté de l'extrados, l'incidence est négative.

2.1.1.2. Formes de profil

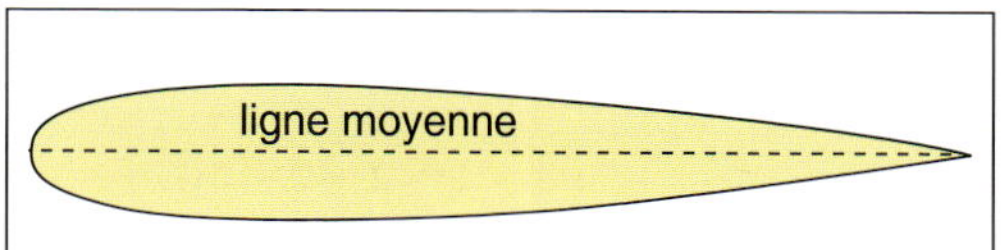

Profil biconvexe symétrique

Les profils sont classés en général selon la forme de leur ligne moyenne et selon leur épaisseur relative :

Si la ligne moyenne est rectiligne, les profils sont dits : **biconvexes symétriques.**

Si la ligne moyenne est à simple courbure, les profils sont appelés :

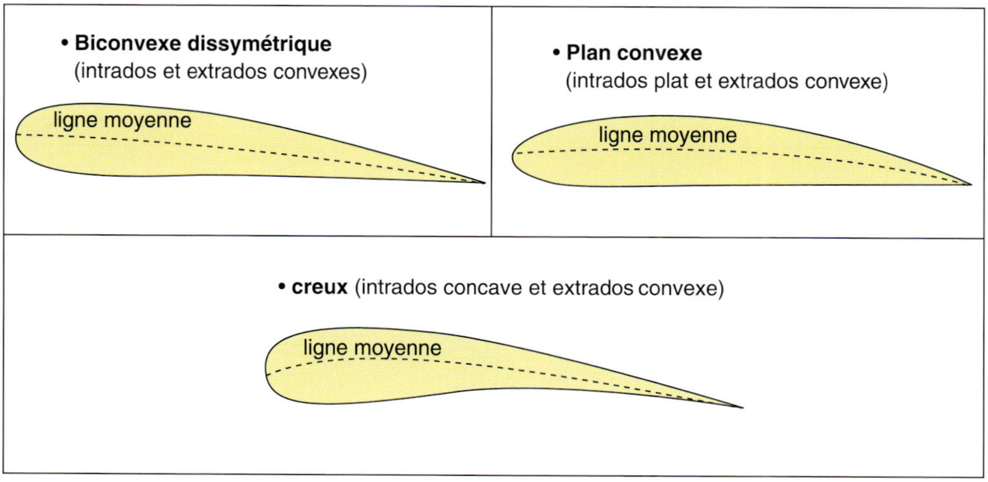

La ligne moyenne peut également être à double courbure, dans ce cas le profil porte le même nom.

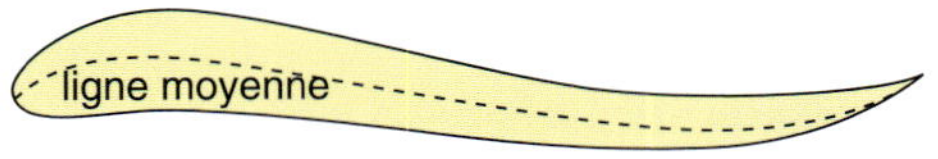

Profil à double courbure

Pour les avions de transport des générations 1980, sont apparues des formes de profil élaborées pour permettre à ces avions d'optimiser leur vol à vitesse élevée, proche de celle du son. Ces profils sont appelés **supercritiques** et sont caractérisés par un extrados relativement plat et un intrados convexe.

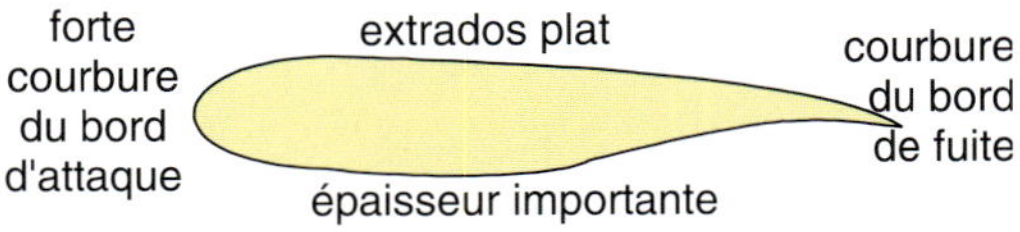

Profil supercritique

Quant à l'épaisseur relative, elle peut valoir :

– moins de **6 %** pour un profil qualifié de mince (avions de chasse) ;

– entre **6 %** et **12 %** environ pour un profil semi-épais (avion de ligne) ;

– plus de **12 %** pour un profil épais (avion de transport basse vitesse).

2.1.1.3. Écoulement autour d'un profil

- **À l'extrados**

Par effet de courbure, les particules d'air sont contraintes de parcourir une distance plus grande ; leur vitesse va donc d'abord s'accroître fortement pour diminuer ensuite afin de retrouver au bord de fuite la vitesse initiale de l'écoulement. Lorsque la vitesse augmente la pression diminue. Tout l'extrados est donc le siège d'une dépression locale généralisée. **Les études des aérodynamiciens visent à obtenir un écoulement laminaire tout le long de l'extrados du profil**.

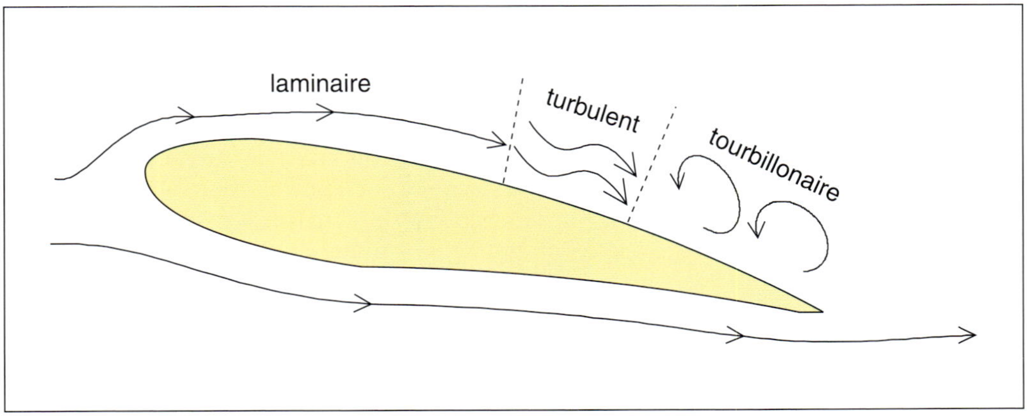

- **À l'intrados**

Le profil constituant un obstacle à l'écoulement, l'air va se trouver freiné : on voit donc apparaître une surpression localisée sur l'intrados.

Pour représenter l'évolution des surpressions et des dépressions autour du profil, on porte sur sa périphérie des vecteurs normaux à la surface, dirigés vers le profil s'il s'agit d'une surpression, et vers l'extérieur du profil en cas de dépression. La longueur des vecteurs est proportionnelle à la valeur de la surpression ou de la dépression.

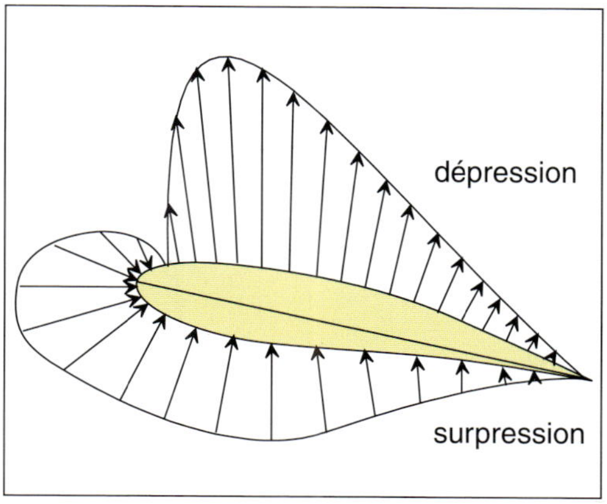

On constate que la surpression d'intrados et que la dépression d'extrados sont les plus élevées sur le tiers avant du profil.

De plus, **la dépression est beaucoup plus importante que la surpression** (environ 2/3 et 1/3) : en conclusion, la sustentation est générée essentiellement par l'extrados de l'aile.

Le produit de ces dépressions et surpressions par la valeur de la surface totale de la voilure crée la **résultante aérodynamique**. Celle-ci s'applique en un point de la corde que l'on appelle **centre de poussée**, qui se trouve, en général, entre le quart et le tiers avant de la corde de profil. Le centre de poussée porte aussi le nom de **foyer**.

2.1.2 Caractérisation des forces aérodynamiques : portance, traînée

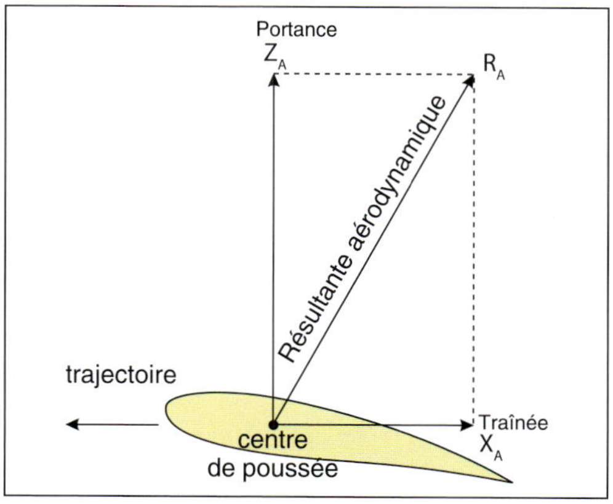

La résultante aérodynamique (**R_A**) correspond à la somme des forces de dépression et de pression. Elle est orientée vers le haut et légèrement inclinée vers l'arrière. **Elle peut être décomposée en deux forces :**

- **Z_A** : portance. Notons qu'elle est **perpendiculaire au vent relatif** et opposée au poids de l'aéronef.

- **X_A** : traînée. Elle est **parallèle au vent relatif lié à la trajectoire** et opposée à la traction. Elle correspond à la traînée aérodynamique; elle est d'autant plus importante que la résultante est inclinée vers l'arrière

2.1.3 Paramètres influençant les forces aérodynamiques - expression algébrique

La résultante aérodynamique se calcule par la formule suivante :

$$R_A = \frac{1}{2} \rho S V^2 C$$

La masse volumique ρ dépend de la température, à + 15°C, = 1,225 (kg/m^3). « **S** » correspond à la surface de l'aile (partie sous le fuselage comprise). La vitesse « **V** » est ici exprimée en m.s^{-1}. Notons que ce facteur est important puisqu'il est élevé au « carré ». Le dernier paramètre « **C** » dépend des caractéristiques aérodynamiques de l'aile : sa forme, son épaisseur, la longueur de sa corde de profil, son envergure, ainsi que de son état de surface.

L'état de surface de l'extrados est très important. Les pilotes de planeurs protègent les ailes lorsque la machine est dans le hangar (housses en toile). Avant de partir en vol, ils lavent l'extrados et passent ensuite une peau de chamois pour parfaire l'état de surface.

Nota : la portance créée par l'écoulement est le résultat d'études de l'aérodynamisme du profil (choix d'un profil d'aile), de calculs et d'essais réalisés en soufflerie. Cette portance n'aurait pas pu apparaître sur un profil quelconque et non optimisé.
Pour conclure, en l'absence d'écoulement, il n'y a pas de portance. Un écoulement perturbé diminue la portance.
Les **forces de portance et de traînée** se calculent aussi à l'aide d'une formule algébrique. Elles sont presque identiques; **le paramètre « C » change**.
Dans la formule de la portance il devient **Cz** et dans celle de la traînée il devient **Cx**.

Portance :

$$Z_A = \frac{1}{2} \rho S V^2 Cz$$

Traînée :

$$X_A = \frac{1}{2} \rho S V^2 Cx$$

2.1.4. Étude la Polaire (incidence, finesse, décrochage)

La polaire est une courbe qui permet de comparer l'évolution de **Cz en fonction de Cx**. Nous utilisons celle de Gustave Eiffel.

L'illustration ci-contre fait apparaître un angle noté : α, **angle d'incidence**. Il est formé par la direction de la corde de profil et celle du vent relatif.
Les variations de l'angle d'incidence induisent des variations de Cz et Cx. Avant de présenter la polaire, étudions les **variations de Cz et Cx en fonction de** (α).

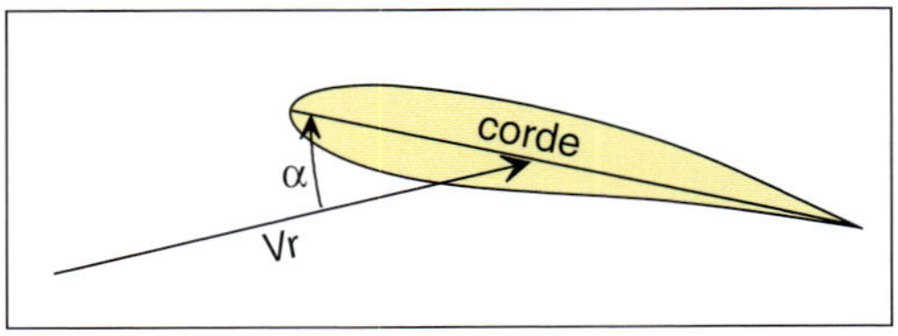

Nota : les variations de l'écoulement aérodynamique en fonction de l'incidence sur les formes des lobes des pressions et dépressions seront présentées dans le chapitre "2.1.8.1. Étude en soufflerie", page 61.

2.1.4.1. Expression de la traînée

La traînée est la force représentative de la résistance à l'avancement : elle est due essentiellement aux forces de frottement sur le profil, à la forme du profil (épaisseur relative), et elle prend en compte également la traînée induite par la portance.

Le coefficient de traînée permet de prendre en compte les caractéristiques de l'aile (forme, épaisseur, envergure, etc.). Pour une aile donnée, la valeur du coefficient varie en fonction de l'incidence. Pour de nombreux profils, la traînée est minimale pour une incidence légèrement négative, puis, lorsque l'incidence augmente, la traînée augmente peu à peu, puis de plus en plus vite, ainsi que le graphique ci-contre le représente.

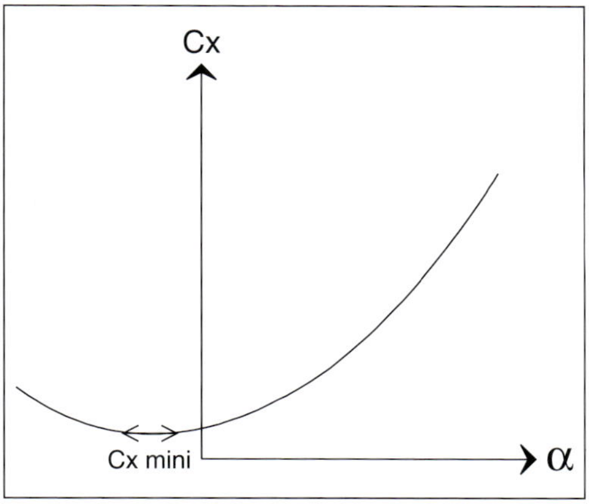

En vol, des dispositifs particuliers permettent d'augmenter fortement la traînée : ce sont les aérofreins [2]. Ces surfaces peuvent être placées sur l'extrados, sur l'intrados, ou sur le fuselage. Elles sont toujours disposées symétriquement par rapport à l'axe longitudinal de l'avion. La sortie des aérofreins permet :

– en palier, de diminuer la vitesse ;

– en descente, d'augmenter la pente ;

– à l'atterrissage, de diminuer les distances de roulement par freinage aérodynamique.

2.1.4.2. Expression de la portance

La portance est la composante verticale et perpendiculaire par rapport au vent relatif; elle équilibre le poids de l'aéronef.

Le coefficient de portance C_z prend en compte les caractéristiques de l'aile (forme, épaisseur, envergure, etc.), et, pour une aile donnée, la valeur du coefficient de portance varie en fonction de l'incidence. Nous notons que le coefficient de portance augmente proportionnellement à l'incidence, jusqu'à ce que celle-ci atteigne l'incidence de C_z maximun. Le coefficient de portance chute brutalement à partir de l'incidence de décrochage (l'avion perd de l'altitude).

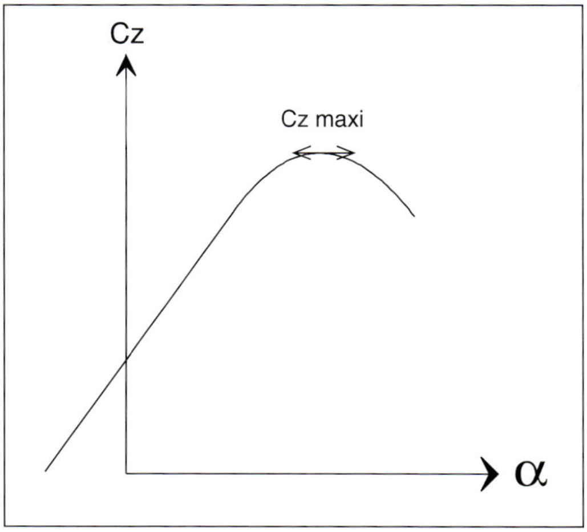

2. Voir module III - Étude des aéronefs, chapitre "3.4.3. Les commandes de vol secondaires", page 150.

2.1.4.3. Étude de la polaire

Cette courbe caractérise les performances aérodynamiques de l'aile (et de l'avion complet).
Les premiers tracés des courbes représentant les variations de $C_z = f(C_x)$ et en fonction de l'incidence sont dus à Otto Lilienthal et à Gustave Eiffel.

Les valeurs de C_z et C_x ont été obtenues durant un essai en soufflerie et lors de variations de l'angle d'incidence.

α	– 2°	0°	2°	4°	6°	8°	10°	12°	14°	16°	17°	18°
C_z	0	0,10	0,25	0,40	0,55	0,70	0,80	0,95	1,05	1,10	1,15	1,05
C_x	0,010	0,012	0,015	0,020	0,030	0,040	0,050	0,065	0,085	0,105	0,120	0,140

Reportons dans le repère orthogonal d'axes C_z et C_x les coordonnées des points en indiquant à côté de chacun d'eux la valeur de l'angle d'incidence.

C_z = f (C_x) pour « α » donnée.

La courbe obtenue en joignant chaque point est appelée polaire de l'aile (ci-contre Polaire de Eiffel).

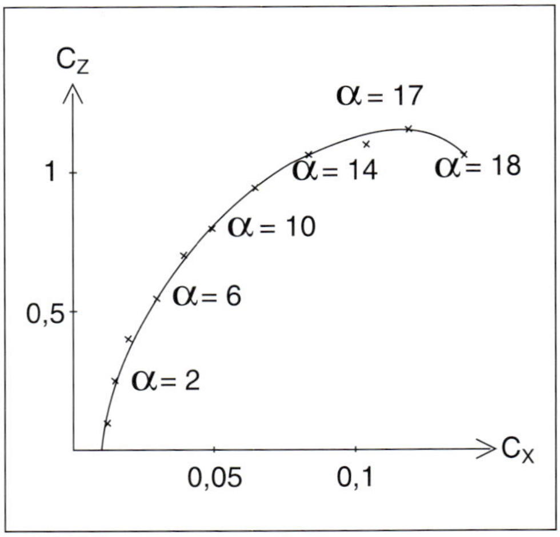

Finesse aérodynamique

La polaire est donc la « carte d'identité » aérodynamique de l'aile : elle indique clairement les caractéristiques de la voilure et permet de la comparer avec d'autres. Le but recherché dans le dessin d'un profil est d'obtenir le maximum de portance pour le minimum de traînée.

Il est donc intéressant de calculer le rapport entre le coefficient de portance et le coefficient de traînée : plus ce rapport est grand, plus le rendement aérodynamique de l'aile est élevé.

Ce rapport est appelé : **finesse aérodynamique**.

$$\text{finesse} = \frac{C_z}{C_x}$$

À chaque incidence correspond un C_z et un C_x, et donc une finesse différente. Sur la polaire, la finesse à une incidence donnée, α, est matérialisée par une droite issue de l'origine du graphique et joignant le point d'intersection des valeurs de C_z et C_x correspondantes.

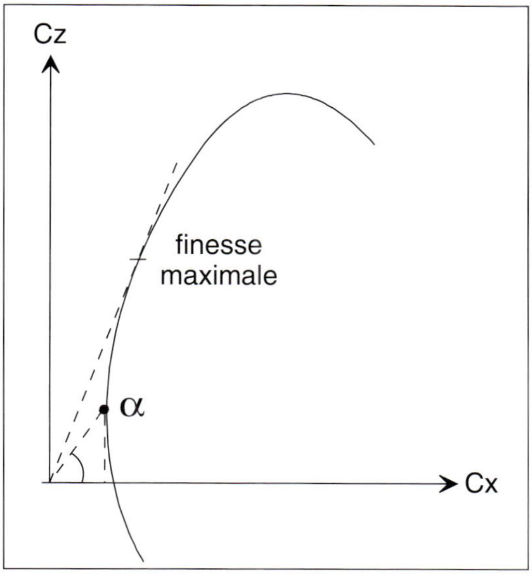

On voit qu'il existe un angle d'incidence pour lequel la **finesse est maximale** : on l'obtient en menant à partir de l'origine une tangente à la polaire. C'est à l'incidence de finesse maximale que l'aile a les meilleures performances aérodynamiques.

Dans le cas de l'exemple précédent, la finesse maximale est obtenue pour une incidence de 4° et vaut 20.
(C_z = 0,4 et C_x = 0,02).

Polaire de l'avion complet

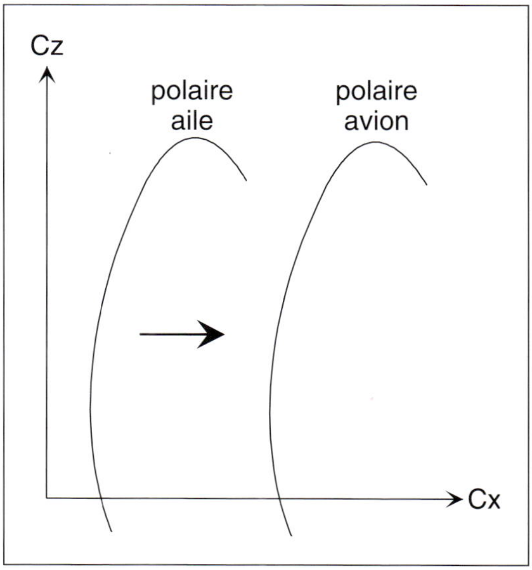

Lorsque l'aile sera fixée à l'avion, vont venir s'ajouter des traînées supplémentaires dues au fuselage, aux empennages, aux moteurs, etc., ainsi qu'aux interactions entre tous ces éléments.

La polaire de l'avion complet sera donc déduite de la polaire de l'aile seule par une translation vers les C_x plus élevés.

C'est pourquoi le dessin de tous ces éléments sera particulièrement étudié (forme et position notamment) pour réduire au maximum les traînées parasites.

2.1.5. Caractéristiques d'une voilure (géométrie, position, dispositifs hyper et hypo sustentateur et aérofrein)

La voilure a pour but d'assurer la sustentation de l'avion. La distance mesurée entre les extrémités des deux ailes s'appelle l'**envergure** (notée E).

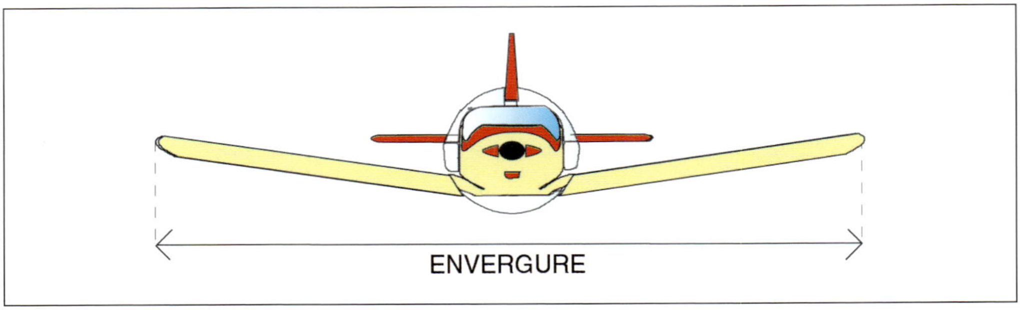

2.1.5.1. Fixation de l'aile sur le fuselage

L'aile peut être raccordée au fuselage en différentes positions, caractérisant une aile haute, une aile médiane, ou une aile basse :

© François Besse

Aile haute – PIPER J-3.

© Guillaume Beaufils

Aile basse.

Lorsqu'on examine l'aile en vue de dessus, celle-ci peut prendre plusieurs formes spécifiques dont les principales sont représentées ci-dessous :

On trouve également des ailes de formes :

2.1.5.2. Dispositifs hypersustentateurs

© Pierre Dumaître

Becs et volets – MERCURE 100.

Pour augmenter la portance pendant les phases de décollage et d'atterrissage, on utilise des dispositifs appelés hypersustentateurs. Ils sont situés au bord d'attaque (becs) et au bord de fuite (volets) de la voilure, et agissent en augmentant à la fois la surface de l'aile et sa courbure.

Des fentes sont aménagées entre le profil et le dispositif hypersustentateur afin de redonner de l'énergie à l'écoulement de l'extrados et retarder ainsi le décollement de la couche limite. La vitesse à laquelle le décrochage se produit est alors diminuée : l'avion peut tenir l'air à une vitesse plus faible. Notons que l'**incidence de décrochage** devient un peu plus élevée.

Lorsque ces dispositifs sont utilisés, le C_z augmente fortement, le C_x augmente aussi (la résistance à l'avancement est plus grande). En conséquence, les dispositifs hypersustentateurs sont entièrement sortis pour l'atterrissage. Pour le décollage, ils ne sont que partiellement sortis afin de ne pas trop pénaliser l'accélération par une traînée importante. En dehors des phases de décollage et d'atterrissage, les becs et les volets sont rentrés afin de diminuer la traînée et donc la consommation de carburant. On dit alors que l'avion se trouve en **configuration lisse**.

Différents types de dispositifs hypersustentateurs :

Sur avions légers, volets qui augmentent la courbure de l'aile	Sur avions de transport, becs et volets qui augmentent la surface et la courbure de l'aile
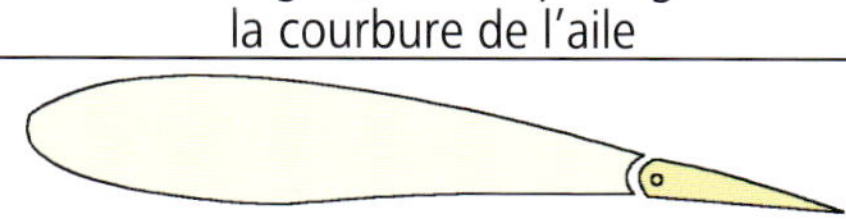 CONFIGURATION CROISIÈRE OU « LISSE »	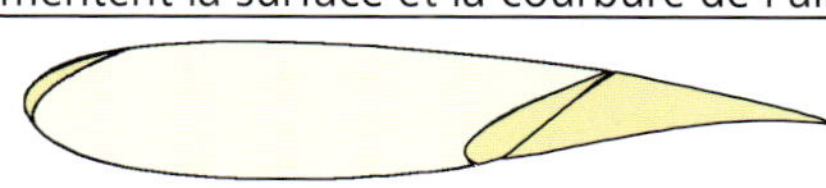 CONFIGURATION « LISSE » BECS ET VOLETS RENTRÉS
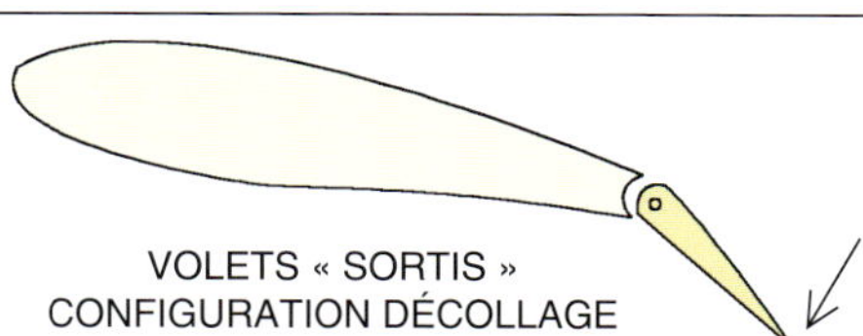 VOLETS « SORTIS » CONFIGURATION DÉCOLLAGE OU ATTERRISSAGE	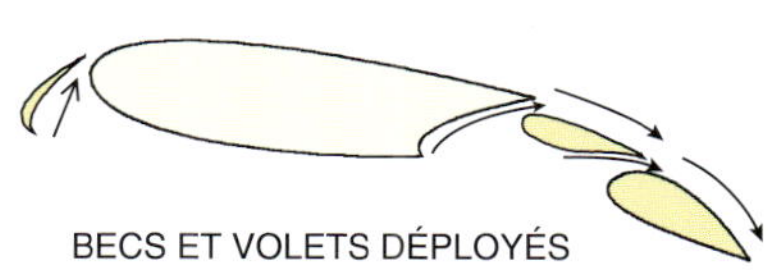 BECS ET VOLETS DÉPLOYÉS CONFIGURATION ATTERRISSAGE OU DÉCOLLAGE

2.1.5.3. Dispositifs hyposustentateurs

Par opposition aux dispositifs hypersustentateurs, certains systèmes permettent de diminuer la sustentation, ce sont les **hyposustentateurs**, ou **spoilers** [3] (voir module III - Étude des aéronefs, "3.4.3. Les commandes de vol secondaires"/"Dispositifs hyposustentateurs".

3. Terme anglais technique qui vient du verbe *to spoil* qui signifie « gâter » mais aussi : « **altérer** ». La traduction française est **déporteur**.

Volets et spoilers déployés.

Ces panneaux diminuent fortement la portance, et augmentent aussi la traînée : ce sont des plans mobiles placés exclusivement sur l'extrados de l'aile, et qui ne laissent passer aucun écoulement entre eux-mêmes et la voilure.

En aval du spoiler, la portance est dégradée, et on constate un écoulement tourbillonnaire, générateur d'une forte traînée.

Les spoilers sont toujours placés symétriquement par rapport à l'axe longitudinal de l'avion.

- Sortis symétriquement sur les deux ailes, ils sont utilisés en aérofreins.

- Ils sont également utilisés lors de l'atterrissage afin de réduire la distance de roulement (fonction **ground spoiler**). (Un dispositif de sécurité n'autorise la sortie des panneaux qu'une fois les amortisseurs des trains d'atterrissage comprimés).

- Nota : ils peuvent aussi être utilisés de manière dissymétrique pour la fonction roulis (Roll-Spoiler). Dans ce cas, ils se lèvent uniquement du côté où le manche est incliné (faible braquage). [Voir le chapitre "3.4.2.2. Architecture des commandes de vol primaires (cinématique)", page 148].

2.1.6. Relation assiette – pente – incidence

Si on considère un avion en vol, on peut définir trois angles importants liés entre eux par une relation simple :
– l'assiette de l'avion est l'angle formé entre l'axe longitudinal de l'avion et l'horizontale : elle est positive si l'axe longitudinal s'élève au-dessus de l'horizon et négative lorsque l'axe longitudinal descend sous l'horizon ;
– la pente suivie par l'avion est l'angle formé entre la trajectoire de l'avion (**Vr, vent relatif**) et l'horizontale : elle est positive si l'avion monte, et négative lorsque l'avion descend ;
– l'incidence de l'avion est l'angle formé entre l'axe longitudinal de l'avion et la trajectoire : elle est positive si l'axe de l'avion est au-dessus de la trajectoire et négative lorsque l'axe de l'avion est sous la trajectoire.
La relation liant ces trois angles peut donc s'écrire :

Assiette = Pente + Incidence

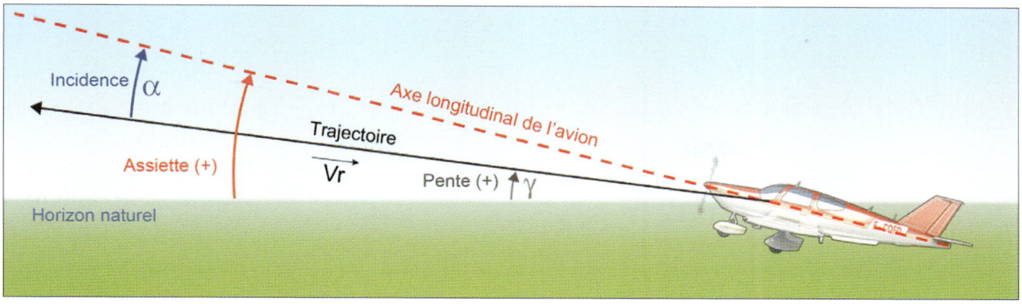

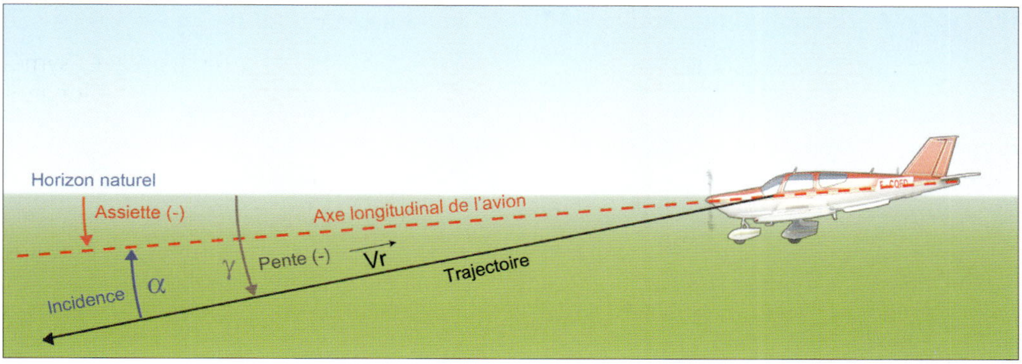

Nota : la direction de la corde de profil peut être légèrement différente de celle de l'axe longitudinal. Voir chapitre 2.1.8.1.2. page 62.

2.1.7. Équilibre, stabilité et maniabilité de l'aéronef

Il faut également s'assurer que l'équilibre de l'avion soit stable pendant le vol, c'est-à-dire que l'avion, écarté légèrement de sa position d'équilibre (par une rafale par exemple), doit y revenir de lui-même. Sont concernés : l'équilibre latéral et l'équilibre longitudinal. Si le premier est largement du ressort du concepteur de l'avion, le second peut être mis en défaut par l'utilisateur, notamment en raison de la répartition des charges à bord de l'avion. On se bornera donc à étudier **l'équilibre longitudinal**.

On démontre en aérodynamique qu'il existe un point fixe particulier de l'avion, appelé **foyer**, qui est le point où s'applique toute **variation de portance provoquée par une variation d'incidence**. Si l'avion est écarté de sa position d'équilibre, son incidence varie légèrement ($\Delta\alpha$) et celle-ci va entraîner une variation de portance (ΔZ_A) qui s'appliquera au foyer (**F**).

Par exemple, sur les figures ci-après, une petite variation positive d'incidence va créer une variation positive de portance apparaissant au foyer, ce qui va engendrer un moment (M) par rapport au centre de gravité (G) de l'avion : $M = \Delta Z_A \cdot GF$.

Pour que l'avion revienne à sa position initiale, il faut que ce soit un moment à piquer, et donc que le centre de gravité de l'avion se trouve en avant du foyer.

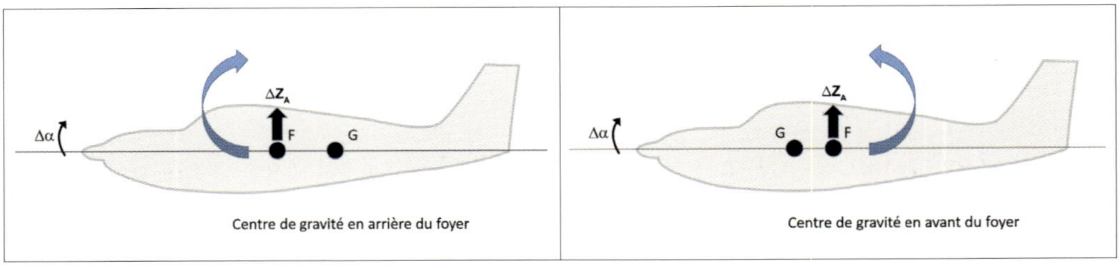

Si la variation d'incidence était négative, la variation de portance serait orientée vers le bas, et on aurait un moment à cabrer qui ramènerait l'avion à son équilibre.

Pour garantir la stabilité longitudinale, il faut donc que le centre de gravité de l'avion soit en avant du foyer. Mais plus le centre de gravité avance, plus le moment de rappel augmente puisque la distance GF augmente. À un moment donné, la stabilité sera telle que l'avion ne pourra plus être déplacé autour de son centre de gravité, même si c'est le pilote qui sollicite une variation d'incidence pour le faire monter ou descendre : on a atteint la limite de maniabilité. **En résumé, lorsque le centre de gravité avance, la stabilité s'améliore, mais la maniabilité diminue**.

En conséquence, le centre de gravité doit se trouver entre deux limites : une limite arrière qui est la limite de stabilité (au-delà, l'avion est instable et donc non pilotable manuellement) et une limite avant qui est la limite de maniabilité (au-delà, l'avion n'est plus manœuvrable).

Avant d'effectuer un vol, le pilote doit impérativement vérifier que, compte tenu de son chargement, le centre de gravité de l'avion se trouve bien entre ces deux limites : c'est ce qu'on appelle vérifier le centrage de l'avion.

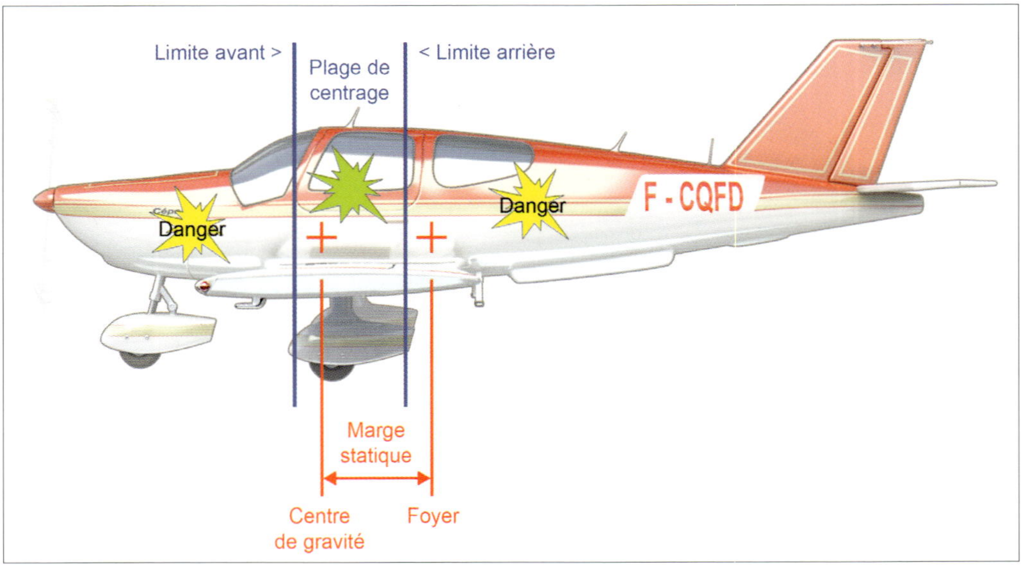

2.1.8 Approfondir les lois de l'écoulement de l'air

2.1.8.1. Étude en soufflerie

Le vol de l'avion résulte des interactions qui se produisent entre des surfaces portantes (ailes) et la masse d'air dans laquelle ces dernières se déplacent à grande vitesse. Pendant le vol, c'est l'avion qui se déplace, mais un observateur placé dans l'avion peut considérer qu'il voit l'aile immobile et que c'est l'air qui se déplace ; c'est ce que nous reproduisons en laboratoire. Pour étudier les phénomènes liés à la sustentation, il est plus commode d'immobiliser une maquette et de faire déplacer artificiellement l'air à une vitesse donnée dans la **soufflerie**. On peut alors matérialiser le déplacement de l'air au moyen de fumée ou de brins de laine très fins : on appelle « **ligne de courant** » une suite de particules d'air qui suivent la même trajectoire, formant ainsi un fil continu que l'on dessinera dans les schémas sous forme d'un trait fin.

« **Écoulement** » est le terme générique définissant le déplacement de l'air ; on distingue en général trois types d'écoulement classés selon le comportement des particules d'air :

- **l'écoulement laminaire** : les particules du fluide suivent des trajectoires parallèles dans la même direction. Ce type d'écoulement est appelé laminaire, car on peut tracer des lignes de courant.

- **l'écoulement turbulent** : les particules du fluide se comportent d'une manière chaotique, avec des vitesses de grandeur et de sens différents. Ce type d'écoulement désordonné avec des fluctuations importantes dans le temps et dans l'espace est appelé turbulent. Cette turbulence est essentielle car elle permet de dissiper l'énergie du fluide.

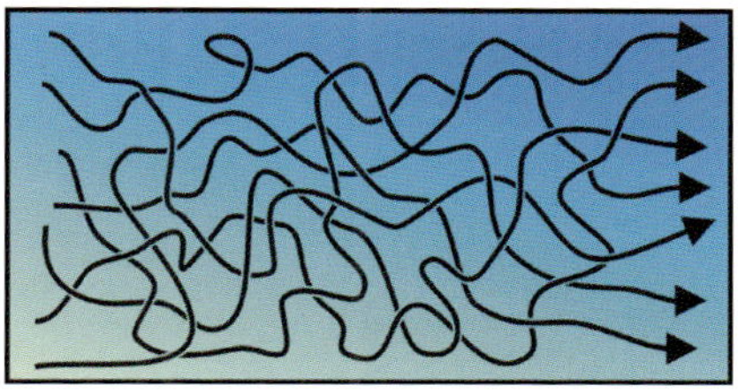

- **l'écoulement tourbillonnaire** : les filets d'air se forment en boucle et tournent sur eux-mêmes. C'est une forme particulière de l'écoulement turbulent, car, en zoomant un peu, on peut encore tracer des lignes de courant.

Au voisinage d'une surface solide, la vitesse de l'écoulement ralentit progressivement au fur et à mesure qu'on s'en approche pour finalement s'annuler au contact de celle-ci.Cette couche d'air freinée s'appelle la **couche limite**. Ce phénomène est causé par la **viscosité** de l'air : le mouvement des particules d'air est freiné par leur frottement les unes contre les autres et tout au long de la surface.

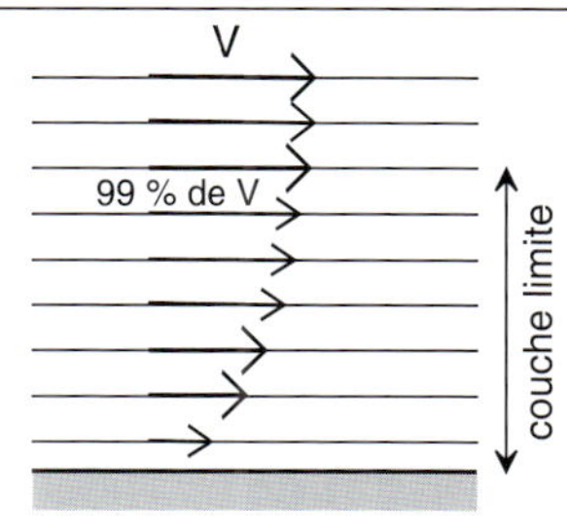

Exemple de couche limite laminaire

2.1.8.1.1. Influence de l'incidence

Si, à partir d'une incidence nulle, on augmente lentement l'angle d'incidence du profil placé dans la soufflerie, la répartition des champs de pression évolue.

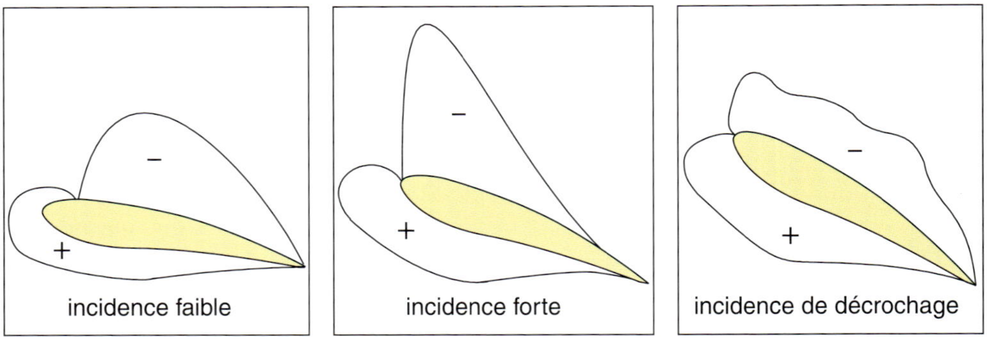

C'est ainsi que, dans un premier temps, on voit augmenter la taille des zones de pression et de dépression avec un déplacement du maximum vers l'avant du profil : la résultante aérodynamique augmente, et le centre de poussée avance.

Puis, lorsque l'incidence atteint une certaine valeur, le champ de dépression sur l'extrados diminue brutalement, alors qu'à l'intrados il y a peu d'évolution : on a atteint à ce moment l'incidence de décrochage. Si on regarde de près l'écoulement autour du profil, on remarque que la déviation des filets d'air au bord d'attaque devient si importante qu'ils ne peuvent plus suivre l'extrados et qu'ils « décollent » ou « décrochent » de la surface de l'aile en créant une zone tourbillonnaire. Ce phénomène appelé **décrochage** survient brutalement pour une incidence donnée, voisine de 20°, et, la portance diminuant soudainement, l'avion perd de l'altitude.

2.1.8.1.2. La direction de la corde de profil (CdP) coïncide rarement avec celle de l'axe longitudinal de l'avion

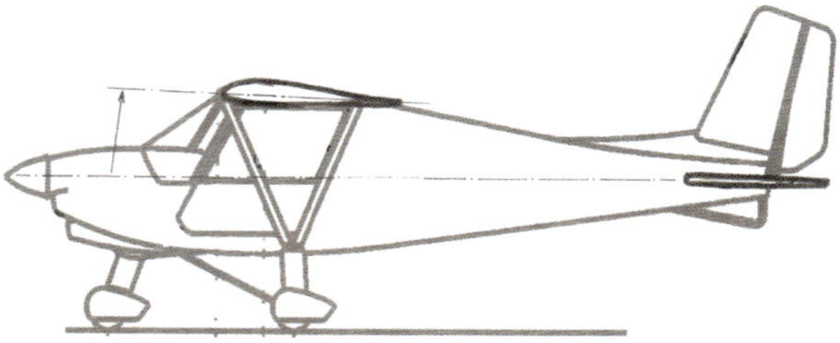

À titre d'exemple, l'illustration, ci-contre, de la position de l'aile sur un **ULM multiaxe** indique que l'angle de la **« CdP »** est supérieur d'environ 3° par rapport à l'axe longitudinal. Notons qu'à l'incidence de croisière (définie sur la corde de profil) l'axe longitudinal est plus bas, ce qui présente, pour le pilote, l'avantage d'une meilleure visibilité vers l'avant. **Cette adaptation ne remet pas en cause l'écoulement aérodynamique sur le profil.**

À l'incidence de basse vitesse, l'ensemble est cabré (nez haut, queue basse). L'arrière du fuselage doit être conçu pour ne pas toucher la piste lors de l'atterrissage et avec un capot moteur ne bloquant pas la vue vers l'avant. Les formes de fuselages ne sont donc que des compromis techniques [4].

4. En raison d'une très forte incidence à l'atterrissage et au décollage, le nez mobile du Concorde de 1969 s'abaissait pour permettre au pilote de voir la piste. Le bombardier Boeing B-52 de 1952 à train quadricycle doit se poser avec le fuselage à plat (incidence de l'aile de 6°) et vole donc en croisière avec le nez bas. Le Vought F-8 Crusader supersonique de 1955 (traînée minimale requise) a une queue très longue et devait faire pivoter son aile de 7° au lieu de cabrer le fuselage pour garder de la vue vers l'avant et se poser à vitesse convenable (approche finale vers 240 km/h).

2.1.8.1.3. Soufflerie aérodynamique

Une soufflerie est essentiellement composée des quatre éléments successifs suivants :

– le **collecteur**, ou **convergent** ;

– la **chambre d'expérience** ;

– le **diffuseur**, ou **divergent** ;

– le ou les **ventilateurs**.

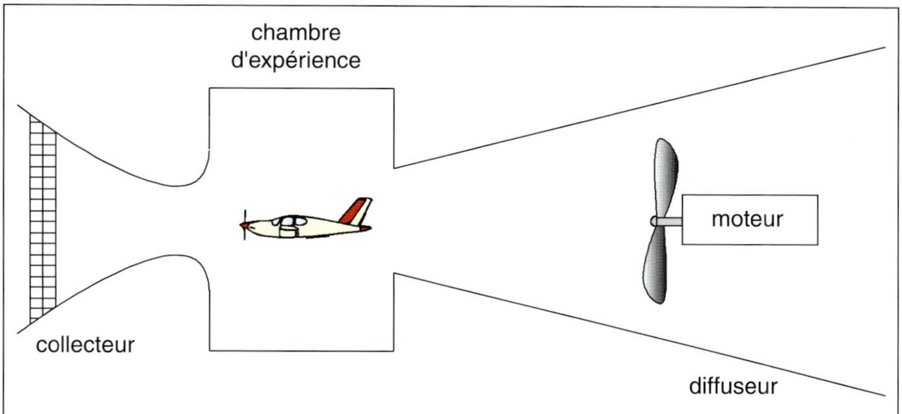

COUPE D'UNE SOUFFLERIE À ASPIRATION

Le collecteur

Son rôle est d'amener l'air dans la chambre d'expérience avec un minimum de perturbation. Il est donc étudié de telle sorte que l'écoulement soit **laminaire** à sa sortie : des filtres et des grilles pour « peigner » l'air sont ainsi utilisés. De plus, le collecteur a une forme **convergente**, ce qui permet d'accélérer l'écoulement.

La chambre d'expérience

Elle fait suite au collecteur, et c'est là que l'on dispose le corps à étudier : maquette, élément d'avion, voire avion complet si la soufflerie est suffisamment grande.

Le diffuseur

À la sortie de la chambre d'expérience se trouve le diffuseur. Il est légèrement **divergent** afin de ralentir la vitesse de l'écoulement sans amener de turbulences le long de sa paroi.

Le ventilateur

Il est placé derrière le diffuseur et aspire l'air en amont depuis l'avant du collecteur pour le rejeter à l'extérieur. Avec cette disposition, l'air traversant la chambre d'expérience ne subit pas les turbulences qui sont créées à l'arrière des pales du ventilateur.

Remarque :
Si on relie la sortie de la soufflerie à l'entrée du collecteur par une veine de section constante, on obtient une soufflerie dite « à retour ».

2.1.8.2. La résistance de l'air

2.1.8.2.1. Mise en évidence

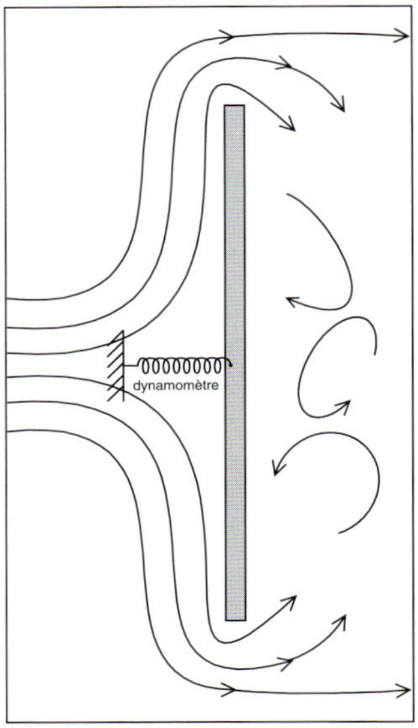

Plaçons une plaque plane sur un support dans une soufflerie, retenue par un dynamomètre, le souffle du vent relatif étant perpendiculaire à la surface à analyser.

Nous mettons en évidence la **résistance de l'air** en mesurant, à l'aide du dynamomètre, le déplacement de la plaque.

À l'avant de la plaque, l'air exerce une forte pression tandis qu'à l'arrière se forme un « vide relatif qui tend à l'aspirer ». Ce vide relatif entraîne l'écoulement dans un régime tourbillonnaire (dépression).

Observons les types d'écoulements : **laminaire en amont et tourbillonnaire en aval**.

2.1.8.2.2. Paramètres influençant la résistance de l'air

- **Surface**. Si on la double, la force mesurée par le dynamomètre double :

  la résistance de l'air est proportionnelle à la surface.

- **Vitesse**. En augmentant la vitesse de l'écoulement, la force exercée par l'air augmente elle aussi. Une série de mesures permet de mettre en évidence que :

  la résistance de l'air est proportionnelle au carré de la vitesse.

En conséquence, si la vitesse de l'écoulement triple, par exemple, la résistance de l'air est multipliée par neuf !

- **Masse volumique**. Si on monte en altitude, la densité de l'air diminue : on peut considérer qu'il y a moins de particules d'air dans un même volume, et si le nombre de particules d'air diminue, la résistance de l'air va diminuer aussi. On peut mesurer que :

  la résistance de l'air est proportionnelle à la masse volumique de l'air.

2.1.8.2.3. Étudions l'influence de la forme du corps

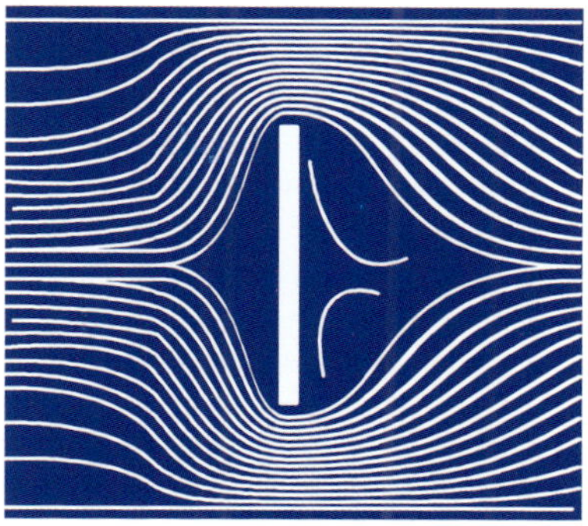

Dans un premier temps, plaçons le **disque** plat perpendiculaire à l'écoulement : on a vu précédemment que l'écoulement avait de la difficulté à contourner l'obstacle, et qu'il se créait une forte pression à l'avant (amont) ainsi qu'une zone tourbillonnaire dépressionnaire à l'arrière (aval).

On peut essayer de modifier la forme du corps pour faciliter la déviation des filets d'air : en complétant le disque par une **demi-sphère** face à l'écoulement, on constate que l'air contourne facilement l'avant de la demi-sphère, mais qu'à l'arrière subsiste toujours la zone tourbillonnaire.

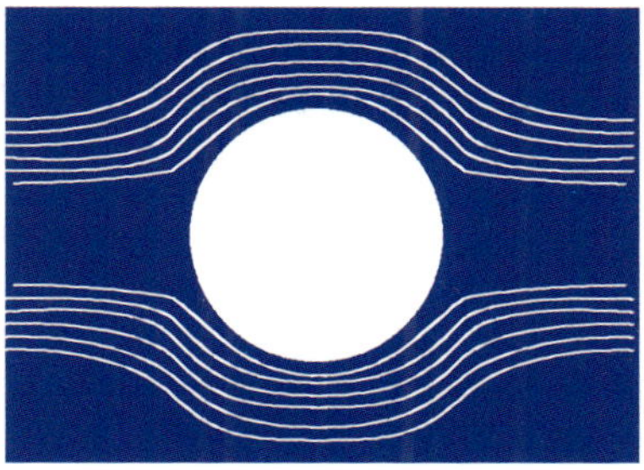

Si on complète cette demi-sphère pour former une **sphère** complète, la zone tourbillonnaire est fortement diminuée, mais n'est pas complètement résorbée.

Pour réussir à combler la zone tourbillonnaire en aval, on déforme légèrement la sphère pour obtenir un corps ayant sensiblement la **forme d'un œuf**. Les filets d'air se rejoignent à l'arrière sans présenter de tourbillons. On constate alors que la résistance de l'air est nettement plus faible que dans le cas du disque initial. Le corps obtenu est un **corps fuselé** dont la résistance aérodynamique est peu élevée : environ huit fois moindre que celle du disque initial, pourtant tous deux ont le même maître-couple.

2.1.8.2.4. Expression de la résistance de l'air

On a vu que la résistance de l'air est proportionnelle à la surface présentée perpendiculairement à l'écoulement, au carré de la vitesse de l'écoulement, à la masse volumique de l'air, et dépendait de la forme du corps. En conséquence, on peut l'écrire sous la forme :

$$R = K.\rho.V^2.S$$

avec :

– **R** résistance de l'air exprimée en Newton ;

– **K** coefficient qui tient compte de la forme du corps et de son état de surface ;

– **ρ** masse volumique de l'air exprimée en $kg.m^{-3}$, $\rho = 1{,}225\ kg/m^3$ à 15°C;

– **V** vitesse exprimée en $m.s^{-1}$;

– **S** surface exprimée en m^2.

Remarque :
La comparaison des formules de résistance de l'air (exprimée ci-dessus) et celle de la résultante aérodynamique ($\frac{1}{2}\rho\ S\ V^2 C$), nous permet de conclure à leur similitude. Toutefois, dans cette dernière, la partie $\frac{1}{2}\rho\ V^2$ met en évidence la pression dynamique qui est fonction de la vitesse de déplacement (loi de Bernoulli).

Exemple :
Un parachute est assimilé à un disque de surface 30 m^2, dont le coefficient K vaut 1,4. À proximité du sol, où la masse volumique de l'air est égale à 1,225 $kg.m^{-3}$, la vitesse de chute est de 4 $m.s^{-1}$.
La résistance de l'air R de ce parachute sera égale à :

$$\mathbf{R = 1{,}4 \times 1{,}225 \times 4^2 \times 30,\ soit\ R = 823\ N}$$

La forme d'un aéronef sera minutieusement étudiée en vue de réduire au maximum la résistance de l'air, notamment en utilisant des formes fuselées dont le maître-couple soit le plus réduit possible compte tenu des impératifs de transport.

2.1.8.3. Surfaces portantes

2.1.8.3.1. Plaque plane inclinée

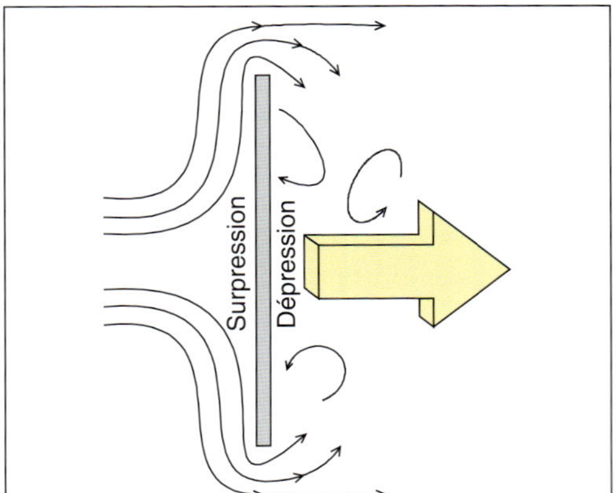

Précédemment, nous avons vu que lorsqu'une plaque plane était placée perpendiculairement à l'écoulement, il se formait en amont une surpression, alors qu'en aval il y avait un « vide » relatif apportant une dépression. La plaque subit une force horizontale (aspiration) due au produit des différences de pression par la surface de la plaque.

Si on incline cette plaque, les filets d'air la contournent plus facilement, mais les zones de surpression et de dépression subsistent néanmoins.

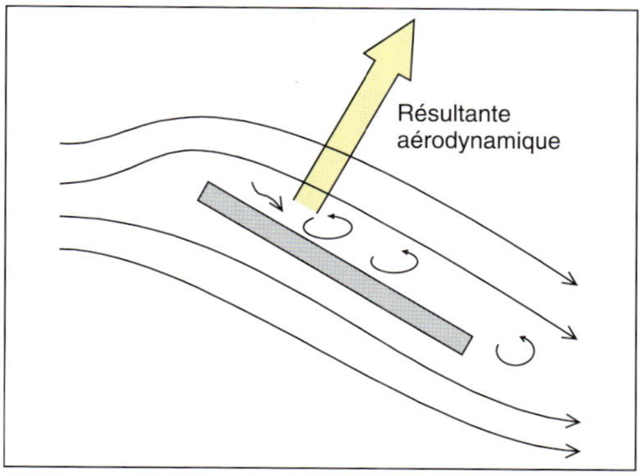

Cette fois la force qui s'exerce sur la plaque n'est plus horizontale, mais est inclinée vers l'arrière : on l'appelle alors résultante aérodynamique (R_A).

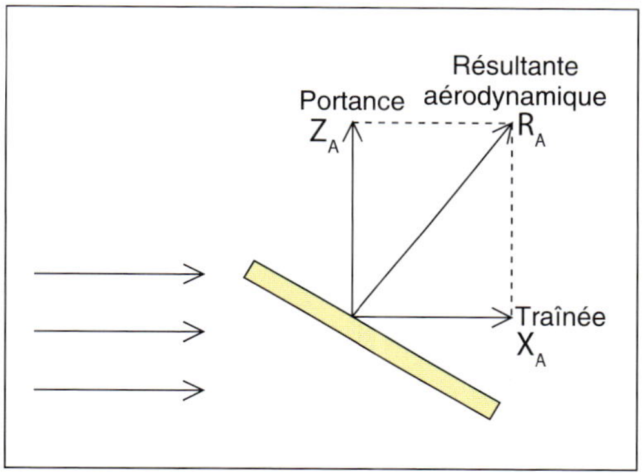

Nous pouvons décomposer la résultante en deux forces :

- **X_A : traînée** qui est parallèle à l'écoulement aérodynamique et qui s'oppose à l'avancement,
- **Z_A : portance** qui est perpendiculaire au vent relatif.

Dans le cas d'une aile d'avion, et bien que celle-ci ne soit pas exactement une plaque plane inclinée, la portance est la force qui va permettre de vaincre le poids de l'avion. Par contre, la traînée constitue la résistance à l'avancement : il faut donc chercher à la minimiser.

Sur un avion en vol horizontal à vitesse constante, la portance équilibre le poids, et la traction de l'hélice doit équilibrer la traînée.

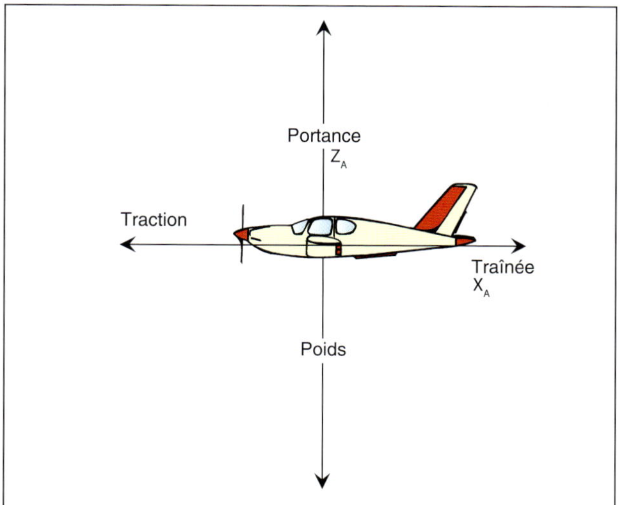

Forces s'exerçant sur un avion en vol rectiligne horizontal

Remarque :
Pour un avion équipé de réacteurs, c'est la poussée des réacteurs qui équilibre la traînée.

2.1.8.3.2. Surfaces courbes inclinées

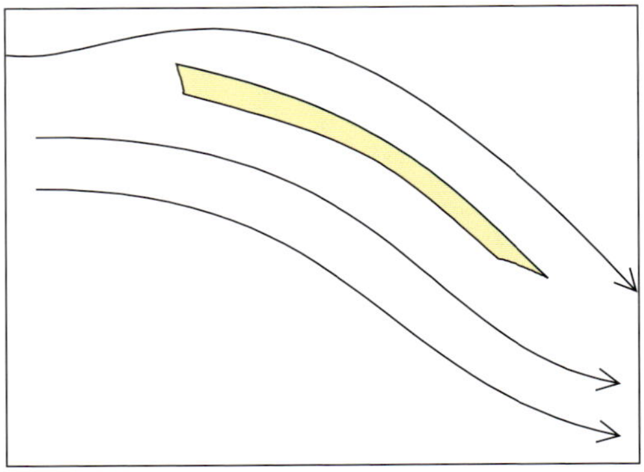

Il est très vite apparu que les surfaces courbes étaient plus efficaces que les surfaces planes pour assurer la portance d'un avion.

En effet, les filets d'air s'incurvent alors facilement et « collent » mieux à une surface courbe, si bien que la **zone tourbillonnaire disparaît presque totalement**. De plus, l'effet de courbure a pour effet d'accentuer fortement la vitesse de l'écoulement sur le dessus de l'aile.

Or, un physicien du **XVIII**^e^ siècle, Daniel Bernoulli avait démontré que, dans un fluide en écoulement, la vitesse et la pression varient en sens inverse.

Au-dessus de l'aile, l'air étant accéléré, la pression diminue localement ; inversement, au-dessous de l'aile, l'air est freiné et en conséquence, la pression augmente localement.

La plaque courbe est donc aspirée par sa surface supérieure et poussée sous sa face inférieure. La résultante aérodynamique est plus importante que pour une plaque plane de surface identique : la portance augmente et la traînée est plus faible.

2.1.8.4. Influence de l'allongement : traînée induite

Calcul de l'allongement d'une aile : $\lambda = E / P$.
E représente l'envergure de l'aile et **P** la profondeur. La profondeur correspond à la **longueur de la corde de profil**. Lorsque le manuel de vol ne précise pas P, on peut faire appel à l'**envergure** et à la **surface** de l'aile.
Dans ce cas utiliser la formule suivante : $\lambda = E_x E / P_x E$. Avec $P_x E = S$.

En simplifiant : $\lambda = E^2 / S$.

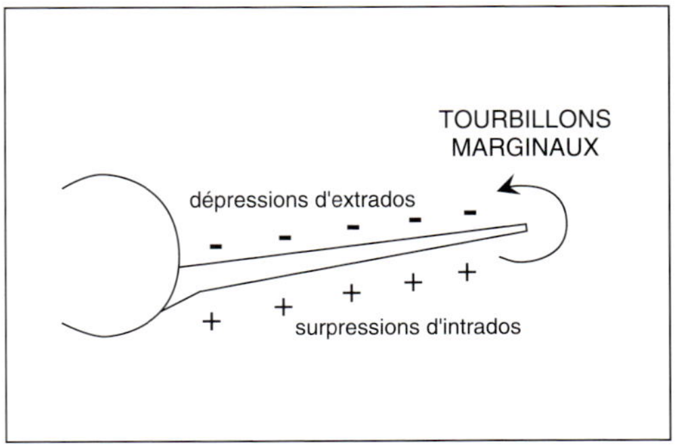

À l'extrémité de l'aile apparaissent des phénomènes particuliers : en effet, à cet endroit, la surpression de l'intrados a tendance à aller combler la dépression d'extrados en contournant l'extrémité de la voilure.

Comme l'avion avance, le mouvement de rotation ainsi amorcé crée un tourbillon à chaque extrémité d'aile, appelé **tourbillon marginal**.

Les deux tourbillons marginaux sont contrarotatifs (tournent en sens inverse) et peuvent se faire sentir jusqu'à une distance assez importante derrière l'avion. Ils n'existent que lorsque la portance existe, puisqu'une différence de pression entre le dessus et le dessous de l'aile est nécessaire à leur création.

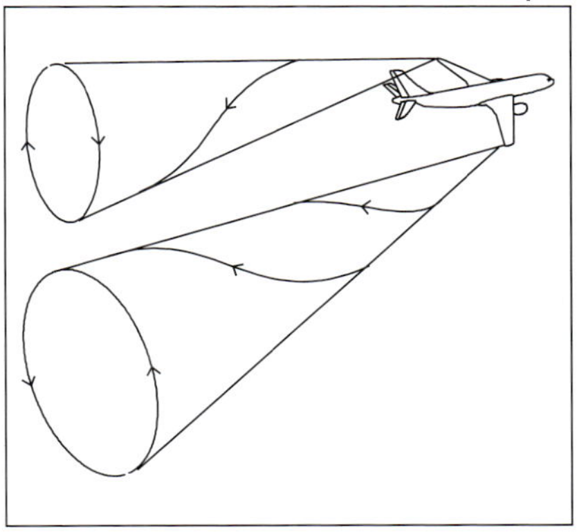

Ces tourbillons freinent la progression de l'avion et apportent une traînée supplémentaire à la traînée propre du profil, que l'on appelle **traînée induite** (sous-entendu : induite par la portance).

On a pu mettre en évidence que cette traînée induite est proportionnelle au carré de la portance et inversement proportionnelle à l'allongement (voir page 97).
Autrement dit, si deux ailes génèrent la même portance, celle qui a l'allongement le plus grand a la traînée induite la plus faible. Malheureusement, les avions de transport ont en général un allongement peu élevé et ils laissent derrière eux une turbulence de sillage d'autant plus importante que l'avion est lourd. Depuis les années 1990, sur les avions de ligne et quelques avions légers, on installe en extrémité de voilure des surfaces appelées winglets permettant de réduire la traînée induite.

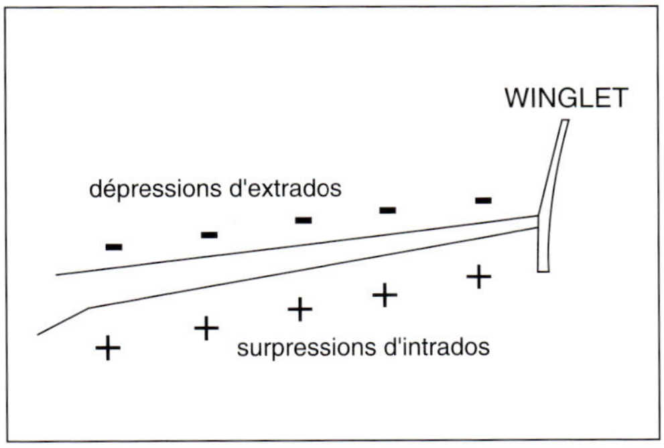

Remarque :

Les tourbillons marginaux créant la turbulence de sillage représentent un danger important pour un avion qui y pénètre, pouvant amener l'équipage de conduite jusqu'à la perte totale du contrôle de son avion. Comme la force de ces tourbillons dépend de la portance, donc de la masse de l'avion, on ménage une distance suffisante entre les gros-porteurs et les avions plus légers pour éviter que ceux-ci ne se trouvent placés dans des situations délicates, notamment aux abords des aérodromes.

2.2. ÉTUDE DU VOL STABILISÉ

L'étude du vol stabilisé consiste à étudier les forces s'appliquant à un aéronef en vol. Ces forces peuvent être regroupées en fonction de leur origine :

– origine inertielle, fonction des accélérations subies par la masse de l'avion ;

– origine propulsive, générée par les moteurs de l'avion ;

– origine aérodynamique, induite par la vitesse de déplacement de l'aéronef.

Toutes ces forces vont bien entendu s'appliquer au centre de gravité de l'avion. Si l'avion effectue un vol rectiligne uniforme (sa trajectoire est une droite et sa vitesse est constante), il faudra que la somme des forces appliquées au point G soit nulle :

$$\Sigma \vec{F}_G = \vec{0}_G$$

Pour simplifier l'étude, nous considérerons que le centre de poussée (point d'application de la résultante aérodynamique) et que le centre de gravité (point d'application du poids de l'avion) sont confondus, et se trouvent tous deux sur l'axe longitudinal de l'avion.

2.2.1. Vol plané

Le planeur, n'ayant pas de moteur, se trouve en permanence en descente par rapport à l'air. Seule la présence de courants ascendants peut lui permettre de prendre de l'altitude.

On considère un planeur en descente rectiligne à vitesse constante, en air calme, qui suit une pente de descente γ. Ce planeur est soumis aux deux seules forces : son poids et la résultante aérodynamique.

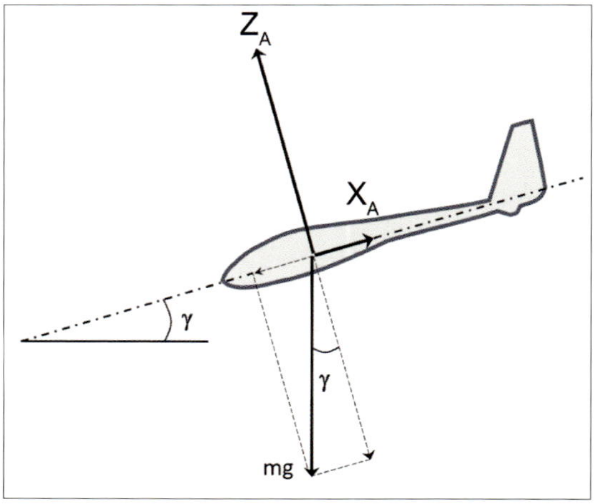

La résultante aérodynamique peut être décomposée en portance (perpendiculaire à l'axe de l'aéronef) et traînée (parallèle à l'axe de l'aéronef), ainsi qu'on l'a défini dans le chapitre sur la sustentation, partie des « Surfaces portantes ».

Pour réaliser l'équilibre des forces, on va décomposer le poids en deux composantes, l'une opposée à la portance et l'autre à la traînée.

On obtient alors les deux relations suivantes :

$Z_A = mg.\cos\gamma$

$X_A = mg.\sin\gamma$

La pente de descente est en général assez faible pour que l'on puisse considérer que :

$\cos\gamma = 1$ et que $\sin\gamma = \tan\gamma = \gamma$ en radians.

Les équations précédentes deviennent donc :

$$\left.\begin{array}{r} \mathbf{Z_A = mg} \\ \mathbf{mg.\gamma = X_A} \end{array}\right\} \text{d'où } \gamma = \frac{\mathbf{X_A}}{\mathbf{mg}} \Rightarrow \gamma = \frac{\mathbf{X_A}}{\mathbf{Z_A}} \Rightarrow \gamma = \frac{\mathbf{1}}{\mathbf{f}}$$

La pente de descente par rapport à l'air est donc l'inverse de la finesse du planeur : plus la finesse du planeur est grande, et plus sa pente de descente est faible.

Si le planeur évolue dans une masse d'air immobile (pas de vent ni d'ascendances), la pente de descente peut aussi s'écrire de la façon suivante :

$$\gamma = \frac{\textbf{Hauteur du planeur}}{\textbf{Distance parcourue}}$$

La distance que le planeur peut parcourir en air calme est donc égale au produit de sa finesse par la hauteur à laquelle il se trouve :

Distance air = finesse x hauteur

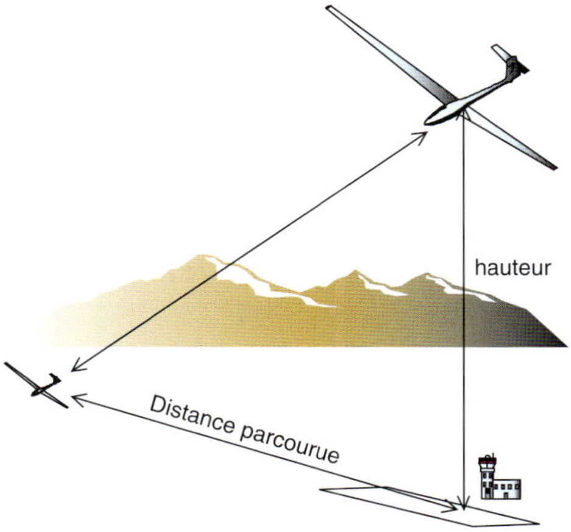

La distance calculée ainsi est naturellement la distance en air calme. Cette distance doit être corrigée en fonction du vent : un vent de face la diminuera, alors qu'un vent arrière l'allongera.

Pour parcourir la plus grande distance possible, le planeur devra donc voler à l'incidence de finesse maximale (à laquelle correspond une valeur de C_Z). Pour une masse planeur donnée, à cette finesse maximale correspond une vitesse donnée telle que :

$$mg = \frac{1}{2} \cdot \rho \cdot V^2 \cdot S \cdot C_{Z(f_{max})} \quad \text{ou} : V = \sqrt{\frac{2\,mg}{\rho \cdot S \cdot C_{Z(fmax)}}}$$

On peut ainsi constater que plus le planeur est lourd, plus sa vitesse de finesse maximale est grande. C'est pourquoi quelques planeurs embarquent de l'eau dans des ballasts, eau qui est, parfois spectaculairement, vidée avant de se poser.

2.2.2. Vol motorisé

2.2.2.1. Le vol en palier rectiligne uniforme

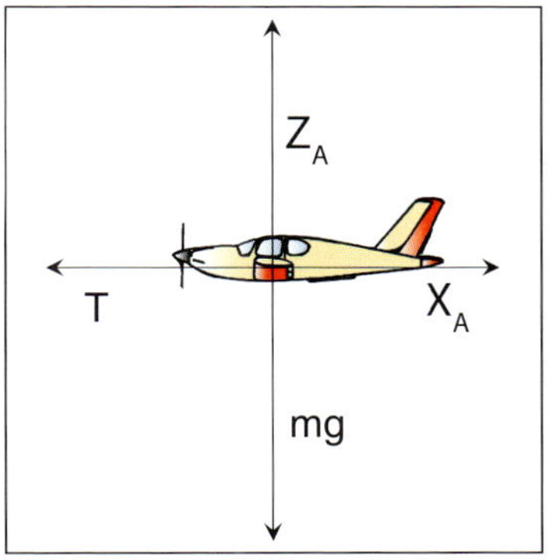

Ainsi que nous l'avons abordé au chapitre sur l'aérodynamique, quatre forces s'équilibrant deux à deux vont s'appliquer à l'avion :

- l'avion vole selon une trajectoire horizontale, donc la portance doit équilibrer le poids : $Z_A = mg$
- pour voler à vitesse constante, la traction de l'hélice (ou la poussée du réacteur) doit équilibrer la traînée : $T = X_A$

En développant ces deux relations, on obtient :

- **l'équation de sustentation :** $mg = \frac{1}{2} \cdot \rho \cdot V^2 \cdot S \cdot C_Z$
- **l'équation de propulsion :** $T = \frac{1}{2} \cdot \rho \cdot V^2 \cdot S \cdot C_X$

avec :

- **m** masse de l'avion en kg
- **g** accélération de la pesanteur : $g = 9{,}81\ m.s^{-2}$
- **T** traction de l'hélice (ou poussée du réacteur) en **N**
- ρ masse volumique de l'air en $kg.m^{-3}$
- **V** vitesse avion en $m.s^{-1}$
- **S** surface de la voilure en m^2
- C_Z coefficient de portance (sans dimension)
- C_X coefficient de traînée (sans dimension).

En faisant le rapport de ces deux équations, on obtient une nouvelle relation :

$\frac{mg}{T} = \frac{C_Z}{C_X} = f$, soit: $T = \frac{mg}{f}$ où f représente la finesse de l'avion.

Pour un avion de masse donnée, volant en palier à une vitesse V, il n'existe qu'une seule valeur de C_Z vérifiant l'équation de sustentation. Il n'y a donc qu'une seule incidence de vol possible à cette vitesse.

À cette incidence de vol correspond un seul C_X : ce dernier conditionne la valeur de la traînée, et, par conséquent, la traction (ou la poussée) à afficher.

On peut donc constater que les deux équations de sustentation et de propulsion sont étroitement liées.

2.2.2.2. Le vol en montée rectiligne uniforme

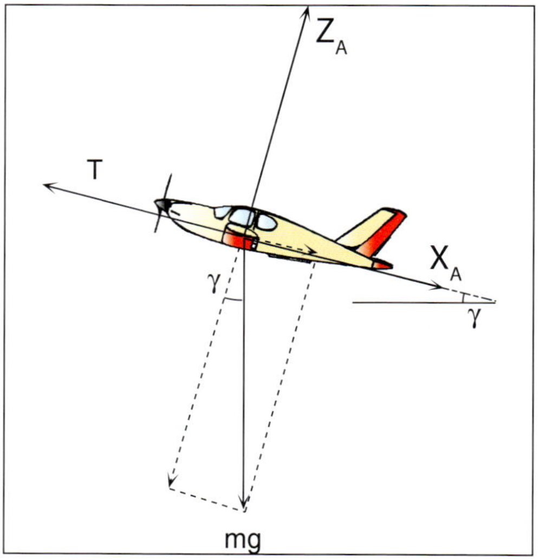

Pour que l'avion effectue une montée, il faut que la force de propulsion (traction de l'hélice ou poussée du réacteur) augmente par rapport au vol en palier. En montée rectiligne uniforme, la vitesse de l'avion sur sa trajectoire sera constante.

Si l'avion monte en suivant une trajectoire faisant un angle γ avec l'horizontale, on peut décomposer son poids en deux composantes, l'une parallèle à la trajectoire, et l'autre perpendiculaire à celle-ci.

On obtient : $Z_A = mg.\cos\gamma$

$T = X_A + mg.\sin\gamma$

En général, la montée d'un avion s'effectue sous une pente assez faible pour que l'on puisse considérer par approximation que :

$\cos\gamma = 1$, et que : $\sin\gamma = \tan\gamma = \gamma$ en radians.

La pente de montée étant la tangente de l'angle de montée, on peut donc dire qu'elle est égale à γ en radians.

Les équations précédentes peuvent ainsi s'écrire :

$$Z_A = mg$$

$$T = X_A + mg.\gamma \Leftrightarrow \gamma = \frac{T - X_A}{mg}$$

Comme la pente est exprimée en général en pourcentage, on aura alors :

pente de montée en % = 100 . γ_{rd} soit :

$$\textbf{pente de montée en \%} = 100 . \frac{T - X_A}{mg}$$

Pour une masse avion donnée, la pente de montée est donc directement proportionnelle à la différence entre la force de propulsion et la traînée de l'avion.

On appelle **vitesse ascensionnelle**, ou **taux de montée**, la projection de la vitesse de l'avion sur un axe vertical. On la note : V_Z .

On a alors : $V_Z = V . \gamma_{rd}$

La vitesse ascensionnelle est exprimée soit en m.s^{-1}, soit en pieds par minute (ft.min^{-1}).

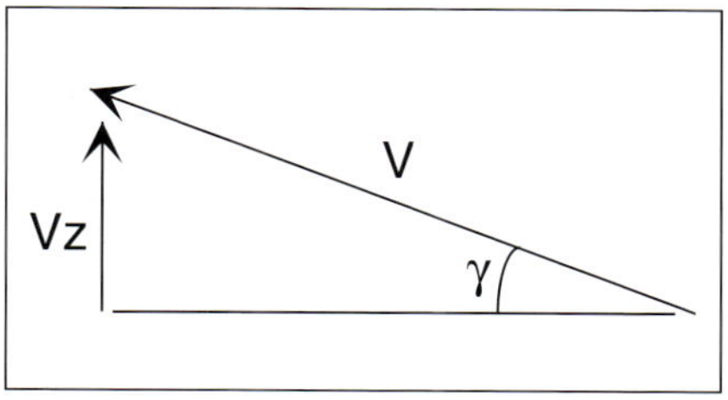

Exemple :

Un avion de tourisme de masse 1 150 kg effectue une montée à une vitesse de 145 km.h^{-1}. Sachant que le coefficient de traînée est de 0,10, la force de traction générée par l'hélice de 2 300 N et la surface de voilure de 12 m^2, quelles sont les valeurs de la pente de montée et de la vitesse ascensionnelle de cet avion ? On prendra pour masse volumique de l'air 1,225 kg.m^3 (température = 15 °C ; pression = 1 013 hPa)

$$\gamma \text{ (en \%)} = 100 \frac{T - X_A}{mg} \qquad V_z = V \frac{\gamma \text{ (en \%)}}{100}$$

avec Vitesse avion : 145 km.h^{-1} = 40,3 m.s^{-1}

Calcul de X_A :

$$X_A = \frac{1}{2} \rho V^2 S C_X = \frac{1}{2} \times 1{,}225 \times 40{,}3^2 \times 12 \times 0{,}10 = 1\,194 \text{ N}$$

$$\gamma = 100 \frac{2\,300 - 1\,194}{1\,150 \times 9{,}81} = 9{,}8 \%$$

$$V_Z = 40{,}3 \frac{9{,}8}{100} = 3{,}95 \text{ m.s}^{-1}$$

Sachant qu'un mètre par seconde vaut environ 200 pieds par minute (précisément 196,85), *l'avion monte avec une vitesse ascensionnelle d'environ 790 ft.min^{-1}*.

2.2.2.3. Le vol en descente rectiligne uniforme

Pour mettre l'avion en descente, on réduit les gaz, la force de traction diminue. L'avion descend en suivant une trajectoire faisant un angle γ avec l'horizontale de telle sorte que sa vitesse soit constante.

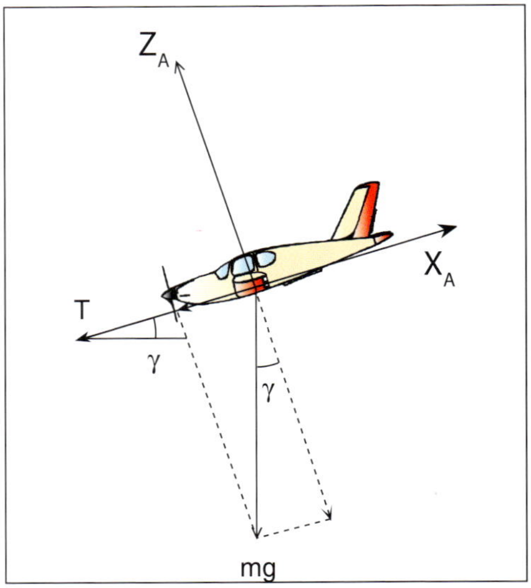

Cette fois, la composante du poids parallèle à la trajectoire est orientée dans le même sens que la traction.

On obtient : $\mathbf{Z_A = mg \cdot \cos\gamma}$

$$\mathbf{T + mg \cdot \sin\gamma = X_A}$$

De la même façon que pour la montée, on peut considérer que **cos** γ **= 1** et que **sin** γ **= tan** γ **=** γ **en radians**.

Les équations du vol en descente peuvent donc s'écrire :

$$\mathbf{Z_A = mg}$$

$$\mathbf{T + mg.\gamma = X_A} \Leftrightarrow \gamma = \frac{\mathbf{X_A - T}}{\mathbf{mg}}$$

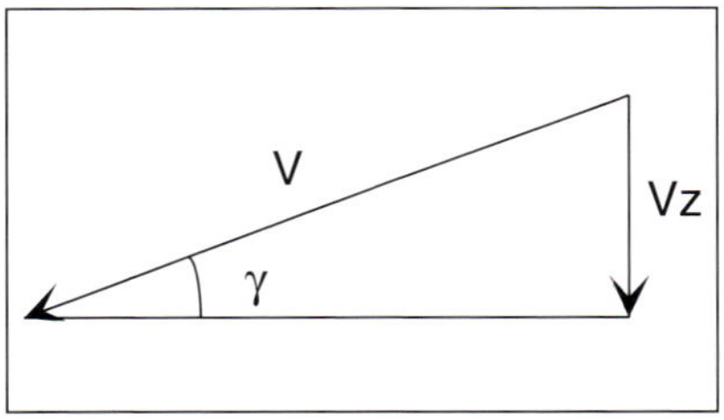

La projection de la vitesse avion sur un axe vertical est la vitesse verticale de descente, ou **taux de chute**.

On a : $\mathbf{V_Z = V \cdot \gamma_{rd}}$

Comme pour la montée, elle s'exprime soit en $m.s^{-1}$, soit en $ft.min^{-1}$.

On obtient donc :

$$\textbf{pente de descente en \% } = 100.\frac{\mathbf{X_A - T}}{\mathbf{mg}}$$

$$\textbf{taux de chute } = \mathbf{V} \cdot \frac{\textbf{pente de descente en \%}}{\mathbf{100}}$$

Dans le cas de la descente, on constate que l'on peut utiliser les mêmes équations que pour la montée, simplement si le résultat est négatif, il s'agit d'une descente.

Remarque :
Lorsque le moteur de l'avion est au ralenti, sa descente est similaire à celle d'un planeur, toutefois, l'hélice en moulinet augmente sensiblement la traînée.

2.2.2.4. Le vol en virage symétrique en palier

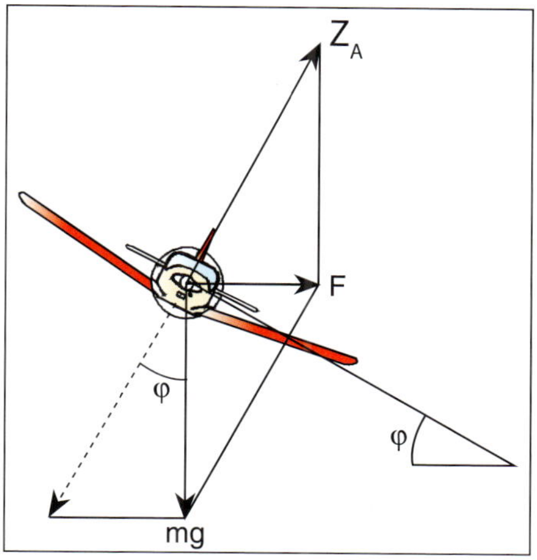

Le virage est symétrique lorsque le vecteur vitesse reste dans le plan de symétrie de l'avion. On considère de plus que la vitesse est constante et horizontale.

Pour que se réalise l'équilibre des forces dans le plan vertical, il faut que la portance soit supérieure au poids de l'avion.

Le rapport entre la portance et le poids est appelé **facteur de charge** et est noté n :

on a donc : $\mathbf{n} = \dfrac{Z_A}{mg}$

Pour maintenir en virage la vitesse que l'avion avait en vol horizontal, il faut augmenter la portance, donc C_Z.

Ceci est réalisé en augmentant légèrement l'incidence de vol.

L'augmentation d'incidence a pour effet d'augmenter la traînée : il est donc nécessaire d'accroître la force de propulsion (c'est-à-dire augmenter la traction de l'hélice).

Lorsque le virage n'est pas symétrique, l'avion effectue un virage **dérapé** :

- le dérapage peut se produire à l'extérieur du virage (l'inclinaison est trop faible compte tenu du taux de virage) ;
- le dérapage peut se produire à l'intérieur du virage (l'inclinaison est trop grande compte tenu du taux de virage). On qualifiait autrefois ce type de virage « glissé » pour le différencier du précédent.

Remarque :
Le facteur de charge en virage augmente avec l'inclinaison.
On peut en effet démontrer que :

$$\mathbf{n} = \frac{1}{\cos(\text{inclinaison})} .$$

Dans le cas d'un virage à 60° d'inclinaison, le facteur de charge est égal à deux : les occupants de l'avion ont la sensation de peser deux fois leur poids.

2.3. L'AÉROSTATION (Voir module V pour la partie historique)

2.3.1. Principes généraux de sustentation

L'aérostat est un aéronef plus léger que l'air dont la sustentation est assurée par la poussée d'Archimède qui s'énonce ainsi :

« Tout corps plongé dans un fluide au repos subit une force verticale, dirigée de bas en haut et opposée au poids du volume de fluide déplacé. »

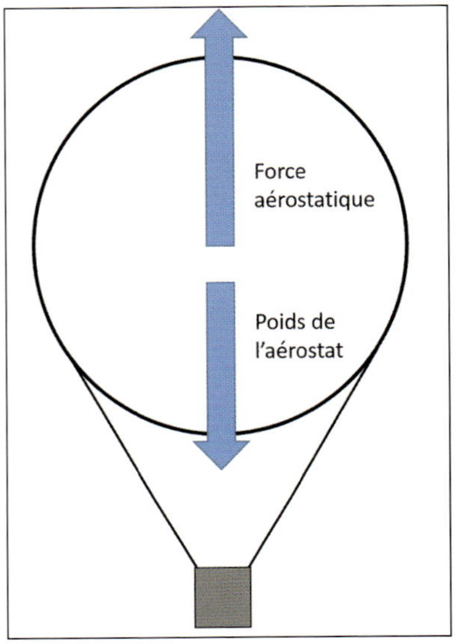

Ici le corps, c'est l'aérostat, et le fluide, c'est l'air ambiant. La poussée d'Archimède obtenue peut donc s'écrire : $\mathbf{P_A = \rho \cdot g \cdot V}$ où ρ est la masse volumique de l'air ambiant, g l'accélération de la pesanteur, et V le volume de l'air déplacé par l'aérostat.

L'enveloppe de l'aérostat est remplie d'un gaz dont la masse volumique est plus faible que celle de l'air ambiant : air chaud, hélium, ou hydrogène.

La force aérostatique sera par définition égale à la différence entre la poussée d'Archimède et le poids du gaz contenu dans l'aérostat. Elle peut s'écrire :

$$F = (\rho_{ext} - \rho_{int}) \cdot g \cdot V$$

avec ρ_{int} qui représente la masse volumique du gaz dans l'enveloppe et ρ_{ext} qui représente la masse volumique de l'air ambiant à l'extérieur de l'enveloppe.

Pour que l'aérostat s'élève, il faut que la force aérostatique soit supérieure au poids de l'aérostat qui est constitué de la somme du poids de l'enveloppe, du poids de la nacelle, du poids des équipements et du poids de l'équipage et des passagers.

2.3.2. Ballons à air chaud

La force aérostatique d'une montgolfière est fournie grâce à la différence entre la masse volumique de l'air chaud contenu dans l'enveloppe et celle de l'air ambiant plus froid. À titre d'exemple, voici les valeurs de la masse volumique de l'air sec au niveau de la mer à différentes températures :

T (°C)	0	15	25	75	100	150
ρ (**kg.m^{-3}**)	1,292	1,225	1,184	1,014	0,946	0,835

Plus l'air est chauffé, et mieux il sustentera la montgolfière, sachant que c'est la différence de température avec l'air extérieur qui détermine la différence de masse volumique, facteur de la force aérostatique.

Par exemple, pour une montgolfière de 2 550 m^3 évoluant dans un air ambiant à 15 °C, si on chauffe à 100 °C, la force aérostatique sera égale à :

$$F = (1{,}225 - 0{,}946) \times 9{,}81 \times 2\,550 = 6\,980 \text{ N}$$

Cette montgolfière pourra donc porter dans ces conditions un poids de 6 980 N (ou une masse de 711 kg).

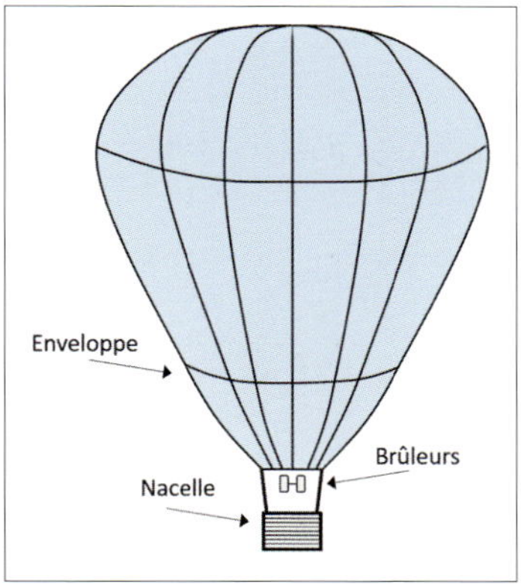

L'air chaud est contenu dans une **enveloppe** constituée de panneaux en nylon ou en polyester cousus entre eux sur des sangles, et ouverte à sa partie inférieure. Au sommet de l'enveloppe se trouve un panneau (appelé **soupape**) qui est actionné par une corde depuis la nacelle en osier ou en rotin : l'ouverture de ce panneau permet de laisser échapper l'air chaud afin de faire descendre le ballon, puis, lors de l'atterrissage, de dégonfler rapidement l'enveloppe afin de diminuer sa prise au vent.

Lorsque le ballon s'élève, la température extérieure diminue, l'air chaud du ballon se refroidit au contact de l'enveloppe, et il est nécessaire de réchauffer l'air intérieur si on veut maintenir l'altitude. Cette fonction de réchauffage est assurée par des **brûleurs** orientables, placés sur un cadre (ou cadre de charge) au-dessus de la nacelle, et alimentés par des bouteilles (ou cylindres) contenant du propane **liquide**.

Lorsque les brûleurs sont déclenchés, le réchauffage de l'air n'est pas instantané : il faut tenir compte d'une certaine inertie avant de voir le ballon commencer à monter. De la même façon, à l'arrêt des brûleurs, le ballon continuera à monter jusqu'au point le plus haut de sa trajectoire avant de commencer à redescendre avec le refroidissement de l'air. L'art du pilotage consiste donc à savoir anticiper avec adresse ces temps de réaction.

© Ballons Chaize

Montgolfière ou ballon à air chaud.

De par son principe, ce type d'aéronef ne peut se mouvoir que verticalement (monter ou descendre !), son déplacement relatif au sol est le résultat de la force et de la direction du vent. La connaissance des caractéristiques du vent aux différentes altitudes permet de modifier éventuellement la route suivie par le ballon. L'utilisation de cet aéronef nécessite également une équipe d'assistance au sol qui aide au gonflage de l'enveloppe, au maintien du ballon juste avant son envol, puis suit par liaison radio son déplacement afin d'être présente lors de la phase de son atterrissage. Cette phase très délicate demande une grande dextérité de la part des pilotes (appelés aérostiers ou aéronautes suivant que l'appareil est à usage militaire ou civil) d'une part quant au choix de la surface (environnement, sécurisation, respect des personnes et des cultures) et d'autre part dans la gestion de l'approche. Le principe est d'amener progressivement la trajectoire du ballon s'arrondir près du sol en réduisant sa vitesse, puis d'ouvrir en grand la soupape pour faire « décrocher » le ballon le plus près possible du sol : le choc de l'atterrissage sera d'autant plus faible que le décrochage se fera à basse hauteur.

2.3.3. Ballon gonflé au gaz

Contrairement au ballon à air chaud, l'enveloppe du ballon à gaz est en toile caoutchoutée (ou en matériaux synthétiques) imperméable et étanche, munie à sa partie inférieure d'un tuyau destiné au gonflement qu'on appelle l'**appendice**. L'appendice sert également à l'évacuation de l'excédent de gaz lorsque celui-ci se dilate à la prise d'altitude.

Pour les ballons classiques, la nacelle en osier est reliée au ballon par un **filet** qui entoure l'enveloppe. Au sommet de l'enveloppe, on retrouve une **soupape** à clapet en bois. Les gros ballons, qui présentent une grande prise au vent lors de l'atterrissage, peuvent en plus être équipés d'un **panneau** de déchirure qui permet une libération quasi immédiate de tout le gaz contenu dans l'enveloppe pour éviter un traînage important.

Pour des ballons plus modernes, la nacelle en osier est reliée au ballon par des **ralingues** (cordages) qui entourent l'enveloppe. La soupape est en toile circulaire et s'appelle **parachute**. Elle est commandée par une corde depuis la nacelle.

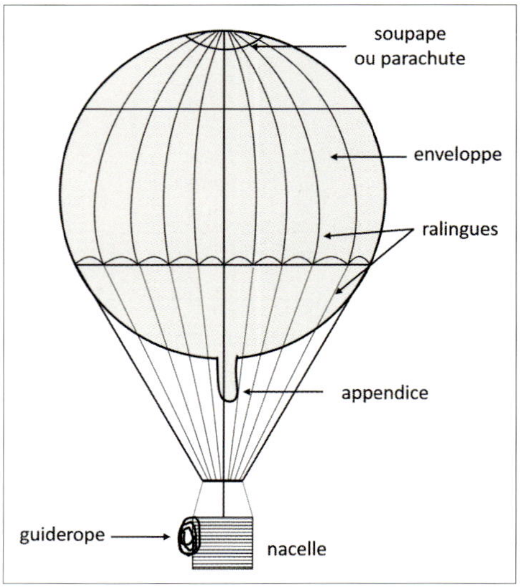

Le gaz contenu dans l'enveloppe peut être de l'hydrogène, ou de l'hélium. À titre d'exemple, un volume de 500 m^3 d'hydrogène permet de porter une masse de 550 kg.

Comme la montgolfière, le ballon à gaz ne peut que monter ou descendre : pour monter, il faut lâcher du lest (sable ou eau) qui doit donc être embarqué au départ ; et pour descendre, il faut laisser échapper du gaz par la soupape.

La nacelle est également dotée d'un **guiderope**, grosse corde généralement en coco qui mesure plusieurs dizaines de mètres et qu'on libère à faible hauteur en phase d'atterrissage afin qu'il traîne au sol : d'une part, il déleste d'autant le ballon, et permet ainsi d'amortir la descente ; d'autre part, lorsqu'il y a du vent, il freine le ballon, et des personnes au sol peuvent même s'en saisir pour arrêter l'appareil.

2.3.4. Approfondir la connaissance des ballons à air chaud et à gaz

Pour terminer l'étude des ballons à air chaud et au gaz, on peut dire un mot d'un concept mixant les deux principes : Pilâtre de Rozier conçut, en 1784 un aérostat hybride entre la montgolfière et la charlière. C'est ainsi que naquit la « **rozière** », une enveloppe sphérique contenant de l'hydrogène placée à l'intérieur d'une montgolfière. Pilâtre de Rozier tenta avec ce ballon de traverser la Manche le 15 juin 1785, mais une demi-heure après son décollage la rozière pris feu et s'écrasa près de Wimereux, tuant Pilâtre de Rozier, le premier des aéronautes.

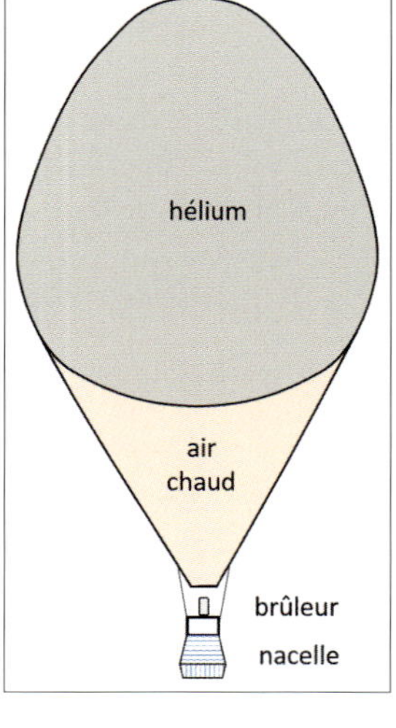

Ce concept est revenu sur le devant de la scène quand Bertrand Picard et Brian Jones ont effectué le tour du monde en ballon sans escale entre le 1er et le 21 mars 1999, en moins de 478 heures, avec une rozière de 55 mètres de haut.

En avril 2010, Jean-Louis Étienne utilisa également une rozière pour son expédition d'observation au-dessus de la banquise arctique : son aérostat était constitué d'une enveloppe gonflée à l'hélium sous laquelle un cône d'air chaud permettait d'en contrôler la dilatation, ce qui présente l'avantage d'être très économe en énergie, et donc de réduire l'emport de bouteilles de gaz. L'aérostat mesurait près de 30 mètres de haut sur 16 mètres de large, le volume d'hélium étant de 2 200 m^3 pour 500 m^3 d'air chaud. La traversée de l'océan arctique a duré 5 jours.

2.3.5. Approfondir la connaissance du dirigeable

Le dirigeable est un aérostat capable de se diriger dans toutes les directions grâce à un ou plusieurs moteurs. Son enveloppe a généralement la forme d'un cigare dont la partie arrière est dotée de plans fixes appelés **stabilisateurs** sur lesquels s'articulent des plans mobiles jouant le rôle de gouvernails, appelés **gouvernes**. Comme le gouvernail d'un navire, la gouverne verticale permet de modifier le cap, elle est appelée gouverne de direction ; la gouverne horizontale, appelée **profondeur**, permet de changer l'attitude horizontale (à piquer ou à cabrer).

Il y a deux types de dirigeables : les **souples**, sans support intérieur ou extérieur, et les **rigides**. Pour ces derniers, la sustentation est assurée par un certain nombre de réservoirs contenant le gaz (en règle générale, l'hélium), fixés sur une ossature métallique légère, recouverte d'une enveloppe externe. Bien que plus lourd que l'hydrogène, l'hélium est utilisé, car c'est un gaz inerte et donc ininflammable ; d'autre part, l'hélium est sept fois plus léger que l'air.

© Pierre Ponomareff

Nacelle de dirigeable.

Une nacelle carénée est fixée à l'ossature ; elle se compose généralement d'une cabine de conduite dans laquelle se trouvent toutes les commandes nécessaires à la conduite du vol, et d'une cabine passagers. La propulsion est assurée généralement par des moteurs entraînant des hélices pouvant être carénées pour des raisons de sécurité. Les moteurs sont fixés à la nacelle par des mâts.

L'enveloppe, renforcée à l'avant, est dotée d'un anneau dans lequel est fixée une corde. Celle-ci permet l'amarrage de l'appareil à un mât implanté au sol. Tel un bateau ou une girouette, le dirigeable se met alors dans le lit du vent ; la direction du vent pouvant changer, le dirigeable doit donc pouvoir tourner de 360° autour du mât, ce qui nécessite une aire de stationnement importante. Comme pour un ballon, les manœuvres d'atterrissage et de décollage imposent la présence d'une équipe d'assistance au sol.

Néanmoins, dans le cas du dirigeable, cette assistance est limitée au tractage de l'appareil vers son point d'ancrage à l'atterrissage, et au dégagement du mât et au tractage vers le point d'envol lors du décollage.

C'est le Français Henri Giffard qui fit voler en 1852 le premier dirigeable en forme de cigare mû par une machine à vapeur entraînant une hélice placée sous l'aérostat, mais ce n'est véritablement qu'au tout début du XXe siècle que l'ère du dirigeable vit le jour. Les plus grands dirigeables furent construits par les Allemands, grâce au comte Ferdinand Von Zeppelin, et assurèrent, avant la Deuxième Guerre mondiale, les premières liaisons transatlantiques avec des passagers. Ces appareils furent également utilisés par les marines de différents pays (France, USA, etc.) ; ces derniers servaient alors d'appareils de reconnaissance grâce à leur endurance. Ce n'est que vers 1955 que les avions purent transporter une charge équivalente à celle des « rigides » sur une traversée atlantique.

De nos jours, de nombreux projets pour revaloriser l'utilisation du dirigeable ont été proposés, car celui-ci a la capacité de pouvoir transporter facilement des charges lourdes ou très volumineuses dans des zones difficiles d'accès sans nécessiter la création d'infrastructures lourdes pour manœuvrer. Mais *a contrario*, le volume de son enveloppe lui donne le désavantage d'être très sensible aux phénomènes météorologiques comme le vent latéral ou la grêle, et lui confère une vitesse limitée. C'est pourquoi seuls quelques dirigeables publicitaires gonflés à l'hélium sillonnent actuellement le ciel pour effectuer de la surveillance de manifestations ou pour proposer des vols touristiques.

2.4. LE VOL SPATIAL

On pourrait définir l'espace comme l'environnement sans limite autour de la Terre.

Si cet environnement est régi par des lois physiques et mécaniques connues, la création, la constitution et les limites de cet espace sont des sources de curiosité pour l'homme, curiosité scientifique qu'il ne peut assouvir que par le lancement dans l'espace de moyens d'observation, les satellites et sondes.

On trouve dans l'espace :
- des astres (ou objets célestes naturels),
- des satellites artificiels mis en orbite autour de la Terre,
- des vaisseaux (sondes) qui voyagent dans notre galaxie,
- des engins à mission militaire (surveillance, stratégie...).

Pour comprendre le fonctionnement des satellites mis en orbite, un minimum de connaissance sur les lois de la physique est indispensable. Dans ce cours, nous n'apporterons pas de démonstrations des lois de la mécanique spatiale, car cela nécessiterait un ouvrage entier. On se limitera à quelques formules qui permettront au lecteur d'effectuer des applications numériques et prendre connaissance des ordres de grandeur.

2.4.1 La théorie et la mécanique du vol spatial

2.4.1.1. Loi universelle de la gravitation, dite loi de l'attraction universelle

Le vol spatial repose essentiellement sur l'utilisation de la force de gravitation, c'est pourquoi il est nécessaire de bien en posséder les principes avant d'aborder le sujet. C'est le grand savant ***Isaac Newton*** (1642 - 1727) qui démontra que, dans tout l'univers, ***deux masses M1 et M2 dont les centres de gravité sont distants de r, exercent l'une sur l'autre des forces d'attraction de même grandeur, et de direction opposées***.

Cette loi universelle s'exprime ainsi :

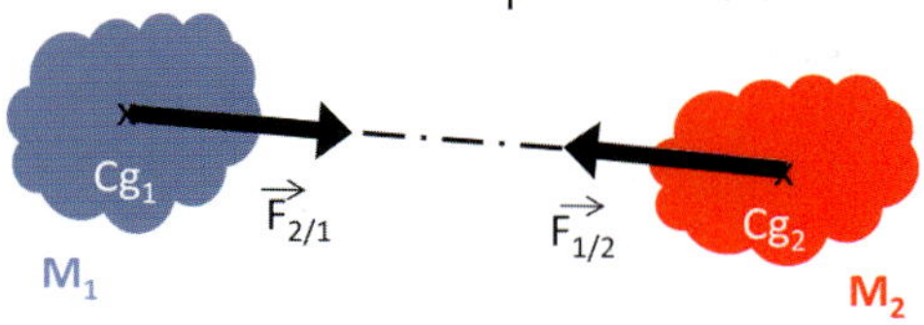

$$\vec{F}_{1/2} = -\vec{F}_{2/1} = \vec{G}\,\frac{M_1 M_2}{r^2}$$

où :

G coefficient de gravitation universel = 6,67384 x 10^{-11} $N.m^2.kg^{-2}$
M_1 la masse du corps 1 en kg
Cg_1 centre de gravité du corps 1
M_2 la masse du corps 2 en kg
Cg_2 centre de gravité du corps 2
r la distance en m séparant les centres de gravité des deux corps
$F_{1/2}$ force d'attraction de 1 sur 2 en Newtons (N)
$F_{2/1}$ force d'attraction de 2 sur 1 en Newtons (N)

Si on l'applique à un individu placé à la surface de la Terre, on en déduit que, du fait de sa masse ***m***, il est attiré par la masse ***M*** de la Terre.
Si l'on considère le rayon moyen de la Terre R_0, cette force d'attraction, dont la direction est la droite joignant les centres de gravité de la Terre et de l'individu, a pour valeur :

$$Fattraction = G\,\frac{mM}{Ro^2} \quad (1)$$

Cette force d'attraction terrestre, communément appelée poids, s'exprime également de la façon suivante :

$$P = mg_o \quad (2)$$

où ***go*** est l'***accélération de la pesanteur* à la surface de la Terre** et ***m*** la masse attirée par la Terre

Ce poids étant de fait la force d'attraction exercée par la Terre sur la masse ***m***, on peut écrire que les expressions (1) et (2) sont égales, et que par conséquent : $m\,g_o = G\frac{mM}{Ro^2}$

d'où l'on déduit l'accélération de la pesanteur au niveau du sol

$$g_o = G\,\frac{M}{Ro^2} = 9.81\ m.s^{-2}$$

*avec la **masse de la Terre M = 5.972 10^{24} kg** et le **rayon moyen de la Terre R_0 = 6 367 km***

Si l'on se place maintenant à une hauteur ***h*** par rapport au sol et qu'on applique la loi de la gravitation universelle, on obtient $m\,g_h = G\frac{mM}{(Ro+h)^2}$

d'où l'accélération de la pesanteur à la hauteur h par rapport au sol

$$g_h = G\,\frac{M}{(Ro+h)^2} = g_o\,\frac{Ro^2}{(Ro+h)^2}$$

On constate ainsi :

- que l'accélération de la pesanteur due à un astre dépend directement de la masse de cet astre. Plus l'astre est lourd et plus il exerce une attraction forte. Ainsi, le poids d'un homme sur Terre sera 81,3 fois supérieur à son poids sur la Lune, la Lune ayant une masse 81,3 fois plus faible que celle de la Terre.

- que l'accélération de la pesanteur décroît quand la hauteur à laquelle se situe la masse m par rapport au sol augmente. Ainsi, un individu de masse 100 kg pesant 981 Newton à la surface de la Terre, pèserait seulement 87 Newton à 15 000 km de hauteur par rapport à la Terre, car $g_{15000km} = 9,81\,\frac{6367^2}{(6367+15000)^2} = 0.87\ m.s^{-2}$

La science de la balistique nous enseigne que pour lancer un projectile il convient de lui donner une vitesse dans une direction donnée, afin qu'il suive une trajectoire voulue qui dépendra de ces conditions initiales, c'est-à-dire :

– de la ***vitesse initiale*** V_0, et
– de ***l'angle de tir*** Θ_0 ***par rapport à l'horizontale***.

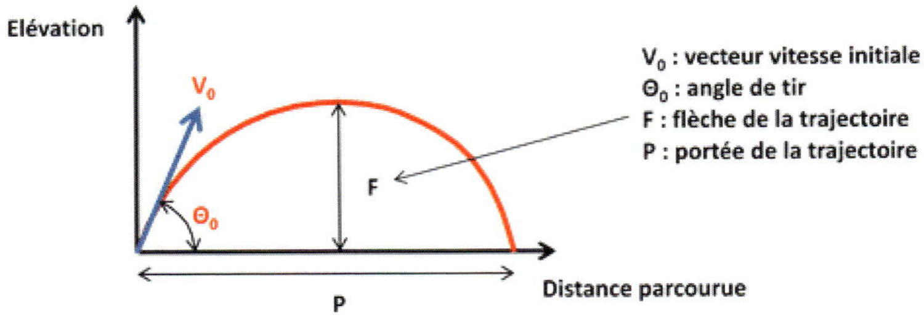

Newton imagine un canon capable d'envoyer des projectiles à partir du sommet d'une montagne de la Terre.

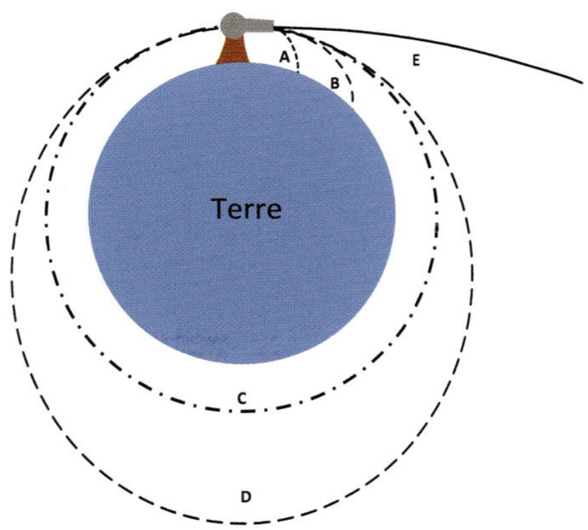

On distingue sur le schéma ci-dessus plusieurs types de trajectoire qui, pour un même angle de tir, dépendent de la vitesse initiale communiquée au projectile :

- Tout d'abord, si l'on tire à la verticale, la trajectoire présentera une flèche maximale, mais la portée sera nulle.
- Cas **A** et **B** : si l'on tire à l'horizontale, la trajectoire sera parabolique, et la flèche et la portée dépendront directement de la vitesse initiale. Plus cette vitesse sera élevée, plus grandes seront flèche et portée.
- Cas **C** : si, toujours horizontalement, on augmente la vitesse initiale, on atteint le seuil de vitesse de 7,75 km/s, dite vitesse d'injection, qui permettra au projectile de tourner suffisamment vite pour suivre une trajectoire, ou orbite, circulaire autour de la Terre à la limite de l'atmosphère, et ne pas retomber.
- Cas **D** : en augmentant la vitesse initiale au-delà de ce seuil, la trajectoire va se transformer en une ellipse dont la Terre sera à l'un des deux foyers. Plus la vitesse est élevée, plus l'ellipse est allongée.

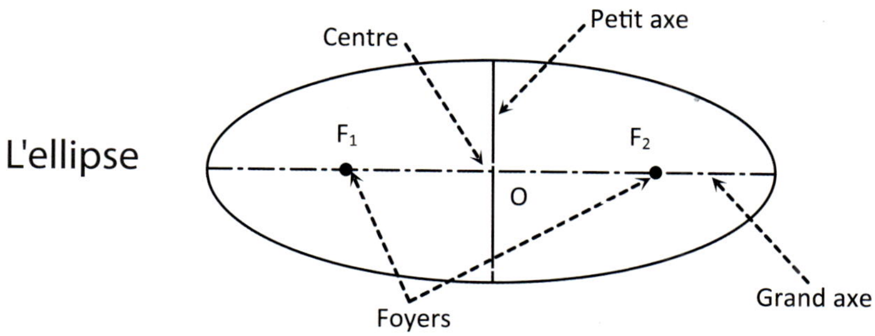

On remarque que les deux types d'orbite ***circulaire*** et ***elliptique*** sont des ***orbites fermées***, c'est-à-dire que le mobile repasse à un même endroit de son orbite après un temps caractéristique à chaque orbite, appelé ***période orbitale :***

- Cas **E** : si la vitesse dépasse ***11,2 kilomètres par seconde***, le mobile échappe à l'attraction terrestre. C'est ***la vitesse de libération*** de la Terre, qu'il est nécessaire de communiquer à un engin spatial pour qu'il puisse être envoyé vers d'autres planètes du Système solaire. Les trajectoires sont paraboliques avec la Terre comme foyer. L'engin va quitter définitivement l'attraction terrestre et se placer en orbite elliptique autour du Soleil.
- si enfin la vitesse initiale dépasse ***16,2 km/s*** le mobile échappe à l'attraction solaire.

Complétant l'analyse de Newton, l'astronome allemand Johannes Kepler (1571 - 1630) établit trois lois fondamentales qui modélisent initialement les mouvements des planètes du système solaire.

Première loi - la loi des orbites : elle établit que, dans le système solaire, les planètes gravitent autour du soleil selon des trajectoires elliptiques, dont l'un des foyers est le centre du Soleil.

Deuxième loi - la loi des aires : elle établit que les surfaces (ou aires) balayées par le segment joignant le centre du Soleil à l'Astre, dans des intervalles de temps égaux, sont égales.

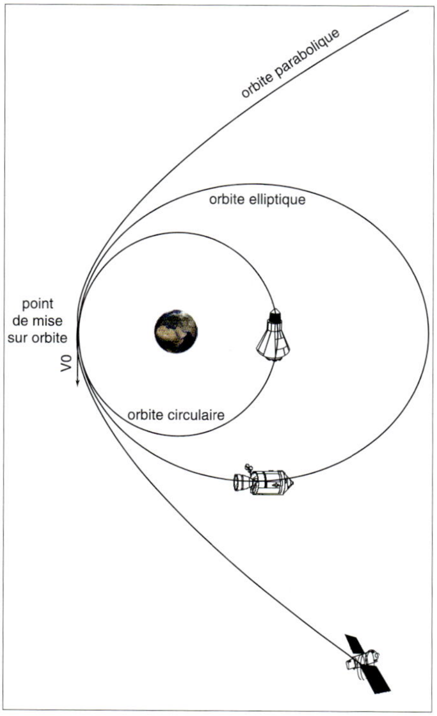

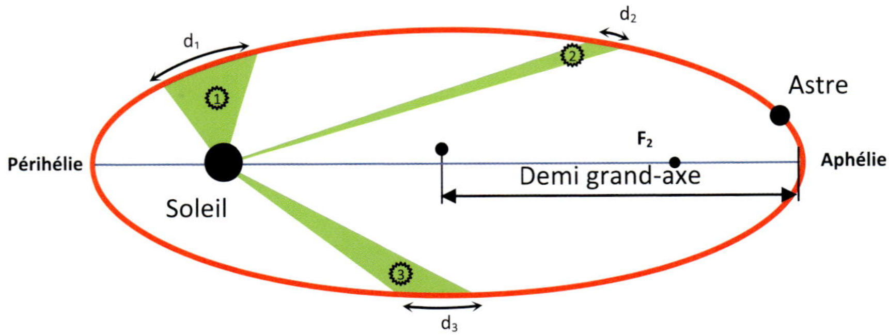

Aires décrites, en un même intervalle de temps δt, en différents endroits de l'orbite

d_i Distances parcourues, en un même intervalle de temps δt, en différents endroits de l'orbite

Aphélie : point de l'orbite où l'astre est le plus éloigné du Soleil

Périhélie : point de l'orbite où l'astre est le plus près du Soleil

Les distances d_1, d_2 et d_3 sont parcourues pendant le même intervalle de temps, et l'on voit que $d_1 > d_3 > d_2$, c'est-à-dire que sur une orbite elliptique, la vitesse de la planète n'est pas constante. Sa valeur est maximale à son périhélie et minimale à son aphélie. Les aires 1, 2 et 3 sont quant à elles égales.
Troisième loi - la loi des périodes : elle établit que la période d'une planète est directement proportionnelle au cube du demi-grand axe de sa trajectoire elliptique (voir le schéma page précédente).

$$K = \frac{T^2}{a^3}$$

avec : T période de révolution de la planète
a longueur du demi-grand axe de l'orbite
K coefficient de proportionnalité

Il a été ensuite démontré que ces lois physiques s'appliquaient dans tout l'espace où le principe de la gravitation prévaut.
En résumé, on constate que le vol spatial consiste essentiellement à communiquer à un mobile une vitesse précise à une altitude déterminée, de sorte à le faire entrer ou sortir des champs gravitationnels des corps spatiaux (astres, planètes, comètes...) qui, en le captant selon la loi de la gravitation universelle, vont contrôler sa trajectoire.

2.4.1.2. Forces appliquées à un mobile en orbite, par exemple une orbite circulaire autour de la Terre

Sur orbite circulaire autour de la Terre, un satellite est soumis à une force d'inertie centrifuge qui, par définition, aura tendance à l'éloigner du centre de la Terre. Cet effet centrifuge sera compensé par le poids du satellite qui, lui, aura tendance à le ramener sur Terre.

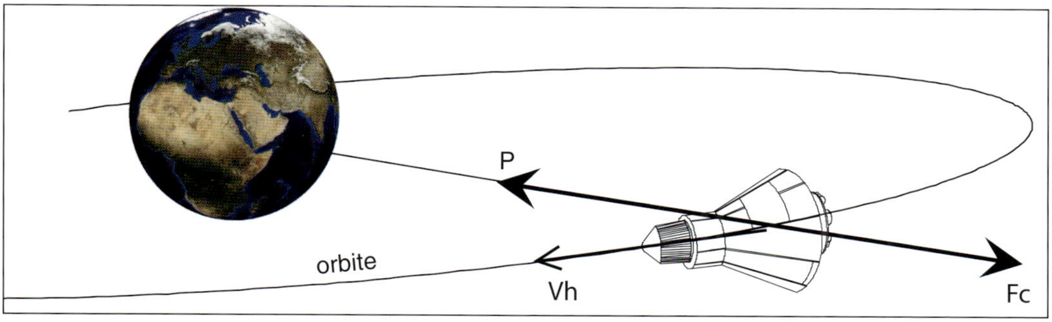

La force d'inertie centrifuge s'exprime comme suit :

$$Fc = m\,\frac{{V_h}^2}{R^2} = m\,\frac{{V_h}^2}{(R_0+h)^2} \quad (1)$$

avec : ***m*** la masse du satellite
Vh la vitesse orbitale du satellite à la hauteur h du sol
R la distance de l'orbite par rapport au centre de la Terre, où $R = R_0 + h$, R_0 étant le rayon de la Terre et ***h*** la hauteur de l'orbite par rapport au sol

Le poids du satellite à la hauteur orbitale ***h*** est égal à :

$$P = m\,g_h = m\,g_0\,\frac{{R_0}^2}{(R_0+h)^2} \quad (2)$$

avec : ***m*** la masse du satellite
V la vitesse orbitale du satellite
R_0 le rayon de la Terre et h la hauteur de l'orbite par rapport au sol

Ayant déterminé que pour se maintenir sur l'orbite circulaire de hauteur ***h***, la force d'inertie centrifuge ***Fc*** équilibre le poids ***P***, et les expressions (1) et (2) sont égales, d'où :

$$m\,\frac{{V_h}^2}{(R_0+h)} = m\,g_0\,\frac{{R_0}^2}{(R_0+h)^2}$$

d'où l'on tire :

$$V_h = \sqrt{g_h\,(R_0+h)} = R_0\,\sqrt{\frac{g_0}{(R_0+h)}}$$

On remarque qu'à une hauteur d'orbite définie correspond une seule et unique vitesse, et réciproquement.
En d'autres termes un satellite qui décélère sur son orbite va perdre de la vitesse orbitale et, de ce fait, descendre vers l'orbite plus basse correspondant à cette nouvelle vitesse orbitale plus faible. Inversement s'il accélère, il s'éloignera de la Terre pour rejoindre l'orbite plus haute correspondant à cette nouvelle vitesse orbitale plus élevée.

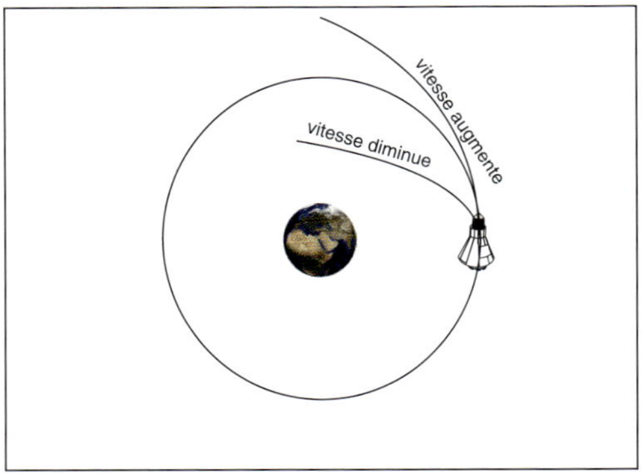

Calculons la période orbitale :

Sachant que la circonférence **C*h*** de l'orbite de hauteur ***h*** est égale à $2\,\pi(R_0 + h)$, il faudra au satellite qui se déplace à la vitesse orbitale **V*h*** un temps **T*h***, ou période orbitale, égal à $\frac{C_h}{V_h}$ pour effectuer un tour d'orbite complet, soit :

$$T_h = 2\,\pi \frac{\sqrt{(R_0 + h)^3}}{R_0\sqrt{g_0}}$$

En résumé, on constate pour les orbites circulaires :

- ***que la vitesse Vh et la période Th orbitales sont indépendantes de la masse du satellite et ne dépendent que de la hauteur de l'orbite***
- ***qu'à chaque hauteur d'orbite correspond une vitesse orbitale unique, et réciproquement***
- ***que plus la hauteur de survol est élevée, plus la vitesse et la période orbitales sont élevées***

2.4.2. Les orbites

Une des difficultés que doit résoudre l'astronaute est de faire atteindre au satellite l'altitude désirée.

L'énergie à fournir pour atteindre cette altitude est fonction de la masse à décoller et à amener au point d'injection. Il sera donc plus facile de faire accélérer un satellite d'une tonne dans le vide et sous une accélération de la pesanteur faible, qu'une fusée de plusieurs centaines de tonnes qui part du sol.

On utilise alors des orbites de transfert :

1. mise en orbite du satellite sur une orbite basse circulaire.

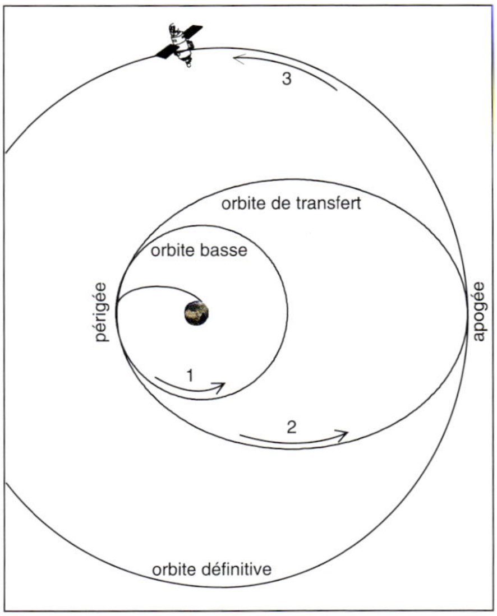

2. accélération du satellite avec ses propres moteurs pour une mise en orbite elliptique de transfert.

3. à l'apogée de l'orbite elliptique, changement de vitesse pour l'orbite définitive.

Les satellites modernes sont téléguidés par radio. Des microfusées sur le satellite peuvent à la demande l'accélérer ou le freiner. Le satellite navigant dans le vide, très peu de carburant ou d'énergie seront nécessaires. Par téléguidage, on peut faire changer l'orbite du satellite en exploitant les règles d'orbite elliptique de transfert.

D'autre part, la Terre tournant sur elle-même comme une toupie autour de l'axe des pôles dans le sens ouest vers est, accomplit un tour complet en 23 heures 56 minutes et 4 secondes. Dans ces conditions, les parties les plus éloignées de l'axe de rotation, c'est-à-dire celles situées à l'équateur, ont le plus de chemin à parcourir dans un même temps. L'équateur ayant une circonférence d'environ 40 000 km, et chacun de ses points faisant un tour en un peu moins de 24 heures, on peut déduire que la vitesse d'un point à l'équateur sera d'environ 40 000 km/24 heures, soit environ 1 670 km/h ou 460 m/s. Sachant que pour placer un satellite en orbite circulaire autour de la Terre à 300 km d'altitude, il faut une vitesse initiale de 8 000 m/s, on aura intérêt à utiliser cet effet fronde généré par la rotation de la Terre. La vitesse à communiquer ne sera plus alors que de (8 000 - 460) m/s, soit 7 540 m/s, d'où une économie substantielle en énergie à fournir. Bien sûr, on pourra tirer des fusées à partir de n'importe quel endroit de la Terre, mais ce sera plus difficile et nécessitera plus d'énergie pour le lancement.

En résumé, ***on tirera toujours les fusées vers l'est*** et ***le plus près possible de l'équateur*** pour bénéficier au maximum de cet ***effet de centrifugation*** **(effet fronde)**.

Les ***orbites circulaires et elliptiques*** sont caractérisées par :

- leur ***période*** (temps pour une révolution complète) qui se calcule par la troisième loi de Kepler. Elle est par exemple de 90 min pour un satellite orbitant à 200 km d'altitude et de 24 heures pour un satellite orbitant à 35 786 km
- leur ***distance au centre de la Terre***
- leur ***inclinaison à l'équateur***. Si cette dernière voisine 0°, l'orbite est dite équatoriale, si elle voisine 90°, elle est dite polaire
- son ***apogée*** (la plus grande distance à la Terre), et son périgée (la distance la plus courte), et
- ***l'argument de son périgée***

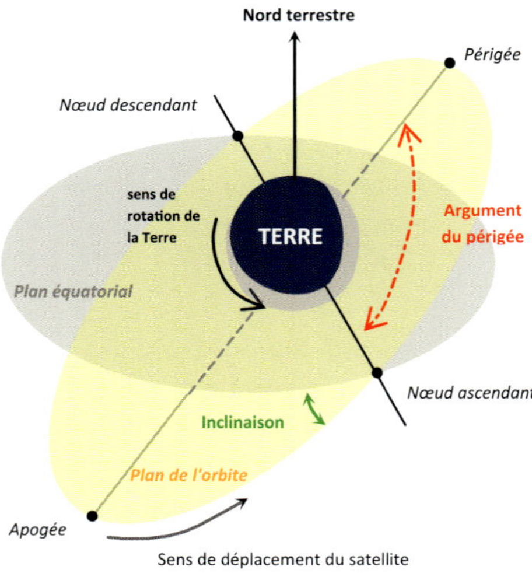

L'orbite du satellite va être choisie en fonction de sa mission.

Orbite géosynchrone

Un satellite qui suit une orbite géosynchrone GSO (Geo Synchronous Orbit) se déplace dans le même sens que la Terre (d'ouest en est), et avec la même période de rotation que la Terre (environ 24 heures). Il se trouve à environ 36 000 km de la Terre. Son orbite peut être circulaire ou elliptique, et plus ou moins inclinée par rapport au plan de l'équateur. Vu de la Terre, ce satellite décrit un 8 (ou **analemme**) plus ou moins allongé en fonction de l'inclinaison de son orbite par rapport au plan de l'équateur.

Orbite géostationnaire

Une orbite géostationnaire GEO (Geo Synchronous Orbit) est une orbite géosynchrone circulaire (à excentricité nulle) dans le plan équatorial (à inclinaison nulle). Le satellite géostationnaire a ainsi la propriété de rester à une position fixe vu d'un observateur sur la Terre. Cette orbite est utilisée notamment pour les satellites de télécommunications ainsi que pour des satellites d'observation météorologiques.

Orbite polaire

Une orbite polaire est une orbite dont le plan contient l'axe de rotation de la Terre, et qui passe donc à la verticale des pôles. Elle est par conséquent perpendiculaire au plan équatorial, et son inclinaison est de 90°. L'orbite polaire la plus courante se situe aux environs de 700 km d'altitude. Elle permet d'observer les zones polaires qui ne sont pas prises visibles par les satellites géostationnaires.

Beaucoup de vaisseaux spatiaux sont placés sur ces orbites, en particulier les satellites de la série DMSP (Defence Meteorological Satellite Program) de surveillance de l'Armée de l'Air US, ou la série des vaisseaux spatiaux français de surveillance de la Terre SPOT.
La navette spatiale et les vols habités évitent les orbites polaires, parce que la traversée des ***aurores polaires*** (boréales et australes) expose les astronautes et les matériels à des ***rayonnements extrêmement nocifs***. Par contre, pour étudier ces aurores, les courants

électriques de plasma (courants de Birkeland), la pluie polaire et d'autres phénomènes liés à la magnétosphère éloignée, ces orbites sont très utiles aux scientifiques.

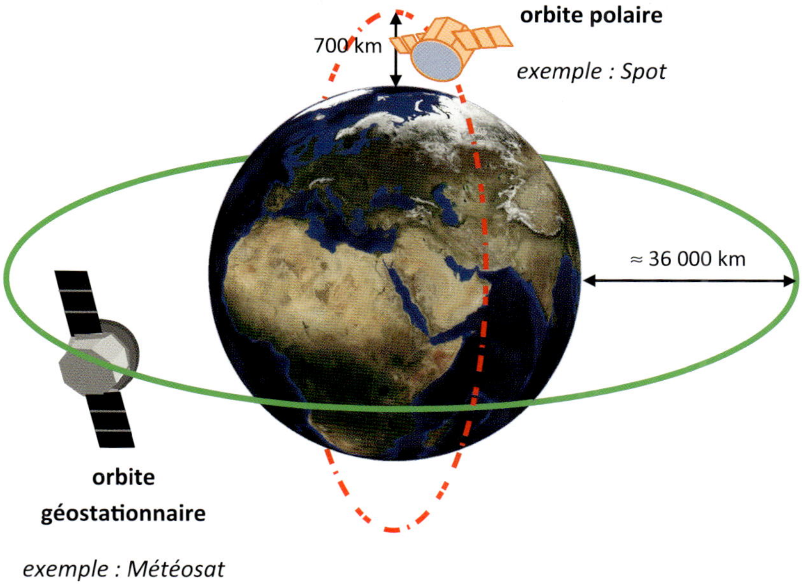

Orbite héliosynchrone

Une orbite héliosynchrone est une orbite géocentrique sur laquelle un satellite passe toujours à la même heure solaire locale au-dessus du même point sur Terre. Cette orbite est utilisée par une grande partie des satellites qui effectuent des observations photographiques, car l'éclairement solaire du lieu observé sera peu variable d'un cliché à l'autre. On y trouve notamment les satellites météorologiques, les satellites de reconnaissance, les satellites de télédétection, etc. Il s'agit généralement d'orbites polaires basses (entre 200 et 1 680 km) et de périodicités courtes (entre 88 et 120 minutes).

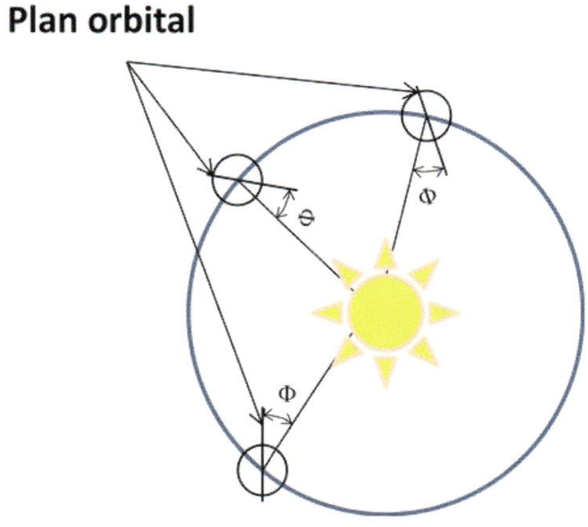

Tableau de Classement par type d'orbites

Type d'orbite terrestre	Hauteur par rapport à la Terre
Basse	**160 km <orbite géocentrique <2 000 km**
Moyenne	**2 000 km <orbite géocentrique <35 786km**
Géosynchrone	**orbite** où la ***période*** est ***égale*** à ***un jour sidéral***
Géostationnaire	**Géosynchrone et Équatoriale**
Haute	**orbite géocentrique> 35 786 km**

CHAPITRE III

ÉTUDE DES AÉRONEFS ET ENGINS SPATIAUX

Avertissement :

Les buts de ce chapitre sont :

- D'identifier les différents « types d'aéronefs »,
- De repérer et de décrire les principaux systèmes (ou éléments) réalisant les fonctions techniques des aéronefs, en évitant les détails superflus.

A. Pour la **classification des « aéronefs et des engins spatiaux »**, une approche globale des grandes familles est un objectif raisonnable.
Niveau de ce paragraphe : « 1 ».

B. Pour les groupes motopropulseurs, il convient d'insister sur la notion de « groupe » et d'aborder chacun suivant les grands principes de fonctionnement.
La notion de couple gyroscopique peut être illustrée par une expérimentation.
Le principe de la propulsion par réaction (poussée) peut être mis en évidence à l'aide d'un **ballon de baudruche.**
L'utilisation de bancs didactiques de moteurs à pistons est une aide efficace. On trouve aussi sur internet des **maquettes animées** de grandes qualités.
Niveau de ce paragraphe : « 2 ».

C. Pour l'étude des structures et des matériaux, ***ne pas dissocier*** **« structure »** et **« matériaux »**, ils sont liés par les objectifs de conception des bureaux d'études ainsi que par les possibilités offertes par les progrès technologiques, en fonction des forces qui s'exercent sur les composants.
Niveau de ce paragraphe : « 2 ».

D. Pour les commandes de vol, orienter l'étude sur les contrôles des trois axes. Préciser les moyens technologiques. Les effets secondaires doivent simplement être évoqués.
Niveau de ce paragraphe : « 2 ».

E. Pour l'instrumentation de bord, se limiter aux rôles et fonctionnement. Le descriptif doit être simple.
Niveau de ce paragraphe : « 2 ».

3.1. CLASSIFICATION DES AÉRONEFS ET ENGINS SPATIAUX

Le tableau, ci-dessous, résume les différents types « d'aéronefs », notons que les ULM (ultra légers motorisés) sont des aérostats ou des aérodynes.

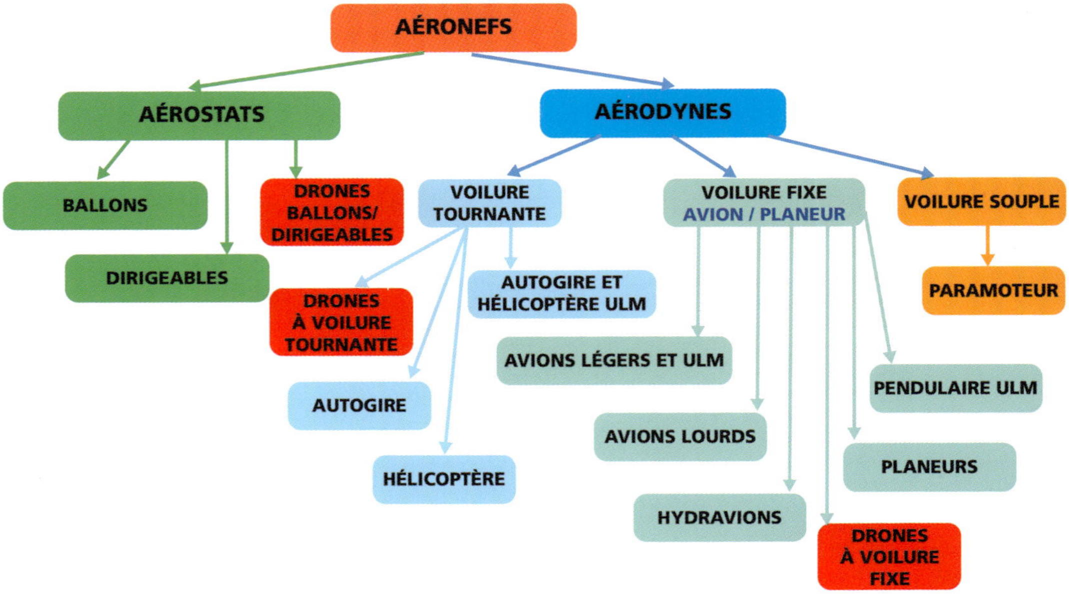

• Un aéronef est un appareil capable d'évoluer au sein de l'atmosphère terrestre. Parmi les aéronefs on distingue :

- Les « aérostats », **plus légers que l'air**,
- Les « aérodynes » **plus lourds que l'air**, dont la sustentation est assurée par une **voilure** fixe (avion, planeur ou ULM[5]) ou tournante (hélicoptère).
- Les **drones.**

Avertissement : dans un but de clarté, cette **classification des aérodynes** doit être précisée car de nos jours **la montée en puissance des « ULM »** a bousculé les règles du jeu. Nous devrions plutôt dire :

- Un « **aéronef certifié** » **(avion, hélicoptère, planeur)** est un plus lourd que l'air (aérodyne) qui a reçu un « **certificat de type et de navigabilité** ». Ce qui signifie une **étude rigoureuse de conformité comprenant : conception, construction, campagne d'essai (sol et vol) suivant les règlements de certification [FAR 23 ou 25 (USA) ou CS-23 ou 25 (Europe) etc.].**

- Un **ULM** peut être, suivant la classe (catégorie) à laquelle il appartient, un « **aérodyne** » ou un « **aérostat** ». Il répond aux normes de la réglementation ULM 1985, 1998 puis « juin 2019 ». Pour le distinguer des autres aéronefs, l'autorité lui a délivré une « carte d'identification » ; il est « identifié mais **pas immatriculé** », car il n'a pas de certificat de navigabilité (C.D.N). Néanmoins, l'évolution de ces machines est telle qu'elles sont devenues performantes : réduction de la consommation du carburant et du bruit, mais aussi structures performantes, mécaniquement et aérodynamiquement.

5. ULM = Ultra Léger Motorisé.

- Un **engin spatial** est un appareil conçu pour se déplacer dans l'espace extra-atmosphérique dans un but d'exploration et d'utilisation de cet espace. Parmi les objets spatiaux, on distingue :

  – les lanceurs (fusées) ou les vaisseaux réutilisables (navettes) ;

  – les satellites destinés à être placés en orbite terrestre, et les sondes d'exploration du système solaire.

3.1.1. La famille des « aérostats » AÉROSTATS

Elle se subdivise ainsi :

• **« Ballons », à gaz ou à air chaud**. Ces derniers portent aussi le nom de « montgolfière » du nom des inventeurs de ce type de ballon, les frères « **de Montgolfier** », au 18e siècle. Le pilote est appelé **aérostier** (militaire) ou aéronaute (civil).

• **« Dirigeable »**. Jusqu'à l'invention du moteur (électrique, à vapeur ou thermique), le déplacement en ballon était aléatoire, au gré du vent. En 1930, le célèbre « **Hindenburg** », fabriqué par les usines Zeppelin traversait l'Atlantique et offrait à ses passagers un luxe inouï.

Photo : DKrieger

Zeppelin NT semi-rigide de 1997, nouvelle génération de dirigeable.

La firme du « comte Zeppelin » a conçu toute une famille de dirigeables depuis le début du 20e siècle et jusqu'à nos jours.
Ces dirigeables se présentent sous la forme d'une carène particulière (surnommée : saucisse), équipés de gouvernes afin de les « piloter » et d'un moteur pour assurer la propulsion. Il existe trois types de carènes : souple, semi-rigide ou rigide.

3.1.2 La famille des plus lourds que l'air (aérodynes) AÉRODYNES

Elle se subdivise ainsi :

• L'aérodyne à « **voilure fixe** » (aile) - (baptisé avion par Clément Ader à la fin du 19e siècle, également surnommé « fixed wing » par les Anglo-saxons).

© Andre Wadman

• L'aérodyne à **« voilure souple », types : paramoteur, (classé ULM)**. Les Anglo-saxons les surnomment « flex-wing ».

• L'aérodyne à « **voilure tournante** » qui porte plusieurs noms, suivant son mode de propulsion : (**hélicoptère**, autogire ou convertible). Les Anglo-saxons les surnomment « rotary wing ».

3.1.2.1. Les aérodynes certifiés (avions ou hélicoptères ou planeurs)

© Avions Robin

Avion léger type DR 400 – Constructeur : ROBIN – France.

Aérodyne certifié, motorisé et à voilure fixe (avion) VOILURE FIXE AVION

On le nomme **avion** depuis **Clément ADER** (1890). Son décollage est assuré par la mise en vitesse produite grâce à un ensemble propulsif (un ou plusieurs moteurs).

Remarque importante : ces aérodynes nécessitent une surface relativement dégagée d'obstacles, sur laquelle sont réalisées une ou plusieurs pistes, orientées suivant les vents dominants, et réservées à leur **envol et atterrissage**. Ces pistes dont la nature et les dimensions sont fonction du type et de la taille des appareils, sont très diverses : piste en herbe, bitume, béton, dont la longueur varie entre 400 et 4 000 mètres. L'infrastructure sol peut donc être très imposante et fort coûteuse.

Aérodyne certifié à voilure tournante (hélicoptère) VOILURE TOURNANTE

Afin de s'affranchir de l'inconvénient majeur de la piste, beaucoup d'inventeurs essayèrent dès le début du **XXe siècle**, en s'appuyant sur le principe de l'hélice montée en position horizontale (déjà dessinée par Léonard de Vinci au XVe siècle), d'effectuer des décollages sur des distances plus courtes, voire décoller verticalement. Mais les moteurs disponibles au début du XXe siècle avaient une puissance trop faible pour entraîner en rotation une hélice de grand diamètre (rotor).
Sur un hélicoptère, le rotor est entraîné mécaniquement par le moteur, il assume non seulement la sustentation, mais également la propulsion.

Remarque : ne pas confondre l'hélicoptère et **l'autogire**, sur ce dernier le rotor est entraîné par le vent relatif. La propulsion de cet **aérodyne, qui est classé ULM**, voir paragraphe suivant, est assurée par un moteur et une hélice propulsive.

L'hélicoptère est le seul aérodyne capable de décoller et d'atterrir quasi verticalement.

© Airbus Helicopters

AS 355 F2 Ecureuil.

© Boeing photo

Boeing Vertol CH-47 Chinook.

Variante de l'aérodyne à voilure tournante : le convertible

Alors que l'hélice d'un avion est capable de lui permettre d'atteindre une vitesse voisine de 700 km/h, un rotor d'hélicoptère n'autorise des vitesses de translation maximales que d'environ 300 km/h.

Ainsi, les constructeurs essaient-ils, depuis de nombreuses années, d'allier la souplesse d'utilisation de l'hélicoptère (décollage vertical) aux capacités de l'avion (grande vitesse de déplacement), en « combinant » les avantages des deux types d'aéronefs. La cellule du **convertible** est celle d'un avion, donc dotée d'ailes fixes, aux extrémités desquelles sont installés des « fuseaux » moteurs entraînant des hélices d'un diamètre plus important que celui d'une hélice d'avion.

En configuration décollage, les deux hélices tournent dans un plan horizontal et se comportent comme le rotor principal de l'hélicoptère. Après le décollage, les fuseaux moteurs pivotent légèrement ce qui permet à l'appareil de commencer à se déplacer en translation, avec une vitesse croissante. En fin de **transition**, les nacelles motrices, ramenées en position horizontale, assurent à l'appareil un comportement identique à celui d'un avion pur.

Ce genre d'appareil est très complexe à concevoir : moteur devant fonctionner quelle que soit sa position, basculement complet de l'ensemble moteur-hélice, pilotage délicat en vol de transition.

V-22 Osprey

Variante de l'aérodyne à voilure tournante : le girodyne expérimental, Eurocopter.

C'est un **aérodyne** dont la sustentation est assurée par le moteur (de sustentation) entraînant le rotor principal ; la propulsion est assurée par un ou des moteurs spécifiques. Bimoteur pour le modèle « **Eurocopter expérimental X³** ».

Aérodyne certifié, non motorisé et à voilure fixe (planeur) VOILURE FIXE PLANEUR

Planeur Nimbus III D biplace de grande performance utilisé par le Centre National de Vol à Voile de Saint-Auban.

Ces aéronefs, aussi nommés **planeurs**, sont ceux qui ont permis à la fin du XIXe siècle d'appréhender les phénomènes relatifs au vol, et l'aéronautique leur doit beaucoup (planeurs de Lilienthal et de Chanute).

Tous ces appareils sont contraints d'utiliser un système annexe pour « s'arracher du sol ». Anciennement, la mise en vitesse au décollage était assurée soit par un sandow (gros élastique) tendu entre deux piquets enfoncés au sol, soit par remorquage par un véhicule au sol (automobile ou bateau).

Actuellement, ils sont treuillés ou plus généralement tractés par un avion appelé « remorqueur ». Ce dernier tire le planeur par l'intermédiaire d'un câble et, lorsque l'altitude désirée est atteinte, le pilote du planeur actionne une commande ouvrant le crochet le reliant au câble. Après le largage, le pilote du planeur se dirige vers des masses d'air animées de mouvement ascendant; comme cet appareil n'est pas motorisé, il est à la recherche continuelle de courants ascendants.

La forme générale des planeurs est caractérisée par l'**allongement** de la voilure (rapport entre l'envergure et la longueur de la corde de profil – moyenne - de l'aile. (voir "2.1.8.4. Influence de l'allongement : traînée induite", page 68).

De nos jours, ces aérodynes sont construits en matériaux composites (tissus de verre, de carbone, ou de kevlar), ce qui leur permet d'avoir de très bons états de surface, d'être très résistants et d'un entretien aisé. Quelques planeurs construits en bois et toile sillonnent encore nos cieux, mais ils sont plus fragiles et d'un entretien plus délicat.

Afin de se libérer de la contrainte du remorqueur, certains constructeurs ont intégré à la cellule un moteur d'assistance entraînant une hélice, permettant un décollage autonome. Ces aéronefs sont appelés **planeur à dispositif d'envol incorporé**[6]. Le moteur peut

6. Les **motoplaneurs** (abréviation **TMG** pour touring motor glider) ont le moteur et l'hélice non rétractables.

être arrêté pendant le vol. L’hélice est alors mise en drapeau (diminution de la traînée aérodynamique). Ils sont souvent dotés d’un dispositif permettant, après l’arrêt du moteur, du « stockage de l’hélice » dans un compartiment aménagé à l’arrière du cockpit et refermé par des trappes assurant un excellent rendement aérodynamique. Ces perfectionnements, plus onéreux, permettent à l'appareil de s’approcher des performances pures du planeur.

Motoplaneur Fournier RF 4D

© Jean-Marie Urlacher

Certains sont dotés de roulettes montées sur des jambes flexibles situées sous l’aile, appelées **balancines** d'autres sont équipés d'un double train principal rétractable.

Notons que certains de ces motoplaneurs sont classés ULM.

La société Pipistrel commercialise le « **Taurus** », appareil qui est propulsé par une hélice entraînée par un moteur électrique. Une première batterie permet l’envol autonome et la montée vers l’altitude ad hoc. Une seconde permet le retour vers le terrain, en cas d’absence d’ascendances. La rétraction et la sortie de l’hélice sont automatiques.

Aérodyne ultra léger, certifié, LSA AVIONS LÉGERS ET ULM

Les Européens ont été les premiers à envisager des **normes de certification simplifiées** pour les **avions légers**, la norme **VLA**[7] est apparue à la fin des années 1980 et au début des années 1990; la masse maximale au décollage de ces machines était limitée à **750 kg**.

Avec le succès commercial des « **ULM Européens** » les États-Unis ont envisagé de mettre en place une organisation similaire, c’est ainsi qu’est apparue la **norme LSA**[8]; la masse maximale de ces machines est limitée à **600 kg**.

Grâce à l’expérience acquise, les « **constructeurs européens** » sont devenus les leaders de cette nouvelle **classification/certification**. Il était donc tentant de s’affranchir des 450 kg qui étaient la limite de **masse maximale (en France) des ULM jusqu'en juin 2019**; d’autant qu’après de légères modifications de structures, ces machines peuvent être vendues pour une exploitation à 600 kg. Tous les constructeurs européens d’avions légers ont ainsi, dans leurs carnets de vente, des machines qui peuvent être vendues en « ULM ou en LSA ». Si l’aspect extérieur ne change pas, quelques renforts de structure permettent l’augmentation de masse maximale.

7. Very Light Aircraft.
8. Light Sport Aircraft.

Notons enfin que ces nouvelles machines sont certifiées et possèdent un certificat de navigabilité.

Pipistrel (déjà citée) vient d'obtenir la certification de type LSA (EASA) du Virus (ULM Multiaxe).
Ce LSA est proposé en deux versions :

- Le SW 121 moteur thermique (Rotax),

- Le SW 128 motorisation électrique (1re mondiale). Ce modèle est baptisé : Velis Electro.

3.1.2.2. Aérodynes et aérostats non certifiés (ULM) AÉROSTATS AÉRODYNES

Ils répondent aux règles françaises, avec quelques variantes par rapport aux autres pays européens..

Historiquement, des aéronefs différents (**Aérostats et Aérodynes**) ont été regroupés dans une même réglementation (celle des ULM). Plus légers que l'air pour certains (Aérostats), plus lourds que l'air (Aérodynes) pour d'autres, chaque classe (catégorie) a aussi des caractéristiques de vol particulières, des commandes de vol, des limitations différentes. Ils ont toutefois deux principes en commun : la légèreté et la « faible puissance » de leur motorisation ; ce qui avait motivé la création de cette réglementation.

Avec l'arrivée, à la fin de 2010, des **hélicoptères ULM**, c'est une nouvelle classe (dite classe 6) qui a été créée et mise en service, associée bien sûr à des limitations opérationnelles évidentes découlant du vol sur voilure tournante à faible inertie (risque de vortex, décélération rapide du rotor en cas de perte ou baisse de puissance, etc.)

À ces classes d'ULM correspondent des particularités, des performances, des modes d'évolution, des limitations de masse et de puissance de la motorisation. Ces machines peuvent être exploitées en monoplace ou en biplace.

Les 6 classes ULM regroupent : classe 1, le paramoteur – classe 2, le pendulaire – classe 3, le multiaxe – classe 4, l'autogire – classe 5, l'aérostat – classe 6, l'hélicoptère.

Remarque :
Les aéronefs construits par des amateurs peuvent bénéficier d'un Certificat de Navigabilité Restreint d'Aéronef (CNRA) qui offre un cadre réglementaire adapté à ces aéronefs construits et utilisés sans aucun objectif commercial.
Les aéronefs en CNRA sont immatriculés F-Pxxx (F-CRxx ou F-CSxx pour les planeurs).

Classe 1 (dite paramoteur)

Un ULM paramoteur est un aéronef monomoteur sustenté par une voilure souple, de type parachute ou parapente.

Il répond aux critères de masses et de puissance suivants :

Monoplace : 300 kg et 60 kW (315 kg avec parachute de secours).
Biplace : 450 kg et 75 kW (475 kg avec parachute de secours).

© Adventure Toulouse paramoteur, Christophe Picard.

Smart et moteur (G.M.P) X-Race Tiger d'Adventure Paramoteur.

Classe 2 (dite pendulaire)

Un ULM pendulaire est un aéronef monomoteur sustenté par une voilure rigide (de forme delta) sous laquelle est généralement accroché un chariot motorisé.

Monoplace : 300 kg et 60 kW (315 kg avec parachute de secours).
Biplace : 450 kg et 75 kW (475 kg avec parachute de secours).

© Air création

Classe 3 (dite multiaxe)

Un ULM multiaxe est un aéronef monomoteur sustenté par une voilure fixe et rigide. Il est caractérisé par une masse maximale au décollage plus faible que les avions certifiés, et par une puissance moteur également limitée. De ce fait, la majorité de ces ULM n'a pas de certificat de nuisance.

Monoplace : 330 kg et 65 kW (345 kg avec parachute de secours).
Biplace : 500 kg et 80 kW (525 kg avec parachute de secours).

Photo :Daniel Méchain

Ikarus C42c de l'aéro-club Toulouse Midi-Pyrénées.

Classe 4 (dite autogire ultraléger)

Un autogire ultraléger est à aérodyne à voilure tournante. La propulsion est assurée par un moteur positionné à l'arrière équipé d'une **hélice propulsive**. C'est le déplacement horizontal de l'appareil sous l'effet de ce groupe propulsif qui génère la rotation de la voilure tournante, et donc la portance.

Limitations masses et puissance :

Monoplace : 330 kg et 85 kW (345 kg avec parachute).

Biplace : 500 kg et 105 kW (525 kg avec parachute).

Photo : Jean-Marc Lezcano

Historiquement, ce n'est qu'en 1923, qu'un espagnol, Juan de la Cierva, eut l'idée, à partir d'une cellule d'avion dépourvue d'ailes, d'assurer la sustentation par une hélice de grand diamètre. Ce rotor, dont l'axe vertical est légèrement incliné vers l'arrière, est entraîné en rotation par le déplacement de l'appareil.

Comme le système de propulsion n'est pas relié mécaniquement au rotor, il est nécessaire, au décollage, d'imprimer manuellement (ou par un dispositif annexe) une vitesse de rotation initiale au rotor. Cette mise en rotation est effectuée lors d'un début de décollage, la procédure est ensuite interrompue ; l'inertie du rotor lui permet de continuer de tourner. Un nouvel alignement et le décollage s'effectue dans de bonnes conditions. Il ne s'agit, ni plus ni moins, que d'un avion dont les ailes fixes ont été remplacées par une voilure tournante. Il ne peut donc ni décoller verticalement, ni effectuer un vol stationnaire.

Ces appareils connurent un grand développement dans les années précédant la Deuxième Guerre mondiale, mais ils furent abandonnés au profit de l'hélicoptère. De nos jours, le développement de l'ULM a remis ces machines à la mode.

Classe 5 (dite aérostat dirigeable ultraléger)

Un aérostat dirigeable ultraléger répond aux conditions techniques suivantes :

- Limitations concernent la puissance du moteur : 75 kW pour un monoplace et 90 kW pour un biplace. *Pour les multimoteurs, ce sont les puissances cumulées qui sont prises en compte.*

Concernant les volumes, deux cas :

ULM de série :

- 1 200 m^3 d'air chaud ou 400 m^3 d'un autre gaz,

Autre motif : amateur, kit :

- 2 000 m^3 d'air chaud ou 900 m^3 d'un autre gaz.

Classe 6 (dite hélicoptère ultraléger)

Un hélicoptère ultraléger répond aux conditions de masses et puissances suivantes :

Monoplace : 330 kg et 85 kW (345 kg avec parachute de secours).
Biplace : 500 kg et 105 kW (525 kg avec parachute).

Photo : Matthieu de Quillacq

Hélicoptère ULM « CH77 » « d'Heli-Sport. »

3.1.3. Le drone

Le drone est un aéronef non habité appelé UAV (Unmanned Aerial Vehicle) ou UAS (Unmanned Air System) en anglais. Schématiquement, on peut considérer la forme générale d'un drone comme celle d'un aéronef en modèle réduit.

L'aérostat
Un drone de type aérostat est constitué d'une nacelle suspendue à une enveloppe contenant un gaz de densité plus faible que l'air ambiant. Ce gaz peut être l'air chauffé par la combustion d'un gaz au travers de brûleurs. Ce gaz peut être aussi un gaz inerte enfermé dans l'enveloppe.
Cette configuration (forme) peut être modifiée afin d'obtenir un « **drone-aérostat dirigeable** » en l'équipant d'une motorisation appropriée.

L'aérodyne
Un drone de type aérodyne peut être à « voilure fixe » ou à « voilure tournante ».
Un **drone à voilure fixe de type « aile volante »** est constitué d'une aile intégrant la gouverne de profondeur et les ailerons, du fuselage et d'un groupe motopropulseur.
Un **drone à voilure fixe « classique »** est constitué des ailes intégrant les ailerons, du fuselage, de l'empennage horizontal intégrant la gouverne de profondeur, de la dérive intégrant la gouverne de direction et d'un groupe motopropulseur.
Un **drone à voilure tournante est le plus souvent de type multirotor**. Il est constitué du fuselage et d'un ensemble de rotors en nombre pair. Le sens de rotation est horaire (CW, clockwise) pour un sous-ensemble et anti-horaire (CCW, counterclockwise) pour l'autre. Chaque rotor a sa motorisation propre.
La motorisation est le plus souvent électrique. L'énergie est stockée dans un ensemble de batteries. L'autonomie de ce genre de drone multi rotor dépasse rarement 30 minutes de vol.

Drone militaire de surveillance et d'attaque MQ-9 "Reaper".

Drone tactique SAGEM SDTI Sperwer à aile delta.

Drone d'aéromodélisme à voilure fixe et de grande taille, utilisé en compétition de voltige 2.4 m d'envergure - moteur de 150 cm^3

Quadricoptère.
DJI DJIP3A Quadricoptère Phantom 3.

Octocoptère.
DS8-Ciné-Power nacelle ultrastabilisée.

3.1.4. Le spatial

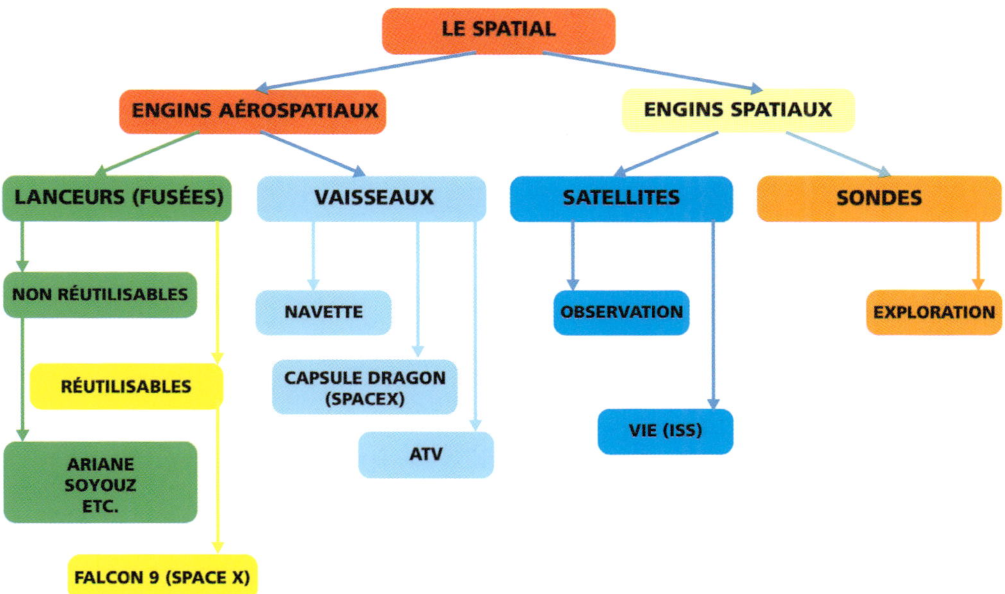

3.1.4.1. Engins aérospatiaux (lanceurs, vaisseaux spatiaux) ENGINS AÉROSPATIAUX

Les lanceurs

Nous avons vu (chapitre "2.4. le vol spatial", page 80) que pour effectuer un vol spatial il faut communiquer à un mobile une vitesse dans une direction donnée et lui assigner une certaine altitude afin de le placer dans les conditions où, soumis aux forces de gravitation, il va suivre la trajectoire voulue. Pour cela, il faut disposer des lanceurs capables de propulser dans l'espace les vaisseaux ou les sondes d'exploration.
Le lanceur, ou fusée, est un engin conçu pour amener une charge en orbite autour de la Terre.

Les vaisseaux spatiaux

Un autre procédé concurrent dans l'exploitation des mobiles spatiaux a été la navette spatiale (voir aussi le chapitre 5.6.1).

Le lancement de la navette était assuré par ses trois moteurs-fusées, alimentés par un énorme réservoir largable, et assistés par deux lanceurs à poudre placés de chaque côté de ce réservoir. Une fois en orbite, la navette pouvait évoluer, effectuer des réparations sur des satellites, mettre en orbite des stations ou satellites, et revenir sur Terre.

Les énormes avantages de la navette étaient sa forte charge embarquée, la possibilité d'emporter des spationautes pour effectuer des travaux ou expériences et de ramener sur Terre des satellites qui orbitaient.

L'inconvénient de la navette était son rayon d'action limité en altitude, elle fut utilisée de 1981 à 2011.

L'avion spatial SpaceShipOne a été développé par une entreprise privée dans le but de proposer à terme des vols suborbitaux commerciaux. Le premier vol a eu lieu en automatique le 20 mai 2003, puis après une série de vols pilotés, l'avion spatial a gagné en 2004 le prix Ansari X-Prize en montant jusqu'à l'altitude de près de 112 km, battant le record de l'avion-fusée X-15 (près de 108 km en août 1963).

Le vaisseau SpaceShip Two de l'entreprise de tourisme spatial de Richard Branson a effectué le premier vol commercial habité suborbital le 22 mai 2021 précédant ainsi le Space X d'Elon Musk.

3.1.4.2. Engins spatiaux (satellites, sondes) **ENGINS SPATIAUX**

Les satellites artificiels

Un satellite artificiel est un objet créé par l'Homme, mis en orbite autour de la Terre. Le premier satellite, Spoutnik 1, a été lancé par l'URSS le 4 octobre 1957, et depuis plus de 5 000 satellites ont été mis en orbite.

Les satellites peuvent être dévolus à des missions diverses : elles ont été répertoriées dans "5.6.2. Place de l'industrie spatiale dans l'économie, la diversité des métiers", page 243.

Ces dernières années ont vu le développement de satellites de plus en plus petits grâce à la miniaturisation des composants électroniques, et c'est ainsi qu'on distingue :

– les femtosatellites de masse inférieure à 100 grammes ;

– les picosatellites de masse inférieure à 1 kg ;

– les nanosatellites de masse inférieure à 10 kg ;

– les microsatellites de masse inférieure à 100 kg ;

– les minisatellites de masse inférieure à 500 kg ;

Ces petits satellites ont un coût de développement très bas et ont en général pour but de tester de nouveaux équipements ou de nouvelles technologies avant de les intégrer sur de plus gros satellites. De plus, ils peuvent s'insérer facilement dans la coiffe de la fusée pour profiter du lancement de gros satellites.

À l'opposé de ces tout petits objets, les satellites les plus lourds et les plus volumineux sont les stations spatiales. Compte tenu de leur taille imposante, elles ne peuvent être lancées d'une seule pièce et sont donc divisées en modules qui sont placés en orbite l'un après l'autre puis assemblés dans l'espace. Elles évoluent en orbite terrestre basse, entre 300 km et 450 km d'altitude. Elles peuvent rester dans l'espace plusieurs années, et leur modularité permet de les faire évoluer en fonction des besoins.

Les sondes

Une sonde spatiale est un véhicule non habité envoyé au-delà du voisinage de la Terre pour explorer des objets de notre système solaire: Lune, planètes, comètes, astéroïdes etc. (voire extérieurs à notre système).

En fonction des équipements qui y sont embarqués, la sonde peut être chargée de missions diverses telles qu'un simple survol, un impact volontaire sur la surface, une mise en orbite autour de l'objet suivie éventuellement d'un atterrissage, un prélèvement d'échantillons avec analyse sur place ou retour d'échantillons sur Terre, etc.

La sonde la plus éloignée de la Terre est **Voyager 1 lancée en 1977** qui a quitté l'héliosphère en 2004 puis le système solaire en 2012. Elle se trouve maintenant dans l'espace interstellaire. Elle s'éloigne de la Terre à la vitesse de 17 km·s-1.

L'exploitation des systèmes spatiaux impose une grande rigueur de par la précision nécessaire, une fiabilité parfaite devant des coûts très élevés.

3.2. LES GROUPES MOTOPROPULSEURS

Avertissement : la notion de « groupe motopropulseur (G.M.P) » comprend les différents systèmes associés au moteur et à son fonctionnement. Nous pouvons citer, succinctement, les circuits : **carburant, électrique, hélice, lubrification, refroidissement et transmission**. Ces systèmes sont indispensables à son bon fonctionnement.

Le système propulsif est le dispositif permettant à l'aéronef d'acquérir sa vitesse et de vaincre: les traînées. Parmi les différents moteurs (propulseurs), on distingue principalement:

- les propulseurs **indirects**, pour lesquels la force, appelée **traction**, est produite par un organe intermédiaire, l'**hélice**. Celle-ci transforme l'énergie mécanique d'un moteur thermique (ou électrique) en énergie propulsive. Les principaux moteurs thermiques utilisés sont les **moteurs à pistons**, et les **turbomachines** (turbopropulseurs).
- les propulseurs **directs**, produisant une force dirigée vers l'avant, appelée **poussée**, opposée à la traînée. Parmi ces moteurs se trouvent la famille des **turboréacteurs** ainsi que les **moteurs-fusées**.

3.2.1. Le moteur à pistons

3.2.1.1 Description

Le moteur à pistons est aussi appelé « **moteur thermique** ». Il fonctionne suivant le principe de la compression d'un mélange : **air + essence**[9], et de l'allumage de ce mélange dans la chambre de combustion grâce à l'étincelle produite par une bougie alimentée par un circuit électrique synchronisé.

Description sommaire des composants

Partie haute : un **cylindre** doté d'ailettes (dont le rôle est d'assurer le refroidissement par l'air externe). La partie supérieure est fermée par une pièce appelée **culasse**. Cette dernière est dotée de dispositifs, nommés soupapes, permettant l'admission du mélange et l'échappement des gaz de combustion, ainsi que d'un dispositif créant l'inflammation du « mélange carburant/air » : la **bougie**.

Partie basse : le carter est relié au cylindre et l'étanchéité de l'ensemble permet à l'huile d'assurer la lubrification des pièces en mouvements : vilebrequin, bielle et piston (par barbotage dans le carter). Notons que les segments sur la tête du piston assument l'étanchéité finale afin d'éviter que l'huile rejoigne la chambre de combustion.

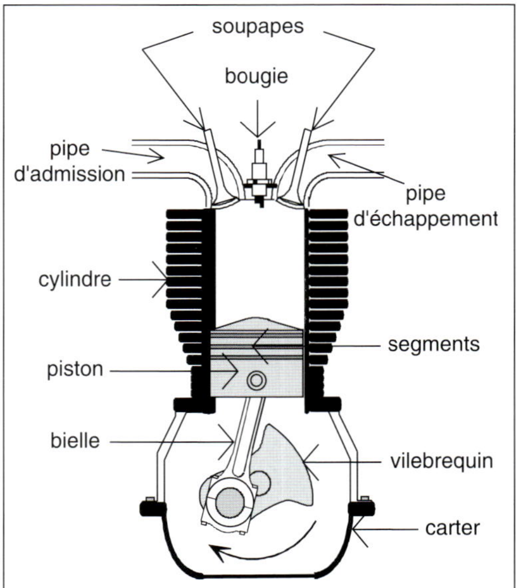

9. Le dosage optimum = X(1 g d'essence + 15 g d'air). Il est dit « **stœchiométrique** ».

Partie intérieure : le piston effectue des mouvements alternatifs (haut/bas) à l'intérieur du cylindre entraîné par le vilebrequin.

Utilisé dès l'origine des moteurs thermiques (énergie produite à partir de l'expansion due à l'élévation de température d'un gaz), le moteur à pistons doit son appellation au mouvement alternatif rectiligne d'une pièce essentielle : le piston qui se déplace dans un cylindre.

Le **vilebrequin** est un arbre qui permet de transformer le mouvement rectiligne de va-et-vient (alternatif) de l'ensemble piston-bielle en mouvement de rotation. L'axe de rotation du vilebrequin est l'axe de rotation du moteur, tandis que l'axe de liaison bielle-vilebrequin est excentré par rapport à l'axe de rotation du moteur.

Le principe de fonctionnement des moteurs généralement utilisés en aéronautique est le **cycle à 4 temps.**

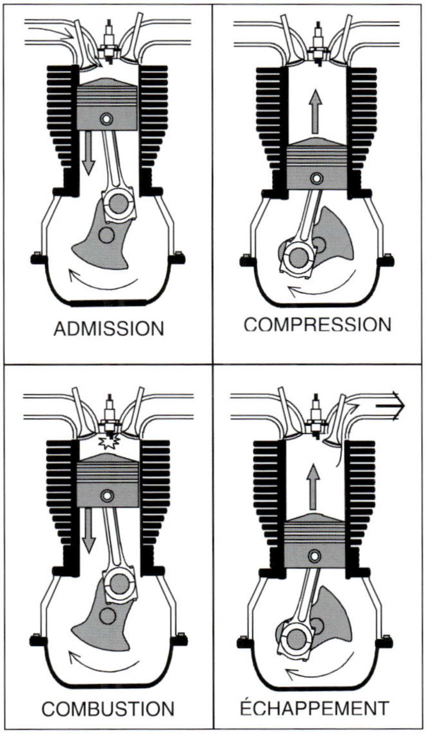

3.2.2.2. Fonctionnement du moteur dit à quatre temps

À partir de la position haute du piston, lors du premier demi-tour, la soupape d'admission est ouverte, celle d'échappement est fermée ; l'air frais précédemment mélangé au carburant est aspiré dans le cylindre ; c'est le temps appelé **admission**.
En fin d'admission, la soupape d'admission est fermée.
Lors du second demi-tour, le mélange gazeux est fortement comprimé, c'est le temps **compression**.
Juste avant que le piston n'atteigne sa position haute, le mélange est alors enflammé par une étincelle jaillissant à la bougie.
La combustion du mélange libère son énergie et exerce une forte pression sur le piston qui redescend lors du troisième demi-tour, c'est le temps dit **combustion – détente**.
La pression des gaz exercée sur la surface du piston crée une force qui à son tour produit un moment faisant tourner le vilebrequin.
Lors du dernier demi-tour, la soupape d'échappement est ouverte, les gaz de combustion sont alors chassés à l'extérieur, c'est le temps dit **échappement.**

Sur ce type de moteur, il n'y a qu'un seul temps produisant de l'énergie (combustion-détente) pour deux tours du vilebrequin.
L'augmentation du nombre de cylindres permet de régulariser le couple moteur et d'en accroître la puissance. Le nombre élevé de cylindres a conduit les motoristes à mettre au point différents types de moteurs, répertoriés selon la disposition des cylindres : moteurs en ligne, moteurs en V, moteurs en étoile, moteurs dits « à plat » (ou « flat », en anglais).

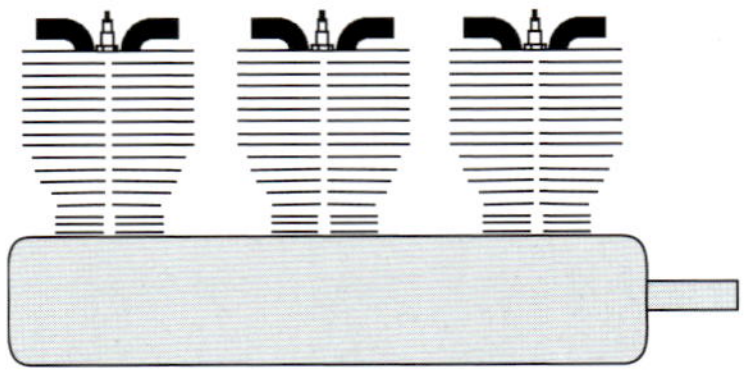

EN LIGNE
(vue de profil)

EN « V »
(vue de face)

EN ÉTOILE
(vue de face)

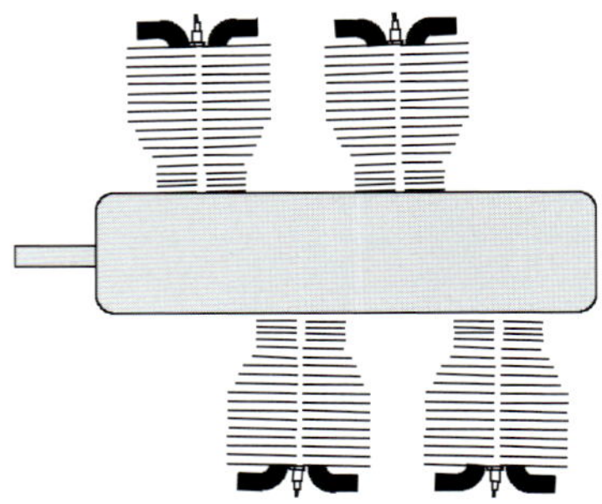

À PLAT
(vue de dessus)

Sur les moteurs de puissance moyenne, le mélange carburant/air est élaboré par un ensemble appelé **carburateur**, dont le rôle est de doser l'apport de carburant en fonction de la quantité d'air admise dans les cylindres. Celle-ci est fonction de la position d'une vanne « **papillon** », qui est reliée mécaniquement à la commande principale (pilote) du moteur, appelée **commande de gaz**.

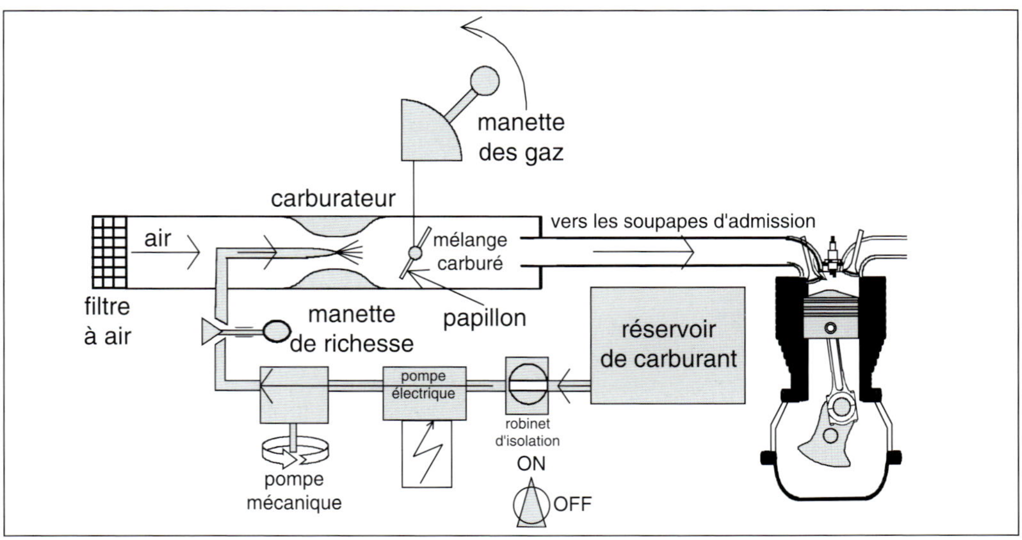

Les cylindres, en phase admission, aspirent l'air externe précédemment filtré, dont la quantité est calibrée par la position de la commande de gaz. La mise en vitesse des gaz frais permet l'aspiration du carburant et la réalisation du mélange.

Le carburant est acheminé du réservoir vers le carburateur par une pompe mécanique entraînée par le moteur. Celle-ci est suppléée au démarrage par une pompe électrique, qui joue également le rôle de pompe de secours. Juste avant son admission au carburateur, un pointeau relié mécaniquement à une manette dite de **richesse**, permet de modifier le rapport carburant/air élaboré par le carburateur. En effet, lorsque l'avion prend de l'altitude, la masse volumique de l'air diminuant, il est nécessaire de diminuer la quantité de carburant admise afin de maintenir le même rapport carburant/air (encore appelé **richesse**).

Cette même manette, « tirée à fond » vers soi, coupe l'arrivée de carburant au moteur, ce qui permet de l'arrêter. Sa position est alors dite : **étouffoir.** À l'inverse, lorsque cette manette est « poussée à fond », elle occupe alors la position dite : **plein riche**.

Lorsque l'air externe est humide (proximité des nuages, brume, brouillard) et que la température extérieure est basse, la dépression générée dans le carburateur transforme l'eau contenue dans l'air en givre. Le dépôt de givre peut obturer les orifices d'admission de carburant entraînant l'arrêt du moteur. Afin d'éviter ce phénomène très dangereux, appelé **givrage du carburateur**, de l'air chaud provenant de l'air de refroidissement des cylindres, souvent encore réchauffé autour du pot d'échappement, est admis au carburateur. Un volet, commandé par une autre manette, appelée **réchauffage carburateur**, permet de réaliser cette fonction. Cette manette agit en « tout ou rien ». L'admission d'air chaud provoque une légère perte de puissance, mais permet de conserver le moteur en fonctionnement.

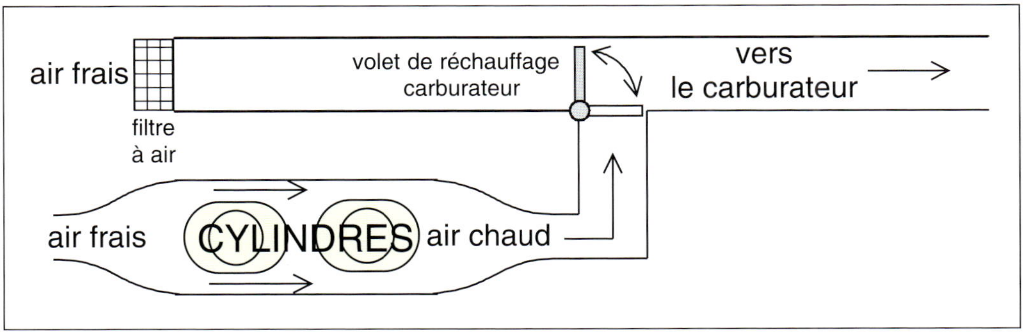

Sur certains moteurs, le mélange carburé n'est pas élaboré par un carburateur, mais par un dispositif particulier alimentant directement chaque cylindre en carburant par un orifice calibré appelé injecteur. Ce système, dit à injection, permet essentiellement d'améliorer la qualité du mélange carburé, de réduire légèrement la consommation en carburant, et est moins sensible au givrage.

3.2.2.3. Allumage par magnéto

L'allumage est fourni par un générateur électrique, appelé **magnéto**, entraîné mécaniquement par le moteur.
Son fonctionnement est donc indépendant de la génération électrique de bord (assurée par une batterie et un alternateur, comme sur une automobile).

La magnéto crée une haute tension qui est acheminée par un distributeur rotatif aux bougies. Cette haute tension (environ 15 000 volts) permet l'amorçage d'une série d'étincelles aux électrodes de la bougie, assurant l'inflammation du mélange carburé lorsque chaque piston arrive en fin de compression : l'allumage est donc discontinu. Cette fonction est primordiale, une panne du système entraîne l'arrêt du moteur.

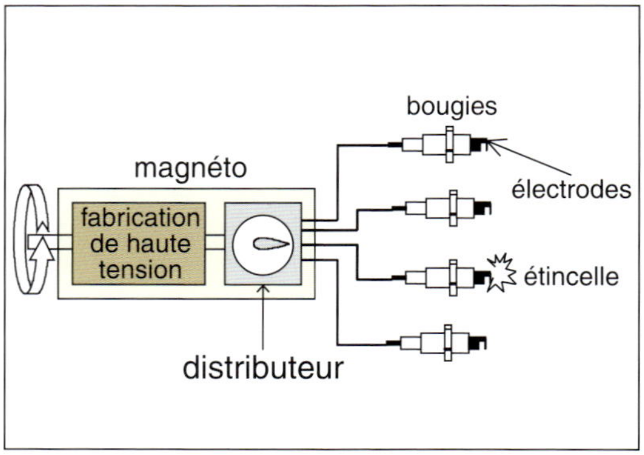

Afin d'améliorer la combustion et d'accroître la sécurité, l'allumage des moteurs à pistons utilisés en aéronautique est **double**. Chaque cylindre est doté de deux bougies, chacune d'entre elles étant alimentée séparément par sa magnéto. Il y a donc deux magnétos par moteur, le moteur fonctionnant normalement avec ses deux magnétos actives.

3.2.2.4. Installation, circuits, accessoires

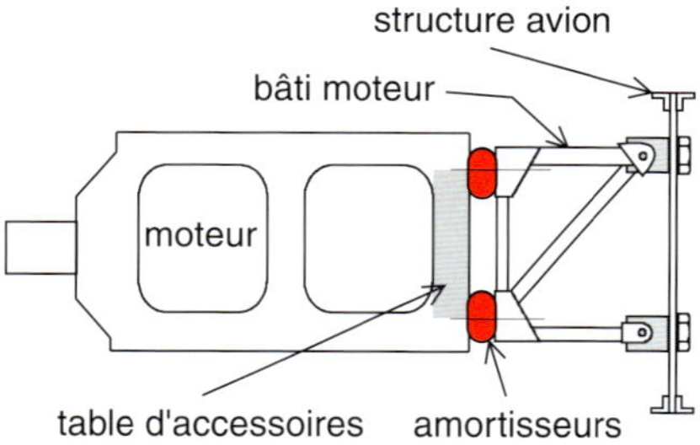

Le **carter moteur** supporte, sur sa face arrière (côté cellule), une platine (**table d'accessoires**) où sont situées toutes les sorties mécaniques nécessaires à l'entraînement des différents accessoires des systèmes.

- **Lubrification**

  Tous les moteurs thermiques nécessitent une importante lubrification. Celle-ci a pour rôle principal d'établir un film d'huile sur les pièces en mouvement, afin d'en limiter l'usure et d'en assurer leur refroidissement.

  Le film d'huile est créé par une pompe, entraînée mécaniquement par le moteur. Celle-ci aspire l'huile dans la partie basse du moteur, en élève la pression, et, par des conduites appropriées, la distribue aux différentes pièces à lubrifier.

  Par gravité, l'huile redescend dans le carter, où elle est refroidie par conduction. Lorsque ce refroidissement est insuffisant, les motoristes installent un **radiateur air-huile** dans le circuit.

  Le circuit est contrôlé en pression et température par des capteurs installés en sortie de pompe. Ces informations sont retransmises dans le poste de pilotage.
  Un schéma de principe représentant un circuit d'huile est fourni à titre indicatif en annexe 1.

- **Circuit pneumatique**

  Dans des chapitres ultérieurs, nous verrons que la conduite de l'avion nécessite l'utilisation d'instruments gyroscopiques (conservateur de cap, horizon artificiel, indicateur de taux de virage, etc.). Sur les aéronefs de tourisme, ceux-ci sont, en règle générale, à génération pneumatique. Sur les aéronefs plus récents ils sont alimentés électriquement.

L'air ambiant, après avoir été filtré, est aspiré par une pompe mécanique à **dépression**, puis est évacué à l'extérieur. Sur le côté aspiration se trouve l'alimentation des différents instruments précités. Afin de vérifier le bon fonctionnement du circuit, un manomètre fournit la valeur de la dépression. En fonctionnement normal, cette valeur est comprise entre 4 et 6 pouces de mercure (la pression atmosphérique moyenne au niveau de la mer est de 29,92 pouces de mercure).

Un schéma de principe d'un circuit pneumatique figure en annexe 1.

- **Circuit électrique**

Les magnétos ne fournissant de la haute tension aux bougies que lorsqu'elles sont entraînées en rotation par le moteur, il est nécessaire d'utiliser un moyen de lancement (**démarreur**) pour assurer la mise en route.

Le démarreur est un moteur électrique (de forte puissance) qui, lorsqu'il est alimenté par la batterie de bord, produit un couple mécanique permettant le déplacement axial de son pignon et son engrènement avec la couronne liée à l'arbre porte-hélice. Après le démarrage, dès que le moteur est lancé, la vitesse de rotation plus élevée du moteur repousse le pignon démarreur à sa position initiale. L'intensité de démarrage étant élevée, ce fort courant provoque l'échauffement des enroulements du démarreur, aussi le temps d'utilisation de ce dernier est limité à quelques secondes.

La couronne démarreur est dotée, à sa partie arrière, d'une gorge recevant une courroie qui entraîne un générateur électrique appelé **alternateur**.

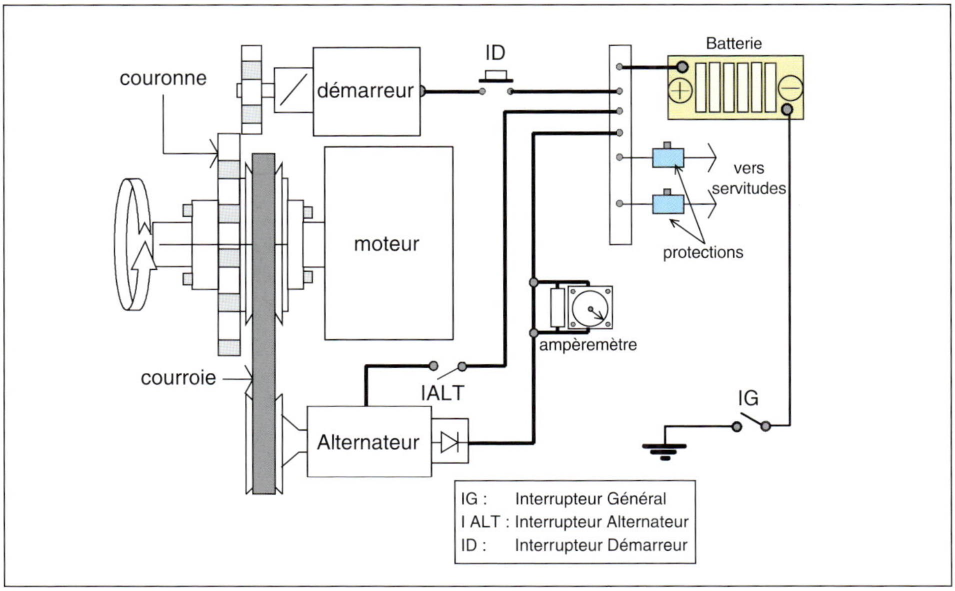

Celui-ci transforme l'énergie mécanique (prélevée sur le moteur) en énergie électrique alternative (d'où son nom). Un ensemble, appelé **redresseur**, transforme cette tension alternative en tension continue (12 V sur les avions de tourisme). Cet ensemble permet de recharger la batterie et d'alimenter les **servitudes** telles que : phares d'atterrissage, feux de position, pompe électrique carburant, instruments électriques, radios, etc.

Un dispositif de contrôle, généralement un **ampèremètre** (mesure de l'intensité du courant), permet à l'équipage de surveiller le débit de l'alternateur.

L'alimentation des servitudes est protégée par des dispositifs tels que **fusibles** ou **disjoncteurs**. Ces derniers permettent d'isoler une servitude en court-circuit (ou demandant trop de courant suite à une défaillance mécanique), évitant ainsi sa destruction.

3.2.2.5. Caractéristiques des moteurs thermiques

Ces moteurs sont caractérisés par la puissance qu'ils développent à leur régime maximal. Celle-ci est proportionnelle au régime de rotation et à la pression des gaz admis dans les cylindres ; cette dernière est appelée **pression d'admission** (Pad).

Dans le système international, la puissance est exprimée en Watt. Anciennement, l'unité utilisée était le cheval-vapeur ch, avec : **1 ch = 736 W = 0,736 kW.**

Les principaux motoristes actuels étant américains (Continental, Pratt & Whitney, Textron Lycoming), l'unité la plus usitée est le **S.H.P**. qui est l'abréviation de **S**haft **H**orse **P**ower, ou puissance sur arbre (**1 S.H.P. = 746 W**).

Suivant la masse de l'aéronef, il s'avère nécessaire d'accroître la puissance des moteurs ou le nombre de moteurs.

Exemple :

Un avion quadriplace, d'une masse maximale de 1 000 kg au décollage peut être équipé d'un moteur à pistons de quatre cylindres à plat, dont la puissance maximale est voisine de 140 à 180 S.H.P. à un régime de rotation proche de 2 200 à 2 500 tours par minute (ou **R.P.M.**, abréviation de **R**otation **P**ar **M**inute).
Les célèbres CANADAIR CL 215 de la protection civile étaient équipés de deux moteurs en étoile PRATT & WHITNEY d'une puissance unitaire de 2 125 CV à 2 800 RPM. Depuis 1989, leur remplaçant (CL 415) est doté de turbopropulseurs.

3.2.2. L'hélice

3.2.2.1. Description

Elle est constituée d'un moyeu, assurant sa liaison rigide avec l'axe moteur, recevant à sa périphérie des pales.

Chaque pale est une succession de profils aérodynamiques, dont l'épaisseur diminue du centre vers l'extrémité.
Un élément de pale (profil), situé à un rayon **r**, décrit en un tour la circonférence $\mathbf{2.\pi.r}$, et avance dans l'air de la distance **p** appelée **pas**.

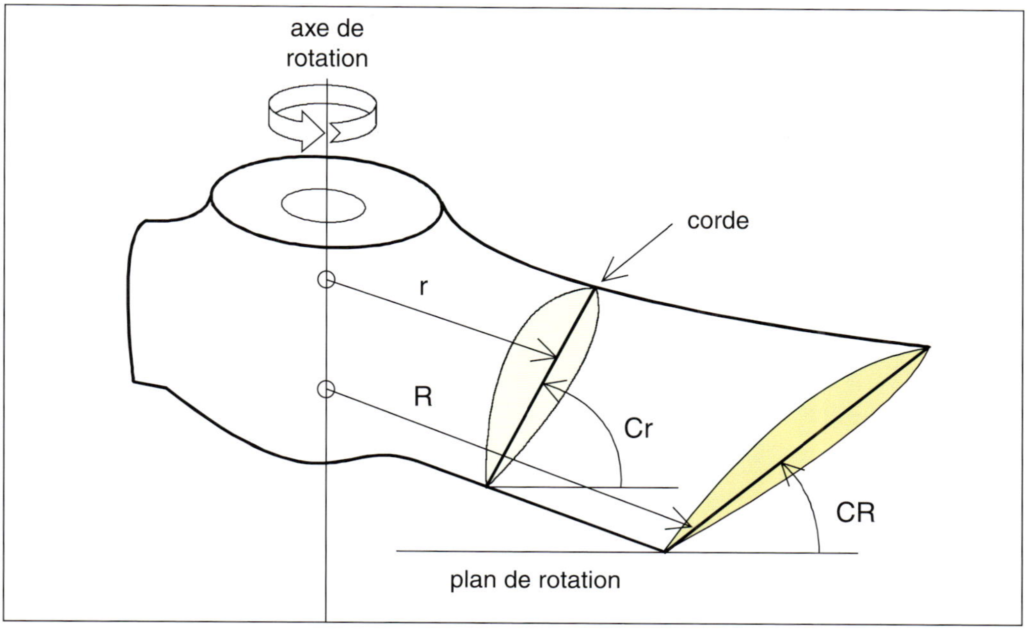

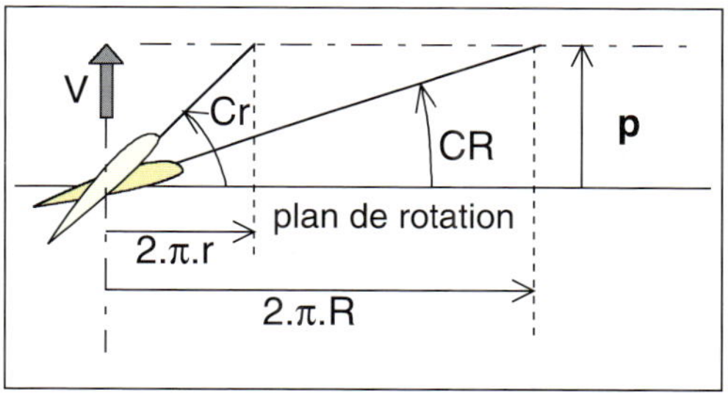

On appelle calage du profil, l'angle orienté $\mathbf{C_r}$ compris entre le plan dans lequel tourne la pale (plan de rotation) et la corde du profil.

Le pas **p** est lié au calage $\mathbf{C_r}$ et au rayon **r** par la relation :

$$p = 2 \cdot \pi \cdot r \cdot \tan C_r$$

Considérons un autre profil situé à un rayon plus grand **R** (R > r). Si on veut que ce profil avance de la même distance **p** que celui situé au rayon **r**, il est nécessaire de diminuer l'angle de calage, soit :

$$CR < C_r$$

C'est ce qui explique le **vrillage** de l'hélice. Ainsi, l'épaisseur et le calage diminuent au fur et à mesure que l'on s'éloigne de l'axe de rotation vers l'extrémité de la pale.

Comme le calage de chaque profil évolue le long de la pale, afin de caractériser l'angle de calage de l'hélice, les fabricants ont choisi **une section de référence qui, en France, est située à 70 % du rayon** maximum.

Bien que le calage et le pas soient liés, il faut comprendre que le calage de l'hélice est un angle, alors que le pas est une distance.

Exemple :

Hélice métallique SENSENICH type 74 D M6 S5-2-60 pour laquelle :

- 74 est le chiffre représentant le diamètre (dit de base) exprimé en pouces : soit 74 x 0,0254 = 1,88 m ;
- D est une référence, propre au constructeur, relative à la pale ;
- le groupe M6 S5 est relatif au type de moyeu caractérisant la liaison moyeu / arbre de l'hélice ;
- le chiffre 2 est la tolérance maximale sur le diamètre, exprimée en pouces : soit 74 – 2 = 72 pouces ;
- le dernier chiffre, 60, exprime, toujours en pouces, le pas au calage de référence : soit 60 x 0,0254 = 1,524 m.

Une hélice est donc caractérisée par son nombre de pales, son diamètre maximal, et son pas.
Les aéronefs de tourisme (aéro-club ou privé) sont dotés dans leur plus grande majorité d'hélices dont le calage ne peut pas être modifié en vol, et qui sont appelées, de ce fait, **hélices à calage fixe**. Ces hélices sont optimisées pour une vitesse avion proche de la vitesse de croisière. Elles sont réalisées :

- soit en bois multicouche collé, avec un bord d'attaque renforcé par une lame en laiton ou en acier inoxydable, l'ensemble étant revêtu d'un tissu de fibres de verre minimisant l'érosion ;
- soit en alliage d'aluminium forgé, ces dernières étant plus résistantes, mais plus lourdes ;
- soit en composite, assemblage complexe de divers matériaux comprenant métal, bois, mousse expansée, carbone, etc.

Un carter aérodynamique, appelé « **cône** » ou « **casserole** », protège la fixation moteur-hélice, tout en améliorant son comportement aérodynamique.

Lorsque la vitesse de l'avion évolue dans une plus grande gamme (de 100 à 500 km/h par exemple), il est nécessaire d'adapter le calage de l'hélice à la vitesse de vol afin que l'hélice ait un fonctionnement optimal à toutes ces vitesses.

Pour ce faire, un système automatique fait varier le calage, ce qui permet de maintenir le moteur à son régime de rotation optimal. De telles hélices sont dites à **calage variable**, ou à **régime moteur constant** : le petit pas sera utilisé au décollage, à l'atterrissage et en montée (faible vitesse et forte puissance nécessaire) et à l'atterrissage, alors que le grand pas sera utilisé en croisière (vitesse élevée et puissance nécessaire moins importante).

Les progrès ont permis la réalisation de pales en matériaux composites, d'abord sur les avions de transport régionaux, puis sur les avions légers.

3.2.2.2. Fonctionnement

Soit une hélice de rayon maximum donné. Effectuons une coupe à un rayon inférieur au rayon maximum, et examinons cette coupe par le dessus :

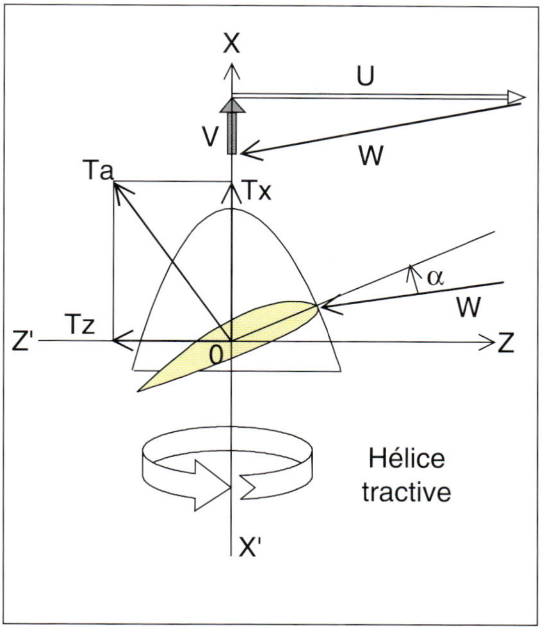

Pour une même vitesse de rotation du moteur, un élément de pale situé au rayon **R** est animé d'une vitesse tangentielle U proportionnelle à **R**. Alors que globalement, l'avion avance à la vitesse V, la pale est animée de la vitesse tangentielle U. Les filets d'air se présentent donc à la pale avec la vitesse relative W telle que **V + U = W**.

Cette dernière attaque le profil sous l'incidence α, et comme pour une aile, naît sur son extrados une résultante aérodynamique T_a.

Si l'on décompose T_a suivant l'axe Ox (déplacement) et l'axe Oz (plan de rotation), on obtient respectivement $\mathbf{T_x}$ et $\mathbf{T_z}$. Alors que T_x donne naissance à la traction, T_z crée un couple ($T_z \cdot d$) qui s'oppose à la rotation.

Lorsque T_a se trouve dans le quadrant xOz', T_x est dans le même sens que V, l'hélice est **tractive**.

Comme pour un profil d'aile, la résultante est liée à l'incidence avec laquelle W se présente au profil. Pour une même vitesse de déplacement et un même régime de rotation, si le calage diminue, l'incidence α peut devenir légèrement négative. Dans ce cas, T_a se trouve dans le quadrant x'Oz', T_x se trouve opposée à V, l'hélice **freine**. Cette configuration peut être utilisée à l'atterrissage, afin de diminuer les distances de roulement.

© Pierre Dumaître

Hélices en drapeau – King Air 200.

Sur un multimoteur, en cas de panne d'un moteur, l'hélice du moteur en panne génère une traînée excessive. Dans ce cas, afin de réduire cette traînée, les pales sont amenées dans le lit du vent relatif : leur calage est alors proche de 90° ; cette position particulière est appelée drapeau.

3.2.3. Les turbomachines

Dans cette catégorie, sont rassemblés les **turboréacteurs**, les **turbopropulseurs**, et les **turbomoteurs**.

3.2.3.1. Le turboréacteur

3.2.3.1.1. Principe

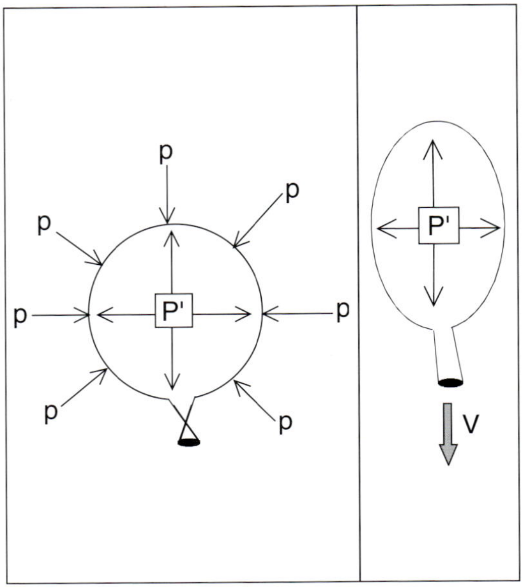

Cette appellation est due à la **réaction** de l'air sur les différents composants de ces moteurs, et qui, en les traversant, produit une force, appelée **poussée**.
Afin de mettre en évidence cette force, prenons un ballon de baudruche (jouet d'enfant), puis gonflons-le et pinçons l'embouchure entre le pouce et l'index. À l'intérieur du ballon règne une pression P′ supérieure à la pression ambiante p. Si on libère l'embouchure, la pression des gaz P′ va tendre à s'équilibrer avec la pression externe p. Les gaz du ballon se détendent et sont accélérés en traversant l'embouchure. Tout en se dégonflant, le ballon se déplace avec une trajectoire aléatoire.

Ainsi donc, si on met en vitesse une certaine masse d'air, naît une force F dirigée en sens opposé à cette vitesse.
En conséquence, si l'on pouvait construire une machine capable de maintenir, dans une enveloppe non déformable, une pression supérieure à la pression ambiante, et si l'on pouvait diriger correctement la vitesse des gaz à la sortie, on contrôlerait la direction de la force.
Afin de réaliser cette machine, on utilise un **compresseur**, qui capte l'air externe par un conduit de forme appropriée, appelé **entrée d'air**. Le compresseur a pour but d'accroître la pression de l'air. Le compresseur est entraîné mécaniquement par un autre élément, appelé **turbine**.
En sortant du compresseur, l'air est admis dans une **chambre de combustion** où il est mélangé à du carburant (**kérosène**, liquide pétrolier obtenu comme intermédiaire entre gazole et essence, à partir du pétrole brut) et enflammé afin d'accroître son niveau énergétique : l'air se trouve à haute pression et haute température.

Derrière la chambre de combustion se trouve la turbine. En traversant celle-ci, une partie de l'énergie des gaz de combustion est transformée en énergie mécanique (sous la forme d'un couple moteur) dans la turbine qui transmet cette énergie au compresseur par un arbre. L'ensemble compresseur-turbine (encore appelé attelage) forme un seul corps, animé de la même vitesse de rotation.

Après avoir traversé la turbine, les gaz, dont le niveau énergétique est encore assez élevé, sont dirigés vers le canal d'échappement, de forme appropriée, encore appelé tuyère.

Là, ils sont accélérés de sorte que la vitesse d'éjection Vj soit supérieure à la vitesse d'entrée V de l'air dans l'entrée d'air. Le débit d'air D traversant le moteur subit la variation de vitesse (Vj – V) et génère la poussée F telle que :

$$F = D \cdot (V_j - V)$$

De l'entrée d'air vers la tuyère, ce type de moteur est donc composé :

– d'une entrée d'air,

– d'un compresseur,

– d'une chambre de combustion,

– d'une turbine,

– d'une tuyère.

3.2.3.1.2. Turboréacteur simple flux

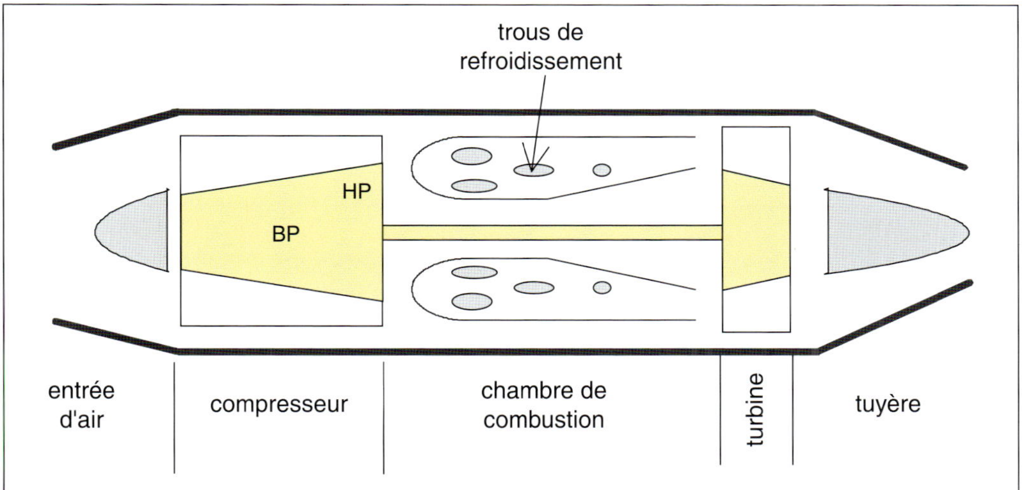

TURBORÉACTEUR SIMPLE FLUX

À la lecture des différentes évolutions que subit l'air dans un turboréacteur, il peut être tentant de rapprocher ces dernières de celles se déroulant dans un moteur à pistons (admission, compression, combustion, détente), mais il est nécessaire de noter quelques différences.
Alors que sur un moteur à pistons, la combustion se déroule sans échange avec l'extérieur (les deux soupapes étant fermées) dans une turbomachine, la combustion s'effectue dans une enceinte ouverte, le débit d'air est continu.
D'autre part, sur un moteur à pistons, l'allumage a lieu chaque fois que le cylindre est en phase de fin de compression, alors que pour les turbomachines, le mélange (réalisé à proximité des injecteurs de carburant situés dans la chambre de combustion) est

enflammé par un système d'allumage seulement au démarrage, la combustion s'auto-entretenant par la suite, des tubes métalliques « rougis en permanence » entretiennent la flamme.

L'essor de l'aéronautique civile s'étant accompagné de l'augmentation de la masse des avions au décollage, les motoristes ont dû accroître la poussée des moteurs.
Pour un même débit d'air, cela a nécessité l'augmentation du nombre de compresseurs, ce qui a donné naissance au turboréacteur **simple-flux double corps**.
Cette appellation est due au fait qu'un seul débit d'air traverse le moteur et que le compresseur est constitué de deux compresseurs montés en série, chacun étant entraîné par sa turbine, ce qui nécessite deux arbres de liaison concentriques.

Afin de les différencier, le premier est appelé compresseur basse pression (BP) et tourne à un régime de rotation noté N1 ; le second est l'étage haute pression (HP), sa vitesse est N2. Aux régimes maximaux (décollage), la vitesse d'éjection est voisine de 500 m/s.

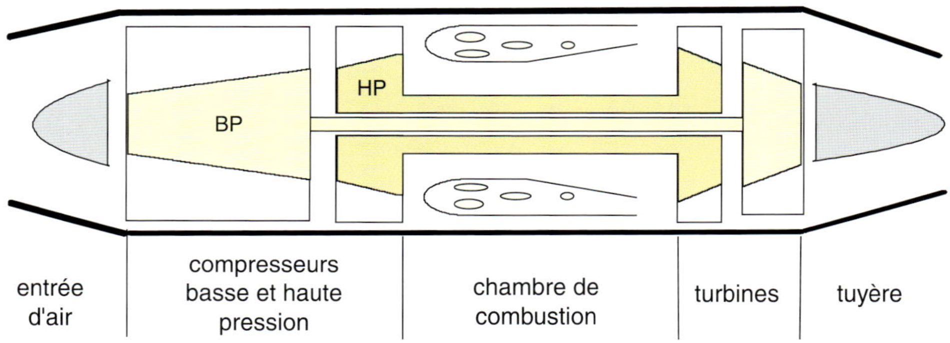

TURBORÉACTEUR SIMPLE FLUX DOUBLE CORPS

À l'aide de l'expression de la poussée d'un turboréacteur, on remarque que si l'on accroît la vitesse d'éjection pour un même débit d'air, la poussée augmente. C'est ce qui est réalisé sur les turboréacteurs dits à **postcombustion (PC)**.

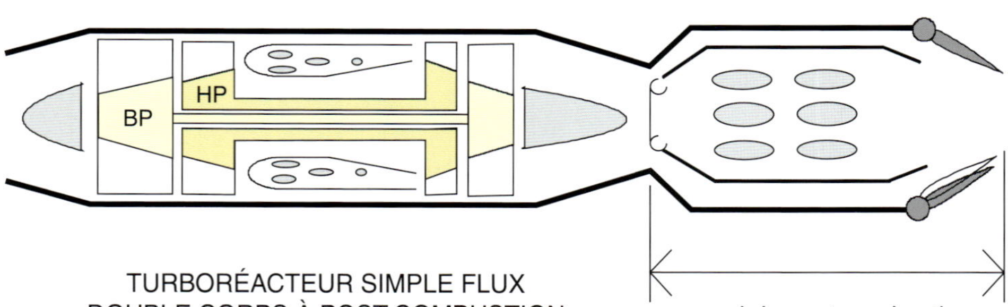

TURBORÉACTEUR SIMPLE FLUX DOUBLE CORPS À POST-COMBUSTION

Sur ces moteurs, une chambre de combustion supplémentaire est accolée à la sortie des turbines. Dans celle-ci, un nouvel apport de carburant, mélangé aux gaz de refroidissement issus de la chambre et des turbines du moteur principal, permet après inflammation d'augmenter le niveau énergétique des gaz. La chambre de postcombustion est suivie d'une tuyère à section variable qui augmente fortement la vitesse d'éjection.

Ce type de moteur peut fonctionner PC éteinte ou allumée, les vitesses d'éjection sont alors voisines respectivement de 500 et 750 m/s, ce qui permet d'accroître la poussée de 50 % au niveau de la mer, pour un même débit d'air. Bien entendu, la forte consommation de carburant résultant du fonctionnement en PC limite l'autonomie de l'aéronef, ce qui explique que ce type de moteur est surtout utilisé en aéronautique militaire.

3.2.3.1.3. Turboréacteur double flux

En examinant la formule de la poussée : F = D . (Vj – V), on voit que pour accroître la poussée, on peut soit accélérer fortement un faible débit d'air (turboréacteur simple flux), soit **accroître faiblement la vitesse d'un grand débit d'air**. C'est cette dernière opération qui est réalisée sur un moteur dit « **double-flux** », équipant les aéronefs subsoniques. Ce type de moteur doit son appellation au fait qu'il est traversé par deux débits d'air.

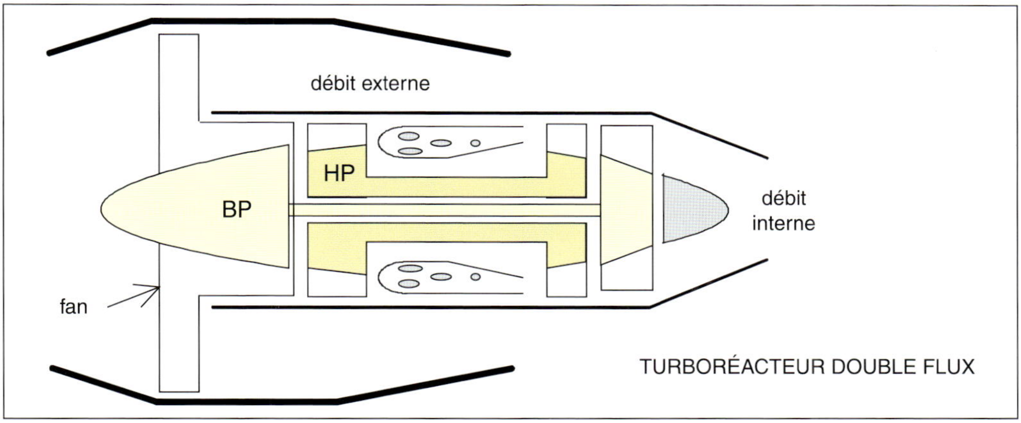

À partir des éléments constitutifs d'un turboréacteur simple flux, des turbines supplémentaires sont ajoutées afin d'entraîner un étage de compression, de grande dimension, appelé **fan** ou **soufflante**, situé sur l'étage basse pression. Celui-ci augmente faiblement la pression des gaz le traversant, mais comme son diamètre est grand, l'énergie (proportionnelle au débit) est élevée.

Ces turboréacteurs équipent à l'heure actuelle la majorité des avions de transport, car ils sont beaucoup plus silencieux que les moteurs simple flux (le bruit généré par ces moteurs est lié directement à la vitesse d'éjection), et, pour une même quantité de carburant consommée, développent une plus grande poussée.
À titre d'exemple, la poussée de ces moteurs est voisine de 32 à 45 000 daN pour un débit d'air total de 900 à 1 400 kg/sec. De tels moteurs propulsent les aéronefs long-courriers A 380 et B 777 (dont les masses maximales au décollage sont respectivement proches de 550 et 300 tonnes).

3.2.3.2. Le turbopropulseur

Comparativement aux turboréacteurs, sur ces moteurs, les turbines basse pression prélèvent le maximum d'énergie thermique sur les gaz qui les traversent, qu'elles transforment en couple moteur afin d'entraîner une hélice.
Comme la vitesse de rotation des turbines est trop élevée (15 000 à 30 000 RPM), un dispositif nommé **réducteur** est interposé entre les turbines et l'hélice. Ce dernier permet la transmission de la puissance des turbines à l'hélice, tout en diminuant le régime de rotation de l'arbre d'entraînement de l'hélice.

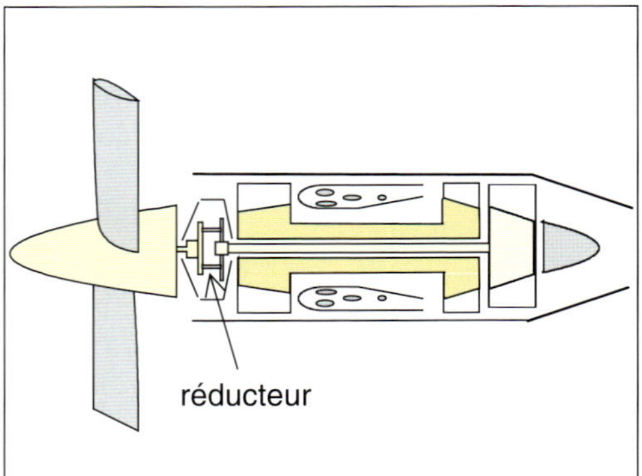

TURBOPROPULSEUR

Ce type de moteur a un meilleur rapport puissance/poids (puissance développée rapportée à la masse du moteur) que le moteur à pistons, ce qui explique la disparition des moteurs à pistons sur les avions nécessitant des moteurs d'une puissance supérieure à 400 CV.

D'autre part, sur toute turbomachine, les attelages compresseur-turbine sont animés de mouvement de rotation, alors que sur les moteurs à pistons, le mouvement alternatif du piston, associé au frottement des segments sur le cylindre, dissipe beaucoup plus d'énergie et par conséquent l'usure est plus rapide.

Exemple :

Les turbopropulseurs de l'ATR 72 développent une puissance maximale voisine de 2 000 kW pour un régime de rotation de 1 200 RPM.
L'aéronef militaire AIRBUS A400M est doté de quatre turbopropulseurs de 8 000 kW. Ses hélices d'un diamètre de 5,50 mètres tournent à un régime voisin de 850 RPM.

3.2.3.3. Le turbomoteur (un turbopropulseur particulier)

Cette turbomachine équipe les hélicoptères. Comme elle doit entraîner un rotor de très grand diamètre (5 à 15 m), un réducteur supplémentaire est accouplé en série avec le réducteur de la turbomachine. Il permet également l'entraînement du rotor anticouple. L'ensemble de ces réducteurs est appelé **Boîte de Transmission principale (BTP)**.

La majorité des hélicoptères produits par la société européenne **Airbus Helicopters**, lointaine descendante de la SNCA du Sud-Est (Marignane) et de Messerschmitt-Bölkow-Blohm (Ottobrunn près de Munich) est équipée de moteurs français développés par la société Safran (ex-Turboméca). La puissance, adaptée à la masse de l'appareil varie de 300 à 1 800 CV, le rotor principal tournant à un régime proche de 250 RPM.

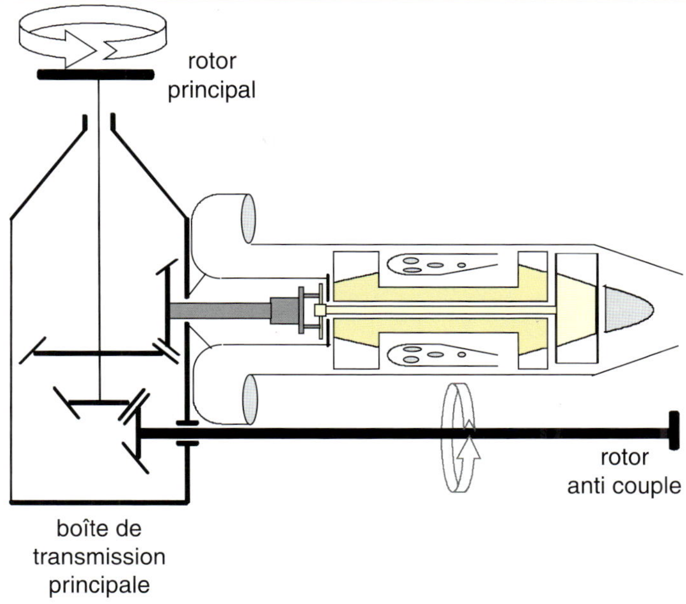

3.2.3.4. Conclusion

Les **turboréacteurs** sont caractérisés par la **poussée** qu'ils développent. Celle-ci est proportionnelle à la variation de vitesse de chaque débit.

Les **turbopropulseurs** et les **turbomoteurs** sont caractérisés par la **puissance** que ces moteurs développent. Celle-ci est proportionnelle au couple et au régime de rotation de l'arbre d'entraînement de l'hélice ou du rotor.

À titre documentaire et pour familiariser le lecteur avec la terminologie anglo-saxonne relative aux turbomachines, nous donnons ci-après deux schémas représentant successivement :

– un turboréacteur double flux à fort taux de dilution,

– un turbopropulseur de très forte puissance.

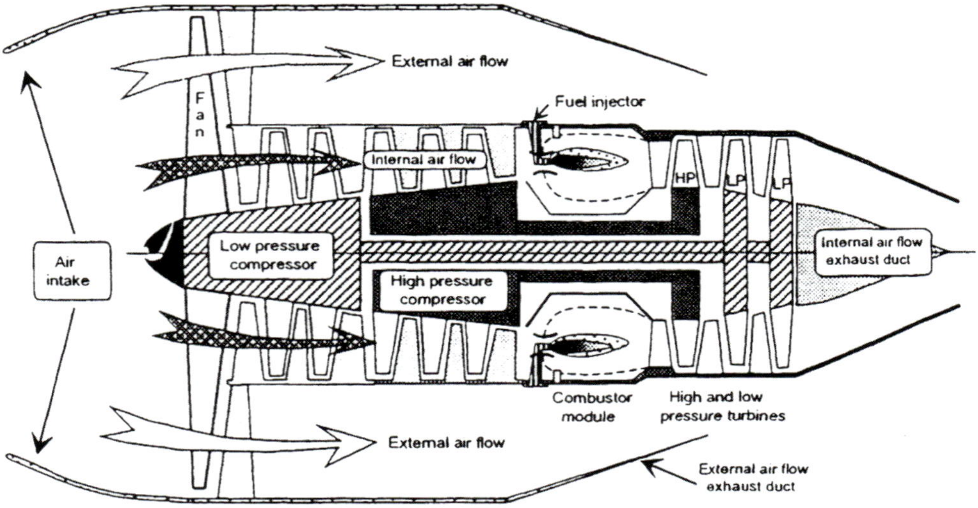

Main parts of a high by pass ratio turbofan engine

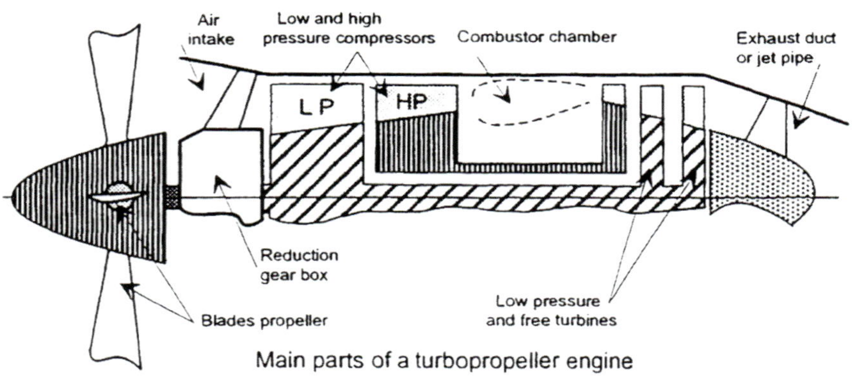

Main parts of a turbopropeller engine

TURBOFAN GE 115
(poussée maximale } 45000 daN),
avionné sur Boeing 777- 200 / 300ER

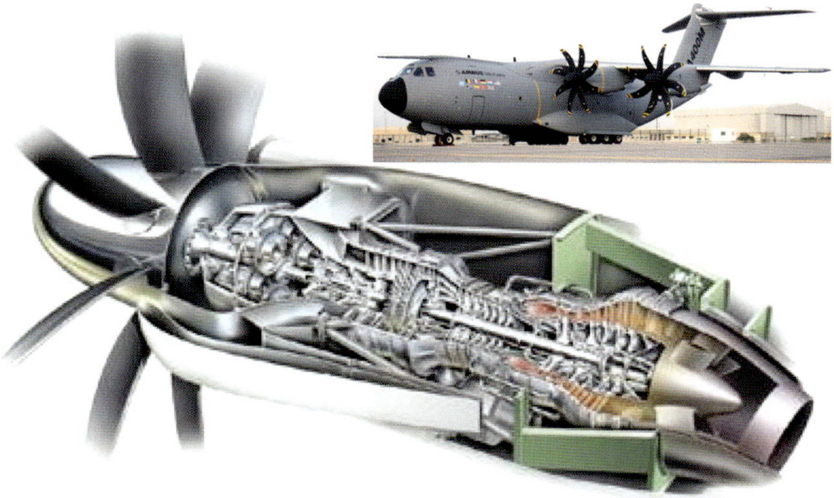

TURBOPROPULSEUR TP400 (Puissance maximale 8000 kW) – aéronef AIRBUS A 400M

3.2.4. Motorisation électrique

3.2.4.1. Histoire

L'aviation électrique a débuté dans les années 1970 avec des machines légères équipées uniquement de cellules solaires (Sunrise I, Sunrise II, Solaris). Compte tenu de leur très faible motorisation, ces machines ne pouvaient pas embarquer un pilote et étaient télécommandées du sol.

En 1980, le Gossamer Penguin est le premier appareil à énergie solaire pure à voler avec un pilote à bord. Une variante dénommée Solar Challenger traverse la Manche en 1981.

En 1990, le motoplaneur Sunseeker I traverse les USA en 21 étapes avec un pilote à bord et mixant les énergies solaire et chimique (batterie Cadmium Nickel).

Fin 2007, l'avion BL1E ELECTRA (ci-contre) est le premier avion électrique à voler alimenté uniquement par batteries Lithium Polymère (LiPo).

En 2009, le motoplaneur Sunseeker II traverse les Alpes et effectue plusieurs vols en Europe. Cet appareil utilise de nouvelles cellules solaires et des batteries Lithium Polymère (LiPo).

BL1E Electra, le 1er avion électrique au monde
(premier vol, le 23 décembre 2007 à Aspres-sur-Buëch)

Par la suite, grâce au développement industriel des batteries LiPo de forte capacité, de nombreux prototypes ont vu le jour et ont montré que le vol électrique pouvait être accessible au plus grand nombre de constructeurs et de pilotes acceptant les limitations du concept.

3.2.4.2. Les technologies

Les moteurs les plus utilisés sont des brushless (moteurs sans balais) avec leurs contrôleurs associés. Les batteries sont de type LiPo ou LiFe (Lithium-Fer). Les éventuelles cellules solaires à haut rendement sont rigides ou souples.

Afin de passer les très forts courants, le câblage est adapté (fortes sections de cuivre, liaisons soudées ou boulonnées) pour limiter les pertes en ligne.

3.2.4.3. Rappel électricité

- Tension ou Différence de potentiel U exprimée en Volt (V)
- Intensité ou Courant I exprimé en Ampère (A)
- Résistance R exprimée en Ohm (Ω)
- Puissance P exprimée en Watt (W)
- Capacité (d'une batterie) exprimée en Ampère.heure (Ah)
- T temps de décharge (heure)
- ID courant de décharge (A)
- Formules :
  - U = R*I
  - P = U*I = R*I*I
  - C = T*ID

3.2.4.4. Analogie électrique thermique

Propulsion électrique	***Propulsion thermique***
Batterie	Réservoir
BMS électronique de gestion batterie	Témoin niveau bas jauge carburant
Câblage	Durits essence
Moteur	Moteur
Contrôleur	Carburateur
Commande de puissance	Manette de gaz
Hélice	Hélice
Chargeur	Pompe à essence

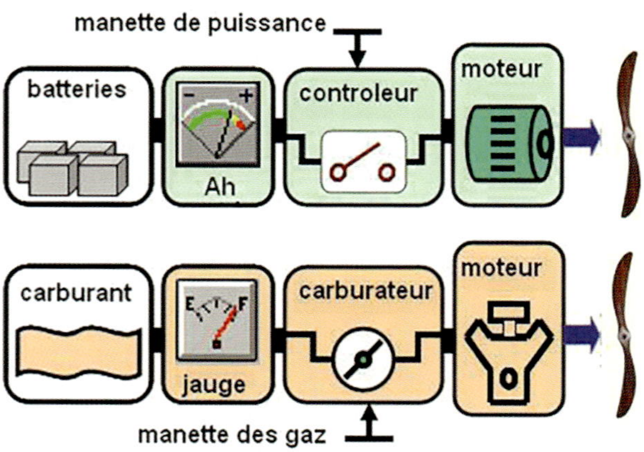

comparatif électrique / thermique

3.2.4.5. Ordres de grandeur, limitations et contraintes

- Les tensions batterie vont de 48 à 600 V.
- Les courants peuvent atteindre 500 A en pointe.
- Les puissances vont de 10 kW à 250 kW.
- Les capacités batterie vont de 10 Ah à plus de 400 Ah.

Pour délivrer une puissance donnée, il faut embarquer 10 à 15 fois plus de masse de batterie que de carburant. Ceci implique que les machines sont :

- de type motoplaneur nécessitant peu de puissance et autorisant des autonomies d'environ 1 heure (pendulaires monoplaces, motoplaneurs),
- ou bien de type avion de voltige à forte puissance, mais ne nécessitant qu'une faible autonomie.

En ce qui concerne les cellules solaires : en plein soleil, on peut compter sur une puissance délivrée de 150 Wh/m². Pour le vol solaire, il faut donc d'immenses surfaces de cellules et une très faible puissance pour le vol, réservant ce type de machine à des prototypes démonstrateurs de technologies comme Solar Impulse.

Bien qu'on lise parfois le contraire dans la presse, les avions de ligne 100 % électriques avec des batteries ou des cellules solaires ne sont pas pour demain...

Le rendement propulsif correspond au rapport entre la puissance utile disponible pour faire avancer l'avion (traction x vitesse) et la puissance disponible en sortie batterie.

Ce rapport dépend principalement du rendement moteur-contrôleur et du rendement hélice. Si le rendement moteur-contrôleur est systématiquement supérieur à 90 %, le rendement hélice peut varier de 50 % à 90 %. Ainsi un choix judicieux d'hélice peut quasiment permettre d'économiser la moitié de la masse batterie pour la même autonomie de vol.

3.2.4.6. Certification LSA du Virus électrique de Pipistrel

Première mondiale: le « **Virus** (ULM) modifié » de **Pipistrel** a obtenu la **certification LSA de l'EASA, en juin 2020. Il porte la référence: SW 128. Il a été baptisé: Velis Electro**.

Ceci reste néanmoins une première étape, et l'avenir de l'aviation électrique comme de la voiture électrique passe obligatoirement par une augmentation substantielle de l'énergie massique des batteries, afin de ramener le rapport entre la masse batterie et la masse carburant équivalente d'environ 15 à au minimum moins de 5.

Velis Electro

3.2.5. Le drone et ses systèmes

3.2.5.1 Généralités

Un système embarqué en liaison radio avec une station sol permet le pilotage de l'appareil. Le système embarqué est un ensemble complexe constitué de capteurs de position et d'attitude, de servo-commandes, d'un ensemble de pilotage automatique et d'un ensemble émetteur-récepteur.

3.1.5.2. Le système de drone

Un système de drone est un système dynamique contrôlé comportant les éléments classiques :

- Source d'énergie (batterie Lithium-Ion),
- Commande du système : consignes données par le pilote et moyens de les transmettre,
- Capteurs : altimètre, accéléromètre, gyromètre, magnétomètre, GPS,
- Estimateur : en fonction des mesures et de modèles, estimation de l'état du système,
- Contrôleur : en fonction de l'estimation de l'état du système et de modèles, calcul des contrôles à appliquer,
- Actuateurs : tout ce qui agit sur le système,
- Modèles physiques de mesure,
- Modèles physiques de contrôle.

Le système de drone doit réagir et s'adapter à des perturbations extérieures, en particulier les phénomènes météorologiques (rafales de vent, turbulence...) et la protection automatique contre les impacts avec le sol pilotés (CFIT : Controlled Flights Into Terrain).

La philosophie, la conception, l'intégration, la technologie et le mode d'utilisation de ce système embarqué caractérisent le drone au sein de la grande famille des aéronefs.

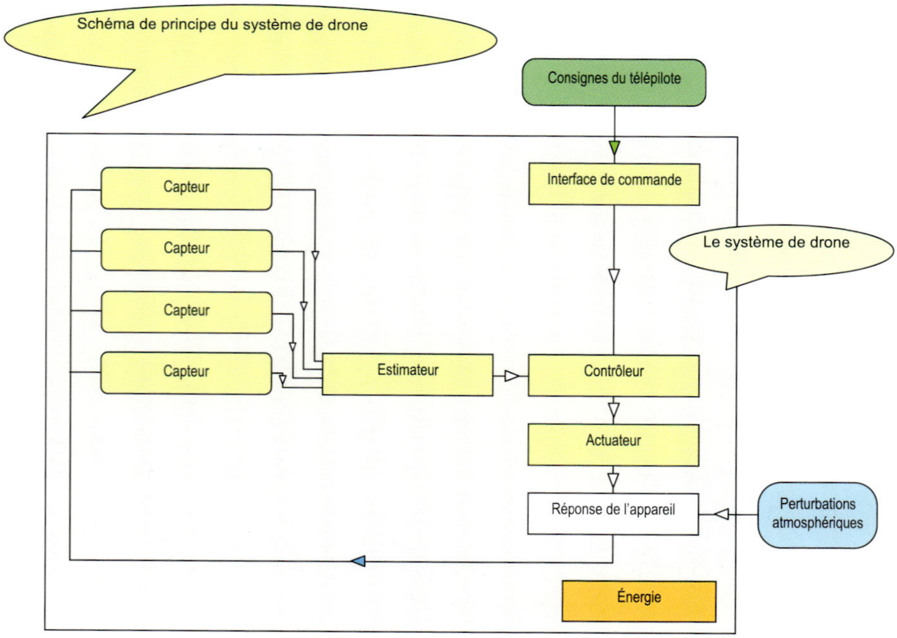

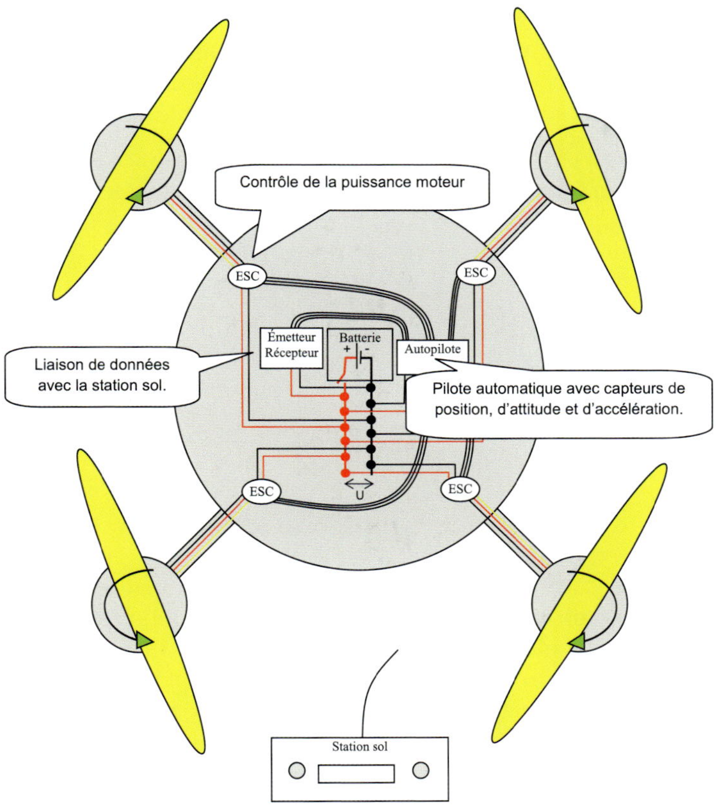

La station sol envoie au drone les consignes de pilotage, par exemple le suivi d'une route déterminée à une hauteur déterminée. L'autopilote génère en temps réel les consignes à chacun des contrôleurs ESC des moteurs. Les hélices diamétralement opposées ont le même sens de rotation. Le contrôle de la vitesse de rotation de chaque hélice module leur poussée, ce qui permet le contrôle de l'attitude et des accélérations de l'appareil. Ainsi, une augmentation simultanée de la puissance des quatre moteurs génère une accélération verticale vers le haut. Une diminution simultanée de la puissance des quatre moteurs génère une accélération vers le bas. Une variation différentielle de la puissance des moteurs gauches et droits génère une inclinaison latérale. Une variation différentielle de la puissance des moteurs avants et arrières génère une inclinaison longitudinale.

3.2.6. La fusée et son moteur

La fusée a été inventée par les Chinois vers l'an 1 000 ou peut-être avant, et son principe est extrêmement simple : c'est un tube aux parois solides contenant du combustible, entièrement clos à l'exception d'un orifice d'évacuation à l'une des extrémités par lequel peuvent s'échapper les gaz provenant de la combustion. Par réaction, le tube se déplace en sens opposé à celui du jet de gaz. À l'époque les Chinois l'utilisaient pour améliorer la propulsion de leurs armes de jet (lances, flèches).

Théorie élémentaire de la propulsion par fusée

Constantin Tsiolkovski, scientifique russe d'origine polonaise, s'est passionné pour l'astronautique à la fin du XIXe et au début du XXe siècle. C'est lui qui imagina les fusées à étages et écrivit les fondements du principe de la propulsion d'une fusée.

La fusée éjecte vers l'arrière une masse de gaz à la vitesse constante u. Ceci provoque ce qu'on appelle une quantité de mouvement (produit de la masse éjectée par la vitesse) qui a pour effet de propulser la fusée dans la direction opposée à la direction de l'éjection des gaz (effet action-réaction). La masse des gaz éjectés étant faible, il faut les éjecter à une vitesse très importante afin d'obtenir une quantité de mouvement suffisante.

Tsiolkovski démontra que l'accroissement de vitesse ΔV de la fusée dépend de la vitesse d'éjection u des gaz et du rapport entre la masse initiale de la fusée Mi et sa masse finale M :

$$\Delta V = u \cdot \ln \frac{Mi}{M}$$

Pour amener une charge au-delà de l'atmosphère terrestre, il faut prévoir un (ou des) moteur-fusée capable d'éjecter des gaz à haute vitesse et pouvoir emporter une quantité très importante de carburant. Ceci a conduit à concevoir des fusées avec plusieurs étages qui sont largués dès que ceux-ci sont vides de carburant afin d'alléger la fusée pour augmenter ses performances. De plus, contrairement à un moteur atmosphérique qui utilise l'oxygène de l'air comme comburant, la fusée doit fonctionner dans un milieu où l'oxygène est raréfié ou absent, elle doit donc emporter dans ses réservoirs à la fois le carburant et le comburant. Les substances qui vont fournir l'énergie nécessaire à la fusée sont nommées ergols [10].

Un **propergol** solide est constitué d'une pâte [11] dans laquelle ont été mélangés le carburant et le comburant. Une fois la combustion amorcée, elle se poursuit d'elle-même sans pouvoir être contrôlée en direct. Le moteur-fusée à ergol solide (on dit aussi à poudre) fournit une très forte poussée, mais pendant une durée de temps limitée (de l'ordre de 2 minutes). On l'utilise en appoint au décollage lorsque la masse de la fusée est la plus élevée, et on l'appelle souvent « booster ».

Un moteur à **propergol** liquide est plus souple d'utilisation, plus performant, mais aussi beaucoup plus complexe. Il faut prévoir deux réservoirs séparés pour le carburant et le comburant à l'état liquide et sous basse pression. Les deux ergols ne doivent être transférés dans leurs réservoirs respectifs que juste avant le lancement. Le moteur-fusée est très sophistiqué, car les deux ergols doivent être pressurisés avant d'être mélangés dans la chambre de combustion où la réaction chimique provoque une forte montée des gaz en température et en pression qui est transformée en poussée dans la tuyère (les vitesses d'éjection peuvent atteindre 2 000 à 3 000 $m \cdot s^{-1}$). Un autre avantage de ce moteur c'est qu'il est possible de le rallumer, contrairement au moteur à poudre.

10. Lorsque les deux composants sont mélangés, on parle de **propergols**. Solide (à poudre) ou liquides (lors du mélange dans la chambre de combustion).

11. Sous cette forme, la combustion ne débute qu'à l'aide d'un moyen de « mise à feu ». Notons, qu'une fois débutée, la combustion ne peut plus être interrompue.

Les moteurs des fusées à ergols liquides possèdent tous l'architecture générale suivante :

Les ergols, carburant et comburant, sont stockés à très basse température dans des réservoirs cryogéniques. Ils sont aspirés par des turbopompes et envoyés pour la plus grande part dans la chambre de combustion, mais également en petite quantité dans un générateur de gaz. Ce générateur va entraîner une turbine auxiliaire qui va produire l'énergie nécessaire aux servitudes, et en particulier à l'entraînement des turbopompes. Avant d'être injecté dans la chambre de combustion, le comburant va circuler autour de la tuyère pour la refroidir. Le carburant passant par les injecteurs va se mélanger au comburant dans la chambre de combustion. Le **propergol** y est enflammé et éjecté vers la tuyère[12] qui possède une forme particulière : convergente/divergente. Elle a pour fonction d'augmenter la vitesse d'éjection des gaz, et par conséquent la poussée du moteur fusée.

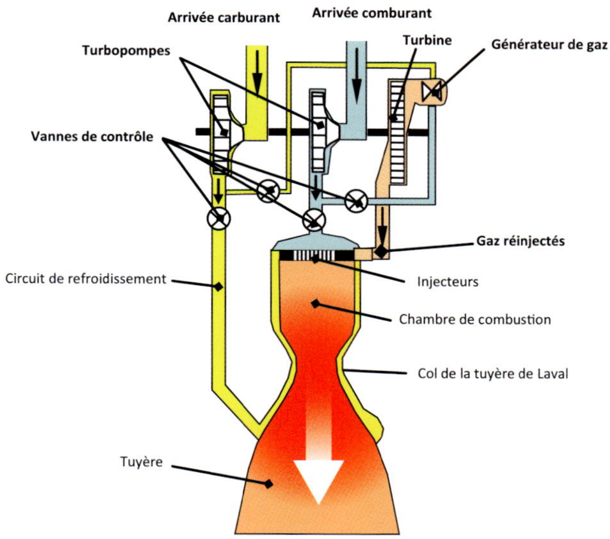

La poussée d'un moteur fusée dépendant directement de la vitesse d'éjection des gaz : toute ***augmentation de la vitesse de sortie des gaz*** induit une augmentation correspondante ***de la poussée***. ***Gustaf de Laval*** a inventé un concept de tuyère qui accélère l'écoulement des gaz en les faisant simplement passer dans des conduits de formes spécifiques. Son principe de fonctionnement, basé sur les propriétés des écoulements des gaz en régimes subsonique et supersonique, est très simple :

Si l'on fait circuler un gaz à une vitesse subsonique (inférieure à la vitesse du son) dans un conduit dont le diamètre se rétrécit, donc ***convergent***, sa vitesse augmente ; et si, a contrario, on fait circuler un gaz à vitesse supersonique (supérieure à la vitesse du son) dans un conduit dont le diamètre augmente, donc ***divergent***, sa vitesse augmente.

De Laval eut l'idée de faire passer successivement les gaz dans un convergent pour les accélérer jusqu'à Mach 1, atteint au passage d'un col, puis, l'écoulement étant devenu supersonique, il va continuer d'accélérer jusqu'à la sortie du conduit, dans le divergent.

12. Tuyère dite de « **de Laval** ».

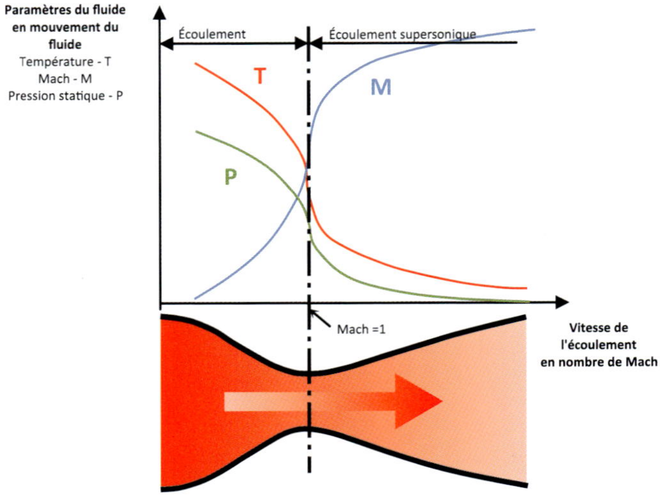

La tuyère de Laval

On peut classer les lanceurs en fonction de leur performance grâce :

- Tout d'abord à leur ***Indice Constructif*** I_C qui, pour chaque étage du lanceur, est le ***rapport*** entre la ***masse structurelle* de *l'étage à vide*** et celle des ***ergols qu'il emporte et va brûler.***

$$I_{constructif} = M_{structure\ étage\ vide} / M_{ergols}$$

Plus un ***lanceur*** est ***efficace,*** plus cet ***indice* constructif** est ***petit.***

L'indice constructif varie avec le type d'étage concerné. On constate généralement que :

- les premiers étages et les boosters ont des Indices Constructifs relativement élevés dus au fait que leur structure doit résister à des efforts aérodynamiques importants rencontrés dans les basses couches de l'atmosphère, et aux efforts structuraux engendrés par les niveaux de poussée extrêmement élevés nécessaires au décollage des lanceurs.

- les étages intermédiaires présentent les meilleurs Indices Constructifs car, contrairement aux premiers étages, ils sont mis à feu dans une atmosphère beaucoup moins dense, avec des niveaux de poussée beaucoup plus faibles.

- les derniers étages ont des Indices Constructifs élevés, étant pénalisés par les charges importantes qu'ils transportent et des moteurs qui leur permettent d'effectuer les transferts d'orbite et de se maintenir en vol orbital stabilisé.

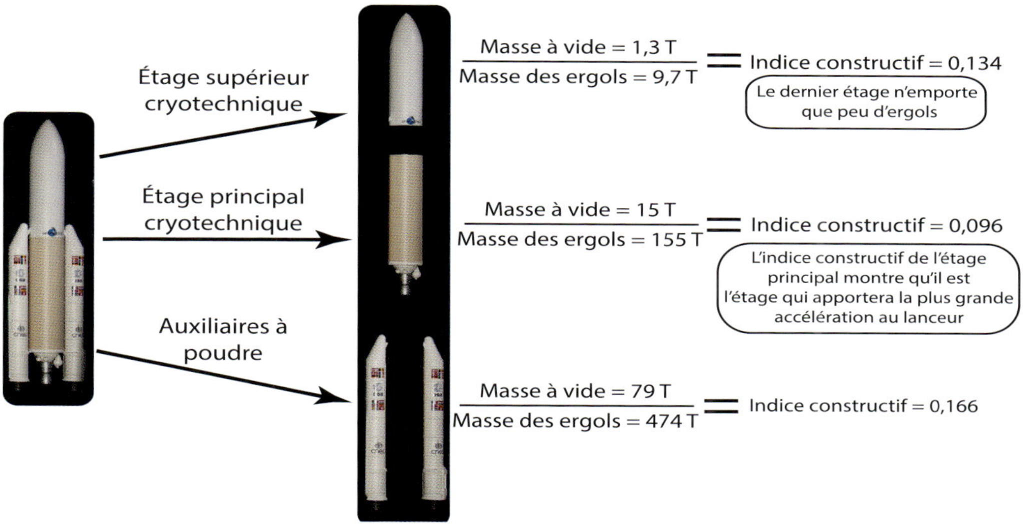

☞ Et à leur ***Impulsion Spécifique*** I_{Sp}, qui est le **rapport** entre la ***poussée* F produite** et le ***débit massique d'ergols consommés,*** multiplié ***par l'accélération*** de la ***pesanteur*** au niveau du sol**.** C'est en fait la ***durée*** qu'il faut pour produire une ***poussée*** équivalente à ***un kilogramme*** dans le ***PA***terrestre, ***avec un kilogramme d'ergol***

$$I_{spécifique} = F_{poussée} / Q_{débit\ ergols\ consommés} \times g_0$$

À poussée égale, plus l'I_{Sp} d'un propulseur est ***grande, moins*** il *consomme* ***d'ergols***, et ***meilleur*** est son ***rendement.***

L'I_{sp} des moteurs-fusées est beaucoup plus faible que celle des moteurs à réaction, car la quantité d'énergie utilisée pour éjecter les gaz est plus forte (vitesse d'éjection plus élevée) et le moteur fusée est pénalisé par le transport de son comburant.
En pratique l'I_{Sp} des moteurs fusées plafonne à environ 500 secondes pour les ergols les plus efficaces quand les moteurs à réaction atteignent 6 000 secondes.

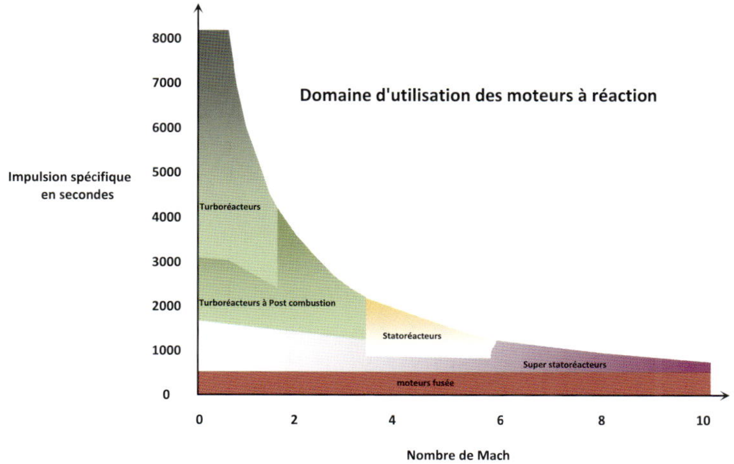

3.2.7. Contraintes liées au développement durable (réduction de bruit, optimisation énergétique)

Le lecteur ne peut pas étudier le chapitre « Aéronefs et engins spatiaux » sans avoir présent à l'esprit le « souci du respect du développement durable ».

Les **évolutions des motopropulseurs** de l'aviation notamment ont été motivées par deux objectifs : **diminuer les émissions sonores et de particules** et **réduire la consommation de carburant**, passant des **réacteurs de simple flux** (J57 / JT3C) au **double flux** (JT3D, JT4, etc.). Ainsi, le moteur « **CFM 56** » étudié par « **G.E et S.C.N.E.C.M.A** », au milieu des années 1970, proposant une réduction de consommation carburant d'environ 30%, fut commercialisé au début des années 1980 avec un énorme succès ; anticipant les normes de « niveau de bruit » qui devinrent obligatoires au milieu des années 1980.

L'**Espace** est aussi concerné par ces contraintes et d'autant plus que la concurrence commerciale oblige les constructeurs à innover. Le développement durable tend à être pris en compte dès le début des études, **nouvelles usines de construction et d'assemblage, nouveaux pas de tir de lancement, lanceurs et satellites nouvelles générations**. Quelques exemples :

- « **Airbus Defence & Space** » a lancé en 2017 un **satellite 100 % électrique**, sa réduction de masse est d'environ 40 %.
- **Ariane Espace** développe un nouveau lanceur : **Ariane 6**. Un nouveau pas de tir est en cours d'installation à Kourou EL4 (photo ci-contre).
- Aux USA, la société « **Space X** » récupère pour la première fois un lanceur complet Falcon-9 (premier étage et boosters), et après recyclage le réutilise avec succès en 2017.
- Le pas de tir de Cap Canaveral (USA) est équipé d'un moyen de récupération des gaz, lors du lancement, afin de minimiser les effets de la pollution.

Les contraintes liées au développement durable ont été incorporées aux lois et aux **règlements de certification**, de ce fait, leurs évolutions imposent aux motoristes comme aux avionneurs (Aviation, Espace) de nouvelles solutions en total respect de l'environnement.

Photo ci-contre : Centre National d'Études Spatiales. Pas de tir « EL4 » de Kourou.

© Poudou99

• La société **TARMAC** [13] de Tarbes a été créée par **Airbus, SAFRAN et Suez environnement,** en 2006. Son but est de recycler les avions en fin de vie. Environ 85 à 90% de la masse d'un avion est recyclable. Certaines pièces sont également récupérables (tri-sélectif) et revendues sur le marché de l'occasion.
La société TARMAC est aussi spécialisée en maintenance aéronautique.

3.3. STRUCTURES ET MATÉRIAUX

L'ensemble composé du fuselage, des ailes et des empennages est appelé **cellule**. Celle-ci est conçue principalement afin de pouvoir résister aux efforts que peuvent générer les différentes forces appliquées à l'aéronef, aussi bien en vol qu'au sol. Sur ce fuselage sont ajoutés les systèmes de propulsion et les trains d'atterrissage.
Sur les avions de chasse sont fixées des charges militaires.

3.3.1. Forces et contraintes

Les principales forces agissant sur l'aéronef sont :
- le poids de l'appareil,
- la résultante aérodynamique sur chaque aile,
- les efforts aérodynamiques sur les gouvernes,
- la traction ou la poussée des moteurs,
- les efforts inertiels (centrifuges ou d'autre nature) naissant lors des manœuvres de l'appareil.

Ces forces et les moments qu'elles peuvent générer s'exercent sur les surfaces des différents composants de la structure. On appelle **contrainte** (généralement notée σ), la pression qu'exerce une force (F) sur une surface (S) donnée : $\sigma = \frac{F}{S}$

Les contraintes principales dépendent de la nature et de la manière dont se présente la force F sur la surface S. On distingue principalement :

- la traction,
- la compression,
- le cisaillement,
- la torsion,
- la flexion,
- toute combinaison des efforts principaux, par exemple la flexion-torsion.

13. **TARMAC** est l'anagramme de Tarbes, Advanced, Recycling & Maintenance Aircraft Company.

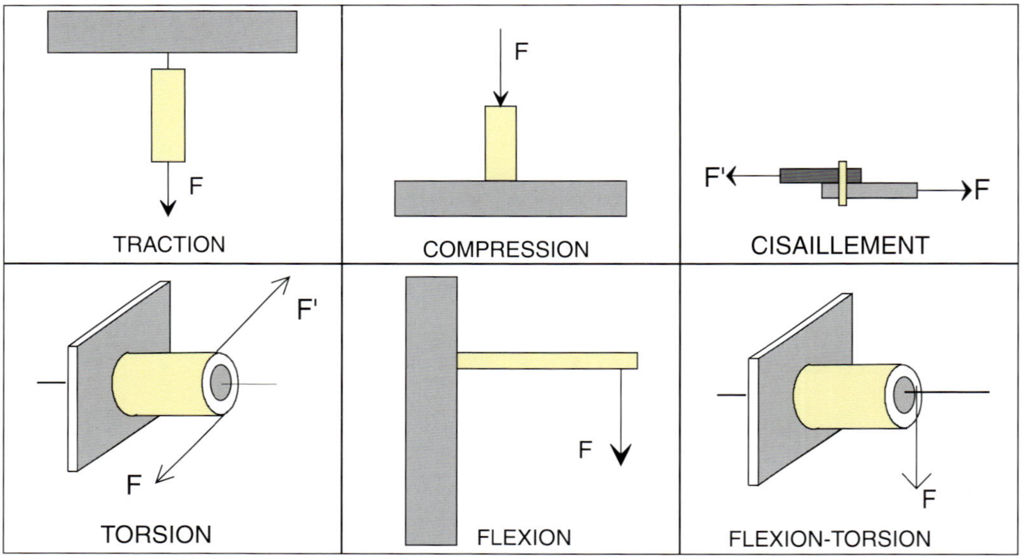

La résistance des matériaux, à partir de l'analyse des efforts et des moments, permet de dimensionner les éléments (nature et forme) afin que ceux-ci puissent supporter les charges auxquelles ils sont soumis.

3.3.2. Éléments de construction

Suivant la nature des matériaux utilisés lors de la réalisation des éléments de l'avion, on distingue principalement trois types de construction :

- La construction **bois et toile,** qui, comme son nom l'indique, est basée sur l'utilisation d'un matériau naturel : le bois. La structure est réalisée à partir d'éléments de première qualité dont les fibres correctement orientées assurent la résistance de l'ossature, l'ensemble étant recouvert de toile (lin, coton, Dacron) ou de plaque mince en bois. Les essences d'arbres couramment utilisées sont l'acajou, le frêne, l'épicéa et le sapin. Ce matériau est disponible sous forme de **bois plein**, ou de **contre-plaqué** : plaque constituée de plusieurs couches collées, d'épaisseur et de nature variables.

  La construction bois et toile permet la réalisation d'aéronefs dont les vitesses maximales sont voisines de 300 km/h ; pour des vitesses supérieures, le revêtement en toile est remplacé par du bois.

  Dès le début, la structure des grands avions en bois et toile s'est révélée fragile face aux variations d'humidité et intempéries. Dès les années 1920, la structure interne devint métallique pour conserver les réglages en torsion des voilures et fuselage, l'extérieur étant toujours entoilé. Le revêtement tout métallique léger fut introduit par Junkers (en tôle de duralumin ondulée) dès 1917, mais fut popularisé plus tard avec la nécessité de faire coucher les gros avions dehors par tous temps.

- La construction métallique utilise comme matériau de base un alliage d'aluminium et de cuivre, appelé **duralumin**. La mise en œuvre et l'usinage des profils et tôles s'apparentent à celles des produits aciérés, ce qui explique le grand développement de ce type de construction.

- À partir des années 1960, la mise au point de fibres de verre, beaucoup plus résistantes que les fibres végétales, et de résine synthétique permit la réalisation d'un nouveau matériau, le **polyester**. Les bandes de tissus de verre, souples, et dont les fibres sont correctement orientées, sont disposées sur un moule, et sont successivement imprégnées de résine. Cette dernière contient un additif dont le rôle est d'assurer la liaison fibre-résine et de provoquer le durcissement de l'ensemble.

Ce procédé permet l'obtention d'un matériau, appelé composite, dont les caractéristiques mécaniques sont voisines, voire supérieures, à celles obtenues en construction métallique tout en étant plus léger.

Malheureusement, ce processus a un coût de production élevé, car il nécessite le contrôle et le maintien à une valeur constante de l'humidité et de la température de l'enceinte contenant le moule. De nos jours, et pour les aéronefs de « haut de gamme », des éléments tels que becs, volets, capotages moteur, sont réalisés en composite à base de fibre de verre, de carbone ou de bore, le coût de fabrication limitant la part des éléments en composite.

À titre indicatif, voici, ci-après, trois exemples de réalisation d'aéronefs français :

Type de construction	Aéronef	Constructeur
Bois et toile	DR 400	Robin
Polyester	ATL	Robin
Métallique	TB9 TB10	SOCATA
Carbone	APM Lionceau (illustration ci-dessous)	Moniot

© Andre Wadman

Quel que soit le matériau utilisé, l'ossature de l'aéronef est réalisée suivant plusieurs principes de construction. Nous allons décrire ceux-ci en distinguant fuselage, voilure, ainsi que système de propulsion et train d'atterrissage.

3.3.2.1. Fuselage

Principes de construction

Les différentes formes sont obtenues suivant deux grands types de construction liés à l'historique des aéronefs. On distingue principalement la construction dite « **en treillis** », et la réalisation « **monocoque** ».

La construction en treillis ressemble à une ossature composée d'éléments longitudinaux et verticaux, renforcés par des pièces transversales, nommées **traverses.**

Les éléments constituant ce treillis sont, en règle générale, réalisés en tubes creux, reliés entre eux par soudure. La matière constituant ces tubes est généralement un alliage d'aluminium (densité voisine de 2,7) ; certaines parties devant transmettre des efforts plus élevés sont en acier (châssis moteur), mais en raison de leur masse, leur nombre est réduit au maximum (densité acier voisine de 7).

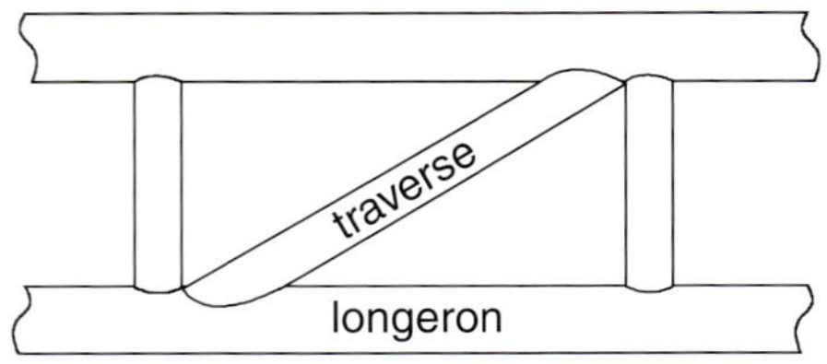

TREILLIS

Les éléments longitudinaux sont appelés **longerons**. Ce type de structure (le plus ancien) est toujours utilisé, notamment en construction amateur et reçoit un revêtement généralement en toile.

Sur ce type de structure, le revêtement ne participe pas à la résistance de la cellule, il facilite simplement un meilleur écoulement aérodynamique.

Lorsque la structure est dite monocoque, le revêtement (en tôle d'alliage d'aluminium) participe à la transmission des efforts. Ce revêtement est alors qualifié de « travaillant ». La tôle, après sa mise en forme, est fixée sur des **cadres**, ou cloisons verticales, par rivetage ou vissage.

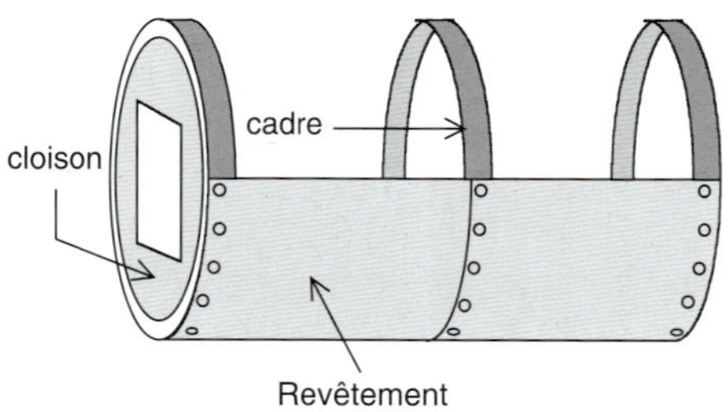

STRUCTURE MONOCOQUE

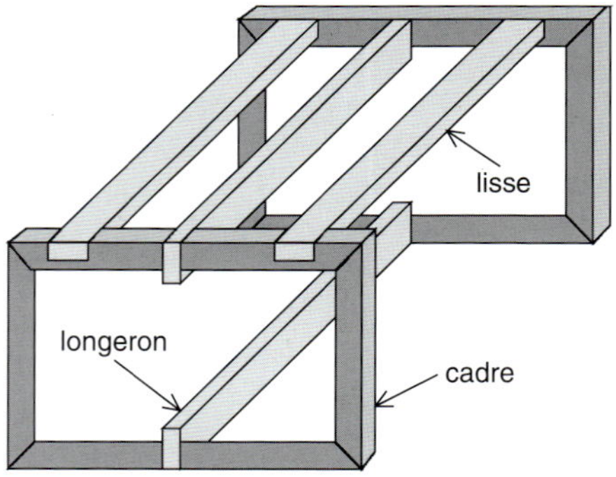

SEMI-MONOCOQUE

Afin de pouvoir optimiser l'épaisseur du revêtement, tout en assurant la transmission des efforts, un autre type de construction dit **semi-monocoque** est souvent utilisée. Dans ce cas, des renforts longitudinaux, appelés également **longerons**, sont fixés sur les cadres. Lorsque l'espacement entre longerons est important, des lisses, intercalées entre eux, permettent d'assurer un bon maintien de la tôle.

Des pièces aux formes particulières et des renforts permettent le montage et la répartition des efforts. Ceux-ci sont positionnés aux points « clefs » de la cellule, tels que la liaison fuselage-voilure, la fixation atterrisseurs-fuselage, ou atterrisseurs-voilure, ou encore le montage des empennages sur la cellule. L'avantage essentiel de ce type de construction vient du fait que les pièces sont de moins grandes dimensions. D'autre part, en cas de déchirure d'une partie du revêtement, la proximité des cadres, longerons et lisses assure une bonne résistance et facilite la réparation.

Lorsque le fuselage est relativement long, celui-ci peut être réalisé en plusieurs tronçons. Dans ce cas, chaque partie est fabriquée isolément ; des pièces de liaison (situées au niveau des longerons et des cadres) permettent l'assemblage final. C'est le cas de pratiquement tous les avions de ligne.

Différents types de fuselages

Les dimensions des avions (légers, de ligne ou de chasse) ont une influence sur la construction des fuselages, ainsi que leurs utilisations.

Beechcraft Bonanza avec un empennage en « V ».

© Tim Felce (Airwolfhound)

Pour un avion de ligne, le fuselage comprend :

- la cabine, aménagée pour transporter les passagers dans les meilleures conditions de confort ;
- les soutes, prévues pour embarquer les bagages et le fret (marchandises) ;
- le poste de pilotage, situé dans la partie avant du fuselage. C'est l'habitacle du personnel de conduite. Dans cette partie de l'aéronef sont regroupées toutes les commandes (mécaniques, électriques, hydrauliques) qui permettent à l'équipage d'actionner les gouvernes et tous les dispositifs nécessaires au vol. Un tableau de bord, faisant face à l'équipage, supporte les instruments et les dispositifs de visualisation nécessaires à la conduite et au contrôle de tous les systèmes de l'aéronef.

3.3.2.2. Voilure et empennage

Principe de construction

La structure de l'aile s'appuie sur le même principe que celui du fuselage. On y retrouve principalement un ou deux longerons (dirigés dans le sens de l'envergure), dont une des extrémités est dotée de fixations permettant l'assemblage de la voilure et du fuselage. Les 1/2 ailes sont fixées au fuselage à un emplacement qui porte le nom d'**emplanture,** (côtés gauche et droit). Notons que toute cette partie du fuselage intègre de nombreux renforts structuraux. Ces longerons peuvent être réalisés soit en treillis, soit par l'assemblage d'une ou plusieurs pièces, comme le montrent les schémas ci-après.

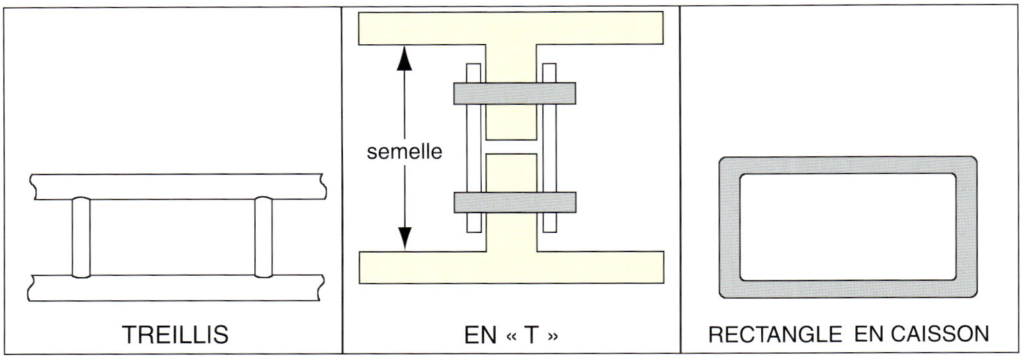

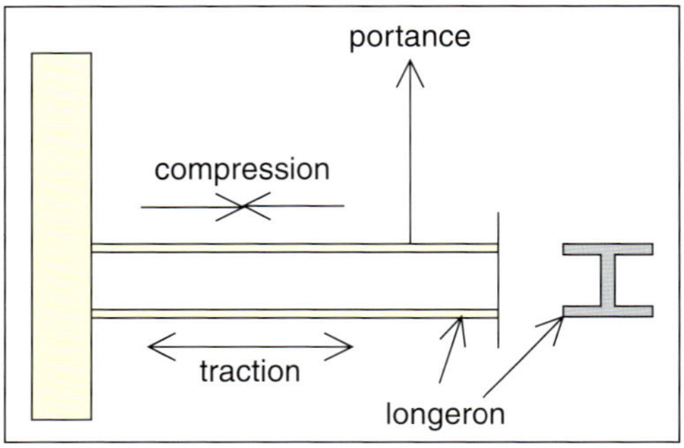

Par rapport à sa fixation au fuselage, le longeron se comporte comme une poutre semi-encastrée. Sous l'influence de la portance, le longeron est soumis à un moment de flexion, tendant à le faire fléchir vers le haut. Les fibres du matériau constituant la semelle supérieure sont donc comprimées, alors que celles de la partie inférieure sont soumises à une traction.

Ce dernier type de longeron est couramment utilisé en construction métallique.

Des cloisons transversales, appelées **nervures**, permettent, de par leur forme, de générer les surfaces extrados, intrados, bords d'attaque et de fuite.

Comme pour les longerons, ces nervures peuvent être réalisées en structure treillis ou par l'assemblage de tôles, préalablement formées.

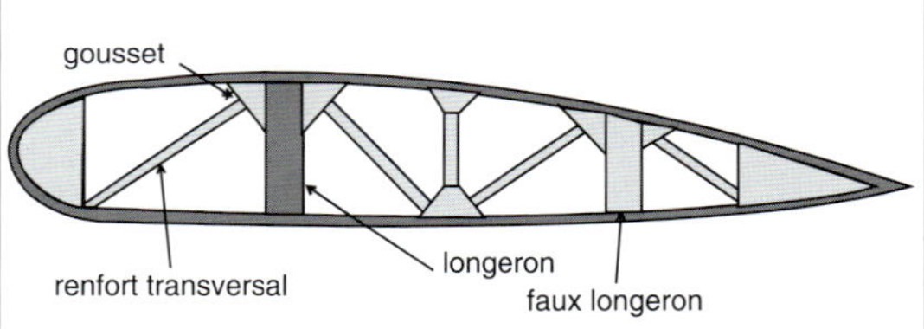

COUPE TRANSVERSALE
D'UNE AILE CONSTRUCTION BOIS

La nervure peut être une tôle percée (allégement par enlèvement de matière), et pliée afin de permettre la fixation du revêtement et son assemblage avec le longeron. Le bord d'attaque peut être constitué d'une tôle préformée, fixée sur l'aile en avant du longeron, ou être réalisé en matériau composite.

Sur les avions civils, l'aile assure également la fonction de réservoir de carburant. Les quantités de carburant peuvent être très élevées (jusqu'à 300 000 litres pour les long-courriers) et de ce fait contribuent à la rigidité de l'aile. Dans ce cas, les nervures ajourées jouent aussi un rôle pour empêcher le carburant de ballotter d'un bout à l'autre des réservoirs.

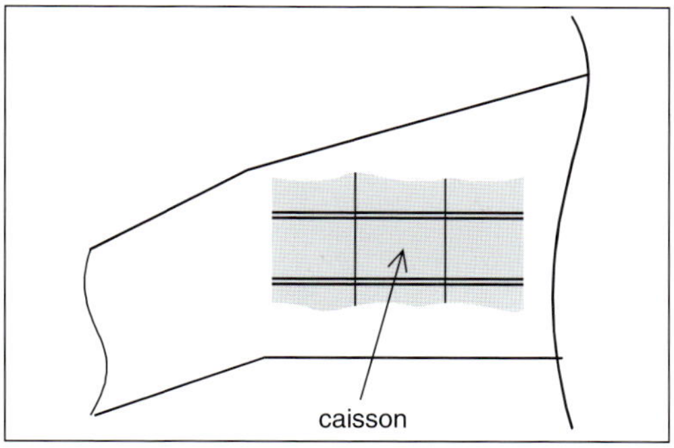

La construction est alors un peu différente, il n'y a pas de longeron, mais la structure de l'aile est cloisonnée. Les cloisons longitudinales (sens de l'envergure) et les cloisons transversales (sens des nervures) définissent des volumes appelés caissons.

Le revêtement et les cloisons sont en règle générale usinés dans la masse.

Certaines parties du revêtement peuvent être réalisées en matériau dit « **sandwich** ». Ce dernier est constitué de deux feuilles fines préformées, collées ou soudées (suivant la nature de la feuille), formant un nid d'abeilles (NIDA). Cette structure est ensuite dotée de deux tôles de revêtement. Cet ensemble (analogue à celui utilisé dans la fabrication des emballages en carton) est très résistant à la compression ; il est de ce fait très utilisé dans la réalisation de pièces devant résister à des contraintes de cette nature telles que planchers, bords d'attaque, etc. Aussi bien dans le fuselage que dans la voilure sont réalisées des portes d'accès, dont le rôle est de faciliter les opérations de maintenance ou les opérations de montage de certains éléments.

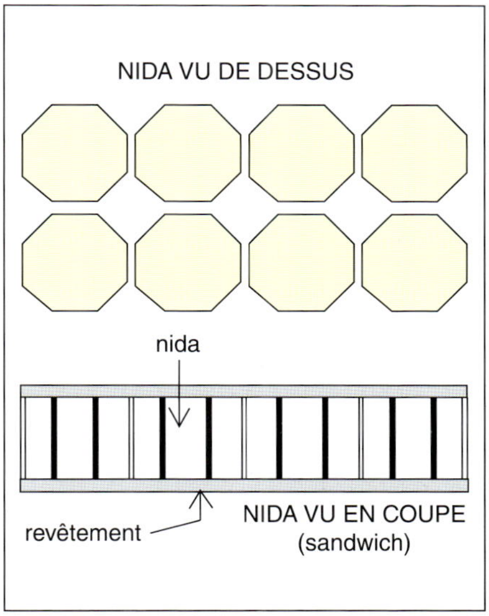

Les empennages, comme les plans mobiles (gouvernes), sont réalisés suivant les mêmes principes de construction précédemment décrits.

Installation sur avion des plans mobiles

Sur les ailes et les empennages se trouvent des **plans mobiles** qui servent à diriger, faire évoluer et contrôler les mouvements de l'avion dans les trois dimensions (**gouvernes et aérofreins**), et à modifier la forme de l'aile afin d'améliorer les performances de l'avion lors du décollage et de l'atterrissage (**moyens hypersustentateurs : becs et volets**).

Empennage en T – Robin 3000.

Empennage classique.

- **Empennages** : généralement situés à l'arrière du fuselage, leur rôle consiste à stabiliser l'avion sur sa trajectoire. Ils se composent le plus souvent d'un empennage vertical appelé dérive, et d'un empennage horizontal, appelé plan horizontal.

  Lorsque l'empennage horizontal est situé à l'avant de la voilure, on l'appelle empennage canard.

3.3.2.3. Systèmes de propulsion

Fixation d'un moteur sur la structure

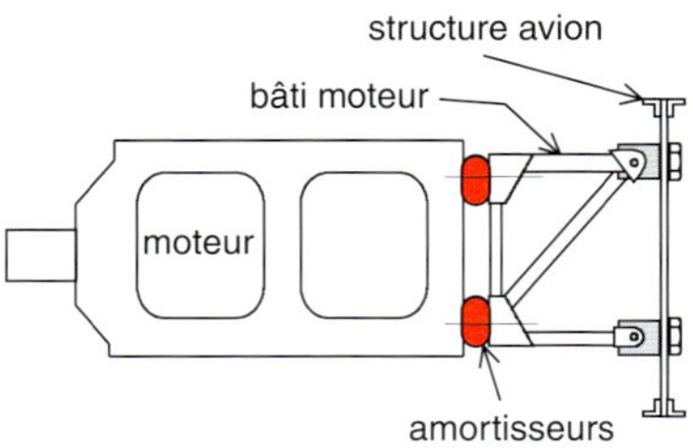

Le moteur est relié à la cellule par un châssis tubulaire en acier appelé bâti-moteur. Des amortisseurs de vibrations (**Silent blocs**) sont interposés entre le moteur et son châssis. La liaison bâti/cellule est réalisée par boulonnage sur une pièce structurale (cadre renforcé).

Emplacement des systèmes de propulsion

Leur emplacement dépend de leur nombre. Un aéronef est dit :

- monomoteur, s'il est doté d'un seul ensemble propulsif ; ce dernier est, dans la majorité des cas, installé devant le poste de pilotage ;
- multimoteur, s'il est pourvu de plus d'un système de propulsion. Sous cette appellation générale sont rassemblés les aéronefs bimoteurs, trimoteurs, quadrimoteurs, etc.

monomoteur

bimoteur

quadrimoteur

3.3.2.4. Atterrisseurs

Généralités

Ces dispositifs, fixes ou escamotables se composent :

- d'un train principal, proche du centre de gravité et supportant la majorité de la masse de l'avion ;
- d'un train auxiliaire (roulette de nez ou de queue) doté d'un dispositif permettant, au sol, de diriger l'aéronef (roue directrice).

Train classique – Avion MUDRY CAP231.

Train tricycle – Avion ROBIN DR400.

L'ensemble du train d'atterrissage est caractérisé par sa voie (distance séparant les roues du train principal), et son empattement (distance entre les axes du train auxiliaire et du train principal).

Sur la majorité des avions de tourisme, le train est fixe, et est généralement doté de carénages aérodynamiques, afin de réduire la traînée qu'il génère. Ces carénages, réalisés en matériaux composites, permettent d'accroître la vitesse de croisière d'environ 5 à 10 km/h, ce qui n'est pas négligeable.

Sur des aéronefs de voyage aérien plus évolués, le train est escamotable. Il se replie dans des logements aménagés à cet effet ; ceux-ci sont obturés par des trappes. Ce dispositif est plus complexe et plus onéreux, mais il accroît les performances de l'aéronef par diminution de la traînée.

Globalement, le train d'atterrissage doit pouvoir :

- supporter le poids maximal de l'aéronef,
- permettre le roulage, le guidage au sol, et la mise en vitesse de l'avion à la masse maximale au décollage,
- absorber l'énergie de l'avion lors de l'impact avec le sol à l'atterrissage,
- assurer son freinage jusqu'à l'arrêt complet, à la masse maximale d'atterrissage.

Afin de pouvoir satisfaire à ces exigences, chaque train est pourvu du nombre de roues adéquat ; plus la masse de l'avion croît, plus le nombre de roues par train augmente.

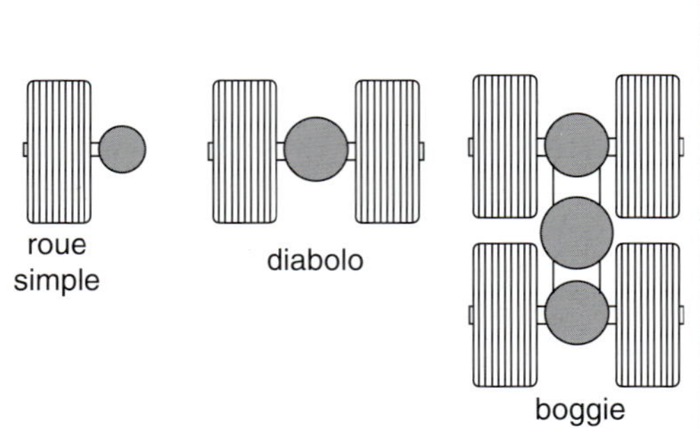

TRAINS D'ATTERRISSAGE (vue de dessus)

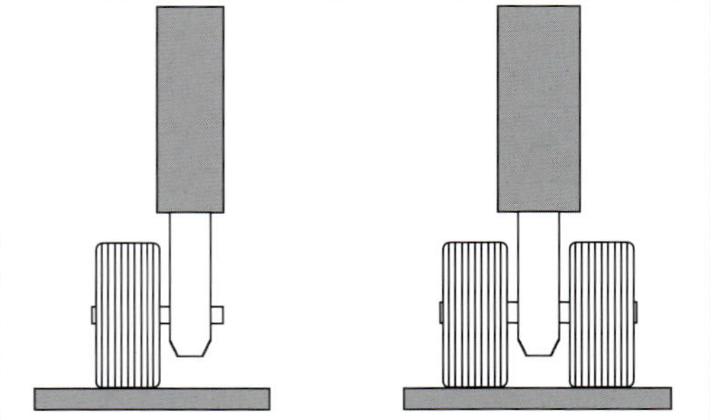
TRAINS D'ATTERRISSAGE (vue de face)

Chaque train a une dénomination différente selon le nombre de roues l'équipant ; on distingue principalement : la roue simple, le diabolo, et le boggie.

L'amortisseur

Afin d'absorber l'énergie à l'impact, le train est doté d'un amortisseur. Une fois l'aéronef posé, un dispositif de freinage, n'équipant que les roues du train principal, absorbe l'énergie cinétique.

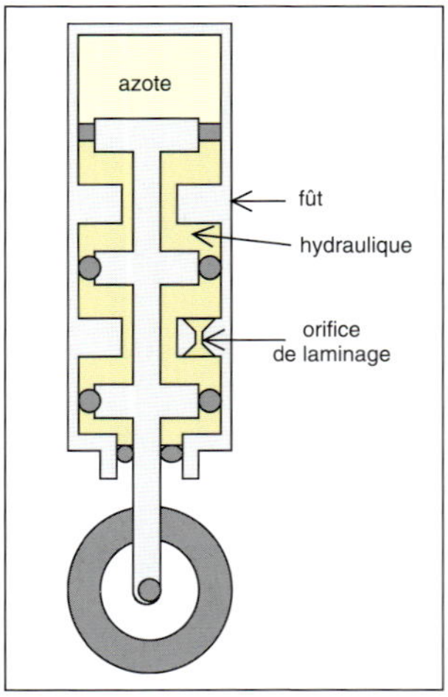

L'atterrisseur est donc en général constitué de :

- un fût de train contenant généralement l'amortisseur,
- un ou plusieurs axes de roue relié(s) à la tige de l'amortisseur,
- une roue recevant le pneumatique,
- un système de freinage (train principal),
- un système d'orientation (train auxiliaire).

L'amortisseur le plus couramment utilisé est du type oléopneumatique. Son appellation est due à la nature des deux fluides (liquide, gaz) utilisés pour la réalisation de ce dispositif. Le corps de l'amortisseur (fût) constitue la jambe du train, et est fixé (par des pièces structurales), à sa partie supérieure, à la cellule. Lors de l'impact, l'association compression des gaz et laminage de l'écoulement de l'huile permet d'absorber l'énergie.

Le train auxiliaire

L'amortisseur de ce train est doté, à sa partie supérieure, d'un axe permettant sa rotation pour orienter l'avion pendant le roulage au sol.

Sur une roulette de nez, l'orientation est réalisée par un système de bielle relié au palonnier. Sur des aéronefs plus évolués, celle-ci est réalisée par des vérins hydrauliques de direction, généralement installés sur la tige d'amortisseur. Sur avion de forte masse, à faible vitesse (phase de roulage au sol), la rotation des roues directrices est commandée par un volant spécial situé dans le poste.

La partie inférieure du fût est dotée de deux biellettes articulées, appelées compas, dont le rôle est de limiter la torsion induite par la roue.

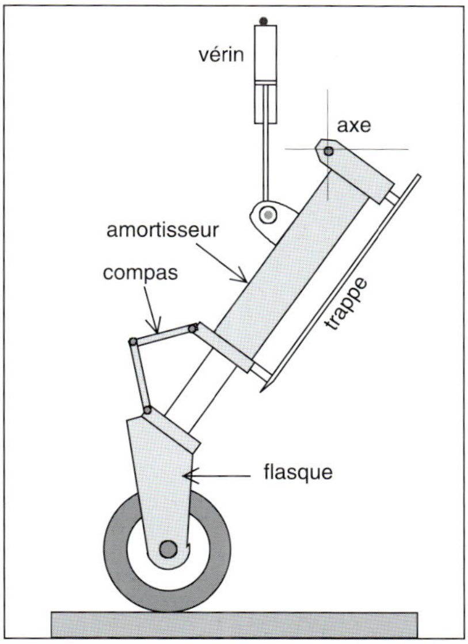

Le train principal

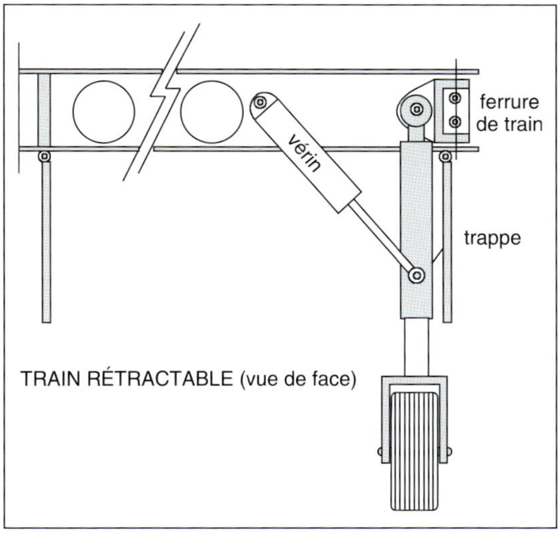

Lorsque la voilure est assez épaisse (excepté pour les avions de combat et la plupart des avions à ailes hautes), le train principal est logé dans celle-ci.

Un vérin hydraulique, fixé sur la semelle supérieure du longeron, assure la rentrée ou la sortie du train. Le logement du train est obturé par deux trappes, l'une pouvant être reliée au corps d'amortisseur et commandée par ce dernier, l'autre, de forme adaptée à celle des roues (boggie), est actionnée par un vérin (non représenté).

Par sécurité, un dispositif de secours (pompe manuelle ou électrique, ou descente du train par gravité) permet la sortie du train en cas de panne du système principal.

Sur avion de combat et sur la plupart des avions à ailes hautes, le train principal est logé dans le fuselage. Comme l'espace est réduit, les cinématiques de train sont souvent très complexes.

Les freins

Généralités

Chaque roue du train principal est dotée d'un système « **à friction** », permettant de diminuer rapidement la vitesse de rotation de la roue, tout en évacuant les calories dégagées par ce frottement important.

Sur les avions de tourisme, le système de freinage est très semblable (dans son principe), à celui des véhicules terrestres : composé principalement de freins à disques.

Alors que sur véhicule terrestre les roues motrices sont freinées simultanément, sur la majorité des aéronefs chaque roue du train principal dispose d'un circuit de freinage indépendant. Les roues du train principal peuvent être freinées simultanément (utilisation normale après le toucher des roues), ou indépendamment, à faible vitesse, ce qui permet de faciliter la mise en virage de l'avion au sol en réduisant le rayon de virage.

Il existe une fonction **frein de parking** qui est utilisée lors d'immobilisations de courtes durées, ou lors des essais moteur (point-fixe).
Lors d'escales prolongées des cales seront placées sur les roues du train principal (T.P). L'avion peut aussi être immobilisé à l'aide des points d'ancrage (aile) et d'anneaux fixés au sol.

Efficacité
Plus la masse des aéronefs est élevée, plus le dispositif de freinage doit être efficace. L'efficacité du freinage dépend de plusieurs paramètres, du système de freinage lui-même, mais également du contact du pneumatique sur le sol.

> Afin de donner un ordre de grandeur, un avion de tourisme, d'une masse voisine de 1 000 kg, se pose à une vitesse d'environ 130 km/h (soit peu différente de 36 m/s). Son système de freinage devra « dissiper » l'énergie cinétique Ec équivalente à :
> $Ec = \frac{1}{2}(1\,000 \times 36^2) = 648\,000$ joules. Cette application nous montre que les énergies mises en jeu sont élevées.

Sans entrer dans le détail, le freinage est d'autant plus efficace que :
- la surface des freins est importante (multidisque) ;
- les pneumatiques sont gonflés correctement ;
- leur surface de gomme (bande de roulement) est correcte ;
- leur température est proche de la température ambiante (20°C) ;
- la piste est rugueuse et sèche (non contaminée d'eau, de neige ou de glace).

L'adhérence du pneumatique sur le sol est moins bonne sur piste en herbe que sur piste en « dur » (béton ou bitume).

Lorsque la piste est humide, ou recouverte de flaques d'eau (a fortiori inondée), le freinage doit être progressif, afin de ne pas rompre l'adhérence de la roue sur le sol. Si le freinage est trop brutal, la perte d'adhérence de la roue provoque un échauffement de la gomme, qui, en se déformant, peut obturer les rainures d'évacuation d'eau. L'eau ne pouvant plus s'évacuer, le « pneu » monte alors sur la pellicule d'eau, augmentant la perte d'adhérence (**hydroplanage**). Afin de rendre le freinage progressif, et d'éviter le blocage de roue, les avions de « haut de gamme » sont dotés d'un dispositif antipatinage, améliorant l'efficacité du freinage tout en minimisant l'usure des pneumatiques.

La majorité des pneumatiques utilisés en aéronautique sont sans chambre (**tubeless**), et pourvus de rainures rectilignes dans le sens de la bande de roulement.

Remarque : la forme de tous les différents éléments (fuselage, voilure, etc.) est optimisée pour la mission de l'appareil : tourisme, voltige, transport de passagers, de marchandises, aéronef civil, aéronef militaire de transport ou de chasse.

3.4. LES COMMANDES DE VOL

En schématisant, les commandes de vol se répartissent en deux groupes :
- Les **commandes primaires** qui utilisent directement, par **action pilote** sur le manche ou sur le palonnier, les surfaces mobiles (ou par action d'un automatisme lors de son engagement (pilote automatique).
- Les **commandes secondaires**, terme qui regroupe les **hyposustentateurs** et les **hypersustentateurs**.

3.4.1. Les axes de l'aéronef

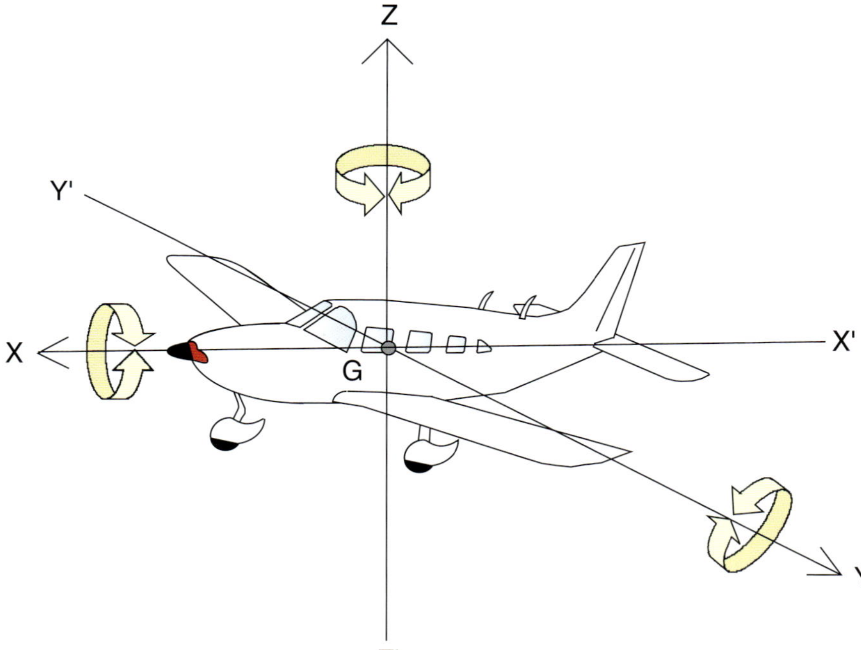

Soit G le centre de gravité de l'avion. Par G, faisons passer le repère orthogonal (G, Gx, Gy, Gz). L'avion peut se mouvoir autour de ces trois axes et tout mouvement autour d'un de ces axes porte un nom bien précis.

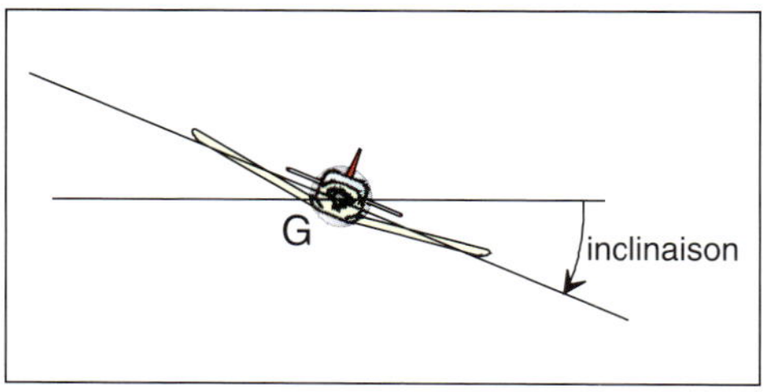

L'axe Gx est l'axe longitudinal de l'avion. Les seuls mouvements qu'il autorise sont des mouvements d'inclinaison latérale.
Cet axe est appelé axe de **roulis** (comme pour un navire).

L'axe Gy est l'axe transversal de l'avion. Les seuls mouvements qu'il permet sont des mouvements de bascule du nez de l'avion (vers le haut ou vers le bas).
Cet axe est appelé axe de **tangage** (comme pour un navire également).

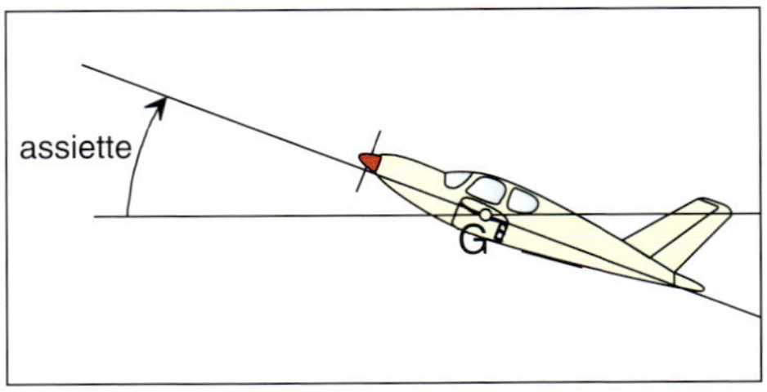

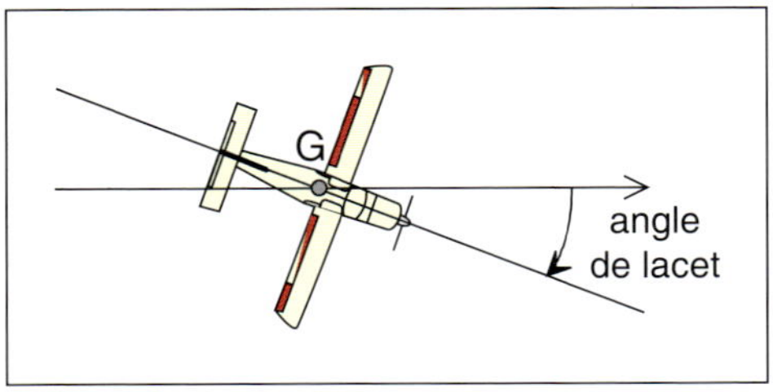

L'axe Gz enfin est l'axe vertical de l'avion. Les mouvements autour de cet axe sont des mouvements de rotation horizontale : déplacement du nez de l'avion vers la droite ou la gauche.
Cet axe est appelé axe de **lacet.**

3.4.2. Commandes de vol primaires

- Commandes de vols Airbus A300-600

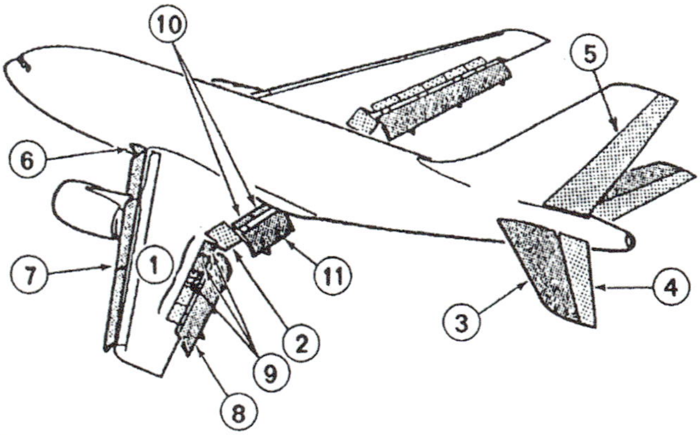

© Airbus

Légendes : -1 Déporteur de gauchissement, -2 Aileron, -3 Plan horizontal réglable, -4 Profondeur, -5 Direction, -6 Volet Kruger, -7 Becs, -8 Volet externe, -9 Aérofreins externes, -10 Aérofreins internes, -11 Volet interne.

3.4.2.1. Principe de fonctionnement des commandes de vol primaires

Les variations d'attitude de l'aéronef autour de son centre de gravité sont provoquées par le braquage de plans mobiles (gouvernes principales). Ils sont activés par l'intermédiaire de commandes situées dans le poste de pilotage. Chaque commande permet de déplacer l'avion autour de l'un des trois axes précédemment définis.

Commande → Gouverne → Mouvement en
- roulis
- tangage
- lacet

Le gauchissement

Aux débuts de l'aviation, pour incliner latéralement l'avion, on procédait au gauchissement de la voilure, c'est-à-dire que l'on déformait l'extrémité des ailes pour provoquer le mouvement de l'avion autour de son axe de roulis. Cette fonction est assurée par des surfaces mobiles, situées au bord de fuite des extrémités de voilure, et qu'on appelle **ailerons**. Le déplacement de ces surfaces est contrôlé du poste de pilotage par l'intermédiaire du **manche** (ou du **volant**).

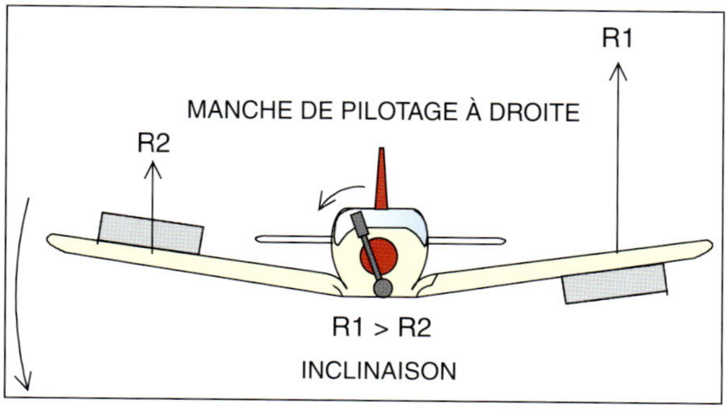

En vol rectiligne, les deux ailerons sont placés dans le prolongement du profil d'aile (au neutre).

Afin de provoquer la rotation autour de l'axe de roulis (G_x), le déplacement latéral à gauche, ou à droite, du manche entraîne l'élévation de l'aileron de l'aile vers lequel le manche est incliné, et l'abaissement de l'aileron de l'aile opposée.

L'aile dont l'aileron est baissé voit sa portance s'accroître, alors que l'autre aile (aileron levé) voit la sienne diminuer. La dissymétrie de portance des deux ailes génère un moment de roulis faisant incliner l'avion du côté où le manche est déplacé.

La profondeur

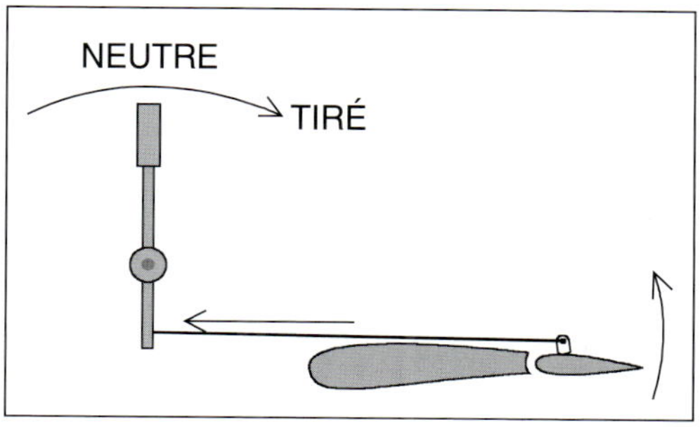

Pour faire évoluer l'avion autour de son axe de tangage (G_y), on déplace une surface mobile appelée **gouverne de profondeur** qui est articulée sur le **stabilisateur horizontal**. Celle-ci est reliée au **manche** (ou au **volant**), qui se trouve dans le poste de pilotage.

Lorsqu'en vol horizontal le manche est poussé vers l'avant, la gouverne de profondeur s'abaisse. Le plan horizontal voit alors sa portance augmenter et celle-ci crée un moment de tangage, faisant baisser le nez de l'appareil (à piquer).
Inversement, tiré en arrière (comme le montre le schéma ci-dessus), le manche provoque la rotation vers le haut de la gouverne, ce qui génère un moment de tangage à cabrer.

La direction

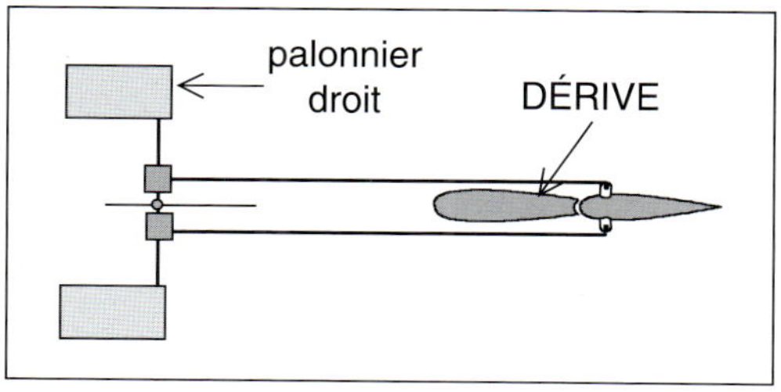

L'avion évolue autour de son axe de lacet (G_z) grâce à une surface mobile, articulée sur la **dérive** et appelée **gouverne de direction**. Appelée aussi gouverne de symétrie.

Elle est reliée à l'organe de commande appelé **palonnier**. Ce dernier est constitué d'un tube articulé autour d'un axe, et équipé de pédales à ses extrémités.

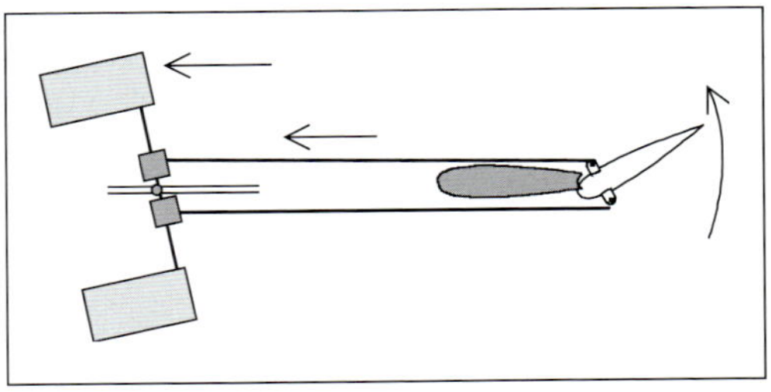

Si, à l'aide du pied droit, on pousse sur le palonnier, la gouverne de direction se déplace du côté où le palonnier est poussé. Ce braquage provoque une force aérodynamique sur la gouverne qui engendre un moment de rotation de l'avion autour de l'axe de lacet.
À l'opposé, « du pied à gauche » crée un lacet à gauche.

AXES AVION	**GOUVERNE** (surface mobile)	**COMMANDE** (au poste de pilotage)	**Mouvement** de l'avion
Roulis (axe longitudinal)	Ailerons	Manche G-D Volant G-D	Inclinaison latérale
Tangage (axe transversal)	Profondeur	Manche AV-AR Volant AV-AR	Montée-Descente
Lacet (axe vertical)	Direction	Palonnier (pédales)	Orientation nez G-D

3.4.2.2. Architecture des commandes de vol primaires (cinématique)

Préambule

- Les gouvernes et les commandes sont reliées entre elles par un ensemble de câbles et de renvois, ou par timonerie métallique réalisée en tubes creux. L'ensemble est appelé « **cinématique** » des commandes de vols.

- Sur les aéronefs évoluant à des vitesses plus élevées (avion de ligne, avion de combat), les forces aérodynamiques sont importantes, l'énergie nécessaire au braquage des gouvernes est conséquente. Les avionneurs utilisent alors l'énergie fournie par un **circuit hydraulique sous pression**. Cette pression est assurée par des pompes hydrauliques entraînées mécaniquement par le ou les moteurs. Le fluide est acheminé sous pression par des tuyauteries vers le dispositif de puissance appelé **vérin**, dont le piston actionne la surface mobile. Des tiroirs distributeurs, activés par des sélecteurs à commande électrique (ou hydraulique ou mécanique suivant les systèmes), permettent, depuis le poste, d'assurer l'alimentation et le retour des chambres du vérin.

Pour des raisons de sécurité, le circuit est triplé. Les trois circuits sont dotés de deux pompes mécaniques et d'une pompe électrique, afin qu'en cas de panne moteur ou de fuites hydrauliques sur un circuit, l'avion puisse rester manœuvrable.

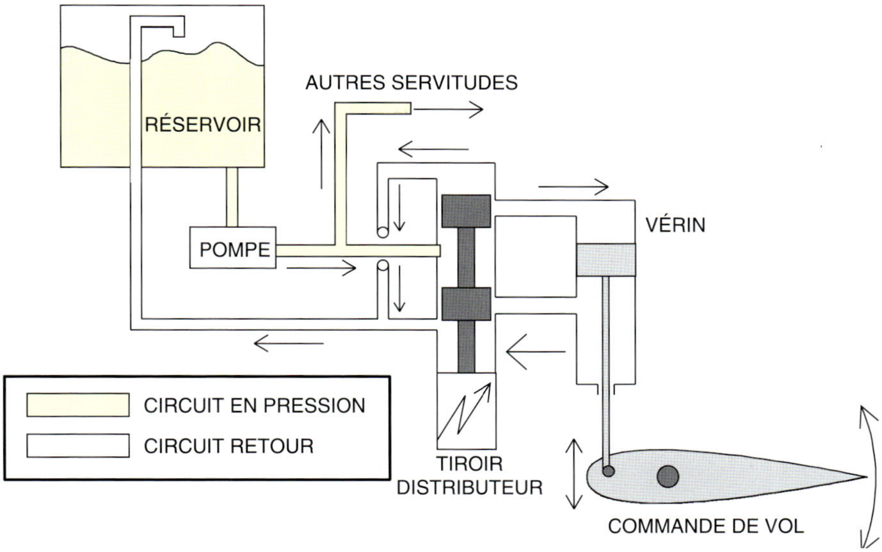

Évolution des commandes de vol

- Sur les avions légers la cinématique des commandes de vol est relativement simple et constituée de **câbles métalliques qui relient la manche et/ou le palonnier aux surfaces à braquer**. Cette cinématique évolue aussi vers des **timoneries rigides**.
Les bureaux d'études compensent les efforts à fournir sur les commandes par des bras de levier appropriés.

- Sur les **avions plus lourds et/ou plus rapides**, la cinématique devient plus complexe : elle doit intégrer les forces aérodynamiques importantes sur les gouvernes, en utilisant une assistance hydraulique. Cependant, le pilote perd la **sensation de pilotage** qu'il est nécessaire de restituer par un système de « **sensation artificielle** » (Pitch feel). Le domaine de vol plus étendu de ces avions impose l'adaptation de ce système en fonction de la vitesse (croisière, décollage, approche/atterrissage). De simples boîtes à ressorts ces sensations deviennent « hydromécaniques » avec des lois d'adaptation sophistiquées.

• Pitch control / Sensation artificielle Airbus A300-600

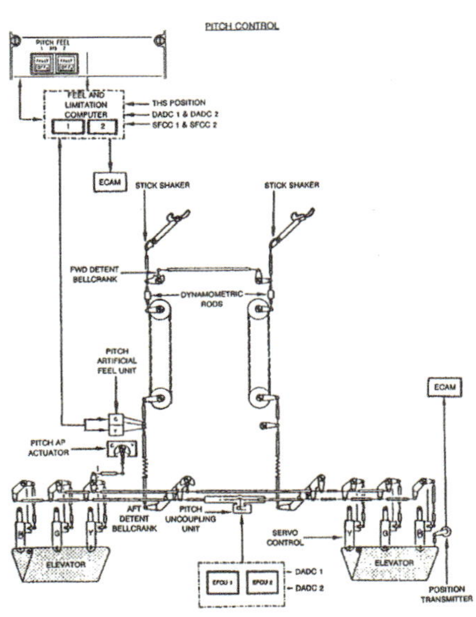

© Airbus

• Gauchissement A300-600

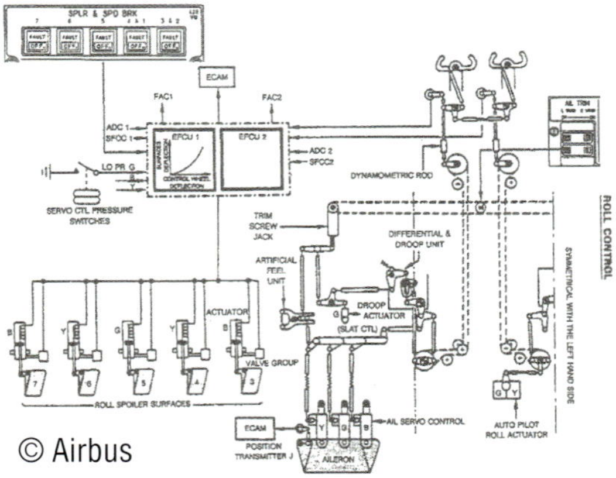

Sur le gros-porteur A300-600 l'aileron n'est plus en bout d'aile, il a été déplacé en position médiane (entre les volets).
Les qualités de manœuvrabilité en roulis ont été améliorées par l'installation de déporteurs de gauchissement, localisés à l'extrados. Associés aux mouvements du manche, ils se lèvent du côté où le manche est incliné.
Notons que ces commandes de vol ne sont plus liées par cinématique avec le manche mais par des calculateurs qui intègrent les données des centrales aérodynamiques (vitesse) et de la position des becs et volets.

Un pas vers les commandes de vol électriques

Les commandes vol électriques ont été conçues afin de supprimer la cinématique imposante de ces commandes; il n'y a plus qu'un ensemble de calculateurs électroniques entre le manche et la surface à braquer (redondance pour la sécurité).
Ces calculateurs incorporent des lois de pilotage qui intègrent : la vitesse, le facteur de charge, l'incidence, la protection contre le décrochage, ainsi que l'optimisation du braquage de la gouverne en lissant l'ordre du pilote.

3.4.3. Les commandes de vol secondaires

• Commandes de vols Airbus A300-600

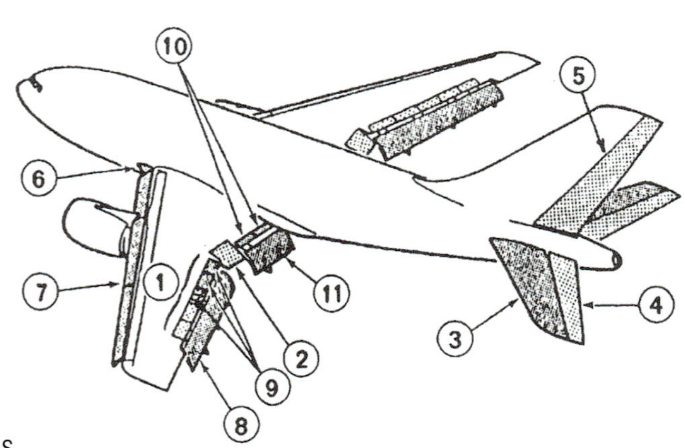

Légendes : -1 Déporteur de gauchissement, -2 Aileron, -3 Plan horizontal réglable, -4 Profondeur, -5 Direction, -6 Volet Kruger, -7 Becs, -8 Volet externe, -9 Aérofreins externes, -10 Aérofreins internes, -11 Volet interne.

Introduction aux commandes de vol secondaires

Sur les avions légers elles se limitent aux moyens **hypersustentateurs** (Volets et/ou Becs).

Sur avions lourds l'architecture est plus complexe, on les décompose en : h**yposustentateur** et **hypersustentateur**.

Dispositifs hypersustentateurs

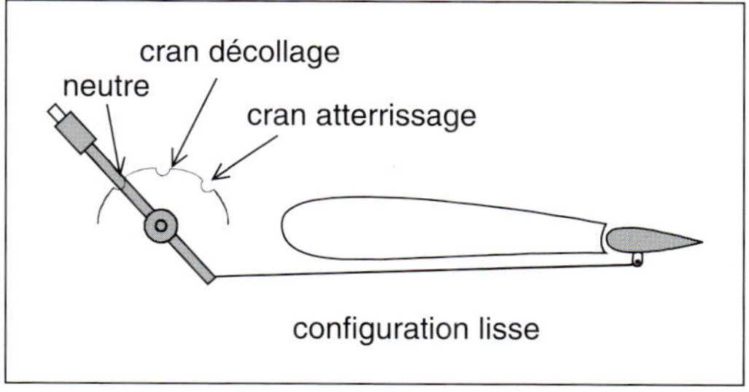

Ces surfaces mobiles, mais à positions prédéterminées permettent d'accroître la portance aux faibles vitesses.
Les volets sont installés sur le bord de fuite de l'aile, entre le fuselage et les ailerons. Leur braquage vers le bas est ordonné par une commande depuis le poste de pilotage.

La commande peut être un simple levier doté d'un système de verrouillage à plusieurs crans permettant d'immobiliser les volets dans le cran sélecté.

Le nombre de crans correspond au déploiement des configurations décollage et atterrissage (exemple : décollage volets 10° ; atterrissage volets 40°).

Sur avions légers, volets qui augmentent la courbure de l'aile	Sur avions de transport, becs et volets qui augmentent la surface et la courbure de l'aile
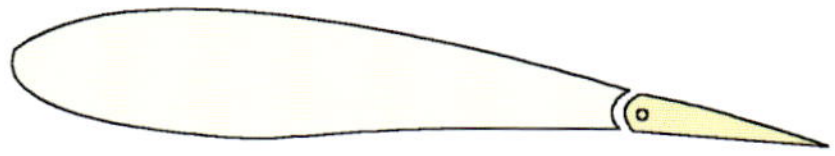 CONFIGURATION CROISIÈRE OU « LISSE »	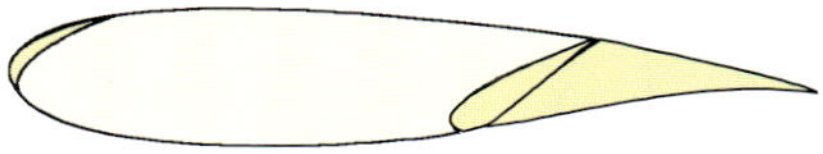 CONFIGURATION « LISSE » BECS ET VOLETS RENTRÉS
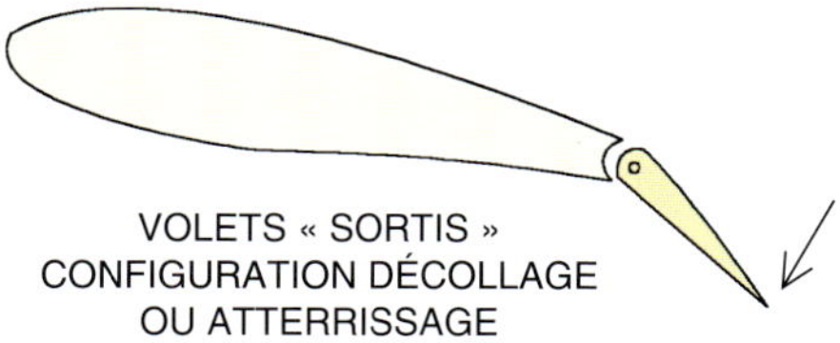 VOLETS « SORTIS » CONFIGURATION DÉCOLLAGE OU ATTERRISSAGE	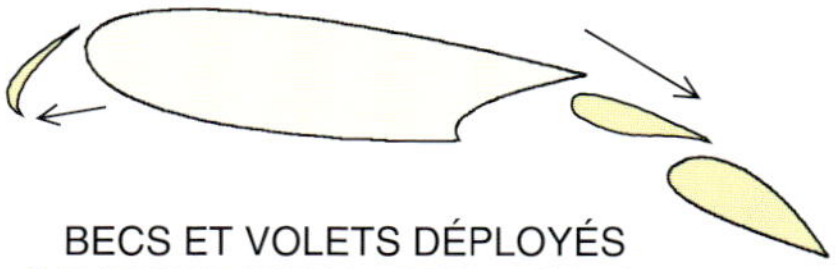 BECS ET VOLETS DÉPLOYÉS CONFIGURATION ATTERRISSAGE OU DÉCOLLAGE

Sur d'autres aéronefs, les volets peuvent être à commande électrique ; ils sont alors actionnés par un moteur électrique alimenté par le réseau de bord. Un interrupteur, ou sélecteur, permet alors à l'équipage, d'activer le moteur de commande.

Dans certains cas, un indicateur de position, souvent intégré au sélecteur de commande, permet à l'équipage de vérifier la position des volets.

Sur certains aéronefs, des becs de bord d'attaque sont associés aux volets ; un indicateur, situé sur le tableau de bord, permet à l'équipage de vérifier si l'ordre qu'il a donné, en déplaçant sa manette, a bien été exécuté.

Le mécanisme de ces différents dispositifs est dimensionné pour être utilisé dans une plage de vitesses déterminée.

Sur l'Airbus 300-600 il n'y a pas de cinématique sur ces commandes d'hypersustentateurs. Le levier de commande est connecté à un calculateur lui-même relié au sélecteur du vérin hydraulique.

Dispositifs hyposustentateurs

Noter les panneaux "déporteurs" levés, sur l'aile gauche de cet avion.

En vol :

- **Fonction aérofrein (panneaux déporteurs) :** à l'aide d'une commande positionnée sur la console centrale, le pilote, aux commandes, sélectionne la sortie des panneaux déporteurs de l'extrados (5 panneaux de chaque côté) - sortie symétrique.

Au sol :

- **Fonction atterrissage (déporteurs sortis au sol).** Avant l'atterrissage, le pilote sélectionne la fonction sol des déporteurs. Lorsque l'atterrissage est effectué, amortisseurs des trains principaux comprimés, tous les panneaux déporteurs sortent à un braquage maximum, ce qui à pour effet de plaquer l'avion au sol et d'obtenir l'efficacité optimale du système de freinage.

Notons que la cinématique de ce circuit est minimale et se résume à un vérin hydraulique pour chacun des panneaux.

3.5. L'INSTRUMENTATION DE BORD

3.5.1. Rôle des instruments de bord

Les instruments sont chargés de renseigner l'équipage de conduite sur les valeurs des paramètres indispensables au pilotage et à la sécurité des vols. Toutes les informations fournies rendent compte d'une configuration de l'appareil (en vol, au décollage, en évolution...) qui peut nécessiter une action du pilote sur les commandes ou une modification de l'un ou plusieurs paramètres par l'intermédiaire des systèmes de bord (navigation, pilotage, propulsion, etc.).
Les paramètres principaux sont la vitesse, le cap, l'altitude.

On définit trois grandes familles d'instruments :

- les **instruments de conduite**, qui aident ou permettent le pilotage de l'avion : vitesse, altitude, assiette, puissance moteur...
- les **instruments de contrôle** des paramètres de fonctionnement du moteur et des circuits associés (carburant, huile, électricité…).
- les **instruments de navigation** et de radio communication : le compas, la radio, les récepteurs VOR, ADF, DME, le GPS…

3.5.2. Installation, conception, disposition

Les instruments sont regroupés par familles et disposés de façon à être vus par le pilote. Chaque aéronef possède une avionique[14] (instrumentation complète) en fonction de son utilisation pour le VFR ou pour l'IFR par exemple.

La réglementation fixe néanmoins la liste minimale d'instruments qui doivent équiper un avion pour que celui-ci soit autorisé au vol.

Nous trouverons généralement : un anémomètre, un altimètre, un compas magnétique, un indicateur de virage, une bille, une jauge carburant par réservoir, un indicateur de pression d'huile, un tachymètre et si nécessaire un indicateur de pression d'essence et indicateur de température culasse.

Chaque constructeur a une conception qui lui est propre, mais les instruments doivent respecter certaines normes qui seront donc communes à tous les instruments. Ceci afin de minimiser les risques de mauvaise interprétation ou de confusion pouvant être à l'origine d'incidents ou d'accidents (facteurs humains).

Les couleurs définissant le domaine d'utilisation sont normalisées :

Vert : utilisation normale.

Rouge : utilisation interdite.

Jaune : utilisation avec précaution.

Blanc : utilisation particulière (sortie et rentrée des volets hypersustentateurs).

14. Contraction de « **aviation-électronique** », on peut dire aussi : **électronique embarquée.**

3.5.3. Instruments de conduite de l'avion

3.5.3.1. Anémomètre

L'anémomètre mesure la vitesse de l'aéronef, il est également nommé « Badin » (nom du constructeur des premiers anémomètres). Sur l'anémomètre, nous trouverons des arcs ou secteurs coloriés :

- arc blanc : plage de vitesses avec les volets sortis, la limite inférieure de l'arc blanc est la vitesse de décrochage volets sortis.
- arc vert : plage des vitesses en utilisation normale, la limite inférieure de l'arc vert est la vitesse de décrochage volets rentrés.
- arc jaune : plage des vitesses à éviter en atmosphère turbulente.
- trait rouge : vitesse à ne jamais dépasser (**VNE**).

Mesure de la vitesse :

Le système de mesure est composé d'un tube dont l'installation doit répondre à une exigence importante : **être éloigné des perturbations de l'écoulement aérodynamique**.

Sur les avions légers, il est souvent positionné sous le bord d'attaque de la voilure. Orienté face au vent relatif (Vr). Ce tube mesure la pression totale (PT).

La pression statique (Ps) est mesurée à l'aide d'une sonde placée perpendiculairement au déplacement. Ces deux pressions sont envoyées dans le boîtier indicateur. La Ps entre dans la partie étanche du boîtier, la PT entre directement dans la capsule (anéroïde). Les déformations de cette capsule (souple) entraînent l'aiguille de l'indication de vitesse.

Le principe de cette mesure est basé sur l'équation de Bernoulli :

PT = Ps + P dynamique[15] (Pd). En conséquence Pd = PT - Ps.

La vitesse mesurée est appelée vitesse indiquée (Vi).

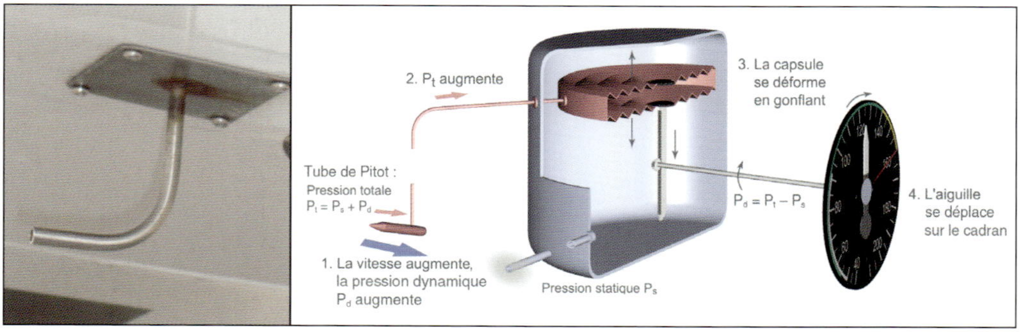

15. La pression dynamique est de la forme :$1/2\ \rho V^2$

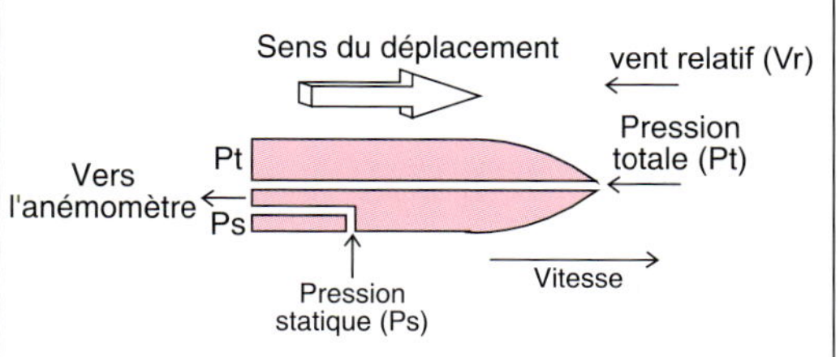

PRISE D'AIR POUR ANÉMOMÈTRE (PITOT)

Les tubes Pitot des avions de ligne, de transport ou de chasse mesurent directement les deux pressions Pt et Ps. Ils sont protégés contre le givrage.

Connaissant la Vi, pour connaître la vitesse horizontale, nommée vitesse propre (**Vp**) , il est nécessaire d'effectuer une correction. Avec l'augmentation d'altitude, la densité de l'air diminuant, la Vp augmente.

Pour un calcul rapide et simplifié, on considère que la Vitesse propre augmente de 10 % par rapport à la vitesse indiquée, tous les 6 000 ft.

Exemple :

Soit un avion volant à une Vi de 100 kt.
Au niveau de la mer Vp = Vi = 100 kt
À 6 000 ft d'altitude, Vi = 100 kt et Vp = 110 kt
À 12 000 ft d'altitude, Vi = 100 kt et Vp = 120 kt

3.5.3.2. Altimètre et Variomètre

L'altimètre et le variomètre sont des instruments barométriques.

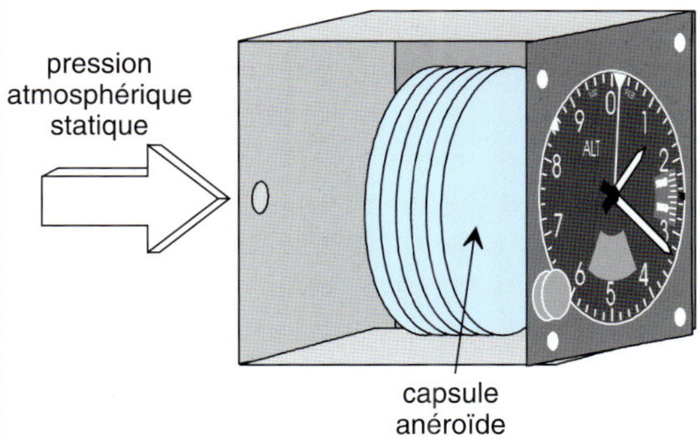

L'altimètre

L'altimètre indique une distance verticale ou l'altitude de l'avion par rapport à un repère, par exemple le niveau de la mer ou le sol. Cette distance est mesurée par l'écart de pression atmosphérique (voir chapitre de météorologie).

La pression atmosphérique diminuant avec l'altitude, on a choisi d'utiliser cette variation de pression comme mode de calcul des variations d'altitude.

L'altimètre est en fait un baromètre gradué en pieds. Un bouton de calage permet à l'utilisateur d'ajuster une pression de référence.

Les calages de l'altimètre

Si le pilote veut connaître sa hauteur, en vol, par rapport à un aérodrome, il affiche comme calage, la pression qui règne au sol sur l'aérodrome, nommée **QFE.** En l'absence de connaissance de cette « pression », Il suffit d'afficher une altitude nulle. **Attention, ce type de calage n'est plus utilisé**.

- Pour connaître l'altitude, tourner le bouton d'affichage afin de placer la flèche de l'indication en face de l'altitude topographique du terrain de départ. Ce qui correspond à la pression atmosphérique au niveau de la mer. Cette pression est nommée **QNH.** L'avantage de voler avec ce réglage c'est de pouvoir comparer à tout moment : l'altitude de vol et les altitudes des sommets survolés.

- Pour se conformer aux règles de la circulation aérienne, à partir d'une certaine altitude, le pilote doit voler en **niveau de vol (FL = Flight Level)**. À l'altitude de transition (TA), tous les avions utilisent le même calage de 1 013,25 hPa, ce qui permet aux contrôleurs d'attribuer des niveaux de vol différents aux avions et maintenir ainsi une séparation verticale entre aéronefs.

Nota : en descente et avant de passer le niveau de transition (NT), il faut afficher le calage QNH.

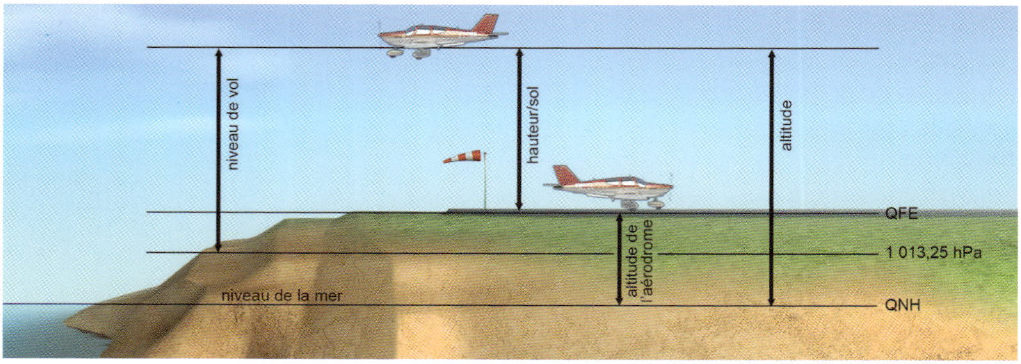

Lecture de l'altimètre

L'altimètre est doté de deux aiguilles, la grande aiguille indique les centaines de pieds, la petite aiguille indique les milliers de pieds.

Certains altimètres peuvent avoir une troisième aiguille, plus fine, qui indique les dizaines de milliers de pieds.

Une molette permet de sélectionner un calage altimétrique qui s'affiche dans une fenêtre. L'altimètre ci-contre, est calé sur la pression 1 013,25 hPa et indique 1 330 ft (pieds).

Le variomètre

Il indique une vitesse verticale de montée ou de descente.

Il est gradué en pieds par minute (ft/min) et parfois en mètres par seconde (m/s ; 1 $m.s^{-1}$ = 200 $ft.min^{-1}$). Son principe est la mesure de variation de pression atmosphérique, lors d'une montée ou descente.
Cet instrument est important pour les planeurs, car il permet de connaître les zones ascendantes pour gagner de l'altitude.

Sur le schéma ci-contre, la vitesse verticale de l'avion est de + 500 ft par minute.

3.5.3.3. Coordinateur de virage ou « bille aiguille »

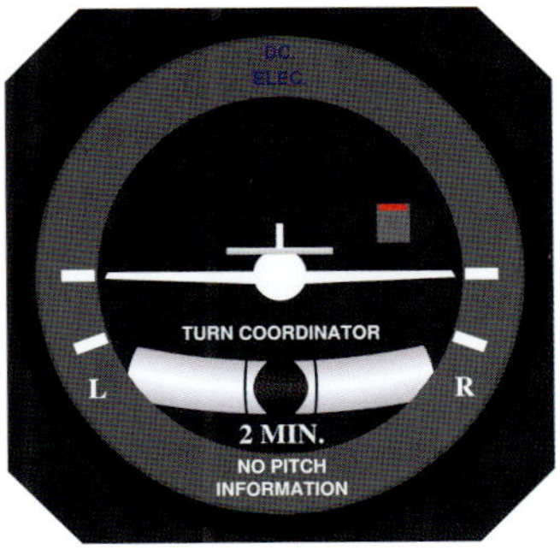

L'indicateur de symétrie ou « bille » indique au pilote la symétrie. Un virage correct se fait « bille » au milieu, la correction est effectuée avec le palonnier. Dans ce cas, la verticale apparente est confondue avec le plan de symétrie de l'avion.

L'indicateur transmet ses informations par le biais d'une bille métallique enfermée dans un tube de verre incurvé rempli d'un liquide amortisseur. Le mouvement de la bille est dû aux variations de la force d'inertie. Elle indique donc la **verticale apparente** par rapport à l'évolution de l'aéronef. Pour que le virage soit symétrique, le **poids apparent** doit être la « résultante du poids réel et de la force d'inertie centrifuge ».

L'aiguille indique la cadence ou taux de virage. C'est un instrument gyroscopique, il est convenu de dire qu'un virage au « taux un » (avec l'aiguille alignée sur le repère de l'instrument) correspond à un changement de cap de 360° (un tour complet) en 2 minutes.

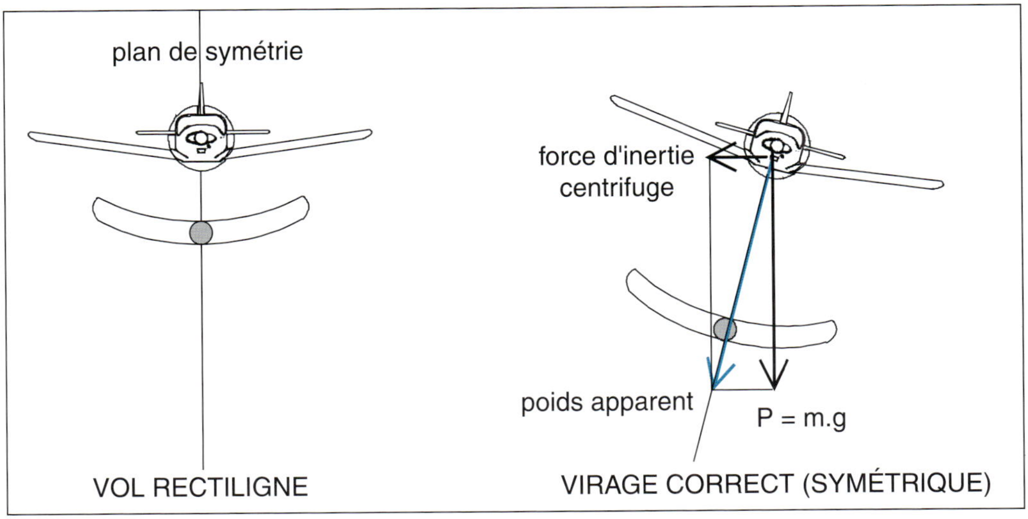

3.5.3.4. L'horizon artificiel

L'horizon artificiel est un instrument gyroscopique qui fournit au pilote des informations sur :

– l'assiette longitudinale,

– l'assiette latérale (l'inclinaison).

C'est un instrument indispensable au pilote pour les vols sans visibilité, car il matérialise l'horizon.

HORIZON ARTIFICIEL

Utilisation de l'horizon artificiel :

La maquette fixe représente l'avion :

Derrière cette maquette, se déplace verticalement un cylindre à deux couleurs séparées par la ligne d'horizon. La position du point de la maquette, sur la ligne d'horizon indique l'assiette longitudinale (quelques degrés vers le haut ou vers le bas).

En virage, la représentation de l'horizon s'incline afin d'indiquer au pilote son inclinaison latérale.

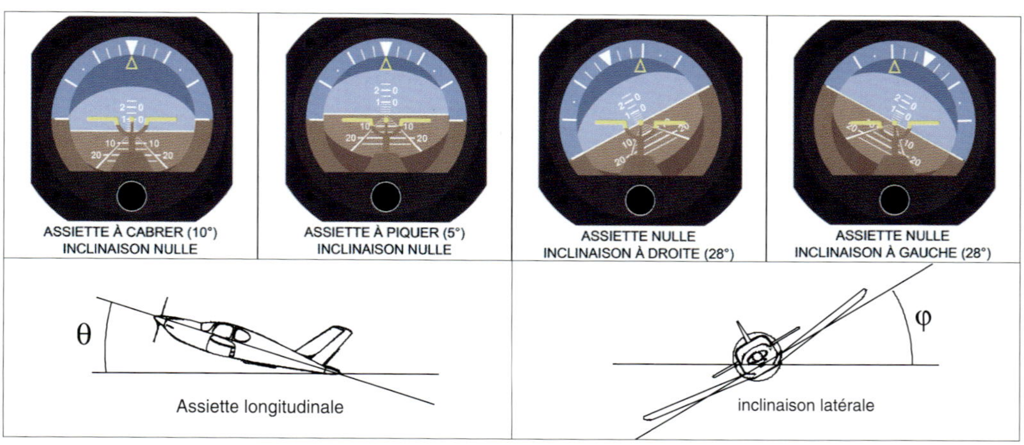

ASSIETTE À CABRER (10°) INCLINAISON NULLE

ASSIETTE À PIQUER (5°) INCLINAISON NULLE

ASSIETTE NULLE INCLINAISON À DROITE (28°)

ASSIETTE NULLE INCLINAISON À GAUCHE (28°)

3.5.4. Instruments de contrôle

Les instruments de contrôle du ou des moteurs et des circuits de l'aéronef permettent au pilote de vérifier le fonctionnement normal de l'avion durant le vol.
Sur la plupart des avions, nous trouvons :

– des voyants de pressions d'huile et carburant,

– un témoin de charge de l'alternateur,

– une jauge de carburant par réservoir,

– un compte-tours moteur (nombre de tours par minute).

On peut également trouver d'autres instruments qui indiquent :

– la température culasse,

– la température de l'air dans le carburateur,

– le débit de carburant (sur les moteurs à injection),

– la pression d'admission,

– la dépression du circuit anémométrique.

INDICATEUR DE PRESSION ET TEMPÉRATURE D'HUILE, TEMPÉRATURE CYLINDRES	COMPTE-TOURS *Noter la présence de l'**horamètre**, « temps de fonctionnement du moteur ». Ici exprimé en heures et centièmes.*	INDICATEUR DE PRESSION D'ADMISSION ET DE DÉBIT CARBURANT

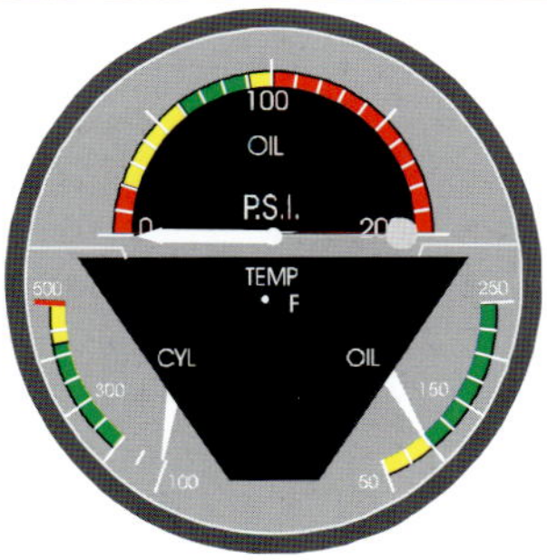

Sur un avion léger, équipé d'une hélice à calage fixe, le compte-tours permet au pilote d'afficher la puissance nécessaire au vol. Le compte-tours réagit en fonction de la vitesse de rotation du moteur.

Comme le montre le schéma, pour accroître la vitesse de l'aéronef (à altitude constante), le pilote déplace la manette des gaz (qui agit comme un accélérateur) vers l'avant, ce qui augmente la puissance du moteur. La variation de vitesse provoque un changement d'assiette longitudinale, car si la vitesse augmente, la portance augmente. Cette variation est corrigée avec le manche par une légère poussée vers l'avant (maintenir l'assiette).

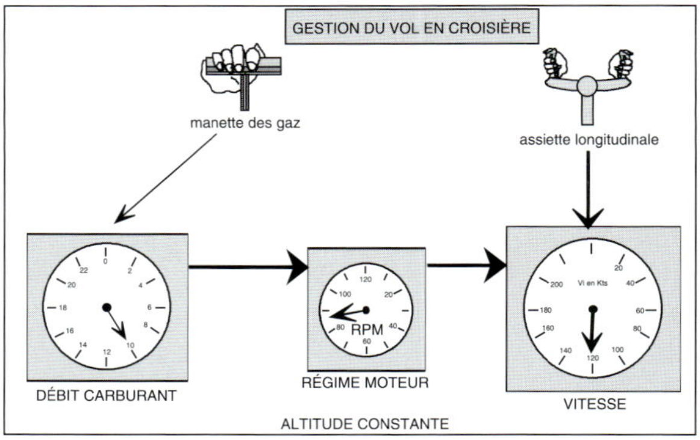

Les deux moyens de base dont dispose le pilote d'un avion sont donc le manche de pilotage (ou le volant) et la manette des gaz.

3.5.5. Instruments de navigation

3.5.5.1. Le compas

Le compas magnétique est l'instrument de base de la navigation. C'est une boussole composée d'un flotteur contenu dans un bol étanche.

La rose est un plateau circulaire (flotteur) aimanté qui se dirige vers une direction fixe. Posé sur un pivot, le plateau baigne dans un liquide amortisseur.

Le bol n'étant que le boîtier renfermant tout le système, une **ligne de foi** confondue avec le plan de symétrie du compas permet de lire un cap. Le bol restant solidaire de l'avion c'est lui-même qui tourne autour de la rose fixe au nord magnétique.

Malgré la fiabilité du compas, il subsiste quand même des erreurs dues à la fabrication, aux accélérations transversales et longitudinales, et aux erreurs induites par l'induction magnétique des pièces métalliques qui composent l'appareil. On diminue donc ces erreurs par des aimants compensateurs. Voir, sous l'illustration du compas, le tableau de compensation.

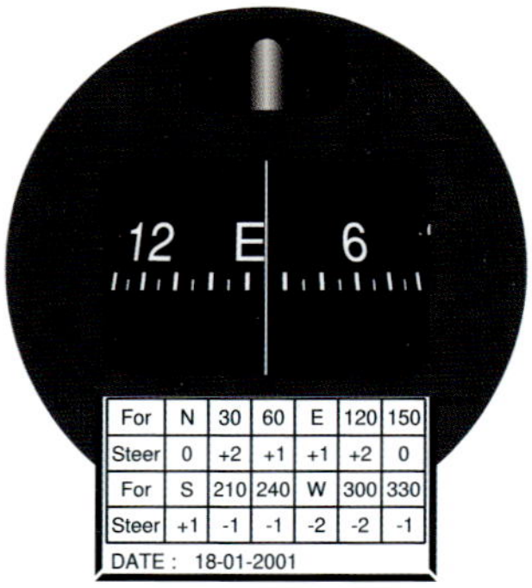

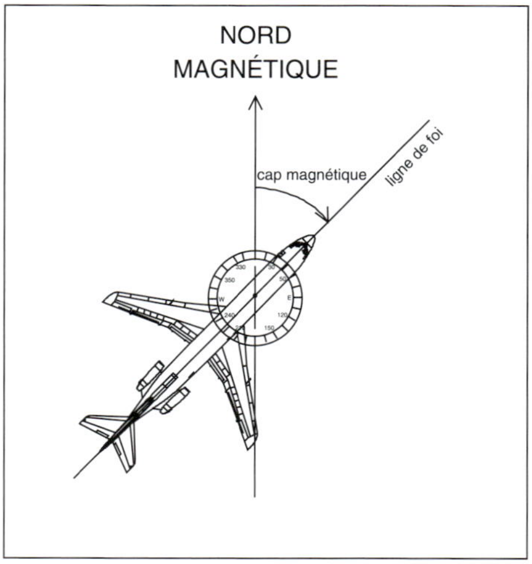

3.5.5.2. Le conservateur de cap

La boussole donne une indication précise si elle ne subit pas de secousses ou vibrations. En vol, les turbulences la rendent souvent inexploitable, c'est pourquoi on utilise un conservateur de cap gyroscopique, calé sur le compas lorsque celui-ci est utilisable. L'axe d'un gyroscope conservant la fixité dans l'espace, le conservateur de cap garde comme référence le nord magnétique qui a été affiché.

Information sur les gyroscopes

Un ***gyroscope*** *est une toupie lourde, qui lancée à grande vitesse (par induction électrique ou entraînement pneumatique) lui apporte une très grande inertie, lui procurant ainsi sa propriété de fixité dans l'espace.*

Malgré sa fixité, il est nécessaire de recaler régulièrement son information car il subsiste des erreurs dues aux imperfections mécaniques de l'appareil, et à la dérive au cours du temps.

La rotation terrestre reste la principale cause d'erreur pour un avion léger (relativement lent), un gyroscope se décale naturellement chaque heure d'une valeur angulaire de :

15 ° x sinus [latitude].

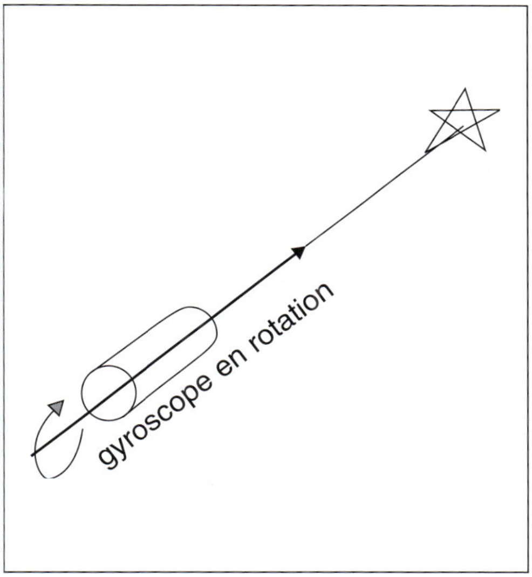

Pour maintenir une uniformité dans les postes de pilotage, il a été établi une disposition instrumentale standardisée.

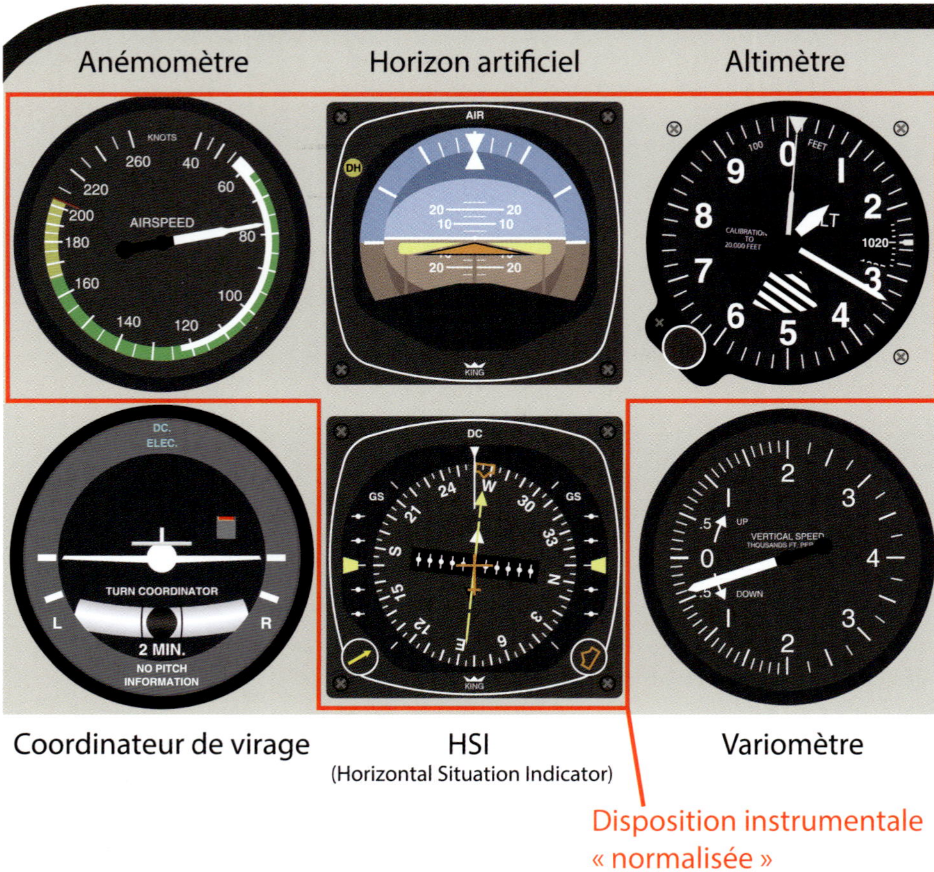
Anémomètre
Horizon artificiel
Altimètre
Coordinateur de virage
HSI
(Horizontal Situation Indicator)
Variomètre
Disposition instrumentale
« normalisée »
AIRSPEED
KNOTS
TURN COORDINATOR
2 MIN.
NO PITCH
INFORMATION
VERTICAL SPEED
UP
DOWN
FEET
CALIBRATION
TO
20.000 FEET

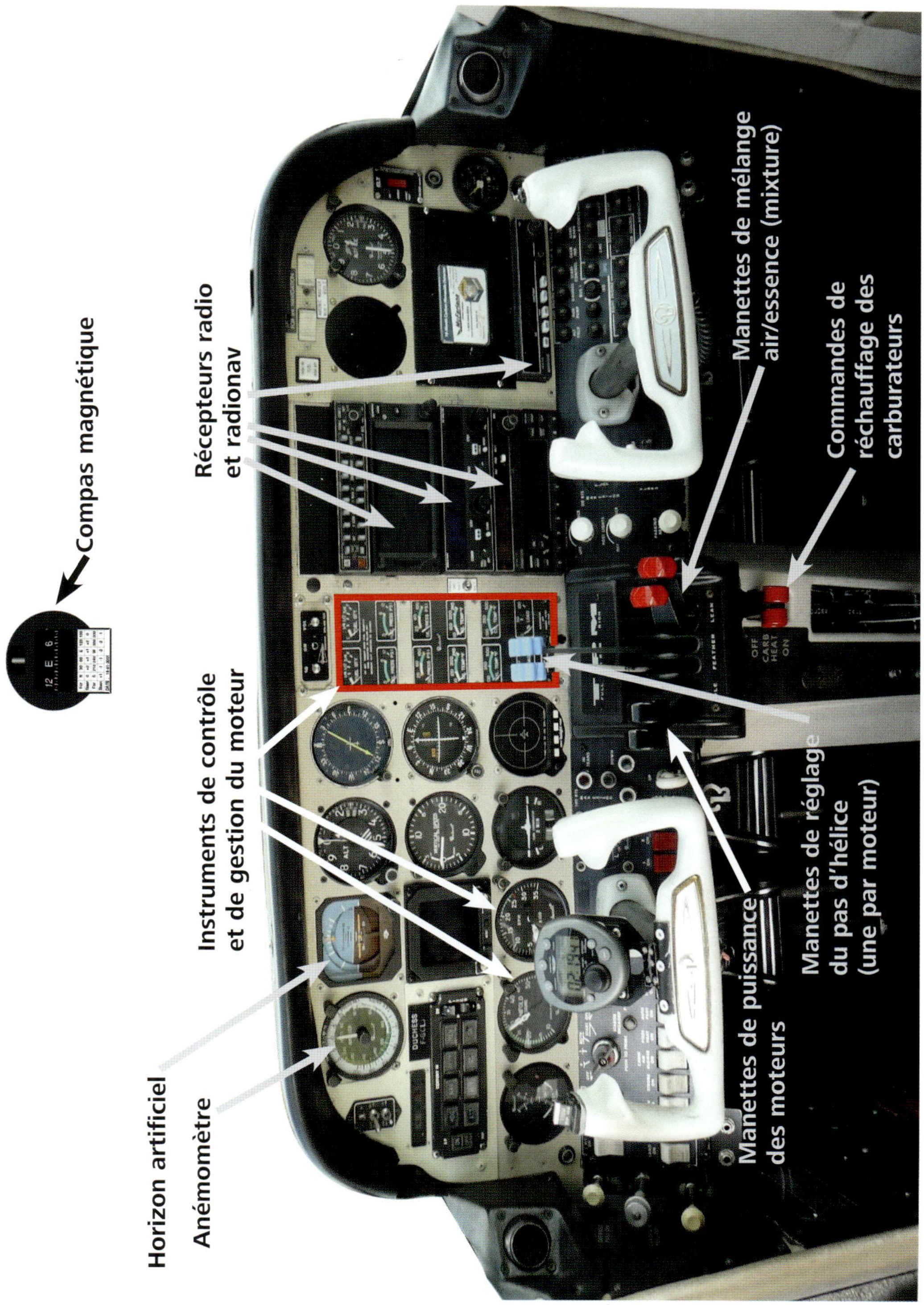

Beechcraft Be 76 Duchess

Photo : François Mougery

3.5.6. Les instruments à affichage intégré, les EFIS

De nombreux aéronefs voient désormais leur instrumentation traditionnelle à cadrans et aiguilles remplacée par des EFIS (*Electronic Flight Information Systems*).

L'écran qui sert à l'affichage des informations primaires utiles au pilotage porte le nom de PFD (*Primary Flight Display*). L'écran ou la partie de l'écran utilisé pour la navigation porte le nom de **ND (*Navigation Display*)**.

La présentation des informations y est standardisée et suit un positionnement presque identique à celui des instruments analogiques principaux (anémomètre, indicateur de virage, cap, altitude et calage altimétrique, bille...).

CHAPITRE IV

NAVIGATION, RÉGLEMENTATION, SÉCURITÉ DES VOLS

Avertissement :

Ce module est structuré en trois parties : **Navigation, Réglementation et Sécurité des vols**. L'objet du BO de mars 2015 a été de **mettre en exergue les points essentiels de chacune de ces trois parties.**

Navigation :

La **compétence attendue** est de **repérer les éléments importants à la préparation du vol**, en mettant en relief la « **lecture des cartes** ». Cette lecture est la clef de la compréhension de la structure de ***« l'espace aérien »*** et de sa « représentation, sur la carte ». « Espace » qui est à trois dimensions puisque des informations complémentaires à la « **surface au sol** » fournissent des renseignements de hauteurs et/ou d'altitudes.
Le niveau de compréhension est le « 2 », c'est un niveau d'expression.

- Pour la lecture des cartes, le fac-similé de la carte 1/500 000e placé au verso de cette page est très utile pour suivre le cours. **Attention, l'échelle n'est pas exacte.**

Réglementation :

Énoncer les principes essentiels de la réglementation aéronautique. En partant des règlements liés à la construction des aéronefs et à leur entretien. En présentant les principes du partage de l'espace aérien dans lequel évoluent des aéronefs qui ont des lois de pilotage et des vitesses d'évolutions différentes.
Le niveau de cette partie est le « 1 », niveau d'information.

Sécurité des vols :

La **sécurité des vols est l'élément essentiel de l'exploitation**, convergence des **règles de la construction des aéronefs et de leur exploitation ainsi que des facteurs humains.**
La dimension humaine est présentée dans ce cours suivant deux thèmes : le physiologique et le psychologique.
Les retours d'expérience et les comptes rendus d'accidents sont également analysés afin d'améliorer la sécurité des vols.
Le niveau de cette partie est le « 2 », niveau d'expression.

En conclusion :

Naviguer débute par avoir une carte à jour avec toutes les surcharges informatives : espaces, zones etc.

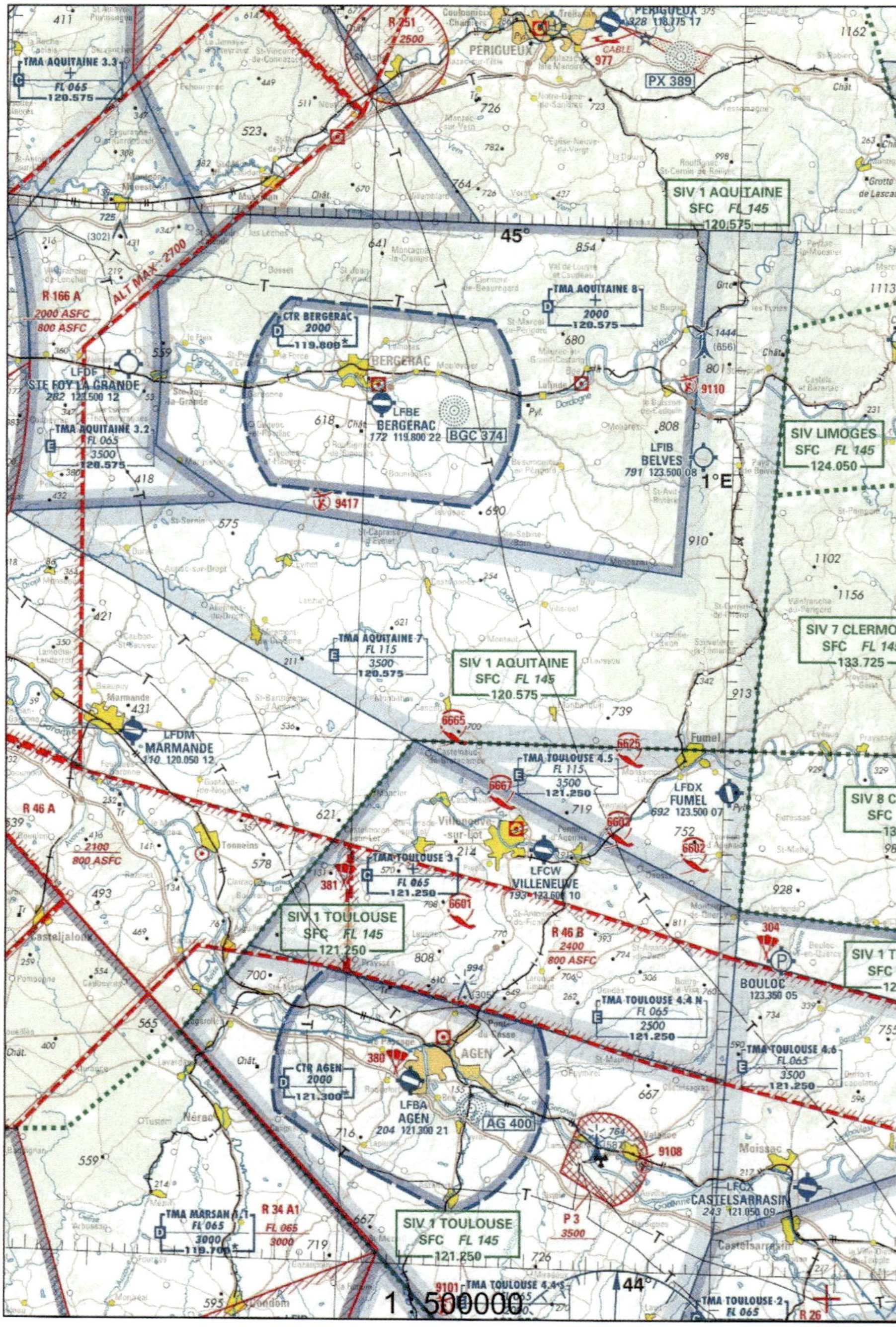

La carte n'est pas à l'échelle.

4.1. LA NAVIGATION

Le terme « Navigation » utilisé pour la première fois en français par Jean de Meung en 1265, vient du latin *navigatio* ou art de diriger un navire. Les premiers grands navigateurs maritimes furent les Phéniciens (Xe siècle av. J.-C.) qui devaient se déplacer afin d'effectuer leurs échanges commerciaux dans le bassin méditerranéen. Toujours pour les mêmes raisons commerciales, la navigation devait connaître un essor rapide en Méditerranée et acquérir ses lettres de noblesse avec les traversées océaniques du XVIe siècle.

On peut considérer la navigation comme une des plus anciennes sciences à caractère mathématiques (avec la géométrie).

Si aujourd'hui la navigation à la surface et au-dessus du globe terrestre est automatisée ou assistée par des moyens puissants (satellites, ordinateurs...) elle prend une nouvelle dimension avec la navigation stellaire, c'est-à-dire les calculs et conceptions de trajectoires de satellites (mise sur orbite de satellites, sonde Voyager sortant du système solaire, etc.).

La navigation aérienne peut se résumer en la connaissance permanente de la position exacte (instantanée), afin de déterminer le cap à suivre pour aller vers la destination.
En conséquence, le navigateur aérien doit connaître parfaitement le globe terrestre au-dessus duquel il se déplace.

4.1.1. Les grands principes de navigation

4.1.1.1. La Terre

La Terre est une sphère légèrement aplatie aux pôles, mais nous la considérerons comme une sphère parfaite de 40 000 km de circonférence.

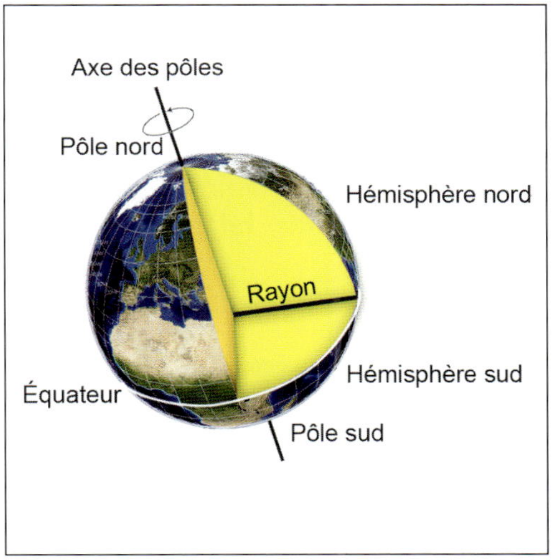

En 1791, l'Académie des Sciences proposa une première définition du mètre : un dix millionième de la distance entre le pôle et l'équateur.

Le rayon moyen **R** de la Terre est de :

$$R = \frac{40\,000}{2\,.\,\pi} = 6\,367 \text{ km}$$

La Terre tourne autour du soleil suivant une trajectoire elliptique en 365,25 jours, d'où un jour de plus au calendrier tous les quatre ans, le 29 février (équation du temps), et simultanément, elle tourne sur elle-même d'un tour (360°) en 24 heures.

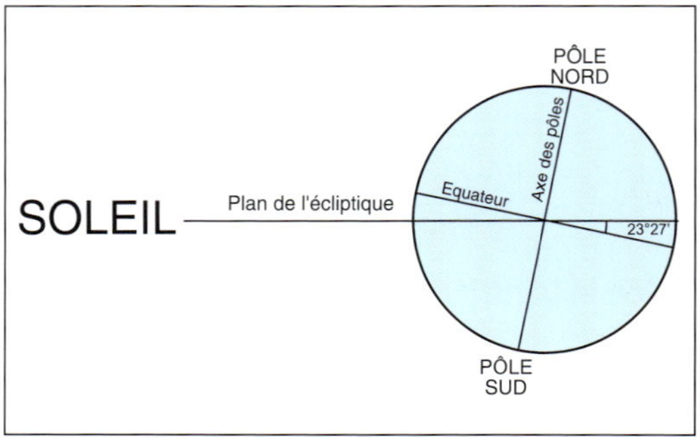

L'axe de rotation de la Terre est nommé l'axe des pôles, cet axe est incliné de 23° 27′ par rapport au plan de l'**écliptique** (plan de l'orbite de la Terre autour du soleil).

4.1.1.2. Coordonnées géographiques

Pour déterminer chaque point à la surface de la Terre, on a défini un système de références géographiques : **les méridiens et les parallèles.**

4.1.1.2.1. Les méridiens

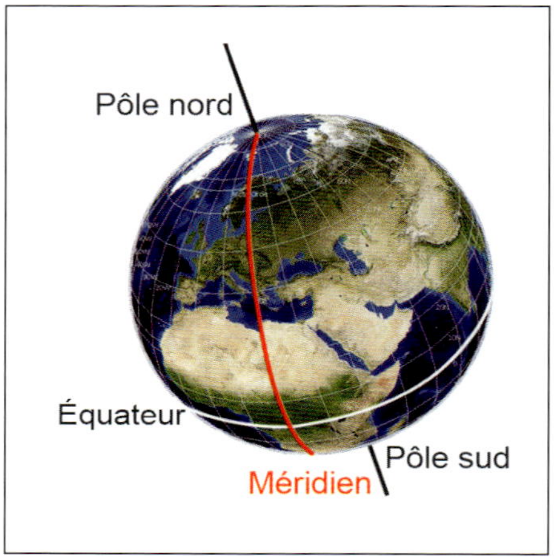

Un méridien est un demi-cercle sur le globe terrestre, qui rejoint les deux pôles.

On compte les méridiens de degré en degré, la Terre possède donc 360 méridiens.

Le méridien origine est celui de Greenwich (observatoire de Londres), depuis 1884.

Chaque point à la surface du globe terrestre pourra donc être déterminé en **longitude** : ℓ valeur angulaire (degré) entre le méridien de Greenwich et le méridien du point. Cette valeur étant orientée **Est** (notée **E**) ou **Ouest** (notée **W**).

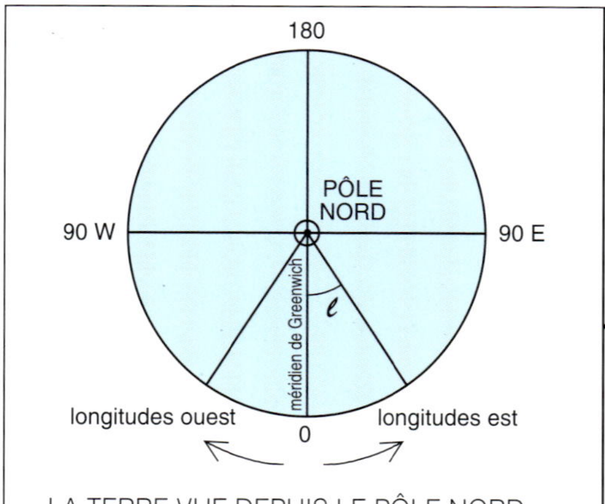

LA TERRE VUE DEPUIS LE PÔLE NORD

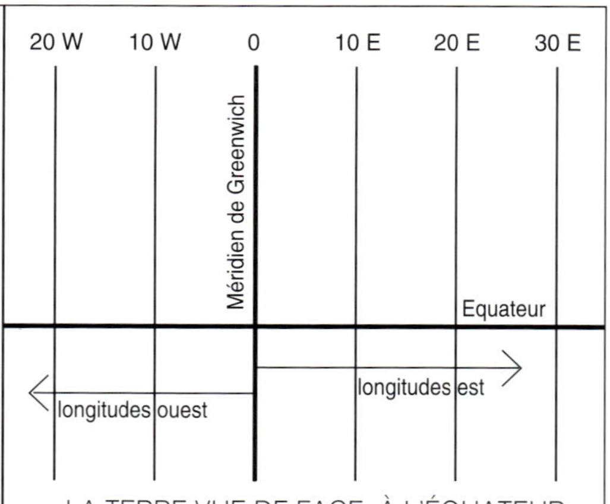

LA TERRE VUE DE FACE, À L'ÉQUATEUR

4.1.1.2.2. Les parallèles

Pour préciser chaque point dans l'axe Nord/Sud, on a déterminé des parallèles.

L'équateur est le **grand cercle** [16] de la sphère terrestre dont le plan est perpendiculaire à la ligne des pôles. Le centre de ce cercle, coïncide avec le centre de la Terre. Il constitue l'origine des parallèles qui sont des cercles de la sphère terrestre dont les plans sont parallèles à celui de l'équateur.

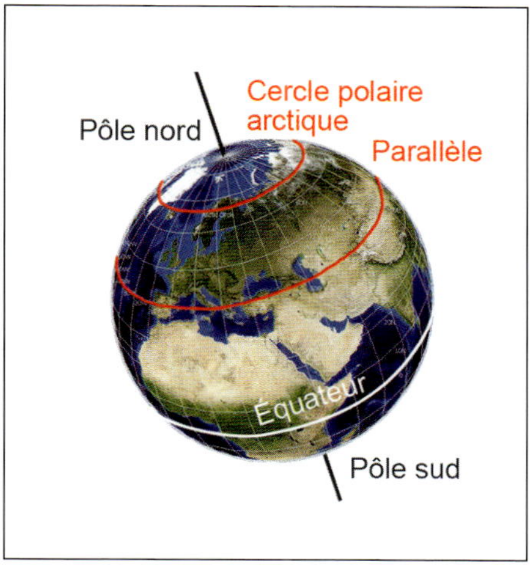

Afin de déterminer la position de chaque point à la surface de la Terre, on a défini la **latitude** : **L,** angle mesuré au centre de la Terre, entre le point à déterminer et l'équateur.

Les latitudes sont orientées :

- latitude Nord pour tous les points situés au nord de l'équateur,
- latitude Sud pour tous les points situés au sud de l'équateur.

Les latitudes varient donc de 0° à 90°. L'équateur a une latitude de 0°. Les Pôles Nord ou Sud ont une latitude de 90° (Nord ou Sud).

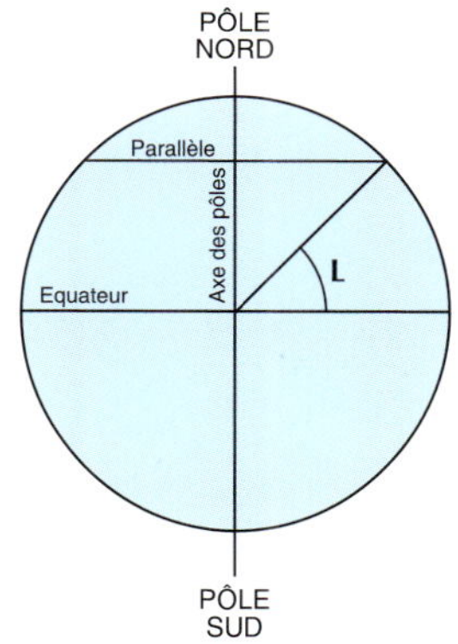

LA TERRE VUE EN COUPE SUIVANT L'AXE DES PÔLES

Rappel :
Tout point à la surface du globe pourra être positionné en coordonnées géographiques, latitude et longitude.

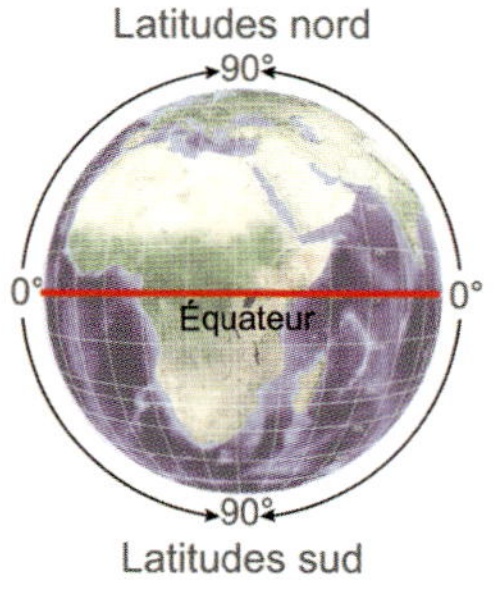

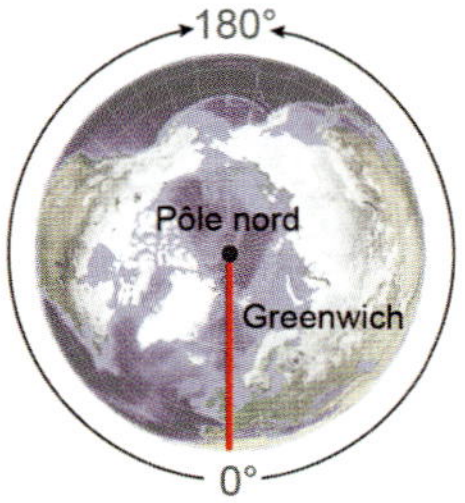

La longitude (G) se mesure le long de l'équateur à partir du méridien de Greenwich, de 0 à 180° en positif à l'est et en négatif à l'ouest.

Exemple :
Coordonnées de l'aérodrome de Toulouse-Blagnac :
43 ° 37′ 26″ N 001 ° 22′ 53″ E.

16. **Grand cercle** : cercle à la surface de la sphère terrestre ayant le centre de la Terre comme centre. L'équateur et les méridiens sont des grands cercles.

4.1.1.3. Les cartes

Les cartes ont pour but de représenter de façon plane la surface de la Terre, la difficulté consistant à projeter une sphère sur un plan.

Le cartographe utilisera différentes méthodes de projection [17] (suivant l'usage de la carte), afin d'obtenir une carte qui respecte les angles, ou les distances, ou les deux.

L'une des méthodes de projection employée consiste à utiliser un cylindre tangent à l'équateur, que l'on développera ensuite.

Les points A et B sont projetés en A' et B' sur le plan tangent (carte) à la sphère en O'.

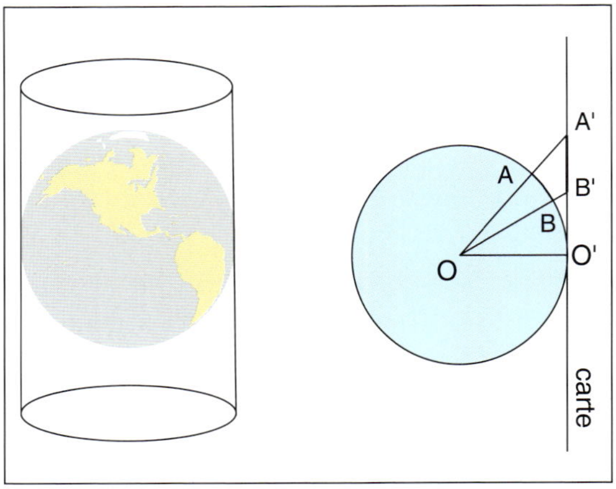

4.1.1.3.1. Échelle d'une carte

L'échelle d'une carte est le rapport entre la longueur A' B' sur la carte et la distance A B sur la Terre, **exprimées dans la même unité**.

Exemple :

Sur une carte au $\frac{1}{500\,000}$ un centimètre sur la carte représentera sur la Terre 500 000 cm, soit cinq kilomètres.

$$\text{Échelle} = \frac{A'\,B'_{\text{carte}}}{A\,B_{\text{Terre}}}$$

4.1.1.3.2. L'unité de distance

Le navigateur utilise comme unité de distance « le mille nautique » ou **NM**, qui est la **longueur** d'un arc de grand cercle à la surface du globe, engendré par un angle au centre **d'une minute**.

La circonférence de la Terre étant de 40 000 km, la longueur d'un arc de cercle engendré par un angle au centre d'une minute est de :

$$\mathbf{1\ NM = \frac{40\,000}{360 \times 60} = 1{,}852\ km}$$

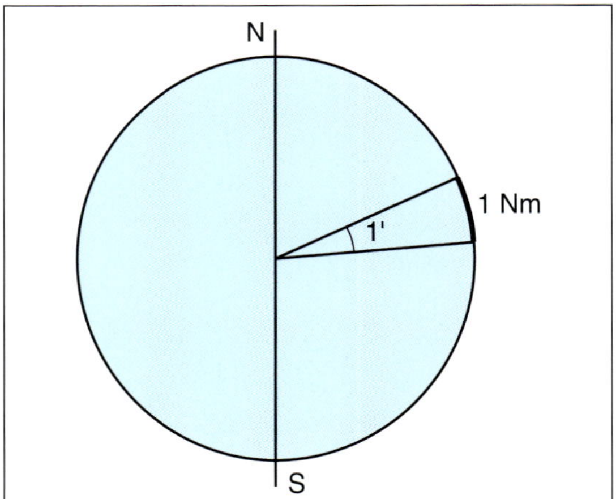

COUPE DE LA TERRE SUIVANT L'AXE DES PÔLES
ARC INTERCEPTÉ PAR UN ANGLE AU CENTRE DE 1'

17. Autre méthode : **projection Lambert**. Une partie du globe à représenter est projetée sur un cône. Voir cartes 1/500 000e France (voir "4.1.2.1 Cartes aéronautiques en VFR", page 179).

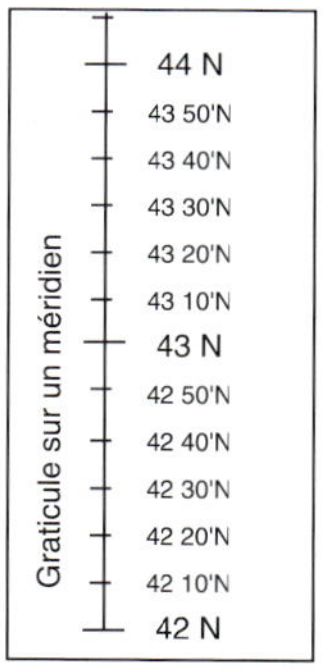

Pour mesurer une distance entre deux points à la surface du globe, à partir d'une carte :

- on mesure la longueur entre les deux points sur la carte (avec un compas à pointes sèches par exemple)
- on reporte cette longueur sur le graticule[18] des latitudes, ce qui nous donne l'écart de latitude correspondant.

On trouve la distance en appliquant :

1 minute d'arc = 1 NM

Sur les parallèles, on mesure les écarts de longitude et sur les méridiens, on mesure les écarts de latitude.

Il faut bien comprendre que seuls les méridiens et l'équateur sont des grands cercles ayant pour centre le centre de la Terre. C'est donc uniquement sur les méridiens qu'on lira l'écart d'angle au centre (ou de latitude) pour mesurer une distance.

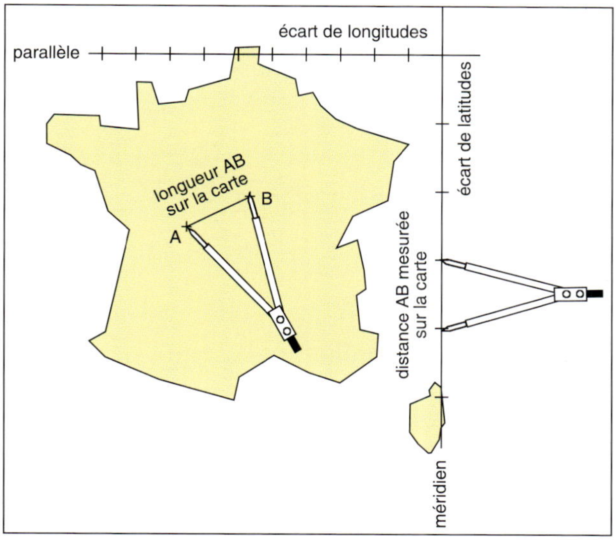

4.1.1.3.3. *Différence d'un écart de longitude mesuré à l'équateur et sur un parallèle*

Considérons un écart de longitude ℓ à l'équateur, il engendre un triangle curviligne AOB.

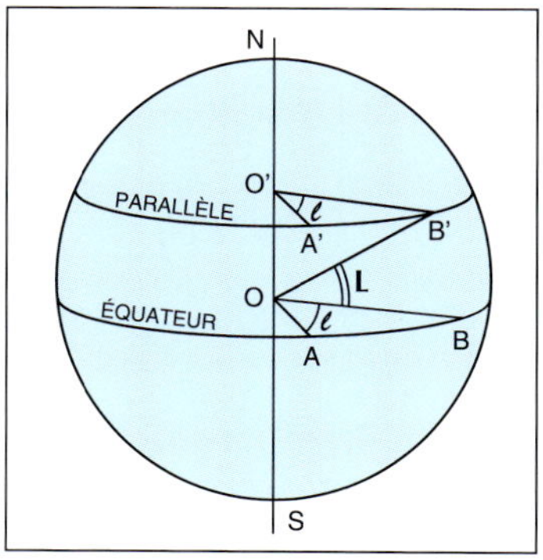

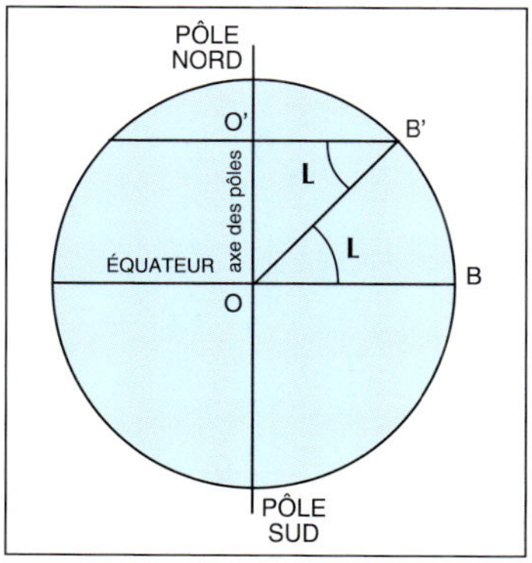

Le même écart de longitude ℓ sur un parallèle de latitude **L** engendre un triangle curviligne A'O'B'.

18. Représentation des latitudes et longitudes sur les méridiens et parallèles portés sur la carte.

On démontre que la relation entre A B et A' B' est liée à la latitude par la formule suivante :

$$A'B' = AB \times \cos Lat$$

Donc, sur un parallèle, la distance d'arc sera, en **NM**, l'écart de longitude multiplié par le cosinus de la latitude du lieu.

Exemple :

Prenons deux lieux situés à la même latitude de 45° N. L'un a une longitude Est de 8°E, l'autre a une longitude Ouest de 2°W.

Calculer la distance en NM séparant ces deux lieux à l'équateur et la distance les séparant à la latitude de 45°.

a) La distance séparant ces deux lieux à l'équateur est de : 8 + 2 = 10°, soit une distance de 60 x 10 = 600 NM.

b) La distance séparant ces deux lieux à la latitude de 45 °

= 600 x cos 45° = 600 x 0,7 = **420 NM**.

4.1.1.4. L'orientation sur la Terre

4.1.1.4.1. La route

- ***La route vraie***

Le navigateur qui désire rejoindre un point à la surface du globe doit connaître l'orientation de la route à suivre.

Cette orientation, mesurée dans le sens des aiguilles d'une montre à partir du pôle Nord (méridiens figurant sur la carte), est appelée **route géographique** ou **route vraie (R_V).**

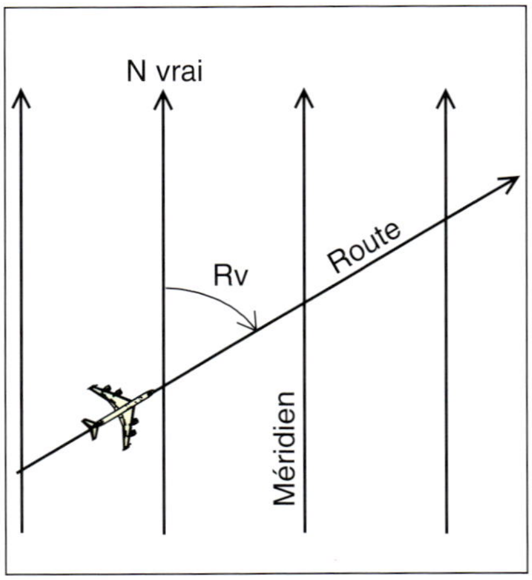

Cette route est mesurée à l'aide d'un rapporteur ou d'une règle équipée d'un rapporteur.

• *La route magnétique*

La principale difficulté de la navigation aérienne vient du fait que la route que nous avons mesurée est une route vraie. Or, dans le cockpit, le navigateur aérien utilise un compas (boussole) qui a pour référence le Nord magnétique. Ce compas indique au pilote un cap magnétique.

La Terre peut être assimilée à un gigantesque aimant, le pôle Nord étant la polarité positive, le pôle Sud étant la polarité négative.

Comme sur un aimant, des lignes de champ magnétique terrestre joignent le pôle Sud au pôle Nord.

Si on place une aiguille aimantée libre en rotation à la surface de la Terre, elle se positionne dans le sens des lignes de champs magnétiques et donc elle indique le pôle Nord magnétique.

Avec le principe de la boussole et la découverte du "Nord magnétique", le navigateur peut calculer la **route magnétique**.

Voir sur l'illustration, à droite.

Ces routes sont comptées entre 0° et 360° dans le sens des aiguilles d'une montre, les valeurs 0° et 360° étant confondues.

ATTENTION les pôles magnétiques et géographiques sont décalés.

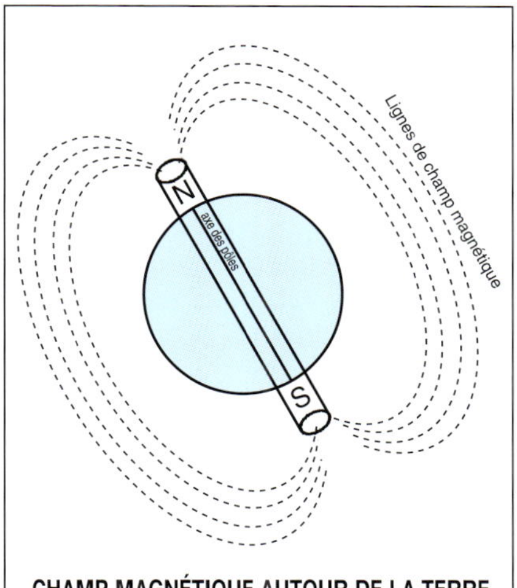

CHAMP MAGNÉTIQUE AUTOUR DE LA TERRE

La carte est orientée au Nord géographique

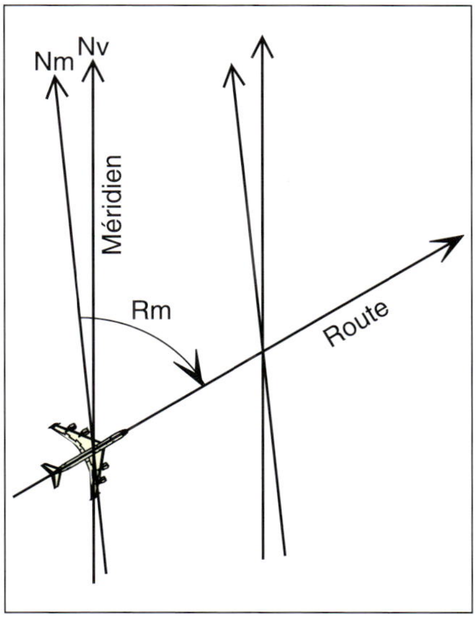

Le compas du tableau de bord, utilisé par le pilote, lui permet de suivre un « Cap ». Noter que la référence est le Nord magnétique.

Illustration de gauche.

Voir page "4.1.1.4.3. Le cap", page 174.

4.1.1.4.2. Déclinaison magnétique

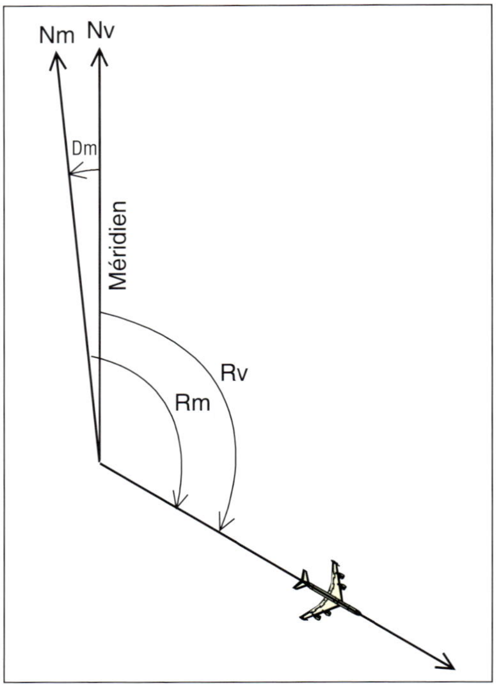

Il existe donc deux pôles Nord, le pôle magnétique et le pôle géographique.

- le pôle magnétique est le pôle qu'indique le compas,
- le pôle géographique est le lieu d'intersection des méridiens.

Les cartes indiquent le pôle Nord géographique. L'axe de rotation de la Terre passe par le pôle géographique.

L'angle de correction entre ces deux pôles est appelé la **déclinaison magnétique**, notée **Dm**. Pour chaque point de la Terre, on trouve la valeur locale de la déclinaison sur les cartes de navigation (courbes isogones figurant en annexe 2).

La déclinaison peut être à gauche (Ouest) ou à droite (Est) du pôle géographique.

Exemple :

Un aéronef veut aller de Lannion à Saint-Brieuc.
Sur la carte on relève une route vraie de 120°.
En Bretagne, la déclinaison magnétique est de 2° ouest.
La route magnétique sera : **Rm = 120 + 2 = 122 °.**

4.1.1.4.3. Le cap

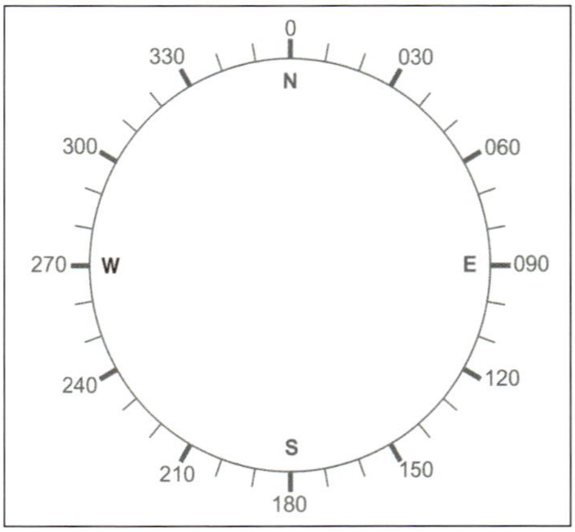

La route est la trajectoire suivie par l'aéronef sur la Terre alors que le cap est l'angle entre le nord et l'axe longitudinal de l'avion.

Le cap pourra être **magnétique**, s'il est mesuré par rapport au nord magnétique, ou **géographique** s'il est mesuré par rapport au nord géographique.

NOTA : le cap à bord d'un avion est généralement exprimé en magnétique.

Sans vent, le cap et la route sont confondus.

Les caps magnétiques constituent la rose des caps (ou rose des vents [19]).

19. Les vents dominants étaient répertoriés sur cette **Rose des Vents**. Elle était utilisée pour se diriger durant la navigation maritime. Cette méthode était le résultat d'observations et d'une solide expé-

4.1.1.4.4. Calcul de route et distance

Calcul de la distance entre deux points.
Cette partie a été présentée au paragraphe "4.1.1.3.2. L'unité de distance", page 170. Il est important de préciser les différentes méthodes de préparation d'un vol. Avec l'exploitation des avions récents, les distances entre deux points apparaissent, directement lors du choix de la route à suivre, dans le **FMS**[20]. Notons que distances et routes sont également indiquées sur le journal de Navigation délivré par **Jeppesen**[21], et qui a fait l'objet du dépôt d'un plan de vol.

4.1.1.4.5. Les vitesses

L'unité de longueur étant le mille nautique, l'unité de vitesse sera le mille nautique par heure, nommé le nœud et noté **kt** (knot).

Donc : 1 kt = 1 NM/heure = 1,852 km/heure

Le paragraphe "3.5.3.1. Anémomètre", page 154 présente la mesure de la vitesse indiquée (**Vi**) ainsi que la méthode de calcul de la vitesse propre (**Vp**.) Cette dernière indique la vitesse à laquelle l'avion évolue au sein de la masse d'air. Notons que la montée en altitude s'accompagne d'une augmentation de la vitesse[22] (Vp) liée à la diminution de la densité. Notons enfin, qu'un avion équipé de turboréacteur et volant à très haute altitude a une vitesse propre d'environ 450 kt. Voire plus pour les avions les plus récents.

Précision, au-delà d'une certaine altitude, définie par le constructeur, on ne parle plus de **Vi** mais de **Mach**. Un avion volant à **0.8 de Mach est à 80% de "Mach 1"**.

Le vent correspond au déplacement horizontal de la masse d'air par rapport au sol. Nous devrons donc appliquer la correction du vent pour connaître la vitesse par rapport au sol : **Vs**.
Le vent est connu (fourni par les stations météorologiques) en orientation (par rapport au nord géographique) et intensité. L'intensité du vent est notée **Vw**.

Exemple :
Vw = 315 °/25 kt est un vent qui souffle du nord-ouest, sa vitesse est de 25 kt.
La vitesse du vent est exprimée en kt, c'est-à-dire en NM par heure.

---

rience.

20. **Flight Management System** : unité de dialogue entre le pilote et ses calculateurs de navigation, dans le cockpit.

21. **Jeppesen** : Société américaine, filiale de Boeing. En complément du journal de navigation (**Log. de Nav.**) la société édite des cartes aéronautiques et des fiches de terrain. Elle utilise un centre de calcul puissant qui recueille les informations MTO. Tout cet ensemble permet de faciliter le choix de la route la plus courte.

22. La variation est de 1/100 de Vi par tranche de 600 ft. La Vp d'un avion volant à 6 000 ft avec une Vi de 100 kt est de 110 kt.

Nous pouvons projeter le vent sur la route et le décomposer suivant deux composantes :

– la composante perpendiculaire à la route nommée « **vent traversier** » notée : **Vt**,

– la composante sur la route (vent de face ou vent arrière) que nous appellerons, par simplification, « **vent effectif** » notée : **Ve**.

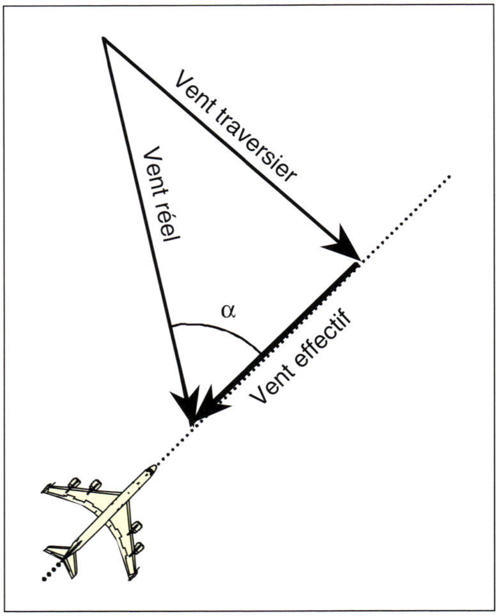

Soit α l'angle entre le vent et la trajectoire de l'avion, α est nommé l'angle au vent.

Nous aurons :

$$Ve = Vw \cdot \cos \alpha$$
et
$$Vt = Vw \cdot \sin \alpha$$

Exemple :

Un avion suit la route vraie 045 ° et subit un vent du 350 d'une intensité de 40 kt.
Calculer : α, Ve et Vt.
- α = 55°,
- Ve = 40 x cos 55 = 40 x 0,57 ~ 23 kt,
- Vt = 40 x sin 55 = 40 x 0,82 ~ 33 kt.

4.1.1.4.6. L'effet du vent

4.1.1.4.6.1. Sur la vitesse propre Vp

Le vent effectif Ve étant orienté suivant la trajectoire de l'avion, nous aurons :

Vitesse sol =
Vitesse propre + Vent effectif.

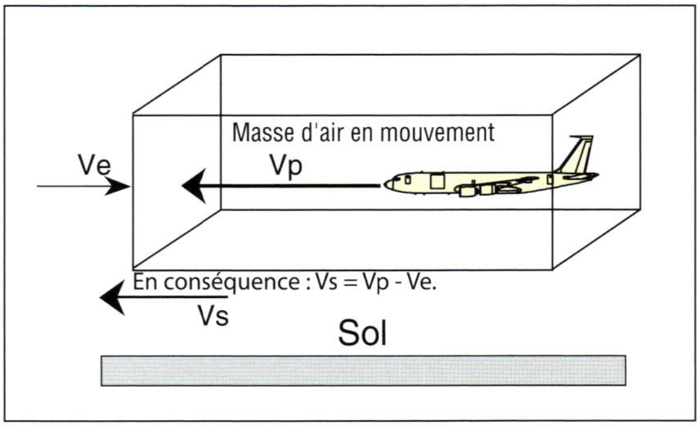

Si le Ve est de face (vent debout), on le considère comme négatif.
Si le Ve est de dos (vent arrière), on le considère comme positif.

Exemple :

Un avion vole suivant la route 045 ° avec une Vp 450 kt et subit un Vw du 350 / 40.
À l'aide des résultats de l'exercice précédent, calculer la Vs ?

Vs = 450 - 23 = 427 kt

4.1.1.4.6.2. Sur le cap

Le vent de travers provoque une dérive, notée **X**, angle entre le cap et la route. En effet, si le vent n'est pas parallèle à la « route à suivre », il va faire dévier la trajectoire de l'avion. Pour respecter la route prévue il faut « voler de travers » (correction de la dérive). Le calcul de la dérive est effectué à l'aide d'un « **computer** », **règle à calcul (voir reproductions, à gauche et à droite**) ou du **triangle des vitesses (voir ci-dessous**).

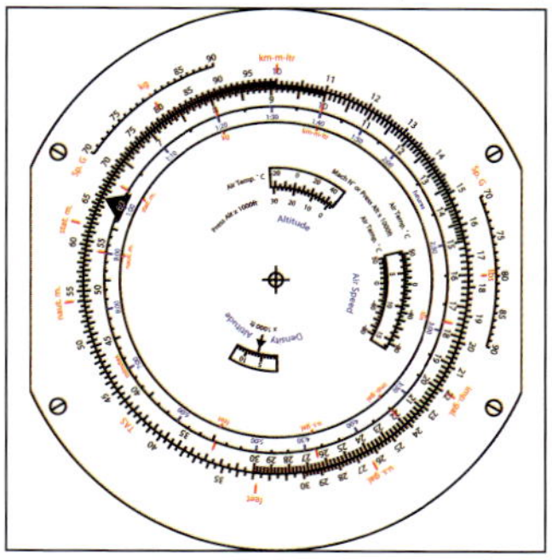

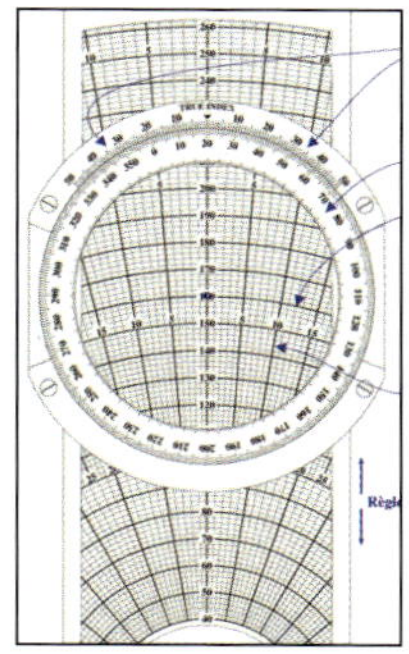

4.1.1.4.6.3. Le triangle des vitesses

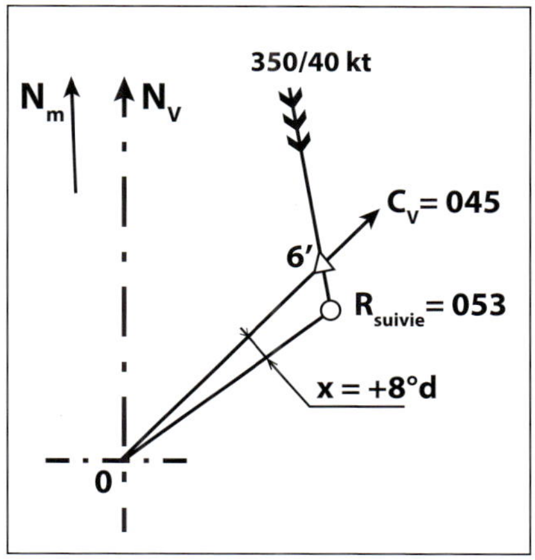

– Tracer le vecteur **Vp** ou **Cv** (orienté en degrés par rapport au nord vrai),
– à l'extrémité du vecteur vitesse propre, on porte le vecteur vent (orienté par rapport au nord vrai).
– le vecteur résultant est le vecteur vitesse sol.
L'angle entre le cap vrai et la route suivie représente la dérive (X).

Nota: dans l'illustration, ci-contre, l'unité de temps est de 6 min pour le vecteur **Cap/Vp**, en conséquence il faut prendre également « 6 min » de force du vent, c'est-à-dire **4 NM**.

Le cap vrai (**Cv**) correspond à l'angle entre le nord vrai (**Nv**) et l'axe longitudinal de l'avion.
La route vraie (**Rv**) correspond à la trajectoire réelle de l'avion (route suivie).
Noter que le vent souffle toujours du cap vers la route.
Le cap ou la route seront magnétiques s'ils sont mesurés par rapport au nord magnétique et seront géographiques ou vrais, s'ils sont mesurés par rapport au nord géographique (ou vrai).

Exercice: reprendre les éléments de route vraie (**045**) et de vent (**350/40**) avec un avion dont la **Vp** est de **250 kt**.
Calculer: **α, Ve et Vt**. Les résultats seront comparés avec le graphique ci-dessus. En tenant compte de la déclinaison magnétique de **-4°W**, d'une déviation du compas de **+ 2° droite**.
Calculer le **cap compas (Cc)** à prendre pour rester sur route. (*Dans le cas où, le compas aurait une déviation, à ce cap*).

Réponses: α = 55°, Ve ~ 23 kt, Vt ~ 33 kt. En appliquant les éléments indiqués dans l'énoncé on évalue la **dérive à + 8° droite**. Le calcul du **cap compas** peut être facilité en utilisant l'extrait du « **Log. de Nav.** », voir page suivante.

[Notons que les signes seront multipliés par (-1), lors du calcul, en utilisant le « Log. » de la gauche vers la droite (les signes ne changent pas en sens inverse)]. Cette méthode facilite les calculs.

Rv	X	Cv	Dm	Cm	d	Cc
045	+8	037	-4	041	+2	039

Attention, le triangle des vitesses de la page précédente *révèle que le pilote n'ayant pas calculé la dérive, ne respecte pas la Rv 045 (il est sur la route* **Rs** *053). Le cap du Log de Nav, rédigé ci-dessus, permet de suivre la route 045.*

On peut évaluer la dérive par une formule approximative : **X = Vt x Fb**. (*Le* ***facteur de base*** *est présenté au paragraphe suivant, voir ci-dessous*).

Dans l'exercice précédent **Vt ~ 33 kt**. Le Fb = 60/ Vp = 60/ 250 = **0,24**.

X # 33 x 0,24. **Nous évaluons la dérive à 7,92 ~ 8°(droite, le vent venant de la gauche).**

4.1.1.5. Modes de navigation

4.1.1.5.1. La navigation à l'estime

C'est un moyen de navigation basé sur l'utilisation de la montre. Le navigateur aérien connaît son point de départ, sa vitesse et son cap. Grâce aux écarts de temps, il pourra estimer la distance parcourue et la route suivie.

Exemple :

Un avion a une Vp de 150 kt et un Ve de face de 30 kt.
Quelle distance sera parcourue après 15 minutes de vol ?
Vs = Vp – Ve d'où Vs = 150 – 30 = 120 kt donc l'avion parcourt 2 NM par minute.
En 15 minutes de temps, il aura parcouru 30 NM.
Connaissant l'orientation de sa route, il pourra se positionner sur une carte au fur et à mesure des minutes de vol.

Le « **facteur de base** » noté **Fb**, est par définition le temps nécessaire pour parcourir un mille nautique.

$$\text{Comme : Vitesse (kt)} = \frac{\text{distance (NM)}}{\text{temps (heure)}} \Rightarrow \text{temps (minutes)} = \frac{60 \times 1\ \text{NM}}{\text{vitesse (kt)}}$$

$$\text{d'où : Fb} = \frac{60}{Vs^{(*)}} \quad \text{(* ou Vp si le vent est nul)}$$

L'intérêt du facteur de base est de pouvoir, en vol, effectuer des calculs rapides de temps de vol.

Exemple :

Un avion a une vitesse sol de 150 kt, donc $\text{Fb} = \frac{60}{150} = 0{,}4$

Pour parcourir une distance de 14 NM, il mettra : 0,4 × 14 = 5,6 minutes.

La navigation à l'estime est suffisamment précise pour un avion conventionnel (moteur à pistons). Elle est également utilisée avec des avions turbopropulseur (génération ancienne) dont la Vp est de l'ordre de 250 kt. Toutefois pour ces machines elle demande une application vigilante. Cette méthode de navigation requiert une bonne montre, un bon compas et de vérifier fréquemment la position estimée par rapport à la position réelle. Voir nota, ci-dessous.

NOTA :
Les limites de la « **navigation à vue** » (**VFR**[23]) sont atteintes lorsque le manque de visibilité ne permet plus de voir les points de repère : vol à haute altitude, vol de nuit ou vol par conditions météo dégradées.
Toutefois, la méthode de l'estime et ses calculs associés, sont encore applicables à la « **navigation aux instruments** » (**IFR**[24]). Cette navigation utilise des moyens radio-électriques, balises situées au sol, qui permettent au pilote de suivre son déplacement et à partir desquelles il peut appliquer la méthode de l'estime dans ses calculs complémentaires « à ses calculateurs de bord (si équipé) ».

La fiabilité et la miniaturisation des systèmes radio ont permis d'équiper les avions légers de moyens radio fiables comme aides à la navigation.

4.1.2. Les outils de navigation

4.1.2.1 Cartes aéronautiques en VFR

On utilise en général deux types de cartes aéronautiques :
– les cartes aéronautiques 1/500 000e ;
– les cartes aéronautiques 1/1 000 000e (complétées, si nécessaire, par des cartes aux 1/250 000e pour les régions complexes).

4.1.2.1.1. Les cartes aéronautiques 1/500 000e et 1/1 000 000e

Ces cartes « VFR » sont une source importante d'informations : **points de repère (villages, routes, voies ferrées, relief etc.), zones particulières et espaces** à respecter (limites latérales et verticales). Le pilote n'utilise que des cartes à jour.

Pourquoi utilise-t-on deux types de cartes ?

Chacune est adaptée à une tranche d'altitude. La carte 1/500 000e est plutôt orientée pour le vol en basses couches.

Certains éléments sont représentés sur les deux cartes, d'autres ne sont représentés que sur l'une des deux. Nous allons voir à présent les éléments communs et les éléments spécifiques à chaque carte.

4.1.2.1.2. Les points communs aux deux cartes

La couverture du territoire national métropolitain est assurée par quatre cartes 1/500 000e et deux cartes 1/1 000 000e. La projection utilisée pour leur construction est

23. VFR : règles du vol à vue
24. IFR : règles du vol aux instruments

du type Lambert conforme. Les méridiens n'y sont donc pas parallèles, mais légèrement convergents.

Sont représentés sur les deux cartes :

– les **espaces** ainsi que leurs limites horizontales et verticales, leur classe indiquée par la couleur des trames, les fréquences de radiocommunication (un astérisque désigne les fréquences non veillées en permanence, les horaires sont indiqués dans le complément aux cartes aéronautiques, livret mis à jour deux fois par an) ;

– les moyens de radionavigation ;

– les itinéraires VFR de transit ;

– les aérodromes.

Un code couleur permet d'identifier très rapidement les caractéristiques des espaces :

– en bleu, les espaces où le vol VFR est admis sans contrainte particulière, autre que le respect des conditions météorologiques de vol à vue propres à ces espaces (**espaces aériens contrôlés de classe E**), **et** le cas échéant l'obligation du contact radio et l'obtention et le respect de clairances (cas des **espaces aériens contrôlés de classe B, C ou D**) ;

– en rouge, les **zones** [25] où l'attention du pilote VFR doit être particulièrement soutenue, **dangereuses (RTBA [26]) ou réglementées ou interdites** (cas des zones liées aux centrales nucléaires ou cas de **l'espace de classe A** qui est interdit aux VFR). Ces dernières ont été créées pour permettre l'entraînement des équipages militaires. Elles sont représentées en rouge sur les cartes.

Seuls les itinéraires VFR de transit sont indiqués, les itinéraires de départ et d'arrivée ne sont pas représentés. Ils sont par ailleurs détaillés dans le complément aux cartes aéronautiques.

Les noms des aérodromes sont indiqués en abrégé (exemple : CH. VATRY pour Châlons-Vatry). Ce nom abrégé est utilisable pour l'indicatif d'appel par radio. La symbologie des aérodromes tient compte de la longueur et du type de piste, et de leur orientation pour les pistes en dur. Voir les légendes dans les cartouches des cartes aéronautiques.

L'indicateur d'emplacement des aérodromes comporte également le « code 4 lettres » de l'aérodrome (exemple : LFOK), ce qui facilite la sélection des aérodromes par les utilisateurs de GPS.

25. Zones : **interdites, dangereuses, réglementées** et **zones de vol basses altitudes**. Ces dernières ont la forme d'un couloir, avec des limites latérales, inférieures et supérieures RTBA. Les pilotes sont informés de l'activité de ces zones par NOTAM, diffusés par le SIA.

26. Les pilotes sont informés de l'activation des zones de vol basse altitude par **NOTAM**, consultables sur le site du **SIA**. Étudier aussi la rubrique : **SUP AIP Métropole**, des informations importantes y sont indiquées. Les zones RTBA (Réseau de vol Très Basse Altitude), permettent l'entraînement des équipages des Forces Armées. Les avions y volent à grandes vitesses et parfois avec des MTO marginales. **Attention**, certaines zones militaires vont parfois jusqu'au sol, de ce fait la pénétration y est totalement interdite. N° de téléphone : 0800.24.54.66. Les centres de contrôle CAG (circulation aérienne générale - civile) ainsi que les TWR de contrôle sont informées.

En espace de classe G, un triangle rouge attenant à certains aérodromes rappelle la présence d'activité IFR possible sur le terrain. Lors du contact radio avec ce terrain et durant la procédure d'approche, le pilote VFR doit tenir compte du fait qu'il n'est pas prioritaire et qu'il doit maîtriser sa trajectoire pour arriver derrière le vol IFR (si procédure en cours). Sa procédure d'approche ne doit en aucun cas interférer avec celle du vol IFR.

4.1.2.1.3. Les spécificités de la carte aéronautique 1/500 000e

Son échelle est 1/500 000e. L'espace aérien couvert s'étend de la surface (SFC) au plus haut des deux niveaux suivants :

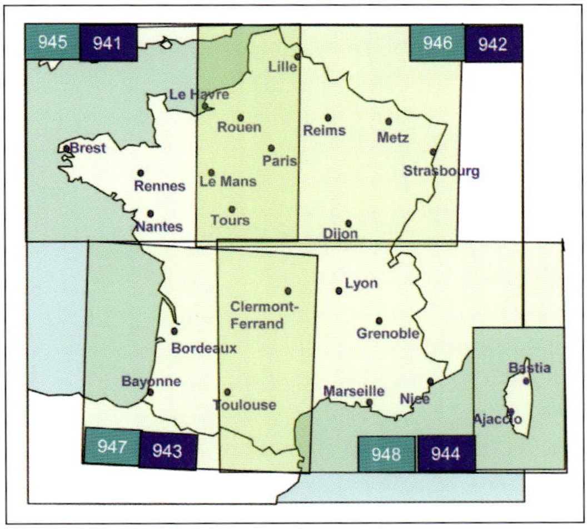

– Niveau de vol 115 ;
– 3 000 ft au-dessus de la surface.

Ces limites sont mentionnées dans la légende de la carte sous la forme : SFC / FL 115 ou 3 000 ft ASFC, le plus élevé des deux. Elles correspondent à la limite inférieure des LTA [27].

On trouve sur cette carte :
– la topographie ;
– les routes, autoroutes, chemins de fer ; canaux artificiels, fleuves et rivières ;
– les frontières, les limites des parcs [28] et réserves naturelles ;
– les obstacles artificiels de hauteur supérieure à 90 m sol (300 ft sol) ;
– les lignes électriques.

Le dessin du relief est conçu pour être vu lorsque la carte est tenue le nord vers le haut.

Le plafond des espaces aériens situés au-dessus de la limite supérieure du champ représenté sur la carte n'est pas indiqué mais est remplacé par le symbole « **+** ». La carte n'est donc pas utilisable au-delà de cette limite.

La symbologie des aérodromes donne des renseignements complémentaires. Voir légendes des cartouches de symbologie des terrains.

La symbologie utilisée pour la représentation des agglomérations indique les restrictions de survol (hauteur minimale). Pour cette information, c'est la carte qui est la référence réglementaire. C'est en effet l'arrêté qui se réfère à la carte, et non l'inverse.

---

27. **LTA : Lower Traffic Area, (Région inférieure de contrôle). Au-dessus des** montagnes (hautes), **le sol émerge au-dessus du FL 115** (dans ce cas, les limites sont fixées à **3 000 ft AFSC**, au-dessus du sol). En conséquence, au-dessus des Pyrénées, sommet à 11 005 ft, les informations classe E sont donc indiquées : 11 005 + 3 000 ft ==> SIV Pyrénées SFC / FL 145.
28. Tous les parcs naturels qui imposent une restriction de survol (1 000 ft ou 3 000 ft) sont indiqués sur cette carte.

4.1.2.1.4. Les spécificités de la carte aéronautique 1/1 000 000e

L'espace aérien couvert s'étend de la surface au niveau de vol 195.
Les obstacles sont indiqués lorsque leur hauteur est supérieure à 150 mètres. Les obstacles ayant une hauteur supérieure à 300 mètres sont représentés avec un symbole particulier.

Les parcs et réserves naturels sont représentés lorsque leur hauteur minimale de survol est supérieure à 1 000 ft.

Au verso de la carte France Nord figure la carte des moyens radio d'atterrissage et des fréquences de radiocommunication et au verso de la carte France Sud figurent les itinéraires Corse-Continent.

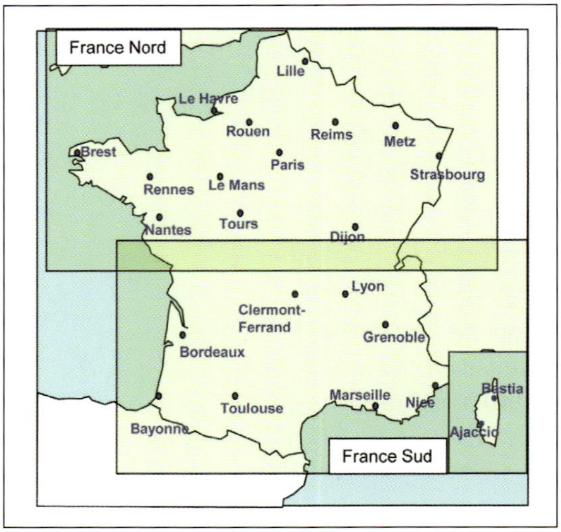

Les significations des différents symboles utilisés sur les cartes aéronautiques sont publiées en légende (cartouches); en conséquence, avant toute utilisation d'une carte, vous devez impérativement apprendre ces symboles car, en vol, vous n'aurez ni le temps, ni la possibilité d'accéder à ces informations. Par ailleurs, lors de votre examen théorique, vous pouvez avoir des questions s'y rapportant, seul un extrait de carte sera alors mis à votre disposition.

4.1.2.2. Les aides à la navigation (la radionavigation)

L'utilisation des moyens de radionavigation n'est pas l'objet de cet ouvrage, toutefois, nous décrivons sommairement ci-après trois moyens de radionavigation couramment utilisés : l'**ADF**, le **VOR** et le **DME**.

La radionavigation consiste pour le pilote à situer son avion par rapport à une balise ou station. Il travaillera en QDM ou QDR (indications magnétiques).

Le **QDR** est un **relèvement magnétique** mesuré par une station (tour de contrôle ou balise radio), c'est l'angle mesuré à la station, entre le nord magnétique et l'avion.

De ce fait, un avion situé au nord ouest d'une station, sera sur le QDR 315°.

L'illustration ci-contre superpose deux informations complémentaires.

Le fait d'être sur le radial 315°, le tableau nous indique également le 135. Cette valeur porte le nom de QDM.

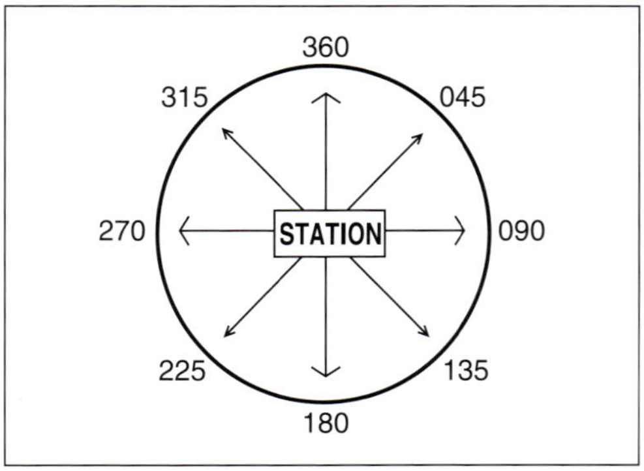

Le **QDM** est le cap magnétique (sans vent) que doit prendre l'avion pour rejoindre la station.

Un avion situé sur la radial 315° doit prendre le cap 135 pour rejoindre la station (sans vent).
En conséquence :
le **QDM = QDR ± 180°**

Exemple (illustration de droite) : un avion au cap nord est relevé sur le radial 225, quel cap doit-il prendre pour passer à la verticale de la station ?
Le QDM 045.

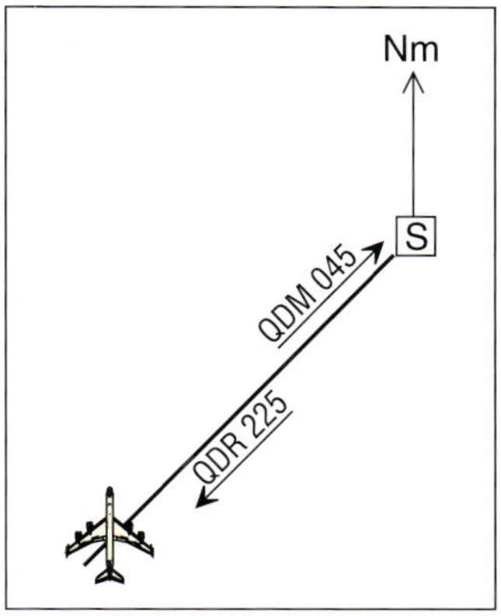

4.1.2.2.1. Le VOR[29] (VHF Omni Range)

Le VOR est un radio phare omnidirectionnel implanté au sol qui émet dans la gamme d'ondes VHF[30].

Le récepteur VOR à bord de l'avion permet de sélectionner un axe QDM ou QDR de la station VOR émettrice et de se positionner par rapport à celui-ci.

Noter les deux triangles noirs, TO et FR. Un drapeau rouge apparaît pour rappeler au pilote qu'il va vers la station TO - vers - (QDM) ou qu'il s'éloigne FR -from- (QDR).

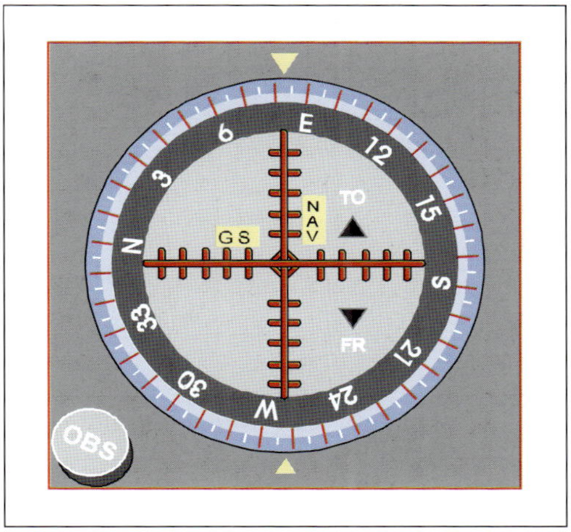

Utilisation du VOR :

Le pilote affiche sur son VOR la fréquence de la station choisie et sélectionne un QDM ou QDR (par la molette nommée OBS). Le récepteur indiquera au pilote si l'avion est aligné sur ce radial ou décalé à gauche ou à droite de ce même radial. L'aiguille verticale se déplace vers la gauche ou vers la droite.

Avantages du VOR : grande précision, très peu sensible aux éléments météorologiques.

Inconvénients du VOR : portée limitée à faible altitude.

29. Les balises VOR sont utilisées « en-route », aides à la radio-navigation, elles balisent les voies aériennes (cheminement). Sur les aérodromes sont localisées des balises d'atterrissage (ILS) constituées de deux **émetteurs** plan de descente et axe d'arrivée. Le dessin représente un récepteur ILS.
30. Very Hight Frequency de 108 à 118 MHz.

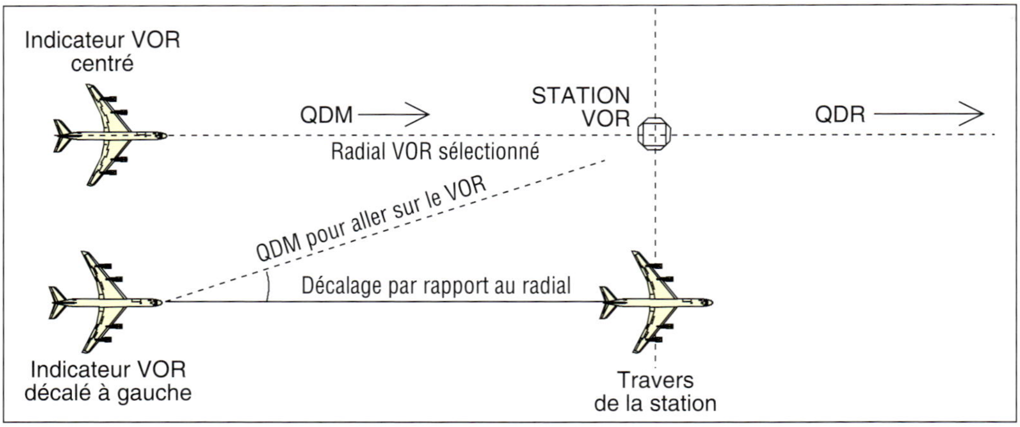

4.1.2.2.2. Le DME (Distance Measuring Equipment)

C'est un équipement qui permet à tout moment de connaître la distance de l'avion[31] par rapport à une station sol choisie.

Le principe du DME repose sur la mesure du temps écoulé entre le signal émis par l'émetteur de bord et la réponse de la balise.

Les sites de nombreuses balises VOR sont également équipés d'un DME, on parle alors d'un VOR/DME. La fréquence étant commune. Ex. : (D) TOU 117.7 (Toulouse VOR/DME).

4.1.2.2.3. L'ADF : Automatic Direction Finder

C'est un récepteur de bord, qui donne en permanence le gisement d'une station émettrice au sol (par goniométrie).

Le **gisement** est l'angle relevé entre l'axe longitudinal de l'avion et la station.

La station est nommée NDB (Non Directionnal Beacon), elle émet dans la gamme M.F. (moyenne fréquence : 200 à 1 750 kHz).

Utilisation de l'ADF :

Le pilote sélectionne sur la carte une station NDB sur sa route, il affiche sa fréquence, elle émet un indicatif morse et il suit une route telle que le gisement du NDB soit égal à zéro sans vent. Dans le cas contraire, afficher la valeur de la dérive calculée.

Au passage de la verticale, l'aiguille bascule, après un temps de retard, l'instrument indique le radial (station arrière).

31. La distance indiquée est une distance oblique. Au moment du passage l'indication de distance = la hauteur verticale par rapport à la balise.

L'instrument ADF ci-contre indique que la station NDB a un gisement (par rapport à l'avion) de 23° droite.

Pour se diriger vers la station, le pilote applique la formule suivante :

QDM =
Cm + gisement

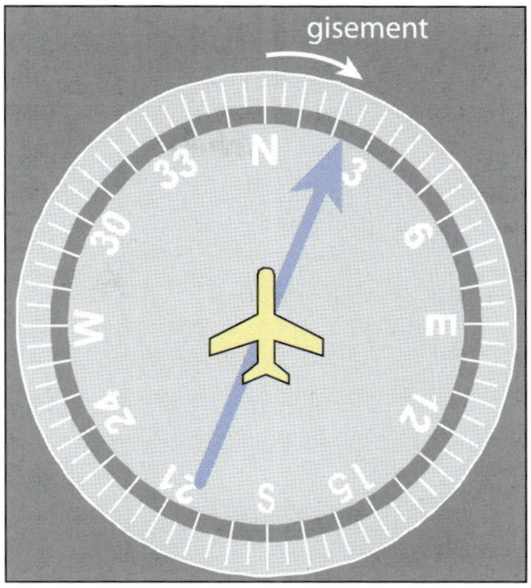

Avantages de l'ADF : facile à utiliser, portée élevée, implantation aisée.

Inconvénients de l'ADF : très sensible aux éléments météorologiques, inutilisable par temps d'orage, brouillages, etc.

Exemple :

Un avion vole au cap magnétique 270°.

Il sélectionne une fréquence ADF et observe un gisement de 30° droite.

Le QDM ou cap pour rejoindre la station sera :

QDM = 270 + 30 = 300°.

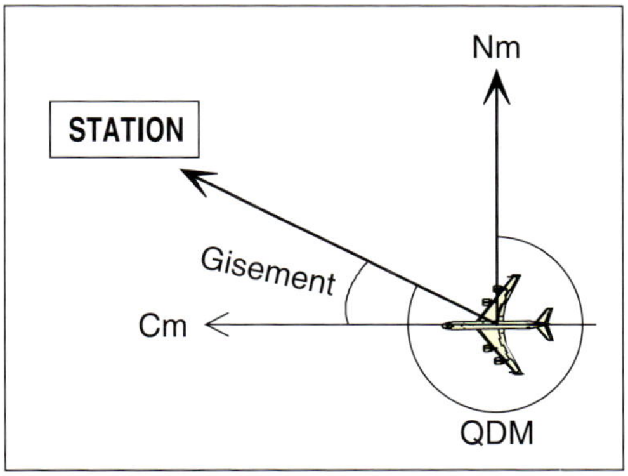

4.1.2.3. GPS

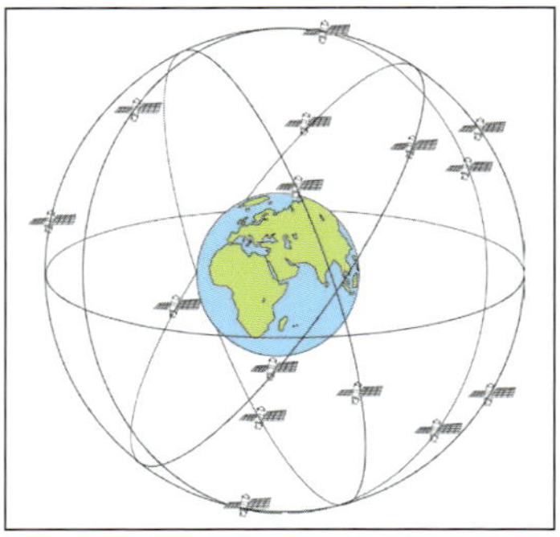

Le GPS est un système de navigation basé sur une constellation de **satellites géostationnaires** [32].

Le principe utilisé est la détermination de la **position exacte** de l'avion grâce à des mesures satellitaires [33]. La position obtenue est localisée **sur une carte géographique aéronautique** [34]. Par son fonctionnement, cet équipement indique la **route réellement suivie** et la **vitesse sol (Vs)**. Informations importantes pour le respect de la route à suivre ainsi que la détermination de l'heure estimée d'arrivée (**HEA**).

© François Mougery

Les menus affichés sur le boîtier de commande permettent de sélectionner : une **route à suivre** [35] ou un **point de report**, vers lesquels se diriger. Pendant qu'il observe le déplacement de son avion, le pilote peut surveiller les limites des **espaces** (autorisés ou restreints) ou des **zones** particulières (interdites, dangereuses, réglementées) etc. Les aérodromes indiqués sur la carte facilitent l'identification visuelle du « terrain de destination », mais aussi celui du déroutement, si nécessaire.

La lecture et l'interprétation des informations de l'écran du GPS doivent être rapides, le pilote ne doit pas oublier que les **règles de sécurité du vol à vue (VFR) reposent sur le « Voir et éviter »** et sur **l'analyse permanente de l'assiette du vol par rapport à l'horizon (naturel).**

Avertissement : cet équipement ne doit pas être utilisé comme moyen principal de navigation mais comme un moyen secondaire de confirmation du suivi de la « navigation principale » par le pilote (carte).
Ne pas oublier qu'en cas de panne électrique le GPS peut ne plus fonctionner. De ce fait, le pilote doit toujours connaître sa position exacte sur sa « carte aéronautique » (à jour).

---

32. Il existe actuellement plusieurs systèmes : Américains (**GPS**), Russe (**Glonass**), Européen (**Galileo**), ce dernier sera composé (à terme) de 30 satellites. L'altitude de ces satellites est > 20 000 km. D'autres systèmes sont en cours de développement.

33. **Détermination de la distance entre le satellite et le récepteur par mesure du temps**, confirmée par au moins 3 satellites (triangulation). La mesure de temps doit être complétée par la connaissance exacte de l'altitude de chaque satellite.
Avec un 4e satellite possibilité de déterminer l'altitude de l'avion, toutefois cette option n'a pas été retenue. **En conséquence les altitudes et niveaux sont toujours définis par la pression atmosphérique (altimètre).**

34. L'OACI recommande l'adoption du **référentiel de positionnement terrestre WGS84**, en conformité avec celui utilisé pour les cartes aéronautiques. **Voir références cartes projection Lambert dans les cartouches des légendes.**
Un point très important : la mise à jour régulière de la « base de données des informations aéronautiques ». Ne pas utiliser un GPS dont la base de données est obsolète.

35. Mais aussi de programmer un « plan de vol ».

4.2. RÉGLEMENTATION AÉRONAUTIQUE

4.2.1. Les organisations

4.2.1.1. L'organisation de l'aviation civile internationale (OACI)

L'organisation de l'aviation civile internationale (OACI) a été créée à la fin de la Seconde Guerre mondiale (1944) ; elle regroupe 191 États contractants au 31 octobre 2013 dont la France et la majorité des pays occidentaux. Son siège est à Montréal. L'OACI a découpé le monde en 10 régions de navigation aérienne. Des bureaux régionaux assurent la planification des installations et services nécessaires en prenant en compte les spécificités de chaque région. Certains bureaux peuvent regrouper plusieurs régions comme par exemple le bureau situé à Paris qui couvre la région Europe (EUR) et l'Atlantique Nord (NAT).

Elle édicte des « **normes** » et des « **pratiques recommandées** », que les États contractants s'engagent à suivre. Ces normes et pratiques recommandées concernent les licences du personnel, les règles de l'air, les codes météorologiques, les cartes aéronautiques, les unités de mesure utilisées, les balisages d'aérodromes, etc.

4.2.1.2. L'Agence européenne de la sécurité aérienne (AESA)

L'agence européenne de la sécurité aérienne est entrée en fonction en 2003, elle est la clé de voûte de la stratégie de sécurité aérienne de l'Union européenne ; elle est un véritable organe exécutif de la communauté européenne. Dans un premier temps, ses compétences portaient essentiellement sur la certification des aéronefs et leurs équipements. **Dans un second temps, ce cadre réglementaire a été étendu à l'exploitation des aéronefs et aux personnels navigants. Son domaine d'action s'étend également à la circulation aérienne et à l'exploitation des aéroports.**

4.2.1.3. EUROCONTROL

EUROCONTROL est un organisme intergouvernemental chargé d'harmoniser et d'unifier la gestion de la navigation aérienne en Europe. Le CFMU (Central Flow Management Unit) centralise les plans de vol à l'échelle du continent et régule le trafic dans le but de minimiser les retards et de garantir la sécurité des vols, ce qui nécessite une coordination entre aviations civile et militaire. Un service central collecte les redevances de route dont le but est de financer l'ensemble du système de gestion de navigation aérienne des États membres.

4.2.1.4. La conférence européenne de l'aviation civile (CEAC)

La CEAC est une instance qui a un rôle de pilotage de la politique européenne de l'Aviation civile notamment en matière de sécurité. Elle coopère étroitement avec d'autres organisations régionales et internationales.

4.2.1.5. L'organisme national de tutelle de l'aviation civile, la DGAC

En France, c'est le ministère chargé des transports[36] qui a autorité sur l'aviation civile dans les domaines qui restent une responsabilité nationale. Cette tâche est confiée à la **Direction Générale de l'Aviation Civile (DGAC)**.

---

36. Le **Secrétaire d'État chargé des transports** dépend du **Ministère de la Transition écologique et solidaire**. Depuis la création de l'**AESA**, l'aéronautique a une double tutelle, puisque les **arrêtés européens sont votés au Parlement de Strasbourg**.

La Direction Générale de l'Aviation Civile élabore et met en œuvre les orientations en matière d'aviation civile dans le respect des principes du développement durable. À ce titre, elle est notamment chargée du transport aérien, des infrastructures et de la régulation économique, de la navigation aérienne et de la sécurité. Elle a un rôle d'expert dans les domaines de la recherche et de l'industrie aéronautique civile.

Elle comprend :
- la Direction du Transport Aérien (DTA) ;
- le Service Technique de l'Aviation Civile (STAC);
- le Secrétariat Général (SG);
- la Direction des Services de la Navigation Aérienne (DSNA);
- la Direction de la Sécurité de l'Aviation Civile (DSAC);
- l'Organisme pour la Sécurité de l'Aviation Civile (OSAC);
- la Mission Aviation Légère, Générale et Hélicoptères (MALGH);
- l'Organisme du Contrôle en Vol (OCV);
- le Bureau d'Enquêtes et d'Analyses pour la sécurité de l'Aviation civile (BEA);

4.2.2. Contrôle d'un aéronef

La réglementation aéronautique [37] fixe des performances minimales que chaque aéronef doit garantir notamment sur la résistance de la structure face à des contraintes.

Chaque industriel voulant produire et vendre un avion devra vérifier sur le prototype que son avion est conforme aux normes fixées par la réglementation en vigueur. Le constructeur rédige un « **manuel de vol** » qui décrit les performances de l'aéronef : vitesses, masses maximales au décollage ou à l'atterrissage, distances de décollage et d'atterrissage...

Ce manuel de vol est soumis à l'A.E.S.A. (Agence Européenne pour la Sécurité de l'Aviation) qui vérifie que l'avion répond aux exigences réglementaires et qui délivre le Certificat de Navigabilité (CdN) de l'avion. L'avion peut alors être délivré aux compagnies aériennes. Après la campagne d'essais en vol, l'avion reçoit un certificat de type (**CDN de type**). Lors de la livraison au client il reçoit un **CDN qui précisera que l'avion est conforme au modèle certifié.**

Le constructeur devra également produire un **manuel d'entretien** [38] qui sera également soumis à une homologation de l'autorité compétente.

Le propriétaire ou exploitant de l'aéronef devra vérifier que l'aéronef est utilisé conformément au manuel de vol et que l'entretien est réalisé suivant les visites prévues dans le manuel d'entretien [39]. L'**OSAC** effectue des contrôles réguliers des procédures et des actions d'entretien. **Ces actions sont conduites en accord avec les règles des « facteurs humains ».**

---

37. Spécifications de certification : **CS-22** (planeurs), **CS-23** (avions), **CS-27** (hélicoptères), **CS-LSA** (avions légers), etc.
38. Aircraft Maintenance Manual (A.M.M).
39. Le manuel d'entretien prévoit des visites après un certain nombre d'heures de vol. Le programme détaillé de ces visites est fixé et elles peuvent porter sur une vérification ou sur l'échange de pièces en fin de potentiel.

Exemple :
Toutes les 50 heures de vol, vidange de l'huile moteur et vérification des bougies. Toutes les 2 000 heures changement de l'hélice. Tous les ans, vérification du bon fonctionnement de l'installation radio...

4.2.3. Organisation d'un espace aérien

Dans l'intérêt des usagers de l'aéronautique, il a été constitué un règlement de la circulation aérienne qui fixe les règles de vol et manœuvres à exécuter afin de garantir la sécurité des vols.

Les règles de la circulation aérienne ont pour but de prévenir les abordages entre aéronefs (collisions en vol) et de garantir la sécurité des personnes et des biens transportés.

4.2.3.1. Les grands principes de la Convention de Chicago

Historique : durant la Seconde Guerre mondiale, l'aviation a révélé de grandes possibilités grâce à l'avance technologique acquise durant la guerre, aussi il s'est avéré nécessaire de rédiger une convention entre les pays, fixant des règles adaptées aux nouvelles dimensions du transport aérien. Cette convention fut signée le 7 décembre 1944 à Chicago et elle a permis la création de l'Organisation de l'Aviation Civile Internationale (OACI).

- souveraineté de chaque État dans son espace aérien, la seule loi applicable aux vols internationaux est la loi nationale du pays survolé.
- aucune discrimination ne doit entacher la liberté du survol des pays, du moment que le pays dont l'aéronef porte la nationalité est signataire de la Convention. Réciproquement, la législation nationale doit être appliquée et suivie par tous les avions quelle que soit leur nationalité.
- obligation de simplifier et d'uniformiser les réglementations techniques, juridiques et économiques dans le but de faciliter le commerce et la navigation.

Le représentant français de l'OACI est le ministre chargé de l'Aviation civile (**Secrétaire d'État aux Transports**). Il est responsable, entre autres, de l'application de la réglementation de la circulation aérienne sur le territoire Français. Ce ministre a la tutelle de la Direction générale de l'Aviation civile. La DGAC assure aux usagers les services aéronautiques (services de la circulation aérienne) par l'intermédiaire des tours de contrôle (TWR) et centres de contrôle régionaux (CCR).

4.2.3.2. Les services rendus

- **contrôle :** assurer un écoulement sûr, rapide et régulier du trafic aérien tout en évitant les abordages et collisions.
- **information :** informer les pilotes en fournissant tous renseignements utiles au bon déroulement du vol.
- **alerte :** pouvoir déclencher des moyens de recherches et sauvetage si nécessaire.

4.2.3.3. Les règles de vol

Les aéronefs civils français sont soumis aux règles de la Circulation aérienne générale **(CAG)**, les aéronefs militaires (COM) ou les vols d'essai (CER) sont soumis à d'autres règles compatibles avec leur mission.
Dans la CAG, on trouve deux règles de vol : règles de vol à vue nommées **VFR** (visual flight rules) et règles de vol aux instruments nommées **IFR** (instrument flight rules).

– Un pilote qui vole suivant les règles de vol VFR, naviguera suivant des repères visuels (ligne d'horizon) et de repères au sol et assurera visuellement son espacement par rapport aux autres aéronefs (**voir et éviter)**.

Pour voler suivant les règles VFR, le pilote doit avoir des conditions météorologiques minimales (visibilité horizontale, plafond) nommées **VMC** (**V**isual **M**eteorological **C**onditions). Ces conditions VMC dépendent du type d'espace aérien dans lequel évolue l'aéronef.

– Un pilote qui vole suivant les règles de vol IFR, peut naviguer sans repères visuels au sol, il utilise ses instruments de bord. Le vol en conditions IFR implique donc que l'aéronef possède un équipement IFR (système **d'horizon artificiel**, éclairage des instruments, radio navigation...) **et que le pilote soit qualifié vol aux instruments.**

Un pilote volant suivant les règles IFR ne pouvant assurer, de façon visuelle, son espacement par rapport aux autres aéronefs, recevra une autorisation (clairance) du contrôle (TWR, CCR) ainsi que des informations « trafics ».

NOTA:
Les pilotes volant suivant les règles VFR ne bénéficient pas des services de contrôle (seulement information et alerte) et doivent appliquer entre eux, les règles d'anti-abordage, sauf dans certains espaces particuliers.

4.2.3.4. Règles d'anti-abordage

4.2.3.4.1. Routes convergentes

Lorsque deux aéronefs sont sur des routes convergentes, celui qui voit l'autre aéronef à sa droite doit s'écarter afin d'éviter toute collision. En fait c'est une priorité à droite.

4.2.3.4.2. Dépassement

Lorsqu'un aéronef rattrape un autre aéronef, il devra dépasser l'aéronef plus lent par la droite.

4.2.3.4.3. Routes face à face

Lorsque deux aéronefs sont face à face, chaque aéronef doit virer à droite.

4.2.3.4.4. Règles générales de priorité

Sur un aérodrome, un aéronef en vol a toujours priorité sur un aéronef au sol.

4.2.3.4.5. Règles de priorité entre les différents aéronefs

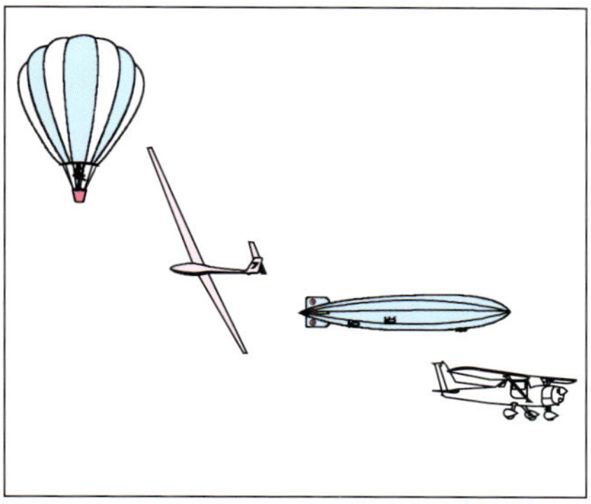

- les aéronefs moto propulsés (avions) doivent céder le passage aux dirigeables, planeurs et ballons,
- les dirigeables doivent céder le passage aux planeurs et ballons,
- les planeurs doivent céder le passage aux ballons,
- les aéronefs remorquant des objets ou autres aéronefs, ainsi que les aéronefs volant en formation ont priorité sur les autres aéronefs.

4.2.3.5. L'espace et le contrôle aérien

L'espace aérien français est composé :

- de l'espace aérien contrôlé,
- de l'espace aérien non contrôlé,
- de zones à statut particulier, pouvant être situées en espace aérien contrôlé ou non contrôlé.

Les aéronefs volant en régime de vol IFR bénéficient du service de contrôle aérien (en sus des services d'information et d'alerte) dans les espaces aériens contrôlés.

Afin d'optimiser ce service de contrôle, il a été défini des **zones** ou **espaces aériens à statut particulier**. Ces espaces sont des voies aériennes radiobalisées (la voie aérienne est jalonnée de VOR ou ADF), ou des zones terminales sur les grands aéroports [zones contrôlées pour faciliter le trafic dense autour des grands aéroports (TMA et CTR)].

Les voies aériennes et les zones terminales des grands aéroports, sont en France, contrôlées par des radars (primaire ou secondaire), outils du contrôle aérien. Les contrôleurs communiquent par radio (VHF) avec les avions en donnant des instructions (clairances) : niveau de vol et trajet ou cap d'évitement éventuel.

Les aéronefs volant en régime de vol VFR bénéficient des **services d'information** et **d'alerte**. Dans certains espaces aériens particuliers, accessibles sous certaines conditions de visibilité minimale ou d'équipement radio, ils peuvent bénéficier du service de contrôle. Certains espaces aériens contrôlés sont interdits aux vols VFR.

Les zones à statut particulier :

Afin de protéger certains espaces ou pour éviter une cohabitation dangereuse entre certains aéronefs, on a créé des **zones à statut particulier** :

- zones **P** (prohibited) : **interdite** à tout aéronef (par exemple zone d'essais de missiles).
- zones **R** (restricted) : interdite à certaines heures **ou** à l'accès **réglementé** (par exemple zone de parachutages).
- zones **D** (dangerous) : **dangereuse**, l'aéronef peut y pénétrer, mais avec précaution (par exemple zone d'entraînement d'avions militaires).

4.2.3.6. Classification des espaces aériens

Les espaces aériens sont répartis en **7 classes, codifiées par une lettre de A à G**. Le tableau de la page suivante précise, pour chaque classe, les services rendus aux aéronefs qui y évoluent et les restrictions éventuelles d'accès. Notez que certaines classes ne sont pas utilisées en France.

Classes d'espace : services rendus et exigences

Cf. AIP France ENR 1.4 – SERA.6001 et Appendice 4

Note : l'administration française a adopté l'expression « information de trafic » pour la fourniture des informations sur la circulation aérienne quelle que soit la classe de l'espace aérien aérien.

Classes d'espaces	Vols admis	Services fournis par les organismes de la Circulation aérienne			Obligation radio	Soumis à clairance	Limitation de vitesse[1]
		Contrôle	Information	Alerte			
A	**IFR**	Séparation IFR/IFR	oui	oui	oui	oui	250 kt
B	**IFR**	Séparation IFR/IFR, VFR/IFR	oui	oui	oui	oui	250 kt
	VFR	Séparation VFR/IFR, VFR/VFR	oui	oui	oui	oui	250 kt
C	**IFR**	Séparation IFR/IFR, IFR/VFR	oui	oui	oui	oui	250 kt
	VFR	Séparation VFR/IFR	Information de trafic[2] VFR/VFR	oui	oui	oui	250kt
D	**IFR**	Séparation IFR/IFR	Information de trafic[2] IFR/VFR	oui	oui	oui	250 kt
	VFR	non	Information de trafic[2] VFR/IFR, VFR/VFR	oui	oui	oui	250kt
	VFR Spécial	Séparation VFR Spécial/IFR VFR spécial /VFR spécial	oui	oui	oui	oui	250 kt
E	**IFR**	Séparation IFR/IFR	Information de trafic[3] IFR/VFR	oui	oui	oui	250 kt
	VFR	non	Information de trafic[3] VFR/IFR, VFR/VFR[4]	oui[4]	oui[6]	non	250 kt
F	**IFR**	non	Service consultatif et information de vol[5]	oui	oui	non	250 kt[7]
	VFR	non	oui[5]	oui[4]	oui[6]	non	250 kt[7]
G	**IFR**	non	oui[5]	oui	oui	non	250 kt[7]
	VFR	non	oui[5]	oui[4]	oui[6]	non	250 kt[7]

1. Sous FL100 (ou 10000 ft si TA>10000 ft AMSL sauf pour les aéronefs qui, pour des raisons techniques ou de qualités de vol ne peuvent maintenir cette vitesse).
2. Et suggestion de manœuvre d'évitement à la demande du pilote.
3. Autant que possible.
4. VFR connus de l'ATC.
5. Si service demandé.
6. En RMZ.
7. 140 kt si 5 km < visibilité >1500 m.

Non-appliqué en France au moment de la parution de l'ouvrage.

Classification des espaces aériens à l'intérieur desquels les organismes français de la circulation aérienne assurent les services de la circulation aérienne à l'exception des zones P ainsi que des zones R, D, TSA et CBA lorsqu'elles sont actives :

1 Espace inférieur

1.1 Les régions de contrôle (TMA) peuvent être classées en A, B, C D ou E, suivant les activités qui y sont prévues ; les zones de contrôle (CTR) sont de classe D.

1.2 En dessous du plus élevé des deux niveaux suivants : FL 115 ou 900 m (3 000 ft) ASFC :

- les voies aériennes (AWY) sont classées E;
- en dehors des AWY et des autres espaces aériens contrôlés de classe A, C, D ou E, l'espace aérien est classé G.

1.3 Au-dessus du plus élevé des deux niveaux suivants : FL 115 ou 900 m (3 000 ft) ASFC :

- les AWY sont classées D;
- en dehors des AWY et des autres espaces aériens contrôlés de classe A, C ou D, l'espace aérien est classé D à l'exclusion des portions d'espace situées au-dessus de certaines régions montagneuses et de l'espace situé au-dessus de la haute mer (au-delà de 12 NM des côtes) qui sont classés E.

2 Espace supérieur

La région supérieure d'information de vol (UIR) est de classe G à l'exclusion de la région supérieure de contrôle (UTA) du FL 195 au FL 660 qui est classée en C.

4.2.3.7. La réglementation des drones

Introduction

À chaque aéronef sa spécificité. À chaque aéronef sa réglementation ! Selon la convention relative à l'aviation civile internationale, la réglementation des drones relève de la responsabilité de chaque État. L'objectif est d'assurer la protection des personnes et des biens avec des règles de navigabilité adaptées et un espace aérien réservé à cet usage !

La réglementation distingue les obligations à respecter en fonction du contexte d'utilisation de l'appareil :

- une utilisation du drone limitée au loisir et à la compétition, on parle alors d'aéromodèle et d'aéromodélisme ;
- une utilisation du drone limitée à son développement et à sa mise au point, on parle alors d'expérimentation ;
- une utilisation particulière autre que l'aéromodélisme ou la conception, on parle alors d'activités particulières selon 4 scénarios possibles S1, S2, S3 et S4.

	En vue directe Dist. Horiz. <100 m du télépilote Hauteur max. <150 m	**Hors vue** Dist. Horiz. <1 000 m du télépilote Hauteur max. <50 m	**Hors vue** Dist. Horiz.> 1 000 m du télépilote Hauteur max. <150 m
Hors zones peuplées	S1	S2	S4
En zones peuplées	S3	INTERDIT	

La navigabilité

Pour assurer la sécurité de la navigation aérienne tout en permettant le développement harmonieux de l'activité drone dans le respect de sa spécificité, le législateur a défini un cadre réglementaire pour la conception et l'utilisation des drones.

En France, le cadre réglementaire particulier dans lequel s'inscrit l'utilisation des drones est défini dans l'arrêté relatif à la conception, à l'utilisation des drones et aux qualifications des télépilotes.

L'espace aérien utilisable

Pour limiter les risques d'abordage entre les aéronefs habités et les drones, le principe retenu par la réglementation est de rechercher une séparation verticale entre les deux activités tout en assurant la protection des personnes et des biens.

La hauteur maximale de vol des aéronefs non habités est inférieure à la hauteur minimale de vol des aéronefs habités. Les interdictions de pénétration ou de survol sont applicables à tous les aéronefs. Les drones évoluent en dehors des volumes de protection des aérodromes et des pistes, sauf après l'accord formel de l'organisme responsable de l'aérodrome. Les drones civils n'évoluent pas de nuit et dans les nuages. Le vol en zone peuplée est en principe interdit, sauf dans le scénario S3. Le survol de tiers est en principe interdit sauf dans le scénario S4.

En France, le cadre réglementaire particulier dans lequel s'inscrit l'utilisation des drones dans l'espace aérien est défini dans l'arrêté relatif à l'insertion des drones dans l'espace aérien.

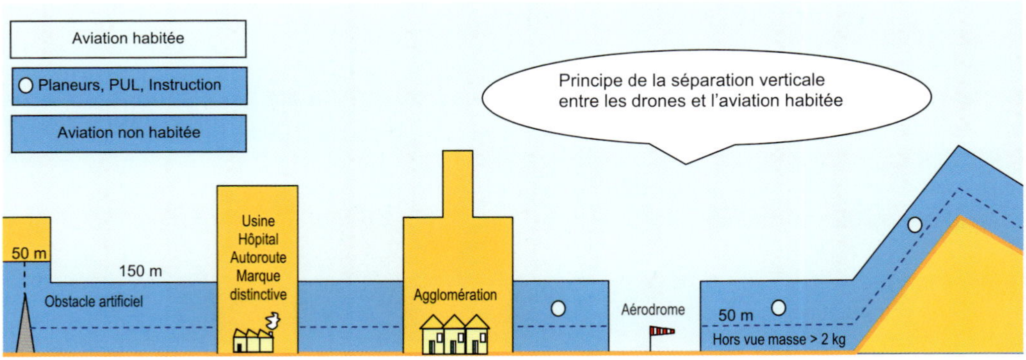

Contexte	Hauteur maximale au-dessus de la surface	Hauteur maximale au-dessus d'un obstacle artificiel de hauteur> 100 m
Aéromodélisme **Tous vols**	150 m	50 m
Expérimentation ou activité particulière **Aéronef "en vue"** **Aéronef masse ≤ 2kg "hors vue"** **Aéronef masse> 2 kg "hors vue"**	 150 m 150 m 50 m	 50 m 50 m

Une utilisation exceptionnelle de l'aéronef à une hauteur supérieure à la limite autorisée nécessite :
- pour les vols "en vue", d'obtenir l'autorisation préalable du Comité Régional de Gestion de l'Espace Aérien ;
- pour les vols "hors vue", soit d'être dans une portion d'espace ségréguée, soit d'avoir une dérogation du préfet.

Les références réglementaires

L'ensemble de la réglementation concernant l'utilisation des drones dans un cadre de loisir ou professionnel est consultable sur le site de la DGAC :
https ://www.ecologique-solidaire.gouv.fr/politiques/drones-aeronefs-telepilotes.

4.2.3.8. Alphabet aéronautique international

Le nombre d'avions pouvant se trouver simultanément sur une même fréquence de contrôle et l'importance d'une **communication précise** ont amené tous les pays à codifier les communications radio air/sol et à utiliser un alphabet international des communications aéronautiques.

LETTRE	MOT DE CODE INTERNATIONAL	PRONONCIATION
A	ALPHA	AL FAH
B	BRAVO	BRA VO
C	CHARLIE	CHAR LI
D	DELTA	DEL TAH
E	ECHO	È KO
F	FOX-TROT	FOX TROTT
G	GOLF	GOLF
H	HOTEL	HO TÈLL
I	INDIA	IN DI AH
J	JULIET	DJOU LI ÈTT
K	KILO	KI LO
L	LIMA	LI MAH
M	MIKE	MAÏK
N	NOVEMBER	NO VÈMM BER
O	OSCAR	OSS KAR
P	PAPA	PAH PAH
Q	QUEBEC	KÉ BÈC
R	ROMEO	RO MI O
S	SIERRA	SI ÈR RAH
T	TANGO	TANG GO
U	UNIFORME	YOU NI FORM
V	VICTOR	VIK TAR
W	WHISKY	OUISS KI
X	X-RAY	ÈKSS RÉ
Y	YANKEE	YANG KI
Z	ZOULOU	ZOU LOU

Pour la prononciation, les syllabes soulignées doivent être accentuées.

4.2.3.9. L'infrastructure

Un avion devra décoller et atterrir d'un aérodrome adéquat, c'est-à-dire d'une aire aménagée, dégagée d'obstacles et répertoriée comme tel par les autorités compétentes (ministère des Transports).

L'aérodrome étant le point de rencontre des aéronefs, il faudra donc prévoir des priorités et des procédures de départ et arrivée.

L'équipement en infrastructure et les procédures en vigueur dépendent du type de trafic aérien sur l'aérodrome.

Les paramètres qui influent sur les équipements de l'aérodrome seront :

– masse et performances des avions au décollage et à l'atterrissage,

– nombre d'avions par jour,

– utilisation de jour seulement ou jour et nuit,

– utilisation seulement par des avions légers en conditions VMC.

Nous allons étudier succinctement l'infrastructure d'un aérodrome moyen, comme on peut en voir dans chaque grande ville de province.

4.2.3.9.1. L'aérodrome

Celui-ci est composé :

– d'un bloc technique : bureau de piste et tour de contrôle,

– d'un parking ou aire de stationnement,

– d'une ou de plusieurs pistes de décollage,

– de voies de circulation (taxiway) qui permettent de rouler du parking à la piste.

4.2.3.9.1.1. Le bloc technique

Le bloc technique est constitué par la tour de contrôle (**vigie**) d'où les contrôleurs aériens contrôlent l'aérodrome et du **bureau de piste**, où les pilotes ont à leur disposition de quoi effectuer les diverses formalités lors de l'escale. L'emplacement de ce local, s'il existe, peut alors être indiqué par un panneau représentant la lettre « **C** » en noir sur fond jaune.

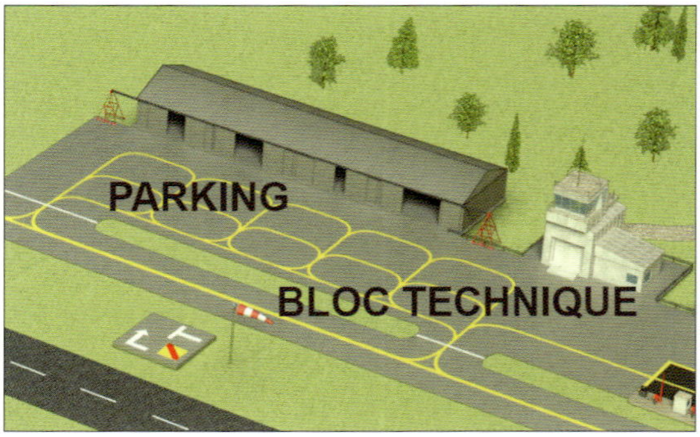

4.2.3.9.1.2. La piste

Elle est réservée exclusivement aux manœuvres de décollage et d'atterrissage, et est dotée de marques visuelles normalisées.

Pour un aérodrome destiné au trafic d'avions légers, le balisage diurne d'une piste pourra être constitué de :

- marques de seuil de piste ou début de piste utilisable. Ces marques en forme de peigne seront survolées par le pilote au cours de sa phase d'approche (15 mètres environ).
- marques de « toucher des roues » représentent la zone où les roues de l'avion toucheront le sol.
- l'axe de piste est matérialisé par une ligne blanche discontinue.
- le numéro de piste correspond à l'orientation magnétique de la piste en dizaine de degrés arrondis au plus proche.

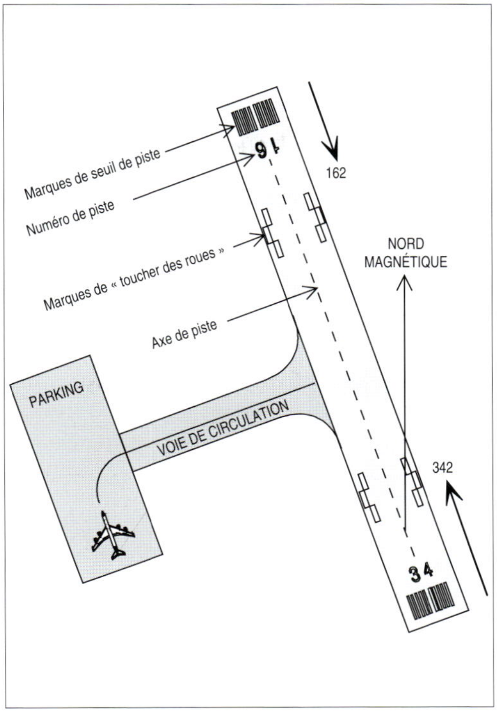

Exemple :

Une piste ayant comme orientation par rapport au Nord magnétique : 162 °/342 ° portera les marques 16 et 34.

En communication radiotéléphonique, le contrôleur aérien dira au pilote : **« piste 16 en service »** c'est-à-dire que le pilote doit utiliser la piste suivant l'axe orienté 162 °.

On pourra également entendre : **« QFU 162 »** qui a la même signification.

En bordure de piste, on trouvera une « manche à air », de forme normalisée, girouette en tissu, qui indique au pilote la direction du vent et donne un ordre de grandeur de son intensité.

4.2.3.9.1.3. La ou les voies de circulation

Elles permettent à l'avion de rouler du parking jusqu'à la piste.

4.2.3.9.2. Le balisage lumineux

Si l'aérodrome est utilisable de nuit, il sera doté d'un balisage lumineux.
Nous trouverons toujours :

– la piste balisée par des lumières blanches,

– les voies de circulation et parking balisées par des lumières bleues.

4.2.3.10. Les procédures

4.2.3.10.1. En VFR

Pour les avions en VFR, on pratique le « tour de piste » qui est une trajectoire autour de l'aérodrome. Chaque avion doit s'intégrer dans le tour de piste avec l'accord du contrôle (si l'aérodrome est contrôlé) et signaler sa position dans le tour de piste.
Dans le circuit, l'avion sera successivement :

1 – montée initiale,
2 – vent traversier,
3 – vent arrière,
4 – étape de base,
5 – dernier virage,
6 – finale.

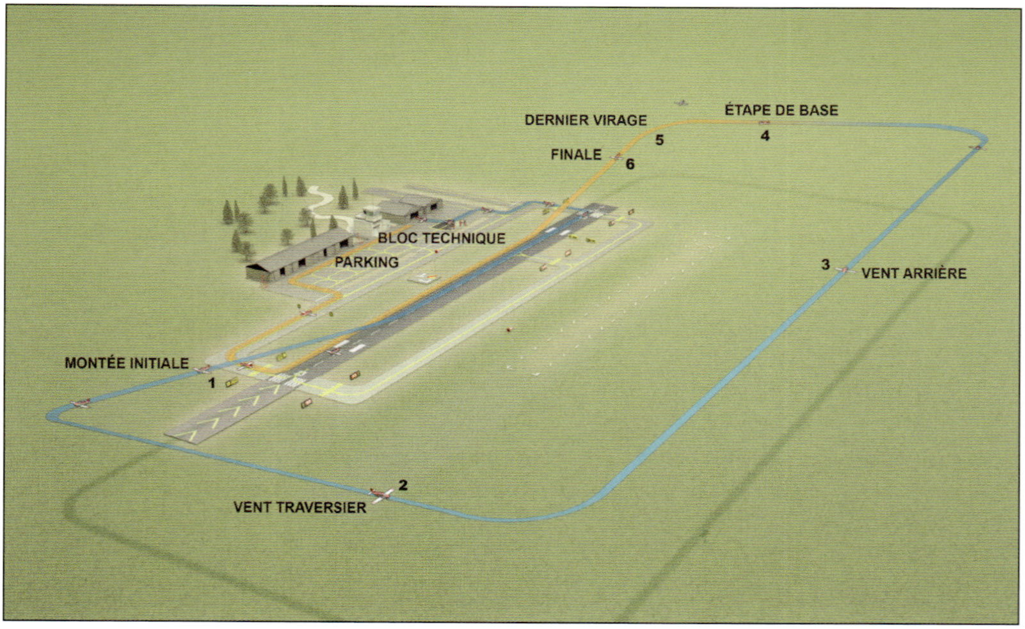

Généralement les tours de piste sont effectués à 1 000 ft au-dessus du sol et par la gauche, c'est-à-dire que les virages dans le circuit se font à gauche, mais on peut trouver des circuits à droite afin d'éviter le survol d'une agglomération ou d'un obstacle.

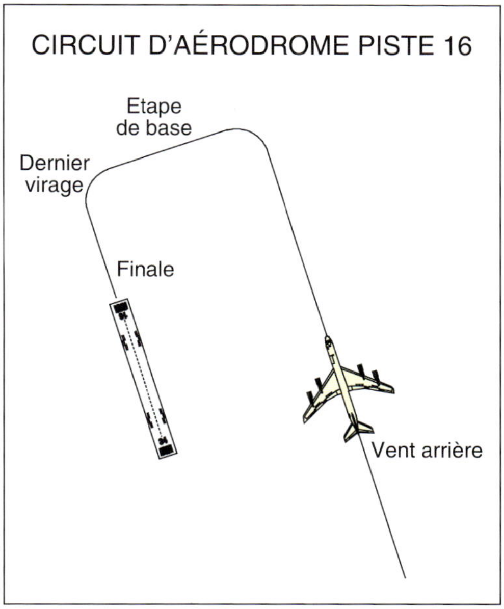

4.2.3.10.2. En IFR

Sur un aérodrome doté d'une procédure d'arrivée IFR, le pilote respectera des trajectoires et des altitudes définies par la procédure.

D'une manière générale, il sera pris en charge par les contrôleurs aériens qui lui garantiront un espacement avec les autres avions.

La procédure IFR est basée sur des installations radio qui permettront au pilote de s'approcher de l'aérodrome suivant des axes radiobalisés avec suffisamment de précision pour que l'avion puisse descendre sans voir le sol tout en évitant les obstacles ou le relief à proximité de l'aérodrome.

Principe d'une procédure IFR :

- trajectoire de descente vers un moyen de radionavigation. Sur le schéma on a choisi une trajectoire de descente vers un ADF.
- attente possible sur la balise : des circuits en hippodrome sont basés sur la balise et permettent à un ou plusieurs avions d'attendre éventuellement la possibilité d'atterrir. Si plusieurs avions attendent dans l'hippodrome, ils sont espacés en niveaux de vol différents.
- finale : l'avion quitte la balise et prend le cap vers la piste. Sur les aérodromes importants, cet axe d'approche finale est matérialisé par un moyen radio, l'ILS (Instrument Landing System).

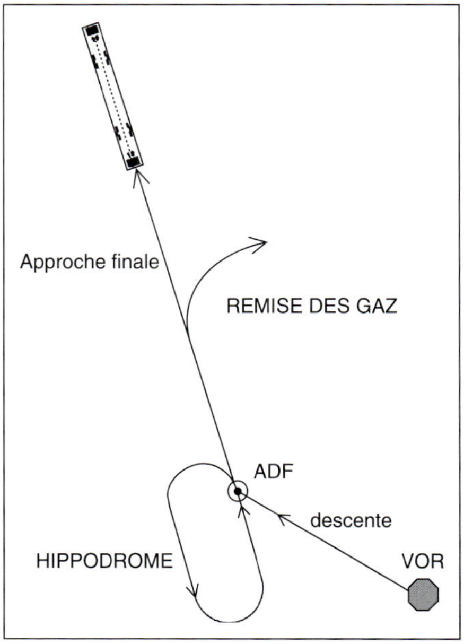

Au cours de l'approche finale, l'avion peut descendre sans voir le sol jusqu'à une certaine altitude fixée en fonction de la précision de la procédure. Si à cette altitude (appelée: **altitude de décision**), le pilote n'est toujours pas en vue du sol, il doit faire une remise des gaz, suivant une trajectoire définie.

4.2.4. Titres aéronautiques

Pour être pilote commandant de bord sur un aéronef, le pilote doit être en possession d'une licence aéronautique et d'une qualification de vol à jour l'autorisant à utiliser ce type d'aéronef dans les règles de vol pratiquées.

Pour pouvoir exercer, un pilote doit renouveler régulièrement sa licence selon les modalités propres à chacune d'entre elles (visites médicales, entraînement minimum, test en vol, etc.). Toute licence demeure valide tant qu'il y a validation de la qualification de la (ou des) classe(s) détenue(s): SEP (Monomoteurs à pistons), TMG (Planeurs à dispositif d'envol incorporé).

Licence de pilote de planeur (SPL) : le pilote doit avoir satisfait à un examen théorique et à des épreuves en vol. Cette licence lui permet de voler autour de son aérodrome de base. Des autorisations complémentaires (après entraînement suffisant) lui permettront d'obtenir l'**emport de passagers**, de faire des voyages, etc.

Licence de pilote d'avion léger (LAPL) : le pilote doit avoir satisfait à un examen théorique et un test en vol, cette licence lui permet d'être pilote non rémunéré, à bord d'un avion de moins de 2 tonnes, mais sans passager et à proximité de son aérodrome de base (30 km). Il peut aussi obtenir la qualification d'**emport de trois passagers**.

Licence pilote privé avion (PPL) : le pilote doit avoir satisfait à un examen théorique et à un test en vol, cette licence lui permet d'être pilote non rémunéré à bord d'un avion, il peut emporter des passagers, et voyager dans les pays étrangers s'il possède la qualification radio internationale.

Les qualifications : toute licence demeure valide tant qu'il y a validation de la qualification et que la visite médicale est en cours de validité. On distingue:

– les qualifications de classe CR (Class Rating) comme la qualification monomoteur à piston SEP (Single Engine Piston);

– les qualifications de type TR (Type Rating) valable une année;

– la qualification IFR, IR (IFR Rating);

– les qualifications d'instructeurs.

Lorsqu'un avion appartient à plusieurs classes (par exemple un biréacteur) les qualifications correspondantes sont exigées.

Autres autorisations :

– Qualification voltige : après la qualification initiale européenne de voltige élémentaire « positive » (FCL.800), des brevets fédéraux de voltige (BFV) vous prépareront à la voltige avancée "négative" et aux compétitions.

– Qualification d'atterrissage en montagne: nécessaire pour se poser sur les altisurfaces (extension neige pour atterrissage sur des skis).

– Autorisation remorquage planeurs: fait suite à un stage dispensé par un instructeur habilité.

– Autorisation de largage de parachutistes: fait suite à un stage dispensé par un instructeur habilité.

La licence de pilote professionnel (CPL) : est obtenue après avoir satisfait à un examen théorique et à un test en vol à l'issue d'un stage dans une école homologuée. Cette licence permet de piloter des avions professionnellement, c'est-à-dire être rémunéré (remorqueur de banderoles ou planeurs, largueur de parachutistes, pilote de transport à la demande, pilote de ligne...).

Le pilote professionnel devra également posséder une licence en état de validité et les qualifications nécessaires à sa mission. Ainsi qu'un certificat médical en cours de validité.

4.3. SÉCURITÉ DES VOLS

4.3.1. Gestion des risques

Facteurs humains

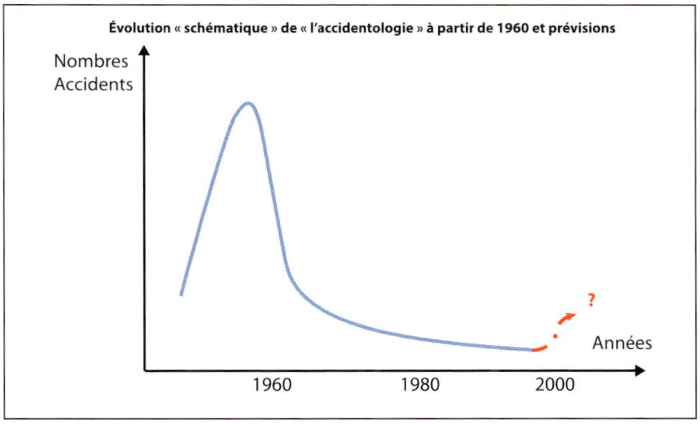

Les analyses des différents accidents de l'aviation civile de ces dernières décennies ont mis en évidence **l'influence de l'humain** dans leur déclenchement. Les chiffres du nombre d'accidents étaient restés stables pendant quelques années (*à partir des années 1960 conception de machines performantes et fiables, puis à partir des années 1980 intégration d'automatismes*); toutefois la croissance importante du trafic aérien laissait prévoir le pire. Cependant, les améliorations apportées par les bureaux d'études par la **mise en place de barrières**, donnaient l'impression d'être la bonne solution. Étudions ces différentes barrières :

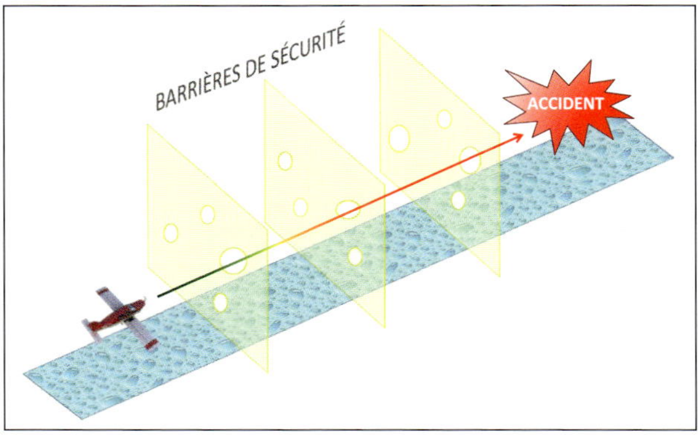

– **Barrières liées à la conception**. Dans le but de « certifier [40] » un nouvel aéronef, le prototype subit de multiples tests. Ils permettent de vérifier qu'il se comporte exactement comme les calculs l'avaient prédit: domaine de vol et limites [41] (vitesse, altitude, masse etc.).

40. Règlements de certification: européens (**CS-23 et 25**), américains (**FAR23 et 25**).
41. De même, un constructeur peut choisir de mieux protéger les occupants en renforçant par exemple la résistance de la cellule ou en l'équipant de dispositifs de sécurité additionnels (parachute balistique, airbags, etc.).

– **Barrières liées à la fabrication**. Les constructeurs d'aéronef disposent d'un agrément [42]. Chaque étape de la fabrication doit être identifiée et doit être conforme aux règlements officiels [43].

– **Barrières liées à l'entretien**. Tout aéronef certifié [44] doit être entretenu selon un programme précis défini par le constructeur (**Manuel de Maintenance** [45]). Il est mis en œuvre par des ateliers d'entretien qui utilisent un protocole [46] strict. Celui des avions d'un aéroclub est spécifié dans le « **MOE** (Manuel Organisme d'Entretien) ».

– **Barrières liées à l'utilisation**. Le respect de la réglementation, celui des limites d'utilisation de l'aéronef (**Manuel d'Exploitation**) ou des procédures liées à sa mise en œuvre, aide le pilote à maîtriser les risques. Cependant, l'exploitation de l'aéronef constitue le point faible de l'édifice, tout simplement parce que **l'être humain qui est aux commandes** est souvent à l'origine d'erreurs préjudiciables à la sécurité.

4.3.2. Performances humaines et limites

L'étude des aptitudes et des performances humaines peut s'effectuer en mettant en relief deux niveaux : le **physiologique** et le **psychologique**.

Le **physiologique**, qui étudie l'organisme humain, met ici en évidence les « **limites d'un navigant** » durant le vol.
Installé dans un cockpit, il subit la diminution de la pression atmosphérique et par conséquent la baisse de la « **pression partielle d'oxygène** », **qui est responsable de « l'hypoxie** [47] **»**. Cette dernière oblige le pilote à prévoir de l'oxygène si son vol dépasse une altitude de 3 000 m, ~10 000 ft. Voire respirer de l'oxygène à partir de 12 500 ft. Pour les avions volant à très haute altitude, la cabine et le cockpit sont pressurisés (alt. max. ~ 7 500 ft) ; l'oxygène est à portée de main si nécessaire. Son système digestif peut être aussi l'objet de troubles : gonflements, douleurs abdominales.
Les cavités peuvent générer des douleurs : **nasales** (rhumes) ; les **dents** aussi (caries non soignées).
Quant à la vue, la vision centrale est limitée à ~ 2° ; la vision périphérique n'est pas nette et ne distingue pas les couleurs (par contre elle perçoit les mouvements). **C'est le cerveau qui est capable de restituer les parties manquantes de ce que nous voyons** [48], grâce au mouvement de **balayage des yeux** (par la vision centrale). La lumière, parfois un peu faible dans le cockpit, impose un temps d'adaptation. La vigilance doit être accrue lors des vols de nuit.
Le **tympan de l'oreille** est fragile, il subit des agressions qui deviennent importantes lors des rhumes et peuvent aboutir à une **otite barotraumatique** (liée aux variations de la pression). **L'oreille interne (au niveau de la trompe d'eustache) peut, aussi, être congestionnée (rhume) et provoquer des pertes d'équilibre, voire des illusions sensorielles.**

42. **Agrément de conception.**
43. En particulier, chaque pièce qui compose l'aéronef doit elle-même être certifiée individuellement, n'étant pas obligatoirement fabriquée par l'avionneur lui-même.
44. Idem pour les **ULM**, bien que non certifiés.
45. **AMM** : Aircraft Maintenance Manuel. Le MOE est visé par l'**OSAC**.
46. Par exemple, un avion monomoteur léger subit une visite périodique d'entretien toutes les 50 h de vol.
47. Effets qui peuvent devenir plus graves en cas de **dépressurisation : perte de connaissance et mort rapide.**
48. En vol **VFR**, le pilote effectue des balayages permanents afin d'assurer la sécurité : **Voir et Éviter.**

Lors des vols long-courriers avec décalages horaires (**rythme Circadien**[49]), la fatigue peut diminuer la capacité de vigilance et induire une viscosité mentale.
Les **accélérations longitudinales et/ou latérales** peuvent induire des **illusions sensorielles**.
Les **accélérations verticales** (facteur de charge) qui sont orientées vers le haut (afflux de sang – voile rouge) ou vers le bas (voile noir). Les pilotes de chasse sont équipés d'un **pantalon « anti-g »**. Cet équipement n'est pas nécessaire sur les avions de ligne, les variations de « g » restent dans des limites faibles.
Les « sens » utiles : <u>l'odorat</u> permet au pilote de **détecter les odeurs suspectes**, celles de l'échappement susceptibles de s'infiltrer en cockpit. Celles du conditionnement d'air, dans la cabine, qui seraient caractéristiques d'un début d'incendie. **<u>L'ouïe</u>** est surtout utile à des fins de communication, avec l'équipage ou avec les organismes de la circulation aérienne. **<u>Le toucher</u>** permet un « lever de doute » entre les différentes commandes des systèmes situées dans le poste. Ainsi, le levier de commande des volets n'a pas la même forme que celui de la commande du train d'atterrissage etc. **<u>La vue</u>** a été traitée ci-dessus**. <u>Le goût</u> n'est pas utilisé dans le poste.**

Le **psychologique** est extrêmement complexe car il touche à la personnalité.
Des études de spécialistes ont mis en évidence différents « **types de personnalités** » : **<u>invulnérable, macho, antiautoritaire, impulsif et résigné</u>**. Et pour ces « types de personnalités » des « approches différentes et particulières » lors de la **gestion des situations** à risques.
Ces difficultés de gestion peuvent être exacerbées par le stress[50], face à l'inconnu. Le **stress** se décompose en 3 temps.

1re phase : « alarme » (le cerveau déclenche des réactions : augmentation du rythme cardiaque, production d'adrénaline), observation face à l'inconnu.

2e phase « résistance », durant laquelle l'individu « s'adapte » : évaluation, analyse qui permettront une prise de décision.

3e phase « épuisement » dont la durée est plus ou moins importante, d'une personnalité à l'autre.

L'hygiène de vie

C'est un des points importants de « l'équilibre » du navigant. La forme physique complétée par une alimentation équilibrée.
L'acronyme suivant peut être utilisé pour tester l'aptitude : **M.A-F.O.R.M.E →**
Médicament (ai-je pris un médicament ?) **A**lcool (au moins 8H, après un verre !)
Fatigue (dette de sommeil ?) **O**pérationnel (suis-je en bonne forme physique ?)
Repas (ai-je bien mangé ?) **M**ental (problème psychologique ?)
Excitation (suis-je en possession de mes moyens ?)

4.3.3. Prise de décision

Avec la mise en évidence du « **caractère humain** » d'un certain nombre d'accidents, les **Autorités** ont alors décidé de la prise en compte de l'étude de ces « **facteurs** » dans les

49. Horloge interne qui rythme les 24 h.
50. Les animaux perçoivent aussi le stress.

cursus de formation[51]. **Puisque l'erreur est au cœur de l'humain, on ne doit plus l'ignorer.**
Cette **formation** est intégrée dans **les écoles de début**, dans les centres de formations aux « **qualifications de type** » (Q.T), ainsi que dans les compagnies aériennes (**recyclage**).
La prise de décision est traitée durant les séances de simulateur de vol, étude associée au thème prévu par le « Syllabus » : étude de panne (bilan) et/ou **décision de déroutement**. La coordination équipage est particulièrement mise en valeur. Notion de **synergie**.

Le **retour d'expérience**[52] (**Rex**) est aussi très utile lors de « séances recyclage ». Les « **incidents évités** » sont formateurs.

Pour limiter les risques, le pilote ou l'équipage utilise une technique de gestion appelée « **T.E.M**[53] » (Traitement de l'Erreur et de la Menace).

Avant et pendant le vol, l'équipage identifie les différentes « menaces » susceptibles d'exercer un impact négatif sur la sécurité (exemple : la **météo** et son **évolution**). Il prend alors des décisions en toute connaissance de cause. L'utilisation de ce procédé permet, en vol, de détecter puis de corriger certaines erreurs[54].

Culture de la sécurité

L'aspect dynamique du vol fait qu'un pilote doit prendre des décisions à chaque instant : partir ou ne pas partir ? Faire demi-tour, se dérouter ou **continuer vers la destination** ? etc. Cette prise de décision fait appel à un processus particulier, on utilise l'acronyme « **DECIDE** » comme aide-mémoire.

DÉFINITION des solutions possibles
ESTIMATION des conséquences
CHOIX de l'option à retenir
INITIATION des actions liées à l'option retenue
DÉTERMINATION des changements induits par la nouvelle option
ÉVALUATION de la nouvelle situation

Certains facteurs exercent une **influence sur les décisions** au point d'entraîner des différences de choix entre pilotes confrontés à la même situation. Parmi ces facteurs, on notera plus particulièrement :

– la conscience personnelle du niveau de risque,

– la pression temporelle,

– les pressions extérieures liées aux passagers,

51. Exemple : **règlement UE n°965/2012 ORO.FC.115** (CRM training) et ses AMCs et GMs.
52. Les Rex sont disponibles dans les aéroclubs affiliés et/ou dans les compagnies aériennes ou dans les écoles qui ont passé un contrat.
53. Voir note **DGAC n° 2020/01**. Objectif : promouvoir les bonnes pratiques d'utilisation du « TEM ».
54. Des études scientifiques ont montré que les pilotes professionnels commettent environ « 2 » erreurs par heure de vol et que les pilotes d'aviation générale en commettent un peu plus. Certaines erreurs restent cependant non détectées ; elles sont souvent à l'origine des « accidents ».

– les « **biais**[55] » décisionnels qui perturbent le jugement (par exemple l'habitude),
– l'effet du stress et de la fatigue,
– la personnalité du pilote.

Les types de personnalité suivants affectent tout particulièrement le jugement **(voir plus haut, « les types de personnalités » répertoriés, dans le paragraphe Psychologique)** :
– **invulnérable** (« il ne peut rien m'arriver ! »)
– **macho** (« tu as vu comme je sais faire ! »)
– **antiautoritaire** (« la réglementation, c'est fait pour les autres ! »)
– **impulsif** (« moi, j'agis d'abord ! »)
– **résigné** (« autant ne rien faire de toute façon » !).

Une bonne décision obéit généralement aux principes de base suivants :
Elle est plus facile à prendre au sol qu'en vol,
Elle n'est pas improvisée et a fait l'objet d'une anticipation (plan B),
Elle est basée sur l'ensemble des informations disponibles,
Elle reste dans les limites du savoir-faire du pilote,
Elle tient compte de la contrainte de temps,
Elle est exempte de toute pression extérieure.

Étude d'un cas particulier par « Plaques de Reason » :

« Objectif destination ».

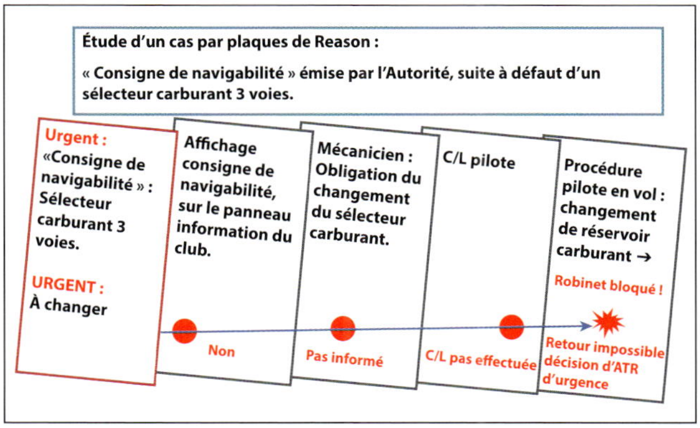

L'autorité a émis une **consigne de navigabilité** : « **urgente** ». *Elle concerne un robinet carburant « 3-positions » (gauche, droite et Off) qui se bloque.* Dans le Club, cette « consigne de Nav » surprend tout le monde, **pas d'affichage**. Le mécanicien rentre de vacances et n'a pas encore pris en charge son **suivi de navigabilité**. Le **pilote pressé**, n'utilise pas la C/L. **Il oublie de changer de réservoir après la mise en route**. Après une période de vol assez longue sur ce réservoir, il décide de passer sur l'autre aile. **<u>Le robinet est bloqué!</u> Il ne peut plus revenir vers son terrain de départ**. Il lui faut envisager un « **atterrissage d'urgence** ». Par chance, **il trouve le terrain idéal et se pose correctement, sans casse**.

➔ Conclusion : **l'objectif destination** est un des « **facteurs humains** » **récurrents des accidents**. Parmi tous les oublis, ici, la lecture de la **C/L est impérative** !

55. Le « **biais** » peut présenter un avantage de simplification lors de la décision, mais se révéler également très dangereux, s'il est déconnecté des réalités du moment. **On ne peut pas prendre une décision le jour du vol avec une MTO de la veille !**

CHAPITRE V

HISTOIRE ET CULTURE DE L'AÉRONAUTIQUE ET DU SPATIAL

Avertissement :

Ce module a pour buts :

- De situer les « étapes importantes de l'Histoire de l'Aviation et du Spatial ».
- D'établir des relations entre les « acteurs, les machines et les innovations scientifiques et technologiques ».
- De permettre le rapprochement entre « les faits historiques » et les « enjeux culturels, sociaux et économiques ».

Ce module est caractérisé par son niveau d'expression « 2 » : l'élève est capable d'en parler.

- **L'un des points le plus importants de ce cours est d'échapper à « l'apprentissage de dates isolées ».**

Lorsqu'un retour dans le temps est nécessaire, en passant d'un thème à un autre, une référence chronologique est insérée dans le cours. Voir l'échelle chronologique ci-dessous.

5.1. DU MYTHE À LA RÉALITÉ

Nota : le bulletin officiel (B. O.) précise :

Ce chapitre est l'occasion d'une réflexion sur l'innovation en échappant à la seule logique d'apprentissage de dates isolées tout en conservant le sens de la chronologie. Il s'agit de montrer que l'aviation n'a pas commencé d'un coup, par miracle, mais qu'elle est le terme d'une longue histoire, où se mêlent, mythe, imagination, expérimentation.

Grèce antique	IIIe s. A. D.	XVe s.	XVIe s.	XVIIe s.	XVIIIe s.	XIXe s.	XXe s.	XXIe s.

5.1.1. Mythe d'Icare

L'idée de naviguer ou de s'élever dans les airs est aussi ancienne que l'humanité. Les premières civilisations connaissaient des divinités ailées ou utilisant des moyens de déplacement aérien (Isis en Égypte, **Icare en Grèce**, Bouddha en Inde, etc.).

Dans la mythologie grecque, **Icare** est mort pour avoir voulu voler trop haut, trop près du soleil. Ses ailes avaient été fabriquées avec des plumes collées à la cire. S'étant rapproché du soleil, la chaleur avait fait fondre la cire. *Il n'y a pas d'analyse scientifique, Icare est un Mythe.*

5.1.2. Cerf-volant

Le mot **cerf-volant** viendrait de l'ancien français « **serp** » qui signifie serpent. L'expression **Dragon-volant** est très souvent utilisée. Elle est citée dans la Bible et dans les mythologies de différentes civilisations. D'anciens textes font remonter **l'origine du « cerf-volant » au IVe siècle avant J.-C**.

Laurence Hargrave (1850–1915), Australien, réalise de nombreuses études sur les cerfs-volants et définit les raisons pour lesquelles ils se maintiennent en l'air. Il démontre l'augmentation de la portance liée à l'aile multiple, grâce à ses études sur les cerfs-volants **cellulaires** (à caisson). Il laisse ainsi à la postérité le mot de « **cellule** ». Il était aussi expérimentateur en faisant voler des modèles réduits.

5.1.3. Utopie et projets (Léonard de Vinci)

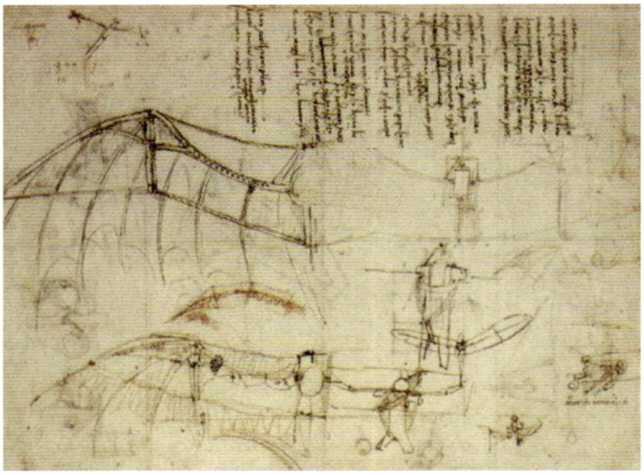

Lors de la Renaissance, les études de **Léonard de Vinci** (1452 – 1519) liées à l'observation du vol des oiseaux sont confirmées par ses dessins d'un engin volant baptisé : **Ornithoptère (1487)**. Ici, le « pilote » est couché entre deux supports longitudinaux sur lesquels sont fixées deux ailes en toile. Un pédalier mû par le pilote entraîne un mécanisme constitué d'engrenages en bois et de cordes qui provoquent le battement des ailes. Ce projet était une utopie !

5.1.4. Imitation de la nature et ses limites

Aristote (385 – 323 av. **J.-C.**) avait rédigé le résultat de ses études relatives aux vols des oiseaux. Il en avait conclu qu'ils volent grâce aux « battements d'ailes ».

Cette théorie de la nécessité du battement de l'aile perdurera jusqu'au XIXe siècle. C'est Louis-Pierre Mouillard, dans son étude « **Empire de l'air** – essai d'ornithologie (**oiseaux voiliers**) appliquée à l'aviation – », qui mettra un point final à ce débat en **1881**.

Georges Cayley (1773 – 1857), ingénieur et parlementaire anglais, fut à la fois un **visionnaire** de l'aéronautique et un **expérimentateur**. Il fut le premier à identifier les quatre forces qui régissent le vol : portance – poids – traction – traînée. En 1804 il avait construit un modèle réduit baptisé : **Governable parachute** (le nom de « planeur » n'existait pas) qu'il modifiera en 1849, afin de permettre l'embarquement d'un « pilote ». Cette machine volera en 1853 (sans pilote). Après lancement elle aurait parcouru 200 m.

On doit à **Georges Cayley**[56] d'avoir mis en évidence l'effet de la cambrure de l'aile sur la portance ainsi que celui du dièdre sur de la stabilité.

L'aéronautique se développe suivant plusieurs directions : ballons, planeurs, hydravions, avions et hélicoptères.

5.1.5. Essor des ballons (voir aussi le chapitre 2.3)

L'année **1783** est féconde en découvertes. En juin, les frères Joseph et Étienne de Montgolfier inventent le ballon à air chaud, ils laisseront à la postérité le nom de : « **montgolfière** ». Cette invention émerge dans un siècle passionné de sciences et techniques, et connaît un vif succès. Le plus léger que l'air s'est ainsi développé le premier et le plus rapidement ; il était plus facile à mettre en œuvre.

Les frères Montgolfier avaient été précédés par le père Laurenço de Gusmão (prêtre portugais) qui avait fait voler des petits ballons à air chaud (**août 1709**) devant le roi du Portugal.

Il faut lier ces événements au fait que la « **Lanterne céleste chinoise** » était connue depuis le IIIe siècle A.D (après Jésus Christ) en Asie.

Durant la même année :

- En août, le physicien **Jacques Charles** conçoit et essaye le ballon à gaz gonflé à hydrogène sur le Champ-de-Mars.
- Le **19 septembre**, un coq, un mouton et un canard, placés dans la nacelle d'une Montgolfière, s'envolent devant le roi Louis XVI.
- **19 octobre**, Pilâtre de Rozier s'élève dans un ballon captif (relié au sol par des cordages).
- Le **21 novembre**, date officielle du premier vol, **Pilâtre de Rozier et le marquis d'Arlandes** s'envolent (librement) pour s'inscrire dans l'histoire.
- Le **1er décembre**, Jacques Charles et Nicolas-Louis Robert effectuent le premier vol libre d'un ballon gonflé à l'hydrogène.

Le 7 janvier 1785, **Blanchard et Jeffries traversent la Manche en ballon.**

Sophie Blanchard devient aéronaute lorsqu'elle épouse Jean-Pierre Blanchard. Devenue professionnelle, elle anime des manifestations au cours desquelles elle lance des feux d'artifice. L'un d'eux provoquera l'incendie de son ballon gonflé à l'hydrogène qui lui sera fatal (1819). Elle avait à son actif 67 ascensions et connu la Révolution, le Premier Empire et la restauration avec Louis XVIII.

En juin, de cette même année, Pilâtre de Rozier et Romain se tuent lors de l'incendie qui ravage leur ballon en vol.

En 1794, 11 ans seulement après le premier vol, le ballon est utilisé à des fins militaires au cours de la guerre contre

56. Parution en 1843 de : « Retrospect of the progress of aerial navigation, and demonstration of principles »

les Autrichiens (bataille de Fleurus et siège de Mayence). Les observations faites depuis les ballons permirent de déjouer les mouvements de l'ennemi. À cette même époque sont créées la première compagnie d'aérostiers militaires et la première école des aérostiers au château de Meudon.

- En 1797, André-Charles Garnerin saute en parachute d'un ballon. L'accident qui avait coûté la vie de Sophie Blanchard et Pilâtre de Rozier avait démontré le besoin d'un moyen de sauvetage.

C'est au milieu du XIXe siècle qu'**Henri Giffard conçoit un ballon** dirigeable, il est **propulsé par une hélice entraînée par un moteur à vapeur**.

En août 1884, le dirigeable La France effectue le premier circuit aérien fermé.

C'est à l'aube du XXe siècle (en 1901) qu'Alberto Santos-Dumont **effectue un vol de 30 minutes** (aller et retour) avec son **dirigeable n° 6, sur le trajet Saint-Cloud-la tour Eiffel**.

Tout le long du XIXe siècle, les découvertes s'étaient succédé, les améliorations donnaient l'impression qu'il n'y avait plus de limite et que le ballon allait régner en maître.

5.1.6. Controverse entre plus légers et plus lourds que l'air

Cette controverse traduit l'état d'esprit du XIXe siècle. Le précédent avait vu la réussite spectaculaire du premier vol d'un ballon à air chaud, ***du plus léger que l'air***. Le début du XIXe avait permis l'amélioration des performances de ces machines. La question pertinente aurait pu être simplement :

- **Pourquoi poursuivre des études sur le plus lourd, alors que le plus léger vole?** D'autant que le plus léger s'était organisé : « l'**Aérostation** » venait d'être créée. Les pilotes étaient des « **aérostiers** » et la machine un « **aérostat** ». La possibilité d'adjoindre aux ballons une motorisation leur permettrait de maîtriser la navigation.
- **Alors pourquoi, dans ce contexte, penser au plus lourd que l'air?** Il faut préciser, à ce point de l'analyse, que l'exploitation des ballons n'était pas simple, il fallait de nombreux aides au sol pour les tenir, les amarrer ; et les retours étaient parfois sportifs. Les premiers dirigeables demanderont des moyens techniques et humains importants au sol. **Sans oublier les risques d'incendie**.

Le XIXe siècle est réellement la période la plus mûre et la plus apte à faire naître et évoluer le plus lourd que l'air.

- **L. Hargrave** a démontré la notion de portance, grâce à ses cerfs-volants. Il s'était aussi impliqué dans la démonstration de la faisabilité du vol avec le plus lourd que l'air.
- **G. Cayley** a décrit à quelles conditions doivent répondre les plus lourds que l'air, pour voler de manière efficace. Il a complété ses études en faisant voler des planeurs.
- En France, en 1856, **Jean-Marie Le Bris** s'élève à bord d'un planeur monté sur un chariot tiré par un cheval. Face au vent, il parcourt 100 à 200 m.
- **L.P. Mouillard** a conclu que nous pouvons faire voler des plus lourds en s'affranchissant du battement d'ailes. Il découvrira le moyen de permettre le virage par le gauchissement de l'aile.
- Nous devons aussi tenir compte du fait que les continents ne sont plus isolés et que les expériences menées par les uns et les autres sont connues et comprises par tous.

C'est dans la seconde moitié du XIXe que les résultats de toutes ces expériences sont regroupés dans un ouvrage important (**paru en 1891**) : « **Progress in flying machines** »,

d'Octave Chanute (Paris 1832 – Chicago 1910). Il serait réducteur de dire qu'il n'a fait que regrouper le résultat du travail des autres précurseurs dans son ouvrage, car lui aussi a fait voler des modèles réduits, qu'il avait conçus, ainsi que des planeurs qui ont été pilotés. Octave Chanute aux USA a su inspirer les **frères Wright**.

> La seconde moitié du XIXe siècle est réellement le « creuset » d'où sont sortis les idées et les principes qui ont permis le 1er vol du plus lourd que l'air.

5.2. DES PRÉCURSEURS AUX PIONNIERS ET PIONNIÈRES

> **Nota :** le bulletin officiel (B. O.) précise :
> Cette période peut être utilement insérée dans les « développements sur l'étude des aéronefs ou les principes de vol. » La dimension historique n'est pas un chapitre indépendant du reste, mais constitue son horizon de compréhension.

Grèce antique	IIIe s. A. D.	XVe s.	XVIe s.	XVIIe s.	XVIIIe s.	XIXe s.	XXe s.	XXIe s.

5.2.1. Approche scientifique du vol plané

Les lois de la physique qui régissent le vol du plus lourd que l'air commencent à être connues. De nombreux précurseurs, inventeurs, expérimentateurs, vont faire évoluer la maîtrise du vol.

- **Félix du Temple de la Croix (1823 – 1890)** fait décoller en **1857** un « aéroplane » modèle réduit équipé d'ailes fixes. Il dépose un brevet avec son frère pour : un « appareil de locomotion aérienne ».
- **Mathew Piers Walt Boulton (1820 – 1894)** fait éditer : « **Aerial locomotion** » en **1864**, puis dépose un brevet : il invente les ailerons.
- **Charles Renard (1847 – 1905), ingénieur**, réalise de multiples inventions dans le domaine de l'aviation. Il imagine la construction d'un **planeur baptisé « Aéride »**, il est destiné à être lancé d'un ballon pour envoyer des messages vers le sol.
- **Alphonse Pénaud (1850 – 1880), ingénieur**, invente un planeur (modèle réduit) en **1873** avec Paul Gauchot (mécanicien). **Le contrôle de l'appareil est assuré par un « empennage » avec des gouvernes de direction et de profondeur**.
- **Octave Chanute dépose (au nom de L.P Mouillard) en 1892 un brevet, pour le principe de gauchissement des ailes.**
- Le 28 septembre 1842, **William Henson** dépose le brevet (Londres) d'un aéroplane mécanique. Ce brevet représente un tournant important dans le monde des constructions aéronautiques, car c'est la première description complète d'un aéroplane. L'appareil (sans pilote) devait s'élever grâce à une machine à vapeur. L'aéroplane complet, de petite dimension, pesait moins de 4 kg et le premier vol eut lieu en **1848** (modèle réduit). Avec **John Stringfellow**, ils avaient conçu le premier appareil qui s'élevait dans les airs de manière autonome.
- **Otto Lilienthal (1848-1896)** joue un rôle important dans l'aéronautique naissante. Ingénieur, né en Poméranie, il pratique de très nombreuses expériences en vol sur de petits planeurs [57] (ressemblant à des deltaplanes).

57. L'empennage du planeur de 1894 est composé : d'un plan fixe vertical et d'un plan fixe horizontal. Noter le système de gauchissement des ailes gauche et droite (brevet de L. P. Mouillard en 1892). La position de pilotage ne semble pas très confortable.

À Berlin, il a fait bâtir un tremplin surélevé pour ses envols. Il met en évidence l'aérodynamisme et la polaire de l'aile. Ses travaux réalisés de façon méthodique et scientifique facilitent la tâche de tous ceux qui le suivent. Il se tue au cours d'un vol en 1896.

Les vols planés de tous ces expérimentateurs atteignaient, environ, une distance de 200 à 250 m. Ces vols étaient « observés », « minutés » et « analysés ». Les résultats de ces vols et analyses furent utilisés par les frères Wright lors de la préparation du premier vol motorisé.

5.2.2. Premiers vols motorisés des plus lourds que l'air

En 1890, en France, Clément Ader effectue le premier vol de son aéroplane, baptisé « Éole ». C'est la première fois qu'un avion et son pilote quittent le sol. Clément Ader vient d'inventer le mot : « **avion** ».

Pour les ailes, il s'est inspiré de la forme d'une aile de chauve-souris. Elles ont une surface de 29 m^2. La cellule est en bois creux recouvert de soie. La masse totale de la machine, pilote compris, est de 300 kg. Le moteur est un double bicylindre à vapeur d'une puissance annoncée de 20 CV (10 ou 12 en réalité). L'hélice est une quadripale en bambou.

L'essai en vol a été effectué dans une propriété privée et les observateurs présents, qui sont des amis, donneront des témoignages enthousiastes mais différents. En fait, ce premier vol représente une course à peine contrôlée, d'une cinquantaine de mètres avec quelques « envols », qui prouve que le plus lourd que l'air peut voler. Les « sillons » laissés par les roues sont un peu moins profonds là où l'avion s'est envolé.

En prévision de leur premier vol (motorisé), les frères Wright **(Wilbur et Orville, USA)** vont devoir préalablement construire un « **planeur** » puis l'expérimenter. Ils sont aidés par l'ouvrage de Chanute, **mais ne tiennent que partiellement compte des résultats de leurs prédécesseurs** ; ils veulent vérifier, confirmer. Ils optent pour un biplan avec empennage canard (plan fixe horizontal à l'avant) et un plan fixe vertical à l'arrière. Le premier vol intervient en **1902**. Le pilote se positionne légèrement en avant des ailes, en se tenant avec les deux mains, le long de deux barres longitudinales, orientées vers l'avant. Ainsi, se place-t-il au plus près du centre de gravité (contrôle de la stabilité longitudinale).

Pour la motorisation de l'avion futur, ils doivent résoudre 3 problèmes : la **puissance**, le **poids** et l'**hélice**. Le moteur « avionnable » n'existe pas. Celui qu'ils conçoivent est un 4 cylindres en ligne refroidi par eau, développant 12 cv et d'une masse de 80 kg. La propulsion est assurée par deux hélices contrarotatives, entraînées par chaîne.

L'avion « **Flyer I** » reprend la configuration biplan du planeur, ainsi que la position de l'empennage canard. Le moteur est positionné au centre de gravité et le pilote légèrement en avant. Ils ont préalablement effectué des essais en soufflerie.

Le 17 décembre **1903**, ils réalisent successivement quatre vols à Kitty Hawk, USA. L'avion décolle et parcourt une distance d'environ **trois cents mètres**, pour une durée **d'une minute de vol. Énorme succès mondial !**

Il faudra cinq années supplémentaires pour parachever le « **Flyer III** », version la plus aboutie, équipée du système de gauchissement des ailes pour virer.

5.2.3. Innovations et exploits

Après le premier vol, la course vers les innovations et les exploits va s'accélérer. Ceux qui n'ont pas pu être les premiers veulent leur revanche. Il faut progresser. Un « saut » de 300 m, même motorisé, ne peut pas être le but. Il faut : aller plus loin, monter, descendre, accélérer et virer pour revenir vers le point de départ. Pour réaliser ces objectifs, il va falloir améliorer la structure des machines ainsi que la motorisation.

L'Aéro-club [58] de France (**AéCF**) est créé en 1898. C'est la plus ancienne association d'aviateurs du monde. Son but est « **d'encourager la locomotion aérienne** », l'association va stimuler l'esprit de compétition en créant des **compétitions**.

- En 1901 le prix **Henry Deutsch de la Meurthe** (pilotes de dirigeables). Industriel, cofondateur AéCF.
- En 1906 la coupe **Gordon Bennett** (1re compétition aéronautique).

Alberto Santos-Dumont **(1873 – 1932)** cofondateur AéCF est né au Brésil. Il vient en France attiré par les progrès des ballons et des dirigeables. Il noue des liens avec les inventeurs, les créateurs et les expérimentateurs de la fin du XIXe siècle. Sa rencontre avec les **frères Voisin** sera déterminante. La construction de l'**Aéroplane 14Bis** lui permet de devenir le premier pilote du plus lourd que l'air en Europe (octobre **1906**). Il comprend que le monde change et que le plus lourd que l'air a de l'avenir. Il ajoute à son tableau la **1re coupe Gordon Bennett**.

Fin 1907, il invente un **avion léger**, la **Demoiselle**. Il est propulsé par un moteur de « 2 cylindres à plat » délivrant 18 CV. Il est réalisé en toile de chanvre et en bambou. Il sera vendu en kit à partir de 1910 avec des moteurs de 30 ou 50 CV.

Gabriel Voisin **(1880 – 1973)**. Il modifie un de ses **planeurs en hydravion**, il le fait décoller de la Seine, remorqué par bateau. Avec son frère Charles, il crée, en **1907**, **l'entreprise Voisin frères**. Charles Voisin décède en 1912.

Henri Farman **(1874 – 1958)** modifie un avion Voisin qui sera propulsé par un moteur Levavasseur **de 50 CV**. Il remporte le prix « **Deutsch de la Meurthe-Archdeacon** » en circuit fermé sur 1 km. Il détient aussi le **record de vitesse en circuit fermé: 52,7 km/h**. En **1909** il remporte l'**épreuve de distance en dépassant 180 km, puis le record de durée en circuit fermé: 8 h 12 min et 28 sec.**

Léon Levavasseur (1863 – 1922) entrevoit dès la fin du XIXe siècle la possibilité de faire voler le plus lourd que l'air avec un moteur à piston. En 1903, il conçoit un « 8 cylindres » en « V » développant 80 cv ; toutefois, il est un peu trop lourd. En 1906, il crée la société de construction des moteurs Antoinette. En **1908**, il commercialise le **V8 « Antoinette » de 50 CV**.

58. Autres membres fondateurs AéCF : Ernest Archdeacon, Léon Serpollet, comte Henri de la Valette, Jules Albert de Dion, Henry de la Vaulx, André Michelin, industriel. Après cette création, d'autres associations furent créées. Elles se fédérèrent en 1905 en créant la **Fédération aéronautique internationale** (F.A.I).

Gustave Eiffel **(1823 – 1923)** va aussi s'impliquer dans la construction aéronautique en créant une soufflerie dans Paris, au pied de la Tour Eiffel. Le hangar disgracieux sera ensuite déménagé pour rejoindre Auteuil en **1912. Cette soufflerie est toujours en service**. La courbe qui traduit les performances aérodynamiques (polaire d'Eiffel) est toujours utilisée.

Avant cette soufflerie les essais étaient effectués en rivière, le comportement de l'écoulement autour du profil était observé depuis le fond en verre d'un bateau.

Robert Esnault-Pelterie (1881 – 1957), ingénieur, invente le **manche à balai en 1906**. Il donne au pilote la possibilité d'agir sur les commandes de vol par un levier unique (ailerons et profondeur). Il est situé devant le siège et entre les jambes du pilote. Pelterie participe au développement du moteur en étoile. En 1907 il fait voler un avion **monoplan à structure métallique**.

En 1907 **Wilbur Wright** décide de s'installer en France, le pays se passionnant pour l'aéronautique et pour les machines volantes. Il crée au Mans, puis à Pau, les premières écoles de pilotes d'aéroplanes, ce qui amplifie la motivation aéronautique française.

1909 et **1910** furent les années des records. De nombreuses manifestations aériennes attiraient un public nombreux. Les constructeurs aéronautiques trouvaient dans ces meetings aériens une publicité de grande envergure et la compétition aux records était ouverte (vitesse, hauteur, maniabilité...).

Le 25 juillet 1909, Louis Blériot s'envole de Calais à bord d'un **Blériot XI** et rejoint Douvres après un vol de 38 km. **Il est le détenteur du « brevet de pilote n° 1 »**.

En mars 1910, Henri Fabre décolle de l'étang de Berre avec un **avion équipé de flotteur**, l'empennage est dans la configuration canard. Il se pose correctement à l'issue de ce premier vol, il venait de parcourir 6 km.

Elisa Deroche est connue sous son pseudonyme de "baronne Raymonde de Laroche". Elle est la 1re femme au monde à obtenir son brevet de pilote (n° 36 de l'aéro-club de France) en 1910. Elle avait été initiée au pilotage par Charles Voisin. Elle est recordwoman d'altitude en juin 1919 (3 900 m). Elle meurt en juillet 1919 lors d'un vol d'entraînement.

Louise Faure-Favier, en 1919 après la 1re Guerre Mondiale, pilote, établit un record aérien de vitesse entre Paris et Dakar; elle était en équipage avec Lucien Bossoutrot. Durant les années 1920 – 1930, journaliste et photographe elle rend-compte et informe des progrès de l'aviation. En qualité d'écrivaine elle publie des ouvrages tel que celui dédié à « **l'Aéroport de Paris-le-Bourget** ». Elle participe à un meeting aérien à Nice, sur l'aérodrome de la Californie, en mars 1922; elle y présente une conférence dont le thème est « **l'Aviation et la Femme** ».

Louise Faure-Favier est considérée de nos jours comme la « pionnière de l'aviation commerciale ».

5.3. LES ENJEUX MILITAIRES ET LES ÉVOLUTIONS DE L'AÉRONAUTIQUE

Nota : le bulletin officiel (B. O.) précise :
Le rapport de l'aviation à sa dimension militaire en temps de paix ou de guerre doit être tout particulièrement contextualisé, notamment en termes d'accélération des innovations et de l'essor des industries.

5.3.1. Première Guerre mondiale : les techniques et les pilotes (hommes et femmes)

Préambule : avant de traiter la Première Guerre mondiale (1re GM), il est intéressant de faire le point sur l'évolution de l'aéronautique « 10 ans après le 1er vol des frères Wright » (1913).

Marie Marvingt pionnière de l'aviation, se fait connaître très tôt. C'est une « aéronaute », une « aviatrice », une « sportive ». Elle détient le brevet de pilote de ballon n°145 et obtient le brevet de pilote avion de l'aéro-club de France n° 281 en 1910. Elle invente le concept d'un « avion-ambulance », qu'elle ne parvient pas à mener à son terme avant la 1re Guerre mondiale. À 88 ans elle débute le brevet de pilote d'hélicoptère.

Avril 1913 : première épreuve de la **coupe Schneider** (une compétition d'hydravions) organisée à Monaco. Le vainqueur est M. Prévost. Il pilote le monoplan **Deperdussin**, motorisé par un moteur rotatif Gnome et Rhône de 100 CV qui lui permet d'atteindre une vitesse moyenne de 73 km/h.

Mai 1913 : premier vol du **Sikorsky** « Bolchoï », dit le grand, au-dessus de Saint-Pétersbourg. Son envergure est de 28 m. Il est motorisé par 4 Argus de 100 CV. Il préfigure les futurs bombardiers lourds.

Août 1913 : 1re compétition d'hydravion en Grande-Bretagne, on pense déjà aux applications militaires. (La Première Guerre mondiale étant une guerre de tranchées, cette invention sera très utilisée durant la Seconde Guerre mondiale.)

Août 1913 : Adolphe Pégoud saute publiquement en parachute de son avion. Le voyant **effectuer seul des figures de voltige** avant de s'écraser, il imagine de faire la même chose avec lui dans l'avion. La voltige aérienne est née.

Septembre 1913 : Roland Garros traverse la **Méditerranée** (800 km) à bord d'un **monoplan Morane Saulnier** équipé d'un moteur d'une puissance **de 60 CV**. 8 h de vol **entre Saint-Raphaël et Bizerte**.

Novembre 1913 : le 29, **Jules Védrines** effectue la 1re liaison « **France-Égypte** » (durée du raid : 1 mois). Il vole sur un **monoplan Blériot**.

Premier vol du « **Sopwith Tabloid** », considéré comme le **premier avion de chasse**. Le constructeur est Thomas Sopwith. La structure du Tabloid est métallique, elle est recouverte de toile, sauf le capot moteur qui est réalisé en tôle de zinc. Il est propulsé par un Gnome de 80 CV, puis 100 CV (français). Sa vitesse maximale est de 148 km/h.

L'aviation militaire française a pris naissance quatre ans plus tôt, en 1909; le ministre de la guerre décidait de l'achat d'aéroplanes. Une compétition s'établit entre le « Génie » et « l'Artillerie », ces deux armes voulant représenter l'aviation française. Une souscription privée est lancée afin de développer l'aéronautique militaire française: achat d'avions, création d'aérodromes.
C'est en **1910** que le général Roques obtient le regroupement de toute l'aviation en une seule arme. Il devient « **Inspecteur permanent de l'aéronautique militaire** ». Ce sont les débuts de « l'aviation militaire [59] française », elle ne dispose que de: 39 pilotes et 29 avions.
Le brevet militaire de pilote consiste en un voyage de 100 km.

5.3.1.1. Les techniques

Avec la Première Guerre mondiale, l'intégration de l'avion dans la stratégie militaire va s'accélérer. Il devient au début un moyen « **d'observation** », puis de « **surveillance** », de « **protection** », « **d'attaque** » et de « **bombardement** ». Afin d'atteindre ces buts, d'énormes progrès vont être réalisés. L'État français et les industriels vont coopérer. Les sociétés de production et de construction civiles vont se tourner vers l'effort de guerre.

Au début du conflit, la France possède moins de 200 avions de combat.

La course à l'armement aérien se traduit par des demandes d'innovations et d'améliorations de performances:

- De la puissance des moteurs, afin d'augmenter la masse au décollage et la vitesse. **Entre le début et la fin du premier conflit, la vitesse des avions est multipliée par 2.**
- Du rendement de l'hélice. **Marcel Bloch** [60], ingénieur, concevra l'hélice « **Éclair** ».
- De la construction de la cellule, légèreté et robustesse de la structure, tout en améliorant les qualités aérodynamiques.
- De la capacité d'emport en armements nouveaux. Mitrailleuses (avec synchronisation du tir au travers de l'hélice mise au point en 1915 chez Fokker pour son « Eindecker »), canon. Mise au point de viseurs de tir et de bombardement, construction de soutes à bombes.
- De la précision des instruments de pilotage et de navigation, qui permettent la mise au point de nouvelles techniques de gestion du vol (pilotage et navigation). Vols de nuit, etc.

En même temps que l'avion s'améliore, les **dirigeables** se perfectionnent. Ils peuvent effectuer des vols de très longues distances. Ils sont utilisés comme moyens d'observation et de bombardement. L'un des leaders est allemand, le comte von Zeppelin, à Friedrichshafen.

Le constructeur **Deperdussin** créé la « société de production des avions Deperdussin » dont l'acronyme est devenu célèbre: « **Spad** ». Les différents modèles seront produits à **plusieurs milliers d'exemplaires**.

Les usines **Farman** produisent les bombardiers « **F30, F40, F50** » puis F60 à la fin de la guerre.

59. L'armée de l'air est constituée comme une force indépendante le 2 juillet 1934.
60. Marcel Bloch deviendra Marcel Dassault à son retour de captivité en 1945. Il crée alors la société éponyme qui deviendra célèbre avec ses avions : **Ouragan, Mystère IV, Mirage III, Falcon, etc.**

Sous la direction de Gabriel, les **ateliers Voisin** construisent un **biplan de bombardement** propulsé par un moteur **Salmson de 130 CV** (hélice propulsive). Ce modèle sera produit à **10400 exemplaires** durant la guerre. La puissance du moteur atteindra 300 CV à la fin du conflit.

5.3.1.2. Les pilotes et membres d'équipage

En France, les femmes pilotes n'ont pas été admises à participer aux combats. Notons la présence de femmes dans les rangs de l'aviation russe.

Les pilotes de l'aviation militaire française entre 1914 et 1918 font preuve de personnalité et d'individualisme, mis en valeur par la propagande qui les entoure, on les appelle les « **as** ». Ce statut est obtenu après 5 victoires homologuées.

- As aux États-Unis :
  - Edward Rickenbaker : 26 victoires.
- As en France :
  - **Fonck**, 75 victoires homologuées,
  - **Guynemer**, héros romantique, 53 victoires. Tué en septembre 1917 dans son SPAD XIII,
  - **Nungesser**, 45 victoires,
  - **Madon**, 41 victoires.
- As du côté allemand :
  - **Manfred von Richthofen** (baron rouge) 80 victoires. Tué en avril 1918 dans son Fokker Dr.I.
- As du côté canadien :
  - **William Bishop**, 72 victoires.

Fokker Dr.I triplan

La liste des **pilotes tués au combat** durant la Première Guerre mondiale est impressionnante : Allemagne : 11400, Grande-Bretagne : 7500, France : 5600, pour ne citer que ces trois pays.

5.3.2. La Seconde Guerre mondiale : le rôle décisif de l'avion et des innovations

Avant-propos :

Si, pour les industriels, avoir travaillé à l'effort de guerre (Première Guerre mondiale) avait été financièrement rentable, leur implication avait atteint un tel niveau que de véritables « **exploits techniques** » avaient été réalisés : **prototypes**, **capacité de production**, etc. Cependant, que faire à la fin de la guerre ? Certains constructeurs, comme **Gabriel Voisin**, choisiront la production automobile. **Farman**, optera pour la « **construction et l'exploitation aérienne** » en mettant en ligne son dernier bombardier, le **F60-Goliath**. Toutefois, le défi est important car ces machines sont loin de répondre à ces nouveaux objectifs et la concurrence est rude.

L'entre-deux-guerres, est une époque d'effervescence où l'évolution du parc aérien civil aura aussi des répercussions sur celui du militaire. Le « **rôle décisif** » (à venir) de l'avion durant la Seconde Guerre mondiale est étroitement lié aux progrès réalisés durant cette période. Progrès dus aux investissements des sociétés privées de construction : **Breguet, Potez, Dewoitine, Latécoère, Bloch, Morane-Saulnier, etc.** (sociétés qui deviendront publiques à partir de 1936).

5.3.2.1. Innovations

Les constructeurs répondent aux besoins des compagnies aériennes avec des prototypes aux performances sans cesse améliorées. Les **raids** (traversées : océans, déserts) sont une vitrine des possibilités offertes et ne laissent pas indifférents les stratèges militaires.

Les USA avaient débuté les études aérodynamiques vers 1920 pour aboutir, à la fin des années 1930, à l'édition du catalogue des références **NACA** [61].

En 1933, Douglas, constructeur US, sort un avion nouveau : le **DC-1**. Entièrement métallique, il est équipé d'un train d'atterrissage rentrant. Avec deux **moteurs de 710 CV**, ses performances sont excellentes.

Le **DC-1** sera suivi par le **DC-2** puis par le **DC-3** [62] (fin 1935 avec deux fois 1 200 CV).

Après 600 DC-3 civils, les versions militaires seront baptisées **C-47** ou **Dakota** et seront produites à plus de 10 000 exemplaires durant la Seconde Guerre mondiale.

5.3.2.2. Innovations Seconde Guerre mondiale

Avec la Seconde Guerre mondiale, l'exploitation des avions s'est affranchie des aléas des conditions météorologiques. Il faut cependant améliorer les moyens de navigation.

- Système « **Gee** », conçu pour les bombardiers britanniques en 1941. C'est une aide aux « retours des vols de nuit ».
- **LORAN** (abréviation de **LO**ng **RA**nge **N**avigation) inventé en 1942, moyen longue distance, système hyperbolique.
- Le **Decca**, en essai en juin 1944, est un moyen longue distance à système hyperbolique.

L'équipage des avions lourds (gros porteurs) s'est étoffé, aux pilotes se sont ajoutés : le navigateur, le radio (communication longue distance – HF) et le mécanicien navigant (surveillance des systèmes, transfert carburant, lecture des check-lists, dépannage, etc.) L'ergonomie du cockpit a aussi évolué afin de définir la place de chaque membre d'équipage.

L'électronique a fait de gros progrès :

- **Radar de détection** [63], à partir du sol : surveillance du ciel, mais aussi maritime.
- **Radar de bord**, vers la fin du conflit, précision de la navigation, surveillance.
- La **fiabilité des équipements électronique** s'est aussi améliorée.
- La **nécessité d'identifier rapidement un avion** a obligé les bureaux d'études à mettre au point **l'IFF** [64] (**identification ami/ennemi**).

61. Toujours en service. L'acronyme de NACA a été remplacé en 1958 par celui de **NASA**, au début de la conquête spatiale.

62. Il sera encore en service jusque dans les années 1980.

63. Le principe de la détection par ondes électromagnétiques débute dans les années 1920. Le radar se développe durant les années 1930. Sa mise au point intervient au tout début de la Seconde Guerre mondiale.

64. Cet équipement est devenu une aide précieuse au suivi de la navigation aérienne, il est au-

La **puissance des moteurs** qui a permis de voler à très **haute altitude** [65] (il fallait échapper à la détection à vue) a obligé les bureaux d'étude à mettre au point des systèmes d'aide respiratoire (oxygène). Les équipages sont aussi équipés de combinaisons chauffantes sans lesquelles les vols à hautes altitudes seraient impossibles.

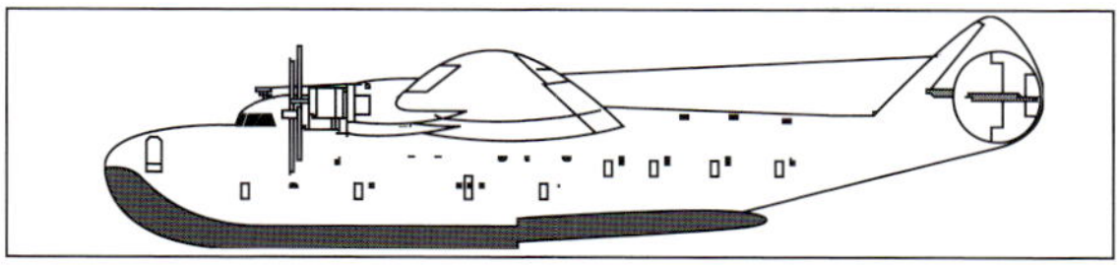

De nombreuses batailles de la Seconde Guerre mondiale se sont déroulées au-dessus de l'Atlantique, du Pacifique ou de l'océan Indien, les états-majors ont fait appel aux **hydravions**. Ces derniers étaient les héritiers, améliorés, de ceux qui avaient défriché les premières lignes océaniques durant les années 1930.

Les **ballons** sont aussi revenus en force, améliorés, gonflés à l'hélium, ils servent de base d'observation ou de support de radar de détection. Ils sont aussi surnommés « saucisses ».

5.3.2.3. Innovations et rôle décisif

L'Allemagne, après la défaite de 1918 et aux termes du traité de Versailles, ne devait pas se réarmer. Elle développa l'aviation civile et les planeurs au grand jour, ainsi que l'aviation militaire dans le plus grand secret. Les pilotes de la Luftwaffe avaient été formés au sein d'unités pratiquant le vol à voile, présenté comme une activité sportive. C'est ainsi que naquirent outre-Rhin de futurs avions de combat redoutables.

- Le **Messerschmitt 109 (Bf 109)**, avion de chasse conçu par Willy Messerschmitt (chasse, protection et supériorité aérienne). Sa motorisation évoluera passant d'un **Jumo 210 de 700 CV (Bf 109 C)** vers un **Daimler-Benz de 1 000 CV (Bf 109 E)**, puis jusqu'à **1 550 CV (Bf 109 G-10)**. La vitesse du **Bf 109 G-6 (1 475 CV)** est de **653 km/h**. Sa participation à la guerre d'Espagne en 1936 permet aux stratèges d'évaluer ses possibilités et de définir ses tactiques de combat. (Il atteindra 720 km/h à la fin du conflit.)
- Le **Stuka (Ju 87)** de Hugo Junkers. Avion de bombardement en piqué et d'attaque au sol. Les puissances de sa motorisation passeront de **900 CV à 1 100 CV, vitesse 310 km/h. Dans une version améliorée, sa vitesse atteindra 380 km/h**. Trois **Ju 87 A** et cinq **Ju 87 B** participent aussi à la guerre d'Espagne.
- Le **Heinkel 111 (He 111) d'Ernst Heinkel**, construit à Rostock. Bimoteur de bombardement, propulsé par 2 Jumo 211 de **1350 CV, vitesse 435 km/h**. Sa tactique de bombardement a été mise au point, en Espagne. (6 508 ex. produits jusqu'à la fin de la guerre, en 1944).

À la demande du **général Franco et sur ordre d'Hitler, la « Légion Condor » intervient en Espagne**. Elle participe au bombardement de **Guernica (Pays basque) en 1937**. Les **He 111** sont en formation (groupée), la protection est assumée par les « **Bf 109** ».

En **Grande-Bretagne**, la société **Vickers** construit le **Spitfire (Mk1)** qui devient célèbre lors de la bataille d'Angleterre (juillet 1940). C'est un monoplan fin, racé propulsé par un moteur **Rolls Royce « Merlin »** délivrant 1 030 CV et qui atteint **571 km/h**. En 1945,

jourd'hui appelé **Transpondeur**. Il porte aussi le nom de **Radar secondaire**.

65. Les avions de transport seront pressurisés et climatisés, ces systèmes deviendront un standard pour les années à venir.

le **Spitfire Mk XIV** (**2050 CV**) atteint **720 km/h. Il est devenu l'avion mythique de cette époque**.

La chasse allemande laisse des pertes considérables **lors de la bataille d'Angleterre**: **3089 tués et 1445 disparus. Les aviateurs alliés perdent 446 pilotes dont 339 Anglais.**

L'un des **bombardiers** célèbres en Grande-Bretagne fut le **quadrimoteur Avro Lancaster.** Quatre **R. R.** « **Merlin** » de 1 280 CV, l'avion volait à une vitesse de **450 km/h**.

Les **États-Unis** entrent tardivement en guerre, juste après **Pearl Harbor, en décembre 1941**, après que les Japonais aient attaqué ce port avec des chasseurs et bombardiers lancés depuis leurs porte-avions. Les USA s'impliquent rapidement dans le conflit en développant des **moyens de production gigantesques**: pendant la Seconde Guerre mondiale, ils ont produit **260000 avions,** dont 12000 bombardiers B-17 (forteresse volante). L'**Allemagne Nazie** n'a produit que **92650 avions**.

La **France** est en retard ; les performances et la motorisation des avions de chasse sont dépassées. Le **Morane-Saulnier MS406** vole à 490 km/h. Le Dewoitine 520 n'atteint pas ses objectifs de vitesse: 480 au lieu de 520 km/h. Les avions de **bombardement** sont aussi à la traîne: le **Bloch 200** ne vole qu'à 335 km/h. Le Potez 63, bimoteur, conçu au début des années 1930, est dépassé au moment de la guerre en 1940, les modifications tardives ne permettent pas d'améliorer les performances.

La Seconde Guerre mondiale a permis le **développement des techniques de construction aéronautique ; à la fin de la guerre, les performances des avions équipés de moteurs à pistons sont stupéfiantes**:

Avions	Vitesse maximale (km/h)	Plafond (m)
Spitfire Mk XIV	721	13560
Messerschmitt Bf 109 G10	727	12500

Parmi les **innovations les plus importantes** de la Seconde Guerre mondiale, c'est incontestablement l'invention du « **réacteur** ». Il est né sous deux formes différentes dans deux pays proches mais opposés: la **Grande-Bretagne** et l'**Allemagne**.

En **Grande-Bretagne**, Frank Whittle se passionne très tôt pour le réacteur, car il cherche à s'affranchir de la vitesse limite des moteurs à pistons: 800 km/h. Il intègre l'École de l'Air de la Royal Air Force comme « élève-officier ». Il dépose un **brevet pour un réacteur de type centrifuge en 1930**. Les embûches sur le chemin de la réussite sont telles que le premier réacteur et le premier avion équipé d'un tel moyen de propulsion, le **Gloster E28/39**, ne voleront qu'en **1941**. C'est un **mono réacteur** de conception nouvelle « **construit autour du réacteur de Whittle** ». Il faut attendre **1943** pour que le biréacteur **Gloster Meteor** fasse son premier vol (vitesse # 800 km/h). Il ne sera opérationnel qu'après la Seconde Guerre mondiale et sera produit à plus de 6000 exemplaires. Dans ses versions ultérieures, il atteint plus de 950 km/h.

En **Allemagne**, **Hans von Ohain** est diplômé ingénieur. En 1936 il dépose un brevet pour un « **réacteur de type axial** ». Il intègre la société Heinkel à Rostock. Son **premier réacteur fonctionne en 1939**, il est monté sur un **He 178**.

Ces projets aboutiront à la motorisation du premier chasseur à réaction: **Messerschmitt Me 262 opérationnel en 1944, vitesse 750 km/h.**

5.3.2.4. Les pilotes de la Seconde Guerre mondiale

Cette guerre met en exergue des pilotes et des membres d'équipages, **hommes et femmes**. Bien que ces dernières n'aient pas été directement impliquées dans le conflit, elles apportèrent leur contribution sous la forme de vols de convoyages.

- France
  - Pierre Clostermann : 33 victoires, pilote, écrivain, puis **PDG de Reims Aviation** (production d'avions Cessna),
  - **Antoine de Saint-Exupéry** : pilote, écrivain. Pendant la guerre, il effectue des missions de reconnaissance sur **P-38 Lightning**,
  - **Romain Gary** : réussit à quitter la France en 1940 pour rejoindre l'Angleterre. En 1943 il intègre le **groupe de bombardement Lorraine (Forces Aériennes Françaises Libres)** en qualité de navigateur-bombardier. Lieutenant en 1944. Diplomate après la guerre, il devient un écrivain célèbre,
  - **Roger Sauvage** : Normandie-Niemen, 16 victoires. Pilote au sein d'une unité de Français libres volant sur avions « **Yak** » sur le front russe (Lituanie, Pologne). Ils avaient été équipés par les Soviétiques,
  - Maryse Bastié, pilote, traverse l'Atlantique Sud (Dakar-Natal) en 1936. Intègre l'armée de l'Air en septembre 1939 (sous-lieutenant) ; blessée lors d'un vol, elle est démobilisée en juillet 1940. Elle meurt lors d'un accident aérien militaire en 1952 (CEV). Détentrice de nombreux records.
- Grande-Bretagne :
  - **Douglas Bader** : ayant été amputé des deux jambes suite à une figure de voltige ratée fin 1931, il réussit à revoler dans la RAF en 1939. Il obtiendra 22 victoires confirmées de juin 1940 à sa capture en août 1941,
  - Parmi les femmes pilotes britanniques, Joy Lofthouse, 20 ans en 1940. Elle intègre l'**ATA** [66], unité spécialisée dans le transport et la livraison d'avions de combat. Elle vole sur Hurricane, Spitfire, P-51 Mustang, etc.
- Allemagne :
  - **Erich Hartmann**, 352 victoires,
  - **Adolf Galland**, 104 victoires.
- États-Unis :
  - **Richard Bong** (40 victoires) et **Thomas McGuire** (38 victoires),

  Les femmes pilotes US ne furent pas autorisées à voler en tant que pilotes de guerre durant la Seconde Guerre mondiale, mais participèrent à des vols de convoyage. Citons :
  - Jacqueline Cochran, directrice du WASP [67], unité d'instruction des femmes pilotes volontaires. Elle est détentrice de nombreux records de vitesse après la guerre,
  - **Margaret Ringenberg** a accumulé 40000 heures de vol durant sa longue carrière aéronautique. Elle intègre le WASP en 1942, elle a 22 ans.

5.3.3. L'après-Seconde Guerre mondiale : la guerre froide

La « guerre froide », après la Deuxième Guerre mondiale, a permis de débloquer des crédits aux industriels sollicités pour produire les meilleures armes, dans les meilleures machines volantes. Une compétition entre pays s'engage, et dans chaque grand pays entre constructeurs. Les grands thèmes de la compétition étant : les **avions de chasse**

66. « Air Transport Auxilary ». Cette unité mixte (164 femmes et 1 152 hommes) livra 300000 avions de 51 modèles différents durant la Seconde Guerre mondiale.
67. Women Airforce Service Pilots.

supersoniques ; les **avions de transport à réaction** ; les **hélicoptères** ; **l'espace**. Ces objectifs ne peuvent être atteints que grâce à des « **moteurs puissants** ». En effet, dans l'aéronautique, l'ennemi c'est le poids, aussi faut-il fabriquer des moteurs d'avions ou de fusées qui ont un **fort rapport puissance/poids**.

Les **études de la motorisation et de l'aérodynamisme** vont aboutir au premier vol du supersonique en 1947 (**Chuck Yeager sur le Bell X-1** [68]). Elles permettront des retombées à la fois **stratégiques (militaires) et civiles**.

L'industrie britannique surfant sur le succès du Meteor met au point le **DH100 Vampire** puis le **DH108 Swallow** avec lequel **John Derry**, pilote d'essai, est le premier Européen à franchir le mur du son (1948). Le **bombardier quadriréacteur Victor sera livré en 1952.**

Le premier avion français propulsé par réacteur est le **SO 6000 Triton** [69]; il effectue son premier vol en novembre 1946.

René Leduc, ingénieur français est l'auteur d'études sur la **thermopropulsion** [70]. Il débute avant la Seconde Guerre mondiale la construction d'un avion, le « **Leduc 010** », qui ne sera achevé qu'après la guerre. Le premier vol est effectué en « configuration combi » sur le dos d'un **Languedoc** [71] **en 1946**. Il faut attendre **1949** pour que le prototype débute un vol autonome propulsé par son « **statoréacteur** [72] ». Ce moteur fournit une poussée largement suffisante pour voler théoriquement à Mach 2.

Roger Carpentier est le premier pilote français à franchir « Mach 1 » en piqué en novembre 1952 sur **Dassault** « **Mystère II** ».

La compétition entre les sociétés de construction aéronautiques: "SNCASO" et "Dassault" est si forte qu'à quelques semaines d'intervalle, Charles Goujon [73] et **Constantin Rozanoff** [74] franchissent Mach 1 en vol horizontal.

Avec les premiers vols du « Mirage III-001 » fin 1956, les autres prototypes sont dépassés et le 15 février 1958, le gouvernement français ordonne l'abandon de ces essais. Le record du « succès aéronautique français » est détenu par les usines **Marcel Dassault** qui

---

68. Le Bell X-1 était entièrement métallique et très robuste. Il pouvait encaisser un facteur de charge de 18 g. Les ingénieurs de la société Bell s'inspirèrent d'une balle de fusil pour le dessiner, ce qui lui apporta les qualités aérodynamiques requises. Il était pressurisé et équipé de systèmes très sophistiqués pour toutes sortes de mesures. Le moteur fusée à ergols liquides (Reaction Motors XLR) fonctionnait avec un mélange d'alcool+ eau (carburant) et d'oxygène liquide (comburant). Son autonomie allait de 2 min 30 sec à 4 min.

69. Les prototypes 1 et 2 sont équipés du réacteur allemand « Jumo », les 3, 4 et 5 sont équipés du **Rolls-Royce Nene**.

70. René Leduc est un **précurseur** en décrivant, dans les années 1920, **2 modes de propulsion** : **Pulsoréacteur**, principe utilisé par les ingénieurs de l'Allemagne Nazie pour propulser la **bombe volante V1** qui est alimentée en pétrole; **Statoréacteur**, procédé de transformation de l'énergie calorifique en énergie cinétique. Il avait baptisé ce type de propulsion « **Tuyère thermopropulsive** ».

71. Quadrimoteur portant le **Leduc 010**. La vitesse acquise sur le dos de l'avion porteur permettait une compression suffisante dans l'entrée d'air du Leduc, vitesse # 300 km/h. Les modèles des « Leduc » deviendront, après améliorations : Leduc 016, Leduc 021 et Leduc 022 ; ce dernier modèle est équipé d'un turboréacteur d'appoint (décollage autonome).

72. Aucune pièce tournante, la compression de l'air dans la nacelle « d'entrée d'air » est dynamique. Le statoréacteur des « Leduc » ne pouvait donc être allumé qu'à partir d'une vitesse initiale.

73. **Charles Goujon** sur le **SNCASO "SO 6025 Espadon"** (1 réacteur et 1 moteur fusée), en décembre 1953. Quelque temps plus tard, il franchit le mur du son en montée sur le Trident SO 9050 (*voir livre de Jacques Noetinger: Rigueur et audace aux essais en vol, éditions NEL, 1991*).

74. **Contantin Rozanoff** sur le **Dassault Mystère IVB** en février 1954.

développent, depuis 1960, le **Mirage III** [75] **et ses dérivés**. Ce chasseur détient de nombreux records, notamment le record de vitesse sur 100 km, obtenu par **Jacqueline Auriol** en juin 1963 sur la base d'Istres avec une vitesse moyenne de 2 038 km/h.

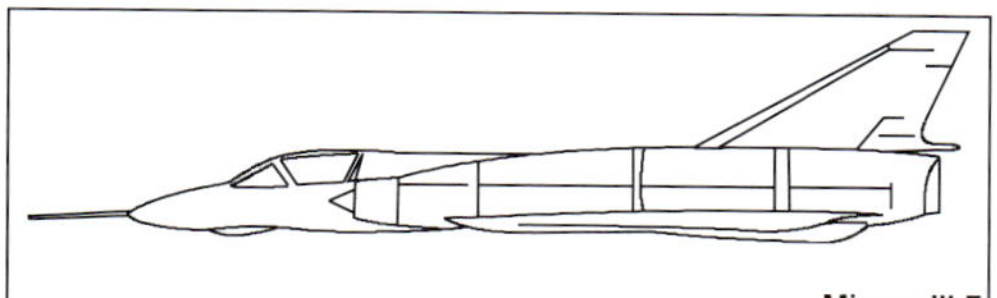

Jacqueline Auriol obtient son brevet de pilote en 1948. Victime d'un accident d'hydravion en 1949, elle ne revole qu'en 1951. Elle bat une 1re fois le record du monde de vitesse en 1952 (855,92 km/h). Elle intègre l'EPNER en 1954 et est brevetée pilote d'essai en 1955. Elle fait une brillante carrière au centre d'essai en vol (C.E.V). Elle participe aux vols des « Mystère XX » de Dassault.

	Année 1er vol	Moteur	Vitesse maximale (km/h)	Masse (kg)	Type
Ouragan	1949	Hispano-Suiza « Nene »	940	7 900	Chasseur
Mystère IV	1952	Hispano-Suiza « Verdon »	1 120	7 500	Chasseur
Étendard IV	1958	Snecma « ATAR 8B »	1 099	10 200	Chasseur embarqué
Mirage III E	1958	Snecma « ATAR 9C »	2 230	11 800	Chasseur
Mirage IVA	1963	Snecma « ATAR 9K »	2 340	31 600	Bombardier
Rafale	1991	Snecma « M88 »	2 130	20 000	Chasseur

Le besoin d'un **avion de transport militaire de grande capacité** (à long rayon d'action et ravitaillable en vol), - chargement/déchargement rapide, décollages et atterrissages courts, sur pistes sommaires, largage par air de troupes et de matériels -, est apparu très tôt, après la Seconde Guerre mondiale.

L'Allemagne et la France s'allient pour produire un avion de transport militaire, le **C160 Transall**. Début des études en 1957, premier vol en 1963, premières livraisons à partir de 1967, retrait du service en 2023.

Compte tenu des durées prévisibles « d'études et de développement » d'un nouvel avion, il est décidé, en 1993, de débuter la faisabilité d'un successeur au Transall. Cette étude va se faire au sein du groupe Airbus, dans la division militaire (**Airbus Military**) **en 1999**. Cet avion, clin d'œil à la première génération des avions du consortium européen A300, deviendra: l'Airbus **A400M**. La volonté de poursuivre les études et la construction de cet avion est liée à une volonté politique Européenne.

Le **premier vol** est effectué **en 2009**. L'avion reçoit la **certification européenne EASA** (civile) en **mars 2013** et la **certification militaire en juillet 2013**. La **France réceptionne le 1er avion en août 2013**.

Remarque: les détails techniques de la motorisation sont à lire page 120.

75. Série produite à plus de 1 400 exemplaires et vendue dans 25 pays.

5.3.4. Automatismes (interface homme/machine, drone)

Les besoins d'automatismes sont apparus très tôt.

Sur les « **monoplaces** », le pilote devait à la fois effectuer une action et observer son accomplissement tout en surveillant les autres paramètres. De ce fait, des aides au pilotage ont été conçues, par exemple le **pilote automatique, créé en 1912 par Lawrence Sperry**.

D'autres actions (procédures) durant le vol ont nécessité la conception **d'automatismes** afin de **minimiser** les **efforts du pilote** ou de **simplifier ses tâches**. Dans un premier temps, ces systèmes s'intégraient sous la forme d'un circuit inséré entre la commande du pilote et l'action à réaliser. L'enclenchement de l'automatisme résultait d'une « décision pilote », le circuit d'asservissement assumant seul l'action. Le rôle du pilote étant le déclenchement de l'opération et la surveillance de la bonne exécution. Un exemple simple : le « **circuit de relevage et de descente du train d'atterrissage** ». Ces automatismes intègrent un **asservissement de puissance**, sous la forme de la mise en service d'un circuit : hydraulique ou électrique ou hydromécanique.

L'**hélice à vitesse constante** (dite hélice à pas variable) fait également partie de ces automatismes qui soulagent les actions du pilote.

Dans les **avions plus lourds, avec un équipage étoffé**, le pilote commandant de bord a le rôle de coordinateur, car en plus du pilotage, il délègue un certain nombre d'actions à effectuer à un membre particulier de son équipage (au moment opportun), actions effectuées sous sa surveillance ou à l'aide d'instruments qui lui indiquent le bon déroulement de l'action.

La **navigation**, par exemple, devenue complexe lors des **vols long-courriers avec survols océaniques**, nécessitait l'utilisation d'un sextant pour le suivi exact, accompagnée de calculs longs et complexes.

Au début des années 1950, les calculateurs électroniques (analogiques) équipent les avions. Toutefois, ils n'ont qu'une action limitée, car la décision d'utilisation appartient toujours à l'équipage. Le calculateur s'intègre dans la boucle d'asservissement entre la décision du pilote et la réponse du système.

Il faudra attendre la fin des années 1970[76] pour voir apparaître sur le marché des « calculateurs numériques » à grande capacité de calcul pour prendre en charge, avec autorité, des actions complètes.

5.4. LES ENJEUX ÉCONOMIQUES ET LES ÉVOLUTIONS DE L'AÉRONAUTIQUE ET DU SPATIAL

Nota : le bulletin officiel précise :

> La dimension économique et industrielle de l'aviation est une évidence qu'il faut savoir replacer dans une dimension historique. Il s'agit de bien faire le lien de manière élémentaire entre les différentes variables qui expliquent le développement aéronautique : innovations techniques, retombées civiles des avancées militaires etc.

76. Exemple : un pilote automatique couplé avec un calculateur de navigation, pour une arrivée à destination avec atterrissage tout temps (CAT III). Le 9 janvier 1969, deux Caravelle d'Air Inter atterrissaient pour la première fois par temps de brouillard.

5.4.1. Grandes étapes du développement de l'aviation commerciale

Après la Première Guerre mondiale, des centaines de milliers d'avions construits ne sont plus utilisés et sont rapidement devenus obsolètes : que faire d'eux ? Que faire de ces pilotes qui cherchent du travail ? C'est à cette époque que débute « l'aviation commerciale ». Tout est à faire et à créer : les machines adaptées n'existent pas. Il faut inventer des métiers.

En France, c'est avec **Pierre-Georges Latécoère** que débute l'aventure de la ligne en décembre **1918.** Il utilise un avion **Salmson** entre Toulouse et Barcelone. Ce type d'avion était construit sous licence dans ses usines de Montaudran (Toulouse) à la fin de la Première Guerre mondiale. **Didier Daurat**, qu'il engage, va le convaincre de la supériorité du **Breguet XIV**.

L'idée maîtresse de P.-G. Latécoère est de réduire la durée d'acheminement du courrier entre la Métropole et le Maroc (dans un premier temps !). Daurat sera directeur de l'exploitation de 1920 à 1931 et va recruter d'anciens pilotes militaires qui vont devenir les symboles de la ligne : **Mermoz**, **Guillaumet** ainsi qu'**Antoine de St Exupéry** qui, en relatant ces exploits, va devenir le chantre de la ligne : **Courrier Sud**, **Terre des hommes**, **Le Petit Prince**, etc. **« Un pilote civil ne part pas en mission, il part en courrier ».**

À la même époque, à Paris, la **compagnie Farman** exploite un de ses avions (le **Goliath**) vers **Londres** et **Bruxelles**. Le Goliath est la version civile du **bombardier F 60**, que Farman a commencé à produire en 1919.

Les industriels[77], avec la fin de la guerre, se tournent vers l'exploitation civile : directement comme les sociétés **Farman** ou **Latécoère**, ou indirectement comme **Breguet**, **Potez**, **Dewoitine**, **Bloch**, **Morane-Saulnier** en construisant des machines adaptées aux besoins des futures compagnies aériennes.

Thomas Holt, un des pionniers du transport aérien provoque une réunion à La Haye dont le but est de canaliser et contrôler ces jeunes compagnies aériennes. **C'est la création de « I.A.T.A. » (International Air transport Association) le 28 août 1919. L'exploitation de l'aéroport de « Paris-Le Bourget » débute en 1919.**

En Grande-Bretagne, plusieurs compagnies privées exploitent des versions civiles de bombardiers. En 1924, quatre compagnies sont regroupées pour former les **Imperial Airways** axées vers l'Europe et les colonies britanniques d'Orient et d'Afrique. Des avions plus modernes seront créés à cet effet dont le **Handley-Page H.P.42** de 1930.

En **Allemagne**, création de la compagnie **Lufthansa en 1926.** Le nom de « **hansa** » est une référence à l'ancienne « **Ligue hanséatique** » (organisation marchande de l'époque médiévale).

Les compagnies aériennes subissent une forte concurrence.

Relier deux capitales situées sur un même continent est un objectif atteint. Il faut maintenant franchir les océans. La traversée de l'Atlantique Nord fait l'objet de nombreuses tentatives. Le sens « **ouest vers est** » est le plus facile, les « vents soufflent vers l'est ». Citons quelques exemples (voir en complément le paragraphe 5.5.2) :

- Mai **1919**, l'américain Albert Cushing Read sur hydravion Curtiss « NC-4 », réussit la traversée en 23 jours, avec plusieurs escales.

77. Sociétés privées puis nationalisées à partir de 1936.

- Les 14 et 15 juin **1919, Alcock et Brown**, relient sans escale Terre-Neuve et l'Irlande sur un Vickers « Vimy ».
- Les 20 et 21 mai **1927,** Charles Lindbergh réalise l'exploit d'un **vol en solo et sans escale** entre **New York et** « **Paris - Le Bourget**[78] » sur un Ryan NYP.

La simultanéité de création des entreprises de transport aérien, parfois subventionnées, génère une concurrence importante qui fragilise celles qui ne le sont pas et conduit à des fusions. **Air France**[79] **est créée en 1933.**

Jean Mermoz[80], ancien pilote des lignes Latécoère, pionnier de la ligne postale vers l'Atlantique Sud sur le **Latécoère 28** à flotteurs, devient chef pilote puis inspecteur général de la compagnie Air France.

Les aides des États permettent la création d'infrastructures capables d'accueillir tous ces avions commerciaux. Les plateformes aéroportuaires s'équipent avec des « phares lumineux » puis des « radiophares ». Des moyens modernes de communication sont conçus, par exemple le « **télétype** ». Avec les années 1930, les procédures de la navigation aérienne se mettent en place, l'aéronautique s'organise et se réglemente.

Les compagnies créent des **lignes régulières** qui doivent être exploitées avec une fiabilité maximale.

Aux **USA**, des compagnies fusionnent. Créée en 1925, la « **Transcontinental Air** » fusionne avec la « **Western Express** » pour devenir la « **T & WA** », **Howard Hughes** en sera le patron de 1939 à fin 1960.

Une nouvelle aérogare, pour Paris-Le Bourget, est décidée en 1935 et inaugurée en 1937.

Malgré ses défauts[81], le **dirigeable** revient en force.

- Au tout début du XXe siècle, la société allemande du **comte von Zeppelin** s'est spécialisée dans la construction de ces vaisseaux de l'air (**Luftschiffbau Zeppelin**, usine des vaisseaux de l'air Zeppelin). En 1909, la société créa la « **DELAG** », **1re compagnie aérienne de transport public**.
- En Grande-Bretagne, en juillet 1919, un dirigeable type 33, construit par la « William Beardmore », survole l'Atlantique entre l'Écosse et New York (2 juillet – 6 juillet).
- Entre 1928 et 1937, le Zeppelin **LZ 127 baptisé** « **Graf Zeppelin** » parcourt un million et demi de kilomètres en effectuant des vols de démonstration, dont le tour du monde avec survol de l'Atlantique Nord, puis du Pacifique.
- Construction du plus grand dirigeable au monde, le **LZ 129** baptisé « **Hindenburg** ». L'achat de l'hélium américain envisagé ne sera finalement pas possible et les ballonnets furent gonflés à l'hydrogène. Zeppelin fut en désaccord avec les autorités nazies[82]. En 1937, après la traversée atlantique, le « Hindenburg » se pose à New York (Lakehurst), il explose et prend feu à l'atterrissage.

---

78. Dans l'aviation légère, il faut noter la traversée de l'Atlantique Nord, 67 ans après Charles Lindbergh, par un TBM 700, monomoteur construit par la Socata. Cette traversée de 5 800 kilomètres sans escale eut lieu le 26 juin 1994 en 11 heures de vol seulement.

79. Air France naît de la fusion des compagnies : Air Union, Air Orient, La CIDNA (ex. Franco-Roumaine) et Lignes Farman, puis plus tard de l'Aéropostale.

80. Malgré ses fonctions au sein de la compagnie A.F, Mermoz veut toujours piloter. Il disparaît en mer avec l'équipage de la « Croix du Sud » (Laté 300) le 7 décembre 1936, lors de sa 24e traversée.

81. Parmi ses défauts citons : sensibilité au vent travers, ravitaillement en hydrogène délicat (énormes risques d'incendie de l'hydrogène), constructions de hangars aux dimensions adaptées. Toutefois, le dirigeable possède un atout important pour l'époque, il peut franchir sans escale, des distances considérables.

82. Obligation d'arborer de manière visible les « insignes nazis ». Ce qui sera fait, sans adhérer aux théories nazies.

Cet accident met fin à l'exploitation des dirigeables.

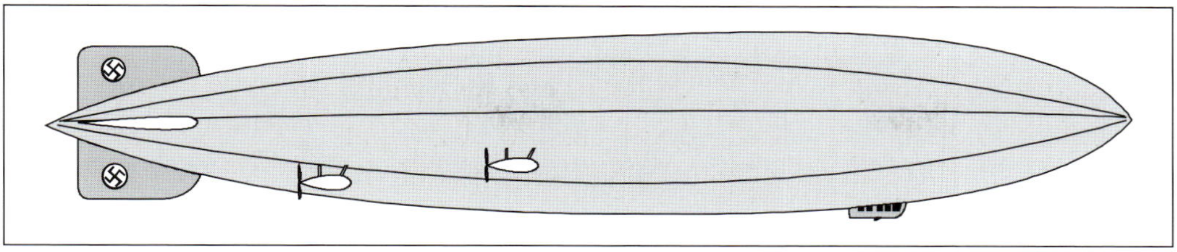

Les **hydravions traversent les océans**. Il était **communément** admis qu'un avion terrestre ne pouvait pas être utilisé pour ces vols (pour des raisons de sécurité) alors que l'hydravion était censé être la meilleure solution. **En fait, l'hydravion n'était ni un bon bateau, ni un bon avion**.

Le projet de P.-G. Latécoère, de relier l'Afrique et l'Amérique du Sud est sur le point d'aboutir: « Toulouse/la Terre de Feu » d'un seul tenant, par voie aérienne. **Dieudonné Costes et Joseph-Marie Le Brix** ont ouvert la voie en mai 1927, entre **Saint-Louis et Natal** à bord du **Breguet XIX G.R**, moteur Hispano de 650 cv.
En mai 1930, **Jean Mermoz, Jean Dabry (navigateur) et Léopold Gimié (radio)** effectuent la **première traversée commerciale à bord d'un Laté 28 équipé de flotteurs**, en survolant l'Atlantique sud.
De nombreux hydravions sont construits:

- **Allemagne**:
  - Dornier Do L2 Delphin, un moteur BMW de 300 CV, capacité 6 à 7 passagers.
  - Dornier Do J Wal, 2 x 360 cv, de 8 à 14 passagers.
- **Grande-Bretagne**:
  - Hydravion de compétition (coupe Schneider) Supermarine S.6B, moteur Rolls-Royce de 2 350 CV, 650 km/h en 1931.
- **Italie**:
  - Hydravion de compétition (coupe Schneider) Macchi M.39 « FIAT » de 800 CV, 416 km/h en 1926.
  - Savoia-Marchetti S.55 (1926) 2 moteurs Isotta de 400 CV, 170 km/h, de 9 à 12 passagers. Nombreux records et vols vers les Amériques.
- **France**:
  - **Laté 521**, 6 moteurs de 860 CV, 210 km/h, de 30 à 70 passagers suivant la configuration (vol de nuit ou de jour).

La **Seconde Guerre mondiale** met un frein à l'exploitation commerciale. Sauf pour la compagnie Pan Am qui poursuivra, pour la durée du conflit, avec ses hydravions Boeing 314 « Clipper » entre « New York - les Açores - Lisbonne ». Air France, la BOAC, entre autres, ont aussi volé commercialement pendant la guerre.

Lockheed Super Constellation

Après la guerre, et avec la reprise des vols commerciaux, « **T & WA** » en 1946, effectue les vols réguliers (avec escale) vers l'Europe sur l'Atlantique Nord avec les avions « **Constellation** » puis « **Super Constellation** » construits par Lockheed. Elle change de nom en 1950 en devenant la **TWA**[83].

83. La TWA fusionne avec American Airlines en 2001 et de ce fait perd son nom historique.

L'industrie britannique prend l'initiative avec la livraison des premiers avions commerciaux propulsés par turbines: **Viscount** en 1950 (quadri turbopropulseur), et **Comet** en 1952 (quadriréacteur). Une série d'accidents [84] remet en cause l'exploitation de ce dernier. Le **Comet 4** ne sera opérationnel qu'en 1958, trop tard !

En **1958**, la livraison du **Boeing 707** à la compagnie américaine **Pan Am** marque une nouvelle époque: confort, rapidité. Toutes les compagnies aériennes vont s'équiper ; la compétition est sévère sur l'Atlantique Nord.

Douglas DC-8-73, remotorisé « CFM56 », compagnie « Minerve » en 1984

En 1959, **United Airlines** débute l'exploitation **du DC-8**, cet avion est un gros succès ; ce « Jet » est également acheté par **KLM** et par **UTA** (compagnie française privée).

En 1962, **American Airlines** met en ligne le « **Coronado 990** [85] » de **Convair** ; non satisfaite elle le revend et achète le B 707.

Les dernières compagnies équipées d'avions à hélice se tournent vers le réacteur. Après avoir mis en ligne des « **Constellation** » types « **Super G** », la compagnie Air France achète le **B 707** (**1959**). Cette même année elle débute l'exploitation de **Caravelle.**

Durant les années **1960**, de nombreux nouveaux projets volent: **Lufthansa** est compagnie de lancement du **B 737**. **United Airlines** et **American Airlines** sont compagnies de lancement du **B 727.**

En 1970, **Pan Am** est la première compagnie aérienne à exploiter le gros-porteur de Boeing, le **B 747**. C'est le début de l'optimisation des rotations sur les lignes très fréquentées. En trois classes il peut accueillir 416 passagers, en deux classes 524 et en classe unique 660 passagers dans sa dernière version (**B 747-400**).

Super Guppy, SGT 201

Afin de permettre l'approvisionnement de la chaîne d'assemblage final (Toulouse), le consortium **Airbus** (**GIE**) fait appel au **Super Guppy** [86], livré en 1971. L'avion est exploité par la **société Aéromaritime**

84. Les cycles de pressurisation généraient des criques au niveau des hublots carrés de la cabine, provoquant des déchirures de la structure. Trois avions sont détruits en vol. Une longue enquête a déterminé les causes et les moyens d'y remédier. Le Comet 4, dans sa version militaire de 1967 volera jusqu'en 2011 au sein de la « Royal Air Force » (avion de patrouille maritime – Nimrod).

85. Lancés après les Boeing 707 et Douglas DC-8, les programmes de moyen-courriers rapides Convair 880 et 990 furent des échecs commerciaux.

86. **Pierre Jorelle, patron de la C.G.A** (compagnie générale d'aéronautique) avait pris des contacts avec la société californienne « **Aero Spaceline Inc.** » **(1966).** Il était convaincu que cet avion, capable de transporter des charges volumineuses, résoudrait le problème de l'éloignement des usines du futur consortium Airbus. Ces avions volèrent de 1971 jusqu'à 1997. Les S.G 1 et 2 ont été construits à Santa Barbara (CA), les SG 3 et 4 ont été assemblés à Paris le Bourget, par UTA industries. Lire **La légende des Guppy**, de **Daniel Méchain**, édité par Cépaduès en 1996.

(filiale d'**UTA**) et entretenu (jusqu'en 1989) par UTA Industries. Cette année-là, le **GIE Airbus** créé la **direction des transports** ; l'avion est exploité et entretenu en interne. **Dernier vol 1997** [87].

En 1974, Air France met en ligne **l'Airbus A300B2**. En 1976, **Air France** et **British Airways** débutent l'exploitation de **Concorde** [88]. Un peu plus de trois heures de vol entre Paris et Washington.

Concorde, prototype

À la même époque, livraison à Air Inter du premier « **Mercure 100** [89] » produit par Marcel Dassault.

Au début des années 1980, les compagnies achètent de nouveaux avions, le Boeing: **B 757**, chez **Eastern** et **British Airways** et le **B 767**, chez **United Airlines**. Ces deux machines ont la particularité d'être pilotées à deux membres d'équipage, c'est la fin de l'ingénieur navigant. Elles ont aussi une autre caractéristique: la « qualification de type (Q.T) » pilote est commune. Par ailleurs, ces avions biréacteurs vont obtenir une qualification **ETOPS** [90]. Les compagnies aériennes ont ainsi la possibilité d'effectuer des vols directs au-dessus des océans sans être obligées d'acheter des quadriréacteurs ou des triréacteurs.

Au milieu des années 1980, Lufthansa et **Eastern Airlines** mettent en ligne **l'Airbus A310**, une nouvelle génération d'avion piloté par un équipage à deux. Cet avion sera suivi de **l'Airbus A300-600**. Les qualifications équipage sont communes et les règles ETOPS permettent des traversées océaniques.

En 1985, le GIE franco-italien « **Avion de transport régional** » (**ATR**) livre le premier **ATR 42** à la compagnie « **Air Littoral** », présidée par **Pierre Jorelle.** Cette compagnie exploite son avion le long du littoral méditerranéen. **L'ATR 42** a un avenir brillant, il est économe et peu bruyant. Il obtient l'autorisation de se poser sur le terrain situé le long des quais dans le Centre-Est de Londres (City). C'est l'avion idéal sur les distances inférieures ou égales à 300 NM [91].

---

87. Devenue, en 1996, **compagnie aérienne française de transport public** « **Airbus Transport Int.** » (**A.T.I**) exploite l'A300-600 ST, dit Beluga. La flotte est composée de 5 avions.

88. Le choc pétrolier de 1973 est fatal à cet avion.

89. Marcel Dassault est le maître d'œuvre d'un groupement de constructeurs: Fiat (Italie), CASA (Espagne), ADAP (Belgique), Canadair (Canada) et la fabrique fédérale d'avions d'Emmen, Suisse. Commande de 10 avions, livrés 11 par le rachat par Air Inter du prototype. Échec commercial, il est conçu comme court-courrier, a une consommation élevée et des réacteurs bruyants (JT8-D de Pratt & Withney). Le projet d'un « Mercure 200 » à réacteurs CFM56 n'aboutit pas.

90. « **Extended Twin Operations** ». **Règles d'autorisation de vol d'un avion biréacteur au-dessus des océans ou des zones désertiques à plus de 60 min d'une piste d'atterrissage.** Ces règles passeront à 120 min, et plus par la suite.

91. Distance de 555,6 km.

Durant les années 1980, des « différences de stratégie » apparaissent dans les compagnies aériennes :
Certaines optent pour les transports de masse (clubs de vacances) en mettant en lignes des gros-porteurs de compagnies régulières ou de compagnies dites de « charter ».
D'autres poursuivent leur objectif de régularité sur l'Atlantique, lieu d'une compétition importante.
D'autres, nouvelles venues, posent les bases d'un mode de transport novateur : « compagnie à bas coût ». La compagnie US « South West » défriche ce créneau (créée en 1970).
La vitesse de croisière des avions augmente. Elle était de « Mach 0,78 » [92] au début des années 1970, elle progresse vers « Mach 0,82 » voire « Mach 0,84 ». Gagner quelques « kilomètres par heure » est un argument commercial. Cependant, des différences « notables » de vitesse entre les avions peuvent se révéler des « casse-têtes » pour les contrôleurs aériens.
Les constructeurs aéronautiques relèvent ce défi, car approcher de la « vitesse du son » pose aussi des problèmes d'aérodynamisme et de maîtrise de la consommation. Le vol en vitesse transsonique, entre « 0,88 » et « 0,99 », un peu avant « Mach 1 » n'aboutit pas, la consommation est plus élevée.

Livraison du premier **A320** en 1988 à Air France. C'est, pour Airbus, le début d'un grand succès commercial. À la même époque Boeing propose le **737-300**. Ces deux avions sont équipés du **réacteur** « **CFM56** ». Cependant, Airbus propose une machine fondamentalement nouvelle équipée de **commandes de vol électriques**.

Ces deux avions deviennent les plus gros succès de l'aviation commerciale.

Airbus livre le premier **A 340** [93] **à Air France et Lufthansa** en **1993**. C'est un quadriréacteur. Sa vitesse de croisière est de « Mach 0.82 ». Cet avion est conçu autour du concept d'une aile commune avec la version **biréacteur** « **A 330** ». Ce dernier sera livré en 1994 à **Thaï Airways et Malaysian Airlines**.

En 1995, Boeing livre le **B 777**, dit « **triple-7** » (biréacteur) à : **All Nippon Airways**, **American Airlines** et **British Airways**. La capacité passagers varie de 300 jusqu'à 550.

Au milieu des géants, le constructeur brésilien **Embraer**, qui s'est spécialisé dans les avions régionaux de petite taille, livre **l'ERJ-145** en 1995. Cet avion, économe et peu bruyant, est autorisé à se poser sur l'aéroport de Londres-City.

Avec les années 2000, la compagnie polonaise « **LOT** » débute l'exploitation de l'**Embraer 170** [94], elle sera suivie par **British Airways**.

En 2007, **Singapore Airlines** reçoit le premier « **A 380** » (1er vol en 2005). La vitesse de croisière de cet avion est Mach 0.85. Sa capacité varie de 555 jusqu'à 656 passagers.

---

92. « Mach 0,78 » signifie 78% de Mach 1. « Mach 1 » = vitesse du son. À + 15°C, la vitesse du son est de 340 m/s.
93. La crise de 2008 et l'augmentation du prix du baril de pétrole signeront l'arrêt de la production de cet avion.
94. Avion biréacteur, équipé de commandes de vol électriques. Vitesse de croisière M 0.8. Il sera suivi du modèle **190**. Cet avion consomme 20 % de carburant de moins que ceux de la génération précédente.

Boeing livre le « **B 787** », dit « **Dreamliner** », en 2011, à la compagnie **All Nippon Airways**. Sa cabine est dimensionnée pour 210 à 330 passagers; la compétition se poursuit alors, livraison de **l'Airbus A 350-900** à **Qatar Airways**. Sa vitesse de croisière est M 0,85. La capacité en passagers varie de 297 à 305 suivant les configurations.

Airbus A350

Des défis ont été relevés pendant ces trente dernières années. Des compagnies ont disparu, certaines avaient « pignon sur rue » ; d'autres avaient été créés sur des principes novateurs: « **Laker Airways** ». De nouvelles idées vont germer, « **Easy Jet** » en fait partie. Créée en 1995 et immatriculée à Jersey, son siège social est basé à Luton (Londres). En 2020 la compagnie met en ligne 218 avions: A 320 et A 319 et exploite plus de 700 lignes aériennes, en Europe, en Afrique du Nord et au Moyen-Orient. Elle est la 2e compagnie en France. **Ryanair,** compagnie irlandaise, est aussi une « low cost » dynamique ; elle est équipée de **B 737** de la dernière génération.

La dynamique du transport aérien est soutenue par les constructeurs qui, régulièrement, rajeunissent leur catalogue et proposent de nouveaux modèles: moins polluant, moins bruyant et plus économe.

5.4.2. Place de l'industrie aéronautique dans l'économie, la diversité des métiers

L'industrie aéronautique avec **Airbus** a une place importante dans l'économie **nationale et européenne** (ainsi que mondiale). Depuis la création du GIE en 1971, les chiffres témoignent d'un réel dynamisme.

Au 31 décembre 2015, le consortium européen compte plus de « **136 000 collaborateurs** » (Allemagne 35 %, France 37,2 %, Espagne 9,2 %, G.B 8,9 %, USA 2,1 % et autres pays 7,7 %). En « **ex. Midi-Pyrénées** », **50 000** personnes travaillent directement ou indirectement dans la sous-traitance d'Airbus.

Sur le plan des innovations, Airbus est le 8e détenteur de brevets en France. La société dépense 1,3 M€ en recherche et développement.

Le groupe collabore aussi avec des grandes écoles et des universités, futurs collaborateurs, mais aussi foyers de réflexion et creuset de nouveautés.

Si d'anciens métiers ont disparu: radionavigants, navigateurs, mécaniciens navigants, de nombreux métiers ont été créés. Ingénieurs de bureaux d'études, techniciens de construction aéronautique. Mécaniciens de maintenance [mécanique, électronique (avionique)]. Informaticiens (construction aéronautique, opération), etc. Contrôleurs aériens, ingénieurs météo, etc. Hôtesses et stewards, agents d'opération, agents commerciaux, etc.

50 ans d'Airbus, juin 2019 : vol en formation avec la « Patrouille de France »

5.4.3. Grandes avancées scientifiques et innovations

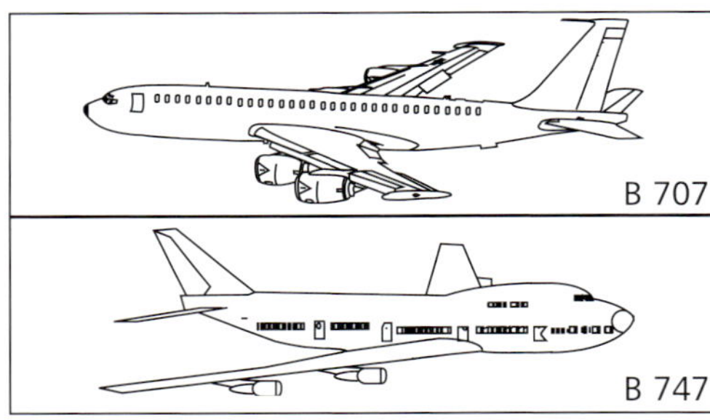

Au début des années 1950, profitant d'un appel d'offres de l'US Air Force pour un avion ravitailleur en vol (**KC-135**), « **Boeing** » se lance dans l'étude d'un avion **long-courrier en configuration quadriréacteur**. Le « **Boeing 707** » fait son premier vol en **1954**. Il est propulsé par quatre réacteurs « **Pratt & Whitney** » **JT3C**[95]. Ce type de réacteur est amélioré par la version **JT3D** (double flux).

Parmi les **constructeurs US**, « **Douglas** » avait continué à produire des avions à hélice en les améliorant: **DC-4, DC-6** puis **DC-7**. Cependant, la concurrence sévère qui avait débuté entre les compagnies aériennes sur l'Atlantique Nord l'avait incité à lancer l'étude d'un avion équipé de réacteur. Le **DC-8,** quadriréacteur, est livré à partir de 1959. Il est propulsé par des **JT3C** puis par des **JT3D**.

La France renoue avec le succès en 1955, avec le premier vol de **Caravelle**. L'avion est performant ; la cabine silencieuse est conçue pour le transport de 100 passagers. La configuration 2 réacteurs à l'arrière, de part et d'autre du fuselage (**pod**[96]), donne à cet avion un aspect racé. Entre ses différentes versions, il sera produit à 288 exemplaires. Les performances des réacteurs « **Rolls Royce** », puis « **Pratt & Whitney** » permettent des croisières à très haute altitude procurant confort et vitesse.

En 1956, le **Tupolev 104 (TU-104**[97]**), construit** en Russie, entre en service à l'**Aeroflot.** C'est un biréacteur d'une capacité de 50 à 100 passagers, il vole à 950 km/h.

---

95. Version civile du **P&W J57** monté sur les B-52 : flux axial, double corps, simple flux.

96. Cette configuration de positionnement du réacteur sera copiée par de nombreux constructeurs : Douglas (DC-9), Fokker (F-28), B.A.C (BAC-111), etc.

97. Il n'a été exploité qu'en URSS (Aeroflot) et en Tchéquie.

Avant la fin de la production de Caravelle, « **Sud Aviation** » et « **British Aircraft Corporation** » s'unissent dans le programme du Supersonique « Concorde [98] » (1962), premier vol en **mars 1969. Une révolution: un supersonique passager**. Il est propulsé par 4 « **Olympus** » de « **R.R et Snecma** ».

Durant les années 1960, Boeing conçoit et livre deux nouveaux modèles: le **B 737** [99] (biréacteur) et le **B 727** (triréacteur). À la fin des années 1960, le constructeur US étudie et livre le « **B 747** », avion grande capacité.

De leur côté: **Douglas** prépare le « **DC-10** » et **Lockheed** le « **TriStar** » (avions à larges fuselages, grande capacité et configuration triréacteur). Ces avions sont propulsés par des réacteurs nouvelles générations: double flux, fort taux de dilution. Le « **GE CF6-50** » pour le DC-10 et le R. R. « **RB 211** » pour le TriStar.

L'utilisation de nouveaux métaux, la mise au point de nouveaux alliages et des traitements de surface ont des applications dans les parties chaudes des réacteurs qui améliorent: la tenue des matériaux, la résistance, la durée de vie et les performances.

Conception des « **chambres de combustion annulaires** » sur les réacteurs: **GE CF6-50, Pratt & Whitney et Rolls Royce.**

En Europe, vers la fin des années 1960, naît le projet d'un biréacteur large fuselage (court et moyen-courrier) par l'association de quatre pays: **Allemagne, Espagne, France** et **Grande-Bretagne**, le programme **Airbus A300B**. L'avion fait son premier **vol** [100] en octobre 1972. L'avion est motorisé par le **GE CF6-50**.

Tous ces avions sont équipés d'un système de pressurisation qui permet d'adapter et de limiter l'altitude cabine (~ 7 500 ft) alors que l'avion peut croiser à 41 000 ft. Le conditionnement d'air régule la température dans l'avion alors que la température extérieure est voisine de -60 °C. Sur Concorde, l'échauffement cinétique est de # 200°, il faut refroidir.

Les constructeurs d'avions font précéder les premiers vols des nouveaux prototypes, par des **essais en fatigue**. Les différentes parties du fuselage subissent des tortures qui simulent les différents cycles de fonctionnement de l'avion. Les parties les plus fragiles sont identifiées et des modifications proposées avant le premier vol du prototype et incorporées avant les livraisons clients.

Le **transpondeur** est devenu un équipement obligatoire, surnommé **radar secondaire**, il permet aux contrôleurs aériens un suivi très précis des « positions et des flux » (**mode A**). Il sera rapidement amélioré avec le report d'altitude (**mode C**), puis le transfert de données (**mode S**). Cet équipement a permis l'invention et la mise au point du système **TCAS** (système d'anticollision des avions).

La mise au point des **calculateurs numériques** révolutionne l'aviation. Leur capacité de calcul accroît le domaine de surveillance: **gestion carburant**, **navigation**, **commandes de vol électriques**, **pilote automatique avec atterrissage tout temps (CAT III)**. Ces calculateurs dialoguent entre eux ; ils sont une aide accrue au pilotage et à la prise de

98. En juillet 2000, un Concorde s'écrase au décollage de Ch.-d.-G., l'exploitation est arrêtée pendant plus d'un an. Après une courte reprise, l'exploitation s'arrête définitivement en août 2003. L'avion avait été critiqué, mais jamais égalé, et les connaissances techniques acquises par le bureau d'études Aérospatiale lors de sa conception profitèrent également aux avions de la série Airbus.
99. En juin 2017, 9 500 avions construits et 4 500 en commande.
100. Place gauche **Max Fischl**, place droite **Bernard Ziegler**, mécanicien navigant d'essai **Zanzoni**.

décision (**surveillance des différents systèmes de l'avion**). Tous les avions commerciaux sont exploités à deux pilotes.

La **transmission en vol d'informations concernant l'état de l'avion** vers les centres de maintenance (**ACARS**[101]) permet un diagnostic rapide de l'avion avant son arrivée et une aide à la décision « d'interventions et de logistique », afin de minimiser les temps d'immobilisation.

Tous ces progrès sont aussi accompagnés de « l'optimisation des cycles de maintenance » dans le but de réduire les périodes d'immobilisation. Mais aussi de la prise en compte des « cycles de vieillissement et de fatigue » ce qui améliore la sécurité.

La « **motorisation électrique** » a fait l'objet d'études importantes qui commencent à révolutionner « **l'aviation et l'espace** ». Si les débuts de ces recherches datent des années 1970, nous constatons, de nos jours, une accélération des découvertes et des applications dont certaines sont déjà commercialisées (voir page "3.2.4. Motorisation électrique", page 123). À titre d'exemple, le constructeur Slovène **Pipistrel** commercialise le **motoplaneur « Taurus »**, ainsi que l'**adaptation d'un « ULM multiaxe » (le Virus), tracté par une hélice entraînée par un moteur électrique. La variante « avion » (du Virus), classée LSA, porte le nom de « Velis Electro »**[102].
La fédération française d'aéronautique (**F.F.A**) a lancé en 2017 une campagne d'évaluation de cet aéronef. Elle doit permettre de définir les qualités opérationnelles d'un tel avion ainsi que la faisabilité de la « maintenance » dans l'environnement de l'atelier d'un aéroclub; mais aussi, de confirmer la diminution des nuisances d'une telle machine, autour des aérodromes.

Les hélicoptères

Moyen de transport idéal, car très souple d'utilisation, il s'affranchit de toute l'infrastructure nécessaire aux avions.

© Vincent Durel

La réalisation technologique du rotor est assez complexe, ce qui explique, bien que le premier décollage vertical dû au Français **Paul Cornu fût réalisé** en 1907, qu'il fallut attendre de nombreuses décennies pour maîtriser cette technique.

Perfectionné par les Allemands à l'aube de la Deuxième Guerre mondiale, c'est aux U.S.A. que cet appareil s'impose grâce à des constructeurs tels que **Sikorsky**, **Piasecki**, **Bell**, pour ne citer que les plus célèbres.

L'hélicoptère démontre sa souplesse d'utilisation lors d'évacuations de blessés ou d'accidentés ou dans les grands conflits internationaux.

Le général **Valérie André** a fait une carrière de médecin et de pilote d'hélicoptère. C'est durant la guerre d'Indochine qu'elle démontre à la fois, les capacités de cette machine

101. Transmission utilisant des fréquences de la gamme VHF, mais aussi celles de la gamme allouée en SATCOM.
102. Certifié par l'AESA le 10 juin 2020. Il porte la référence: Virus SW 128; extension du modèle Virus SW 121 propulsé par un moteur thermique (Rotax), également certifié par l'AESA.

ainsi que son propre courage pour intervenir au plus près des lignes de combats et prendre en charge les blessés.

Dans le domaine civil, ces appareils sont surtout utilisés en évacuation sanitaire (S.A.M.U), secours en montagne et lutte anti-incendie (Protection civile), en ravitaillement des plateformes pétrolières de forage situées en pleine mer. Quelques compagnies aériennes privées assurent des liaisons type navette entre les aérodromes et des héliports situés à proximité de grandes zones d'activités commerciales ou industrielles.

Le constructeur français « **Sud-Aviation** », qui deviendra **Aérospatiale** fut le premier à doter ce type d'appareil d'un **moteur à turbine** (**Alouette II** en 1955) lui permettant d'obtenir le record mondial d'altitude. Cette entreprise a contribué, grâce à ses recherches sur les liaisons « élastiques » **mât rotor/pales** [103], à une **évolution technologique majeure** (performance et fiabilité). De l'association **Aérospatiale** et **Deutsche Aerospace est née en 1992 la société européenne « Eurocopter »** qui développe le **Tigre** (hélicoptère de combat) 1er vol en 1991 et livraison à partir de 2005. La société est **devenue Airbus Helicopters en 2014.**

L'hélicoptère est aujourd'hui considéré comme un moyen de transport rapide (250 km/h) et confortable sur de courtes distances, aussi connaît-il une croissance grâce à l'apparition de machines à faible coût d'exploitation.

5.5. LES ENJEUX SOCIOCULTURELS DU DÉVELOPPEMENT DU SECTEUR AÉRONAUTIQUE

Nota : le bulletin officiel précise :

La technique ne se développe pas en dehors des sociétés, mais en leur cœur. Elle modifie notre représentation du monde, notre imaginaire.

L'aviation est aussi une histoire de passion que l'on soit pilote professionnel ou de loisir. Cette passion peut être illustrée par des phrases célèbres comme par exemple, celle de P.G Latécoère « tous les calculs montrent que c'est impossible. Il nous reste une chose à faire : le réaliser ».

Grèce antique	IIIe s. A. D.	XVe s.	XVIe s.	XVIIe s.	XVIIIe s.	XIXe s.	XXe s.	XXIe s.

5.5.1. Place de l'aviation sportive et de loisir

Ikarus C42c. Multiaxe biplace, moteur Rotax 80 cv

En France, plus de 600 clubs sont regroupés sur 450 aérodromes. L'effectif est d'environ 40 000 membres. Ils sont gérés par la **DGAC** (**Mission Aviation légère**). Depuis 1990, l'effectif de ces clubs a diminué, passant de 50000 à 40000 (en 2013), toutefois la FFA enregistrait l'arrivée de nouveaux licenciés, pour atteindre environ 41 500 (2019). L'augmentation du nombre de membres de la F.F.A [104] peut s'expliquer par la reprise d'une activité aéronautique de pilotes disponibles (retraite, autres),

103. Moyeu « **Starflex** » **en composite** (**1973** pour l'écureuil). **Brevet de R. Mouille, Coffy, Hancart et Mao.** Réduction du nombre de pièces du moyeu : **70** (au lieu de **377** sur l'Alouette III).

104. Fédération Française d'Aéronautique, les clubs affiliés regroupent environ 2 400 avions.

mais aussi par l'arrivée de jeunes (diplômés) qui souhaitent ajouter des compétences supplémentaires à leur CV.

La « **fédération ULM** [105] » a atteint **15400 membres en 2019**. En 2012, elle recensait 11 000 appareils basés sur 800 terrains (privés ou collectifs) et comptait plus de 400 instructeurs.

La réglementation **ULM regroupe 6 classes** :

- **Paramoteur, pendulaire, multiaxe, autogire, ballon et hélicoptère.**

Pour un « **multiaxe biplace** » de conception ancienne, la **masse maximale** [106] au décollage ne doit pas dépasser 450 kg. Sa **vitesse de décrochage** doit être : ≤ **65 km/h**. La **vitesse de croisière** peut être > **200 km/h**.

Depuis juin 2019, pour un **multiaxe de nouvelle génération** la masse maximale au décollage est portée à 500 kg (sans parachute) et à 525 kg avec parachute.

Cette présentation ne serait pas complète sans préciser que « **neuf fédérations d'aéronautique** [107] » sont membres du « **Conseil National** » **des Fédérations Aéronautiques et Sportives (CNFAS)**. Ce dernier regroupe **150 000** pratiquants et environ : **3 200** clubs, **24 000** aéronefs motorisés et **2 000** planeurs. **Nous mesurons ainsi la force et la vigueur de l'aviation en France ; vigueur liée à la passion qui anime tous les membres**.
L'Aéro-club de France, créé en 1898, a fêté ses 120 ans. Cette institution a été présidée de 2016 à 2021 par Catherine Maunoury, pilote de voltige (championne du monde en 1988 et en 2000). Dans un éditorial publié en avril 2020, elle précise : « **... Nous avons besoin de l'aviation pour aborder le futur... Il faut retrouver l'esprit de ces pionniers, croire au progrès...Un progrès qui soit effectivement au service de l'humain...** »
Monsieur Patrick Gandil, ancien patron de la DGAC, a été élu président lors de l'assemblée générale de novembre 2021.

5.5.2. Les grands raids : retombées symboliques et commerciales (ex : Aéropostale, les traversées)

Les grands Raids ont réellement débuté après la Première Guerre mondiale. Ils ont été le moyen par excellence de prouver la faisabilité de la **future aviation commerciale** et surtout d'être un formidable appel à évolution ; les avions, qui n'existaient pas, devaient être construits. Toutes les nouvelles mises en exploitation de l'aviation commerciale ont suivi les Raids ou les coupes (Gordon Bennett et Schneider, par exemple).

La conception des machines était précédée d'une coopération entre constructeur (bureau d'études) et équipe de pionniers (pilotes, techniciens) avec un objectif précis. La société Breguet a mis au point de nombreux avions de raid (Breguet XIX). La fin des années 1920 et le début des années 1930 est une période féconde en projets : **raids Europe-Asie, survol de l'Atlantique Nord, Raid Transpacifique**, etc.

---

105. FFPLUM : Fédération française de planeurs « ultras légers motorisés ».
106. Elle peut être augmentée de 5 % (472,5 kg), si l'ULM est équipé d'un parachute de secours (opérationnel).
107. FFA, FFPLUM, FFP (parachutisme), FFVP (planeur), FFVL (vol libre), FFH (hélicoptère), FFA (aérostation), RSA (constructeurs et collectionneurs), FFAM (aéromodélisme).

Adrienne Bolland a obtenu son brevet de pilote en 1919. Elle intègre la société Caudron en qualité de pilote d'essai en 1920. En 1921, lors d'une tournée commerciale en Argentine, elle décide d'effectuer le vol direct de Mendoza vers le Chili en survolant la partie la plus haute de la Cordillère des Andes (6962 m). Son avion est un modèle G3 dont le plafond opérationnel ne dépasse pas les 4000 m. Elle réussit cet exploit sans l'autorisation de la firme.

Hélène Boucher obtient son brevet de pilote en 1931. En 1932 elle devient pilote professionnelle. En 1933 elle participe au Raid Paris Saïgon, puis elle bat le record du monde d'altitude féminin pour avion léger (5900 m). Elle intègre la société Caudron-Renault afin de tester la maniabilité des avions. Elle bat le record de vitesse 412 km/h, ainsi que le record de vitesse sur 1000 km: 409 km/h. En 1934, elle se tue aux commandes d'un Caudron C430 Rafale.

Costes bat le record de distance en 1926, 5396 km en 32 h, sur un **Breguet XIX-A2**.

Costes et Le Brix survolent l'Atlantique Sud (1927), **St Louis** (Sénégal) – **Natal** (Brésil). Ils ouvrent la voie à Mermoz pour la première traversée commerciale en 1930.

Charles Lindbergh [108] traverse l'Atlantique en solitaire (mai 1927) entre New York et Paris.

Costes et Bellonte traversent l'Atlantique dans le sens **est-ouest** (1930), à bord du **Breguet XIX TF « Point d'interrogation »**. Bellonte, navigateur, avait amélioré la précision de la navigation par des visées astronomiques. La rigueur de cette méthode avait assuré le succès de l'aventure.

Les **lignes Latécoère**, après avoir été ouvertes entre Toulouse et Barcelone, avaient été prolongées jusqu'au Maroc (Casablanca). Le défi suivant avait été celui du prolongement de la ligne jusqu'au Sénégal. Le Breguet XIV n'avait pas été conçu pour affronter un tel climat. Il fallait de plus subir les attaques des tribus sahariennes qui saisissaient l'opportunité d'un atterrissage en urgence, pour capturer l'équipage et exiger une rançon. Cette région était doublement inhospitalière.

Pour la mise en place du programme suivant, des pilotes étaient partis en Amérique du Sud (Brésil, Argentine, Chili). Il fallait repérer des terrains, construire, organiser, mettre en place, négocier. En attendant l'hydravion (**Laté 28-flotteur**), le courrier était transporté entre le Sénégal et le Brésil par bateau.

Des difficultés financières conduiront P.-G. Latécoère à la vente de sa compagnie aérienne. C'est **Marcel Bouilloux-Lafont** (banquier), un Français vivant en Amérique du Sud, qui reprend l'exploitation de la ligne (1927). Il lui donne le nom de **Compagnie Générale Aéropostale** (connue sous le nom de: **l'Aéropostale**).

En 1930 la société exploite un réseau de 17000 km, avec 218 avions, 21 hydravions et 8 navires. Elle est servie par 80 pilotes, 250 mécaniciens, 53 radios et 250 marins. La compagnie dépose le bilan en 1930. Elle ne sera reprise qu'en 1933, lors de la création d'Air France.

108. L'avion avait volé sans escale 33 h et 30 min et consommé 1385 litres d'essence sur 6300 km.

5.5.3. Nouvelle représentation du monde (ex.: Saint-Exupéry, Clostermann, le cinéma, etc.)

La représentation du monde change durant les années 1920/1930. Les récits des raids édités dans les journaux nourrissent une clientèle à la recherche d'exploits (les raids se déroulent sur des durées courtes), mais aussi d'exotisme ou de dépaysement. Saint Exupéry, qui a été recruté pilote de ligne chez Latécoère, va nourrir les demandes des lecteurs. Ses ouvrages auront un immense succès, dès leur parution. « **Courrier Sud** » est édité en 1929, il fait suite au séjour de l'auteur à « **Cap Juby** », « **Vol de nuit** » en 1931. En 1939, « **Terre des Hommes** » lui apporte la consécration. Envoyé en Espagne lors de la guerre civile (1936-1939), son livre est une réflexion sur l'action. Mais aussi, un récit, qui éclaire les signes annonciateurs de la Seconde Guerre mondiale ; il dimensionne la profondeur de sa réflexion sur les valeurs humaines et sa quête du sens de la vie. Il ne faut pas oublier « **Le Petit Prince** », un immense succès d'édition.

Antoine de Saint Exupéry apportera sa contribution au cinéma avec « **Anne-Marie** » (interprétée par Annabella) et réalisé par Raymond Bernard.

Jean Grémillon réalise, en 1943, « **Le ciel est à vous** », avec Charles Vanel et Madeleine Renaud, le récit est tiré d'une histoire vraie de 1938.

Joseph Kessel témoigne, dans son roman « **L'équipage** » paru après la Première Guerre mondiale (1923), de son intérêt pour l'aviation. Aventurier, les évolutions technologiques des avions l'en éloigneront. Un film muet est réalisé en 1928.

Pierre Clostermann, pilote, « as de la Seconde Guerre mondiale », est l'auteur de livres à succès: « **Le grand cirque** », « **Feu du ciel** » et « **Appui feu sur l'Oued Hallaïl**[109] ». Ce dernier ouvrage paraît après sa période de réserve en Algérie, volant sur l'avion d'observation, monomoteur à ailes hautes, « **Broussard** », construit par Max Holste.

Pierre Clostermann participa aussi aux scénarii des films tirés de ses romans.

5.6. LES ENJEUX ÉCONOMIQUES, SOCIAUX CULTURELS ET LES ÉVOLUTIONS DU SPATIAL

Nota: le bulletin officiel précise:

La dimension économique et industrielle du spatial est une évidence qu'il faut savoir replacer dans une dimension historique. Il s'agit de faire le lien de manière élémentaire entre les différentes variables qui expliquent le développement du spatial : innovations, techniques.

Grèce antique	IIIe s. A. D.	XVe s.	XVIe s.	XVIIe s.	XVIIIe s.	XIXe s.	XXe s.	XXIe s.

109. Le récit s'articule autour des vols effectués en équipage: un de ses navigateurs y porte le nom de « Méchard ». Louis Méchain, radionavigateur et commandant armée de l'air, a volé avec Pierre Clostermann durant cette époque. Il se retrouve dans ces récits des missions qu'ils ont partagées. L'auteur lui a remis l'insigne de commandeur de la Légion d'honneur lors d'une cérémonie sur la base aérienne 123 d'Orléans Bricy, en septembre 1999. Louis Méchain, avait effectué 4 400 heures de vol durant sa carrière, dont 600 heures de vol de missions de guerre. Il était aussi: commandeur de l'ordre national du Mérite. Croix de guerre 39/45 avec palmes, croix de guerre T.O.E et médaille de la valeur militaire.

5.6.1. Développement des lanceurs, la conquête spatiale

Introduction.

L'évolution technologique la plus rapide, de tout ce qui concerne l'espace, s'est produite à partir du début du XXe siècle. Toutefois, les premières découvertes, c'est-à-dire la compréhension du « cosmos », remontent à l'époque de l'Égypte antique. Compréhension qui n'a cessé de s'affiner durant 4000 ans, grâce aux spécialistes qui ont scruté l'espace et en ont déduit les lois qui le régissent.

Si la fusée est connue depuis 1700 ans (Chine IIIe s. AD), il fallut cependant atteindre le XXe siècle pour obtenir des fusées une poussée suffisante et une durée de fonctionnement plus importante pour s'affranchir de la gravitation terrestre.

De notre atmosphère à l'espace.

C'est en 1928 que **Fritz von Opel** équipa un planeur d'entraînement avec une fusée (**Allemagne**).

Robert Goddard

À la même époque (1926) aux **USA**, **Robert Goddard** lance la première fusée à **Ergol liquide** [110]. La mise au point fut longue et ardue. Il était convaincu que le « propulseur liquide » offre des avantages par rapport aux combustibles solides et qu'il devrait (théoriquement) permettre une durée de fonctionnement plus importante.

Un peu plus tôt, en **Russie**, un visionnaire tel que **Tsiolkovsky** (mathématicien) avait publié une série d'articles sur les vols des fusées (1911), ainsi qu'une magistrale analyse mathématique. Son travail était passé inaperçu.

En 1929, à Leningrad, un programme de recherche fut mis au point et complété par un second à Moscou.

À la même époque, en **Allemagne**, un groupe de chercheurs, ayant à sa tête **Hermann von Oberth, débute des travaux d'études sur les fusées.**

Personne ou presque ne connaissait l'existence de Goddard et peu de chercheurs ne comprenaient la portée de ses travaux.

Goddard avait compris que la fusée ne se prête pas à un vol horizontal et surtout qu'elle peut fonctionner sans atmosphère.

La fusée retenait aussi l'attention de **l'État-major allemand (nazi)** qui voyait là une opportunité de développer de nouvelles armes de guerre. En 1942, le **V2** entrait en phase d'essai en vol. Il contenait deux réservoirs : oxygène liquide (ergol) et méthanol – alcool (ergol). Les deux « ergols » se mélangeaient (propergol) dans la chambre à combustion produisant une augmentation de température de # 3000 °C et générant une poussée de 20000 daN. Avant d'entrer dans la chambre, l'oxygène liquide (-183°) circulait dans la double peau afin de contrôler la température. (*Ce modèle de fusée a été utilisé par Hergé pour son « Tintin objectif Lune »*).

---

110. L'emploi d'**Ergol liquide** exige leur stockage (carburant et comburant) dans des réservoirs séparés, car ils sont très instables. Dans la chambre de combustion, le mélange des « ergols » permet d'obtenir un « **Propergol** ».

Vers la fin de la Seconde Guerre mondiale, les services secrets US « récupèrent » des ingénieurs allemands qui avaient travaillé sur ces engins. **Werner von Braun avait été le responsable du programme V2 des armes de représailles.**

En octobre 1947, **Chuck Yeager** (1923-2020) franchit le premier la barrière du son. Son **X-1** équipé d'une « fusée » d'une autonomie d'environ 2min 30 s fut largué du ventre d'un bombardier B-29 à 13 700 mètres, Yeager a volé à Mach 1,06 supersonique (1 130 km/h). Il a marqué l'histoire, ce qui lui a valu le surnom de « fastest man alive » (« l'homme vivant le plus rapide »).

En 1949, les USA lancent une fusée de 2 étages : le premier est un V2, le second est américain. Pour la première fois, les ingénieurs sont parvenus à utiliser un premier étage pour la première partie du parcours, puis l'allumage du second (à distance). L'ensemble ayant permis à la fusée d'atteindre une altitude 400 km.

© Roskosmos - Spoutnik

Le **premier satellite artificiel est lancé par l'URSS** (par une fusée Soyouz) en 1957 : « **Spoutnik** », sa masse est de 83 kg. En novembre, « **Spoutnik-2** » a une masse de 508 kg. Le premier être vivant lancé dans l'espace est une chienne : **Laïka**. « Youri Gagarine » est le premier homme dans l'espace, en 1961.

À cette époque, les Américains ont dans les cartons de leurs bureaux d'études le projet « **Vanguard** » d'un satellite. Ne pouvant pas accepter le retard sur l'URSS, les budgets de la « **NASA** » sont débloqués grâce au discours de « **L. Johnson** » (vice-président) devant le Sénat américain [111].

Le plan « Mercury » permet d'envoyer un homme dans l'espace : Alan Shepard (un mois après Gagarine). Le **Président Kennedy** demande au congrès de soutenir la NASA. Le plan Mercury est intensifié avec **John Glenn**, le premier américain à effectuer une **révolution autour de la Terre en 1962** avec un vol de 5 heures (trois tours et demi autour de la Terre).

© Roskosmos - Valentina Terechkova

Valentina Terechkova [112] est la première femme à effectuer une mission, en solo, dans l'espace, en 1963.

La première sortie dans l'espace est effectuée par « **Alexeï Leonov** [113] », en 1965.

À la suite du plan Mercury, les Américains développent le plan « **Gemini** » qui doit permettre d'acquérir une certaine maîtrise de l'espace : vols « longue durée », manœuvres dans l'espace, **sortie dans l'espace avec** « Edward White » **(premier américain sorti dans l'espace en 1965).** Les Américains décident d'être les premiers sur la lune avec « **Saturn-Apollo** ». Ils atteignent ce but le **20 juillet 1969** grâce à la mission « **Apollo**

111. Thème développé : « l'Angleterre a été maîtresse du monde grâce à ses navires, les Américains grâce à leurs avions et qui maîtrisera l'espace, maîtrisera le monde. Je ne veux pas m'endormir sous une lune communiste ».
112. La décision finale de son dossier de sélection avait été prise par Nikita Khrouchtchev. Il s'agissait là, en pleine guerre froide, d'une mission de propagande. La formation de Valentina Terechkova avait été complète : scientifique, sauts en parachute, centrifugeuses, pilote d'avions de combat, etc.
113. En 1975, il devient commandant de bord de la mission américano-soviétique Soyouz-19 (Apollo / Soyouz).

Onze ». « *Un petit pas pour l'homme, un grand pas pour l'humanité* » (**Neil Armstrong** **sur la lune**). **Werner von Braun était le patron du programme « Apollo ».**

© GFDL /CC-BY-SA-2.5 - « Astérix »

La **France** [114] entre dans l'ère spatiale avec la fusée « **Diamant A** » en juin 1965, depuis le site d'Hammaguir (Sahara, Algérie). Cette fusée lance le 1er satellite français baptisé « **Astérix** », en novembre 1965. Le centre de **Kourou**, en **Guyane française**, est créé en 1965. Premier tir en 1968 d'une fusée **Véronique.**

Avant la fin du **programme Apollo**, la NASA décide de le prolonger par le programme « **Skylab** » [115]. Les buts sont scientifiques: **observation du soleil, études de la vie dans l'espace, etc.** Mis en orbite en 1973, il ne servira qu'à quelques expériences. Les retards dans le développement et la construction de la navette spatiale lui seront **fatals** [116].

La capacité et la fiabilité des lanceurs ayant augmenté, la Lune ayant été atteinte, il reste encore d'autres objectifs vers lesquels s'orienter. Pour y parvenir, il est nécessaire de parfaire les connaissances de l'espace interplanétaire et d'affiner la vie dans l'espace. **L'ISS est une marche pour un ailleurs**.

Il aura fallu attendre cinquante ans après les derniers pas de l'Homme sur la Lune pour que la NASA initie le projet Artemis pour revenir sur la Lune; Artemis 1 lancé en 2022 est un vol automatique vers la Lune pour tester notamment le bouclier thermique qui lors de la rentrée dans l'atmosphère terrestre à la vitesse de 40 000 km/h, doit résister à une température de 2 800°. Puis, Artemis 2 sera un vol habité sans alunissage, et enfin, Artemis 3 permettra à deux astronautes (un homme et une femme) de poser de nouveau le pied sur la Lune.

Ainsi donc les moyens existants doivent-ils être améliorés et de nouveaux moyens inventés :

- **Sondes spatiales**. Une sonde est un véhicule sans équipage, lancé dans le but d'étudier: le soleil, les planètes, l'espace, etc. À la sonde peut être ajouté un autre engin capable (par exemple) d'atterrir pour effectuer des mesures.

Sonde spatiale Rosetta

- **Capsules** [117]. Une capsule est subdivisée en deux parties: **module habitable** et **module de service** (carburant, O_2, etc.)

Les premières études du programme de la **navette spatiale** débutent vers la fin de 1969/1970 ; le « **Space Transportation System (S.T.S)** » doit permettre une **réduction des coûts** en « réutilisant les engins ». Programme lancé en 1972. L'objectif est de pouvoir placer sur une orbite basse (# 500 km) une charge de **# 24,5 t.** La 1re navette construite vole sur le dos d'un **Boeing 747**, 1er vol propulsé en 1977.

Entre le 12 avril **1981** (premier vol de **Columbia**) et le 21 juillet **2011,** les 5 navettes spatiales américaines ont effectué 135 missions, et placé 1 600 tonnes de charges utiles en orbite. Deux des missions se sont terminées tragiquement. **Explosion de Challenger,**

114. La décision française de rejoindre les deux puissances s'est traduite par l'étude de la fusée Diamant, puis par le choix du centre de lancement de « Kourou ». Elle s'est prolongée par la décision de créer Ariane Espace.
115. Le laboratoire mesure 35 m de long, sa masse est de 90 t.
116. La station se désintègre dans l'atmosphère en 1979.
117. Les capsules ont été inventées très tôt: Apollo, Soyouz etc.

après 72 secondes de vol, en 1986, et **désintégration de Columbia** lors de son retour dans l'atmosphère, en 2003.

Le programme « navette spatiale » aura donc duré trente ans. On peut noter que cinq Français ont participé à certaines de ces missions, et parmi eux, **Jean-François Clervoy** a effectué 3 vols.

La France choisit l'option de la **fusée « Ariane** [118] », lanceur, **développée par l'Agence Spatiale Européenne « ESA »**, opérationnelle depuis 1979. La gestion technique est confiée au « **CNES** » **(Centre National d'Études Spatiales).**

« **Ariane-1** » est lancée en 1981 depuis Kourou en Guyane, sa masse est de 210 t et sa charge offerte varie de 1,8 t à 4,8 t. Ce type de lanceur présente deux avantages par rapport à la navette américaine:
– mise sur orbite plus éloignée,
– lancement et mise sur orbite plus économique.

Historique des différents modèles de la fusée « Ariane », masses et charges offertes:

	MISE EN SERVICE	MASSE AU DÉCOLLAGE (t)	CHARGE MISE SUR ORBITE (t)
ARIANE 1	1981	210	1,8 à 4,8
ARIANE 2	1982	210	2,2 à 4,9
ARIANE 3	1984	237	2,2 à 4,9
ARIANE 4	1988	235 à 465	2,1 à 4,8
ARIANE 5	1996	750	6,8 à 20
Projet ARIANE 6 déclinée en 2 versions	Prévue pour 2023	530 860	Fusée à 2 boosters : 5 à 10 Fusée à 4 boosters : 11 à 21

Soyouz TMA-5

L'Union Soviétique lance le programme de la station **MIR** [119] (Paix) qui est mise sur orbite en 1986. Elle est ravitaillée par des **vaisseaux Soyouz** et par les **navettes US**.

La station « **ISS** » est un projet **international** [120] (NASA et agence Russe - Fédération de Russie - FKA), auquel d'autres « **pays** [121] » viendront se joindre. Son but est d'effectuer des recherches **scientifiques** [122]. Le principe retenu est une mise en orbite basse (entre 330 et 420 km). Le projet est lancé par le président US « R Reagan » (1983). Des raisons budgétaires le retardent ; il ne débute qu'en 1998. La masse totale mise sur orbite est aujourd'hui de ~ **450 t.** Une grosse part de cette masse a été convoyée par les navettes, mais aussi par

118. Création d'Ariane Espace SA, société de droit français. D'autres bureaux sont également créés: « Arianespace Washington », « Arianespace bureau de Tokyo » et de « Singapour ». Le 21 décembre 2016, le consortium européen a fêté le 76e vol d'une fusée Ariane-5 qui a été un succès.
119. La station MIR est détruite en 2001.
120. Dans un premier temps: américano-soviétique.
121. En 1985, l'Europe, puis le Canada et le Japon se décident à participer au programme.
122. Parmi les nombreuses études médicales, citons: les **atrophies musculaires** et **l'ostéoporose**, ainsi que l'étude des **diagnostics médicaux à distance** et ses applications sur Terre.

les lanceurs russes (**Proton/Soyouz**) [123]. Le transport des charges s'effectue à l'aide des vaisseaux **Progress**, leur **charge offerte** [124] est 2,5 t, pour une masse maximale de « **7 t** ». L'Europe a aussi utilisé un cargo spatial baptisé **ATV** (véhicule automatique de transport européen) capacité 7,7 t de fret, lancé à l'aide d'Ariane-5.

Claudie André-Deshays a effectué une mission à bord de la station MIR (1996), puis une seconde à bord de l'ISS (2001).

« **Space X** », société californienne, remet en cause les objectifs des différents constructeurs de lanceurs. **Elon Musk**, le patron, a fixé comme but la récupération du lanceur afin de le reconditionner et de le réutiliser. « **Falcon 9** », après lancement a été récupéré en mer [125], recyclé il a été réutilisé. **Objectif atteint!**
Les **relèves équipage de l'ISS**, depuis l'arrêt des navettes spatiales, étaient effectuées par des **vaisseaux Soyouz** lancés depuis le site de **Baïkonour**.
Space X a relevé le défi de production d'un vaisseau habité « **Dragon2** » (réutilisable). Le lancement a été réalisé le 30 mai 2020 à l'aide de la fusée « **Falcon 9** » et depuis le site de **Cap Kennedy (Cap Canaveral)**. La société Space X est devenue un **partenaire de la NASA**.

5.6.2. Place de l'industrie spatiale dans l'économie, la diversité des métiers

« **Ariane Espace** » représente un chiffre d'affaires (2015) de **1 432,5 M€.**
Le nombre de collaborateurs de « **l'industrie spatiale** » (2016) dans la partie **Midi-Pyrénées** de la région **Occitanie** est à peu près de **12 000 personnes ;** ce qui représente la **moitié de l'effectif français** et **le quart de l'effectif européen**. Globalement le **chiffre d'affaires annuel est # 1,5 Md € (2015).**

À Toulouse, l'effectif se répartit de la manière suivante :

- **CNES**, # 1 800 personnes.
- **Airbus « Defence & Space » (D&S)** # 3 800 **collaborateurs** [126] ainsi que # 5 150 sous-traitants. Ce site d'Airbus « D&S » a un carnet de commandes de **40 satellites** [127]. L'ergol (poudre) des **boosters** [128] de la fusée Ariane est produit à Toulouse, sur le site « **d'Airbus Safran Launcher** ».

---

123. **Proton** (initialement **UR-500**) est un lanceur capable de mettre 22t sur orbite basse ou 4t sur orbite géostationnaire. Plus de 400 Proton ont été utilisés. Depuis 1995, commercialisation par une société américano-russe. **Uniquement lancé depuis Baïkonour.**
Soyouz (310 t et 46 m de haut) est capable de mettre 7 t sur orbite basse. Il est utilisé pour mettre en orbite les équipages de la station ISS. Il peut aussi lancer les vaisseaux « Progress ». Il est commercialisé par une société américano-russe. Il est le concurrent d'Ariane 5. En 2007, et depuis ses débuts, il a été utilisé plus de 1 700 fois avec un taux de réussite # 98 %. Soyouz peut aussi être lancé depuis Kourou (accord avec Ariane Espace).
124. Ils peuvent transporter : équipage, fret (ergol, liquide, etc.)
125. Récupéré sur une barge autonome, dans l'océan Atlantique, en **janvier 2017**.
126. Le nombre de collaborateurs a augmenté afin de faire face à la demande d'une constellation de > de 600 satellites » (**ONE WEB**, dont le but serait d'augmenter les **possibilités d'accès à Internet**). Les premiers satellites ont été placés sur orbite en 2019, les autres devraient être déployés jusqu'en 2021.
127. **Airbus « Defence & Space » livre le premier satellite 100 % électrique (172B de télécommunication)** à Eutelsat. Sa masse est de 3,5 t (masse réduite de 40 % par rapport à un satellite traditionnel). Il est prévu pour couvrir l'Asie et le Pacifique et fournir : téléphone, Wifi et télévision dans les avions. Il utilisera son énergie électrique pour sa mise en orbite définitive (**géostationnaire à 36 000 km**), **[la mise sur orbite définitive requiert de 3 à 7 mois]**. Boeing avait déjà produit un **satellite partiellement électrique** en 2012.
128. Ces boosters fournissent 90 % de la poussée décollage pendant les 140 premières secondes.

- **Thales Alenia**, # 2 500 **collaborateurs**, plus 500 sous-traitants, est un spécialiste de satellites de communication.

Diversité des métiers.

L'industrie aérospatiale fait appel à principalement trois catégories de métiers (**non exhaustives**) :

- **Ingénieurs** (systèmes, conception mécanique, amélioration continue de production.)
- **Techniciens supérieurs** (techniciens logistiques, préparation méthode.)
- **Opérateurs** (chaudronnier, ajusteur monteur, câbleur.)

5.6.3. Le spatial et extension de ses applications civiles (GPS–Galileo–télécommunications)

Très tôt, les satellites artificiels se sont montrés très utiles dans les domaines de : **– télécommunication, – télévision, – observation météorologique et géologique, – navigation, – utilisation militaire.**

- La « **télécommunication** » par satellite constitue la première application commerciale (**Eutelsat 1, lancé en 1965**). Ces moyens de communication concernent : la **radio**, la **TV**, les **radioamateurs**, etc.
- Le **GPS** (US) a été le premier utilisateur du système de **positionnement**[129] (**navigation**). Il est rejoint par le système russe (**Glonass**) et le système européen (**Galileo**).
- Des **satellites relais**[130] ont aussi été mis sur orbite, ils permettent de s'affranchir des relais terrestres et ainsi de réduire les **durées de transit**[131].

Les **satellites d'observation de la Terre** ont des applications multiples : « **Météo** », « **géodésie** », « **étude de modélisation du climat** », suivi des « **catastrophes naturelles** », sans oublier les « **reconnaissances militaires**[132] ».

- En majorité, ils font partie des **satellites de télédétection**. Ils utilisent : **caméra, spectromètre, radar, radiomètre, etc.** Les satellites **SPOT** et **METEOSAT** font partie de cette catégorie.

5.6.4. Retombées scientifiques : météorologie, médecine, cartographie, études des sols et des végétations

Les retombées de l'exploration spatiale sont nombreuses, en termes **d'emplois**, comme nous l'avons vu, ci-dessus, mais impacte aussi des domaines comme ceux-ci :

- Navigation :
  - ➥ Galileo est un moyen de positionnement avec des applications à la **navigation**, au **suivi en temps réel**, etc.
- Télécommunication :
  - ➥ Les possibilités offertes par les moyens satellitaires de fournir Internet dans des lieux géographiques isolés. Sans oublier les évolutions de la téléphonie.

129. Les satellites sont géostationnaires.
130. Ils peuvent aussi servir aux transmissions de données des drones.
131. Il faut prendre en compte le fait que ces « moyens » utilisent des « ondes courtes » qui ont une portée optique. Ce qui implique la multiplication des « relais terrestres ».
132. **L'Armée de l'Air française** vient de se voir adjoindre un **nouveau corps en 2019**, devenant : **Armée de l'Air et de l'Espace.** Les USA ont déjà pris la même décision.

- **Médical** :
  - Le **bras articulé de l'ISS** a déjà trouvé une application médicale dans la **chirurgie du cerveau**, il est utilisé associé à **l'imagerie médicale**.
  - Le **diagnostic médical à distance** offre la possibilité d'une utilisation dans les « déserts médicaux ».
  - Les **nouvelles molécules** permettent de développer de nouveaux médicaments, plus efficaces avec moins d'effets secondaires (diabète, cancer du sein, prostate).
  - Les recherches sur les **protéines** afin **d'atténuer la résistance des bactéries aux antibiotiques**.
- **Technologie** :
  - Les développements de **nouveaux alliages** liés à la construction spatiale trouvent des applications : dans **l'aéronautique, l'automobile et l'électroménager**.
- **L'agriculture** :
  - L'agriculture de précision optimise les traitements préventifs et curatifs.
- **Moyens de recherche et de sauvetage** :
  - Balise **Argos** et moyen **Sarsat.**
- **Cartographi**e :
  - Obtention de cartes ciblées (en fonction des objectifs de la demande) : réseau routier ou terres cultivables ou zones urbaines ou recherches hydrologiques, etc.
- **Météorologie** :
  - Suivi en temps réel de l'évolution des perturbations atmosphériques par l'observation à distance.
  - Associée à la « capacité de calcul des ordinateurs nouvelles générations », création de modèles d'études climatologiques. Plus grande capacité de prévision à court et moyen terme.
- **Astronomie** :
  - Le télescope James Webb lancé le 25 décembre 2021 succède à Hubble et révolutionne les observations spatiales.
- **Habillement spécifique** :
  - La création de textiles ignifugés, mis au point en fibre de Kevlar (protection des astronautes), a trouvé une application terrestre : équipements de pompiers.

Devant le nombre important de satellites mis en orbite autour de la terre, il s'est avéré nécessaire de constituer un droit de l'espace (**Comité de l'Espace des Nations Unies**, 1958) dont les grands principes sont : « **L'espace appartient à tous les pays, l'exploration de l'espace y est faite pour l'intérêt de tous, pas d'utilisation d'armes nucléaires pour une destruction dans l'espace, les astronautes sont considérés comme des envoyés de l'humanité…** »

Décollage du lanceur Ariane 5 ECA, vol 231 depuis le centre spatial guyanais

ANNEXE 1

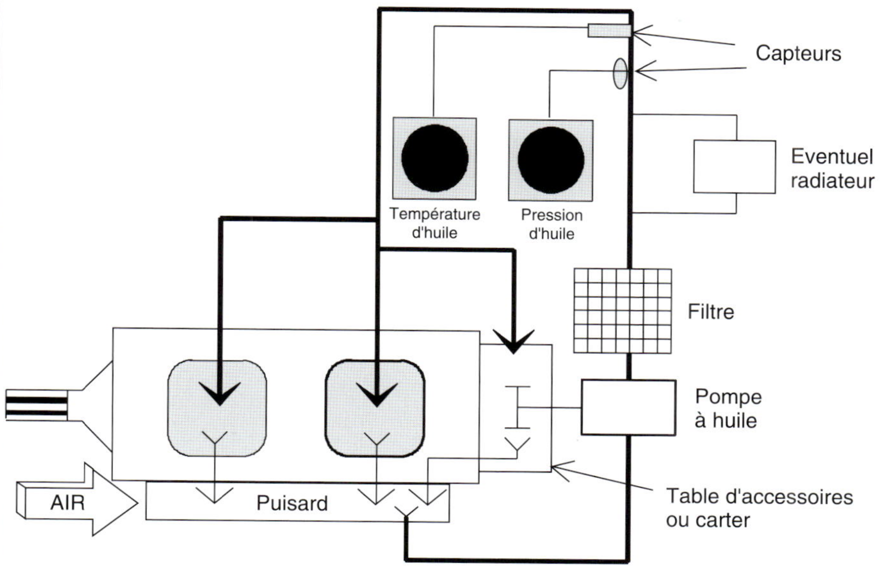

Circuit d'huile

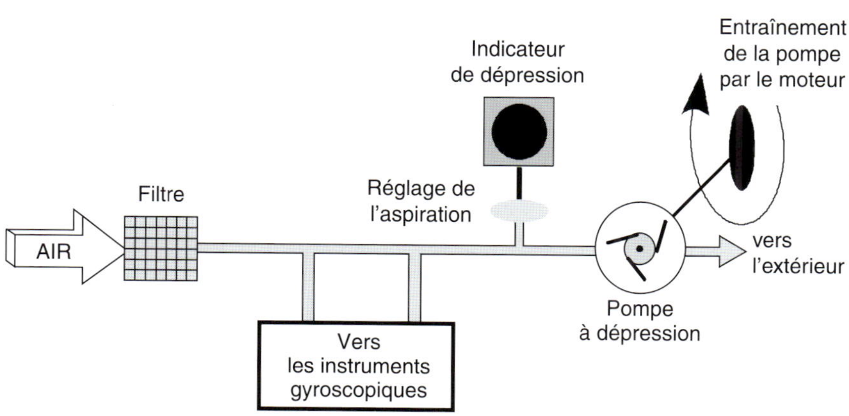

Circuit pneumatique

ANNEXE 2

CARTE DES COURBES ISOGONES
COURBES D'ÉGALE DÉCLINAISON MAGNÉTIQUE

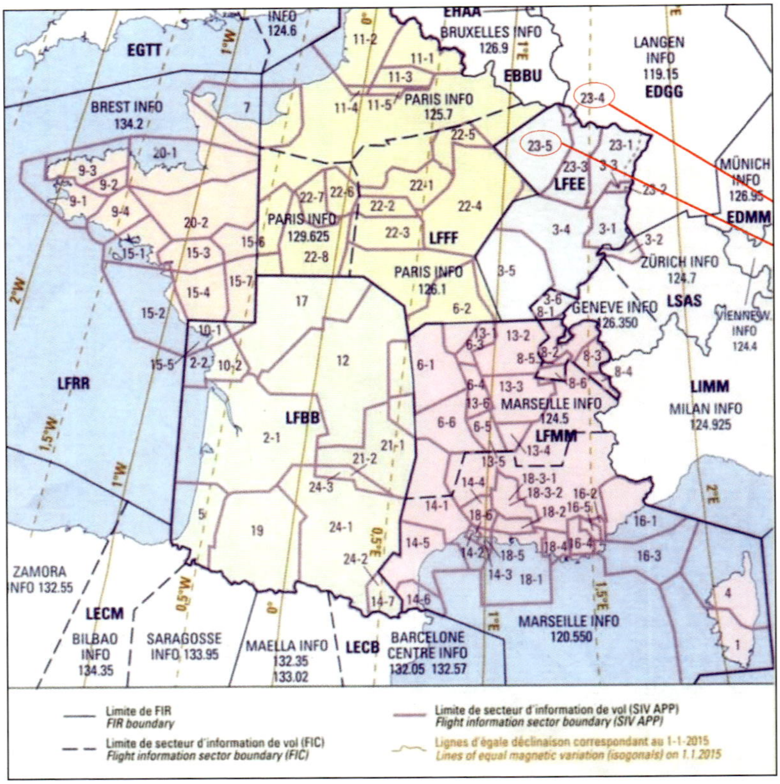

ANNEXE 3

TABLEAUX DE CONVERSION D'UNITÉS

Transformation des unités du système international en unités utilisées dans les pays US / UK	
	LONGUEUR
1 mètre	= 3,28 feet (ft) = 39,37 inches (in) = 1,093 yard (yd) = 5,34 x 10^{-4} nautical mile (NM)
	MASSE
1 kilogramme	= 2,20 livres UK ou pounds (lb)
	VITESSE
1 mètre/seconde	= 3,28 ft/s = 196,85 ft/mn = 3,6 km/heure = 1,944 knot (kt) = 116,6 NM/mn
	SURFACE
1 m^2	= 1,195 square yard (sq yd) = 10,76 square feet = 1594 square inches
	VOLUME
1 m^3	= 1,3 cubic yard (cu yd) = 35,31 cubic feet (cu ft) = 61.024 cubic inches (cu in)
1 litre	= 0,264 US Gallons (USG) = 0,220 UK Gallons (UKG)
	PRESSION
1 Pascal	= 1,448 x 10^{-4} Pound per Square Inch (PSI)
1 013 hecto Pascal	= 14,7 PSI = 29,92 inches de mercure (in Hg) à 0° = 760 mm de mercure (mm Hg)
1 013 hecto Pascal	= 1 atmosphère (at) = 10,33 mètres d'eau = 1,013 bar

Transformation des unités utilisées dans les pays US / UK en unités du système international	
	LONGUEUR
1 inch (in)	= 25,4 mm = 0,0254 m
1 foot (ft)	= 12 in = 0,3048 m
1 yard (yd)	= 3 ft = 0,914 m
1 statute mile (SM)	= 1 609 m
1 Nautical mile (NM)	= 1 852 m
	MASSE
1 livre ou pound (lb)	= 0,454 kg
	VITESSE
1 ft/sec	= 0,3048 m/sec = 1,097 km/h
1 ft/mn	= 5,08 x 10^{-3} m/s = 0,3048 m/mn
1 kt	= 1 NM/h = 1,85 km/h
	VOLUME
1 cubic inch (cu in)	= 1,64 x 10^{-5} m^3
1 cubic foot (cu ft)	= 0,0283 m^3
1 USG	= 3,785 litres
1 UKG	= 4,546 litres
	PRESSION
1 PSI	= 6 903 Pa = 0,069 bar

ANNEXE 4

ENGLISH BASIC VOCABULARY

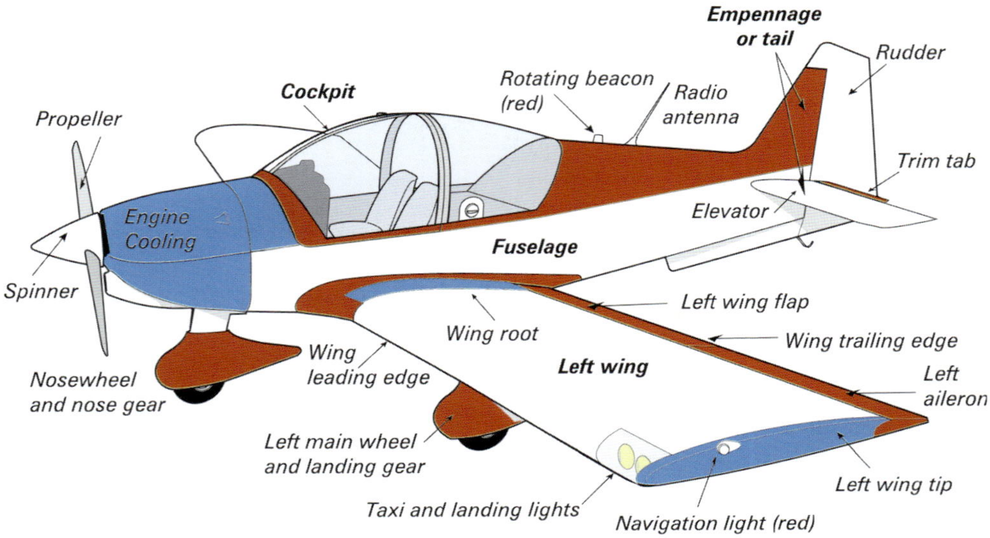

Typical parts of a basic training airplane

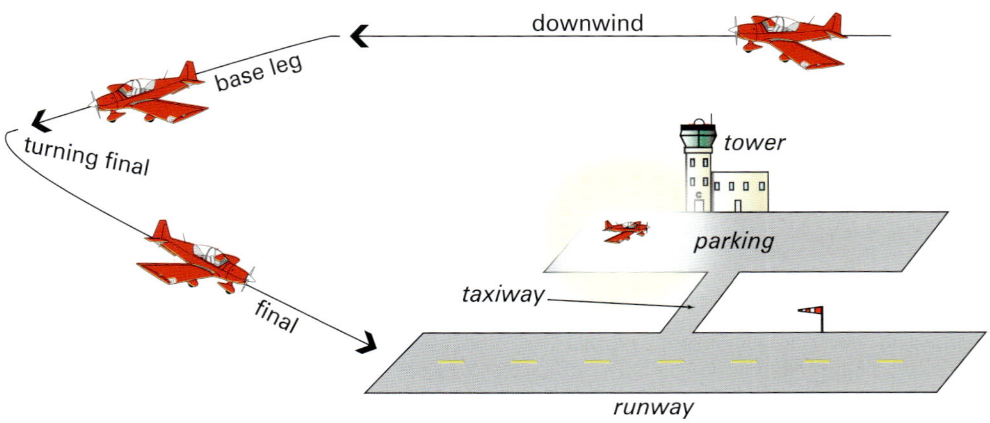

Main positions in a classic circuit

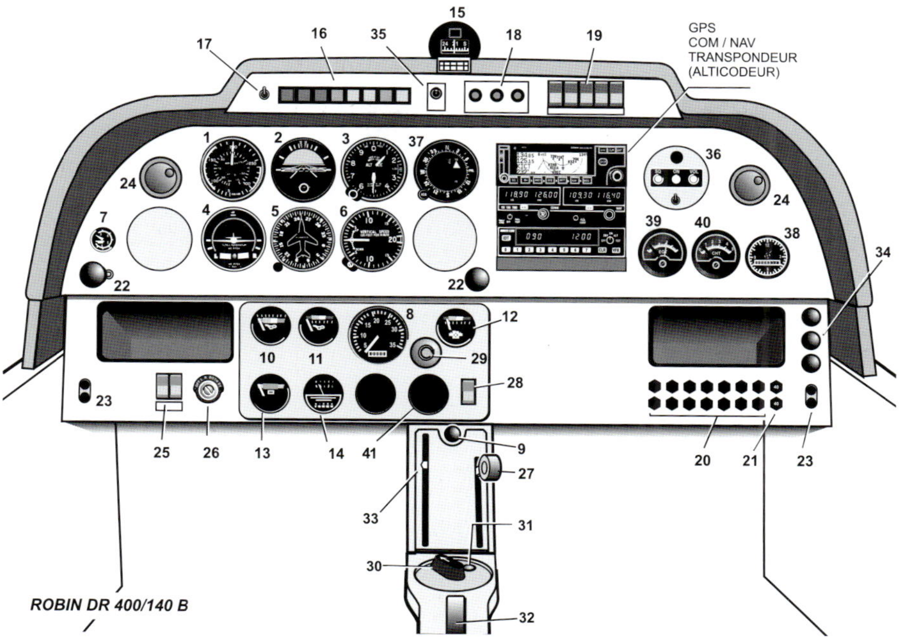

ROBIN DR 400/140 B

1 Airspeed indicator (km/h -kt)

2 Gyro horizon (pneumatic)

3 Altimeter, sensitive (ft - mb)

4 Turn coordinator, electric

5 Directional gyro, pneumatic

6 Rate of climb indicator, ft/min

7 Vacuum gauge

8 Tachometer

9 Parking brake control knob

10 Oil pressure

11 Oil temperature

12 Fuel pressure

13 Voltmeter

14 Fuel gauge

15 Magnetic compass

16 Warning lights : Oil press. low, Fuel press. low, Fuel level low, Low Volt, Starter motor engaged, Flaps down (two standby lights)

17 Lights test & day / night dimmer switch

18 Instrument panel lighting (from LH to RH) :light 1 (under glareshield), light 2 (overhead flood lights), radio (avionics integrated lighting)

19 Safety switches (from LH to RH) : Landing light, taxi light, strobe light, navigation lights (one standby switch)

20 Fuses (radio)

21 Breakers

22 Throttle control (dual)

23 Mike and headset jacks

24 Fresh air vent

25 Battery 1 alternator safety switches

26 Magneto switch

27 Mixture control

28 Electric fuel pump control (safety switch)

29 Carburetor heat control

30 Fuel shutt-off valve

31 Starter push-button

32 Elevator trim control wheel

33 Elevator trim position indicator

34 Cabin heat / windshield defrost controls

35 EL T remote control

36 Intercom control

37 VOR 1 LOC indicator

38 Flight hours recorder

39 Exhaust Gas Temperature

40 Cylinder Head Temperature

41 Carburetor Temperature

Table des matières

Index

Si cet ouvrage fait l'objet d'un additif ou d'un erratum, l'information sera alors disponible sur le site internet **www.cepadues.com,** à la fiche de l'ouvrage. L'accès se fait en tapant le titre de l'ouvrage dans le champ recherche.

auteurs@cepadues.com

une adresse pour ...

... partager vos **impressions de lecture**
Vous pouvez également écrire sur le site Internet de votre libraire ou vendeur,

... nous solliciter si vous êtes vous-même porteur d'un **projet d'ouvrage,**

...nous faire part de vos remarques, critiques ou suggestions éventuelles.

D'avance, nous vous remercions.

Achevé d'imprimer en France
en janvier 2023 chez Messages SAS